═══ 한국어 ═══
질병 표현
어휘 사전
IV

한국어
질병 표현
어휘 사전
IV

사용역에 따른 한국인의 질병

김양진·장미 엮음

도서출판 보샤는사람들

머리말

이 사전은 경희대학교 인문학연구원의 인문한국플러스 HK+ 통합의료인문학단의 사업의 〈한국인의 질병 어휘 사전 집성〉의 넷째 권으로 기획되었다. 〈한국인의 질병 어휘 사전 집성〉의 연속적 사업은 1권『질병 표현 어휘 사전Ⅰ-한국인이 잘 걸리는 10대 질병을 중심으로』와 2권『질병 표현 어휘 사전Ⅱ-한국인이 자주 걸리는 질병을 중심으로』이 이미 출간되었고 이번에 출간되는 3권『질병 표현 어휘 사전Ⅲ-한국인의 전염병』과 4권『질병 표현 어휘 사전Ⅳ-사용역에 따른 한국인의 질병』에 이어 5권『질병 표현 어휘 사전Ⅴ-한국어 방언에서의 질병 표현』이 준비 중에 있다.

『한국어 질병 표현 어휘 사전Ⅰ』이 한국인의 주요 사망원인 질병 10가지를 중심으로 2,600여 단어를 구축하였고『한국어 질병 표현 어휘 사전Ⅱ』가 한국인이 일상적으로 자주 걸리는 사소한 질병 10개 부문 2,600여 단어를 대상으로 하여 작성되었다면『한국어 질병 표현 어휘 사전Ⅲ-한국인의 전염병』에서는 (1)홍역/수두, (2)마마(천연두), (3)결핵/나병, (4)장티푸스/이질, 발진티푸스, (5)옴/종기, (6)학질, (7)간염, (8)일본뇌염/뎅기열, (9)성병(매독/HIV) (10)사스, 메르스, 코로나19 등 신종 호흡기 전염 질환 총 10개 부문 약 2,000단어를 대상으로 하였고 이 책『한국어 질병 표현 어휘 사전Ⅳ-사용역에 따른 한국인의 질병』에서는 한국인의 주요 질병 표현 어휘를 사용하는 연령별, 성별, 상황별 조건에 따라 크게 (1)영유아 (2)아동 (3)청소년 (4)성인 (5)임부/산모 (6)부인 일반 (7)노인 일반 (8) 기타 및 통증 표현 등 8개 분야로 나누어 각 사용역별 어휘 표현 2,400여 단어를 모아 출판하였다.

『한국어 질병 표현 어휘 사전Ⅳ-사용역에 따른 한국인의 질병』에는 세대

별, 성별, 기타 생물학적, 사회학적 조건에 따라 특정 부류의 사용역(register)에 따른 질병들을 모았기 때문에 기존에 출간된 『한국어 질병 표현 어휘 사전 I~III』까지의 사전 속 표제어들과 겹치는 부분이 있지만 기존에 출간된 사전들에서 담을 수 없었던 사용역에 따른 단어들이 많이 포함되었다. 예를 들어 영유아어 '아야하다'나 '호하다' 같은 단어들이 그러하다.

이 사전 집필의 전체 구성은 『한국어 질병 표현 어휘 사전 I~III』과 포맷을 같게 하였고, 용례의 개수를 한정하지 않고 다양하게 나타나는 사례들을 모두 폭넓게 반영하고자 하였으며, 뜻풀이 역시 기존 국어사전의 전문적인 뜻풀이에 국한하지 않고 문맥적 용법에 따라 자연스럽고 일상적인 뜻풀이로 과감하게 수정하여 제시하였다.

이 사전의 초기 구축에는 경희대학교 대학원 국어국문학과 국어학 분야의 대학원생 장미(국문과 박사 수료) 선생과 석사 신입생 허지민과 김수민이 함께 하였는데, 출간의 전 과정에서 한국어의 질병 표현 어휘를 주제로 박사 논문을 쓰고 있는 장미 선생이 전체적인 자료 정리와 교정 등 편집 전반에 총괄하였다. 세 사람 모두에게 감사의 말을 남긴다.

첫 번째, 두 번째, 세 번째 사전에 이어 이 사전이 출간될 때까지 지원을 아끼지 않은 경희대학교 HK+통합의료인문학단의 박윤재 단장과 운영진, 까다로운 출판 조건을 탓하지 않고 상업성이 떨어지는 사전을 꼼꼼하게 출판해 주는 〈도서출판 모시는사람들〉의 박길수 대표와 편집진 여러분께 감사의 인사를 남긴다.

2024년 4월 편자 대표 김양진

한국어 질병 표현 어휘 사전 Ⅳ

차례

일러두기

※ 한국인의 사용역별 주요 질병

『한국어 질병 표현 어휘 사전 IV-사용역에 따른 한국인의 질병』에서는 한국인의 주요 질병 표현 어휘를 사용하는 연령별, 성별, 상황별 조건에 따라 크게 (1)영유아 (2)아동 (3)청소년 (4)성인 (5)임부/산모 (6)부인 일반 (7)노인 일반 (8) 기타 및 통증 표현 등 8개 분야로 나누어 각 사용역별 어휘 표현 2,400여 단어를 모아 출판하였다.

1. 사전의 거시구조 : 겉표지-내지-속표지-일러두기-사전본문(ㄱ~ㅎ)-부록1(출처)-부록2(논저목록)
2. 사전의 미시구조 : 표제항(원어) [발음] 품사 《전문분야》〈질병종류〉 뜻풀이. ¶용례. 〈관련어휘〉

I. 표제항

1. 이 사전의 표제어는 한국인의 주요 질병 표현 어휘를 사용하는 연령별, 성별, 상황별 조건에 따라 크게 (1)영유아 (2)소아 아동 (3)청소년 (4)성인 일반 (5)임부/산모 (6)여성 일반 (7)노인 일반 (8)기타 및 통증 표현 등 8개 분야로 나누어 각 사용역별 어휘 표현 2,400여 단어를 모아 구축하였다. 각 표제어들은 표준국어대사전의 표제어 표기 원칙에 따라 표기되지만 띄어쓰기 표시 ⌒ 등은 표제어에 반영하지 않고 단순히 띄어 썼다. 경우에 따라 표준국어사전에 등재되지 않은 단어도 표제어로 선정하였다.

〈사례〉
(1) **배꼽-육아종** [배꼽뉴가종] 명 〈영유아〉〈신생아〉 탯줄이 떨어지고 나면 남은

조직이 아물면서 검게 변하는 것이 일반적이나, 아물지 않고 자꾸 자라면서 생기는 조직. 신생아 시기에 가장 흔하게 나타나는 배꼽 문제로, 아기가 아프거나 불편함을 느끼지는 않는다. 육아종 조직은 분홍색을 띠고 진물이 나오는데, 지속되면 감염이 생길 수 있다.

(2) **우두** (牛痘) [우두] **명** 《의학》〈소아 아동〉〈소아피부병-천연두〉 천연두를 예방하기 위하여 소에서 뽑은 면역 물질. 영국의 의사 제너(E.Jenner)에 의해 처음 발견되었으며 우리나라에는 개화기에 지석영에 의해 도입되었다. ¶우두를 놓다 / 우두를 맞다.〈표준국어대사전 우두(01)〉

(3) **여드름** [여드름] **명** 〈청소년〉〈청소년-피부 및 모발 질환〉주로 사춘기에, 얼굴에 도톨도톨하게 나는 검붉고 작은 종기. 털구멍이나 피지샘이 막혀서 생기며 등이나 팔에 나기도 한다. ¶여드름을 짜다.〈표준국어대사전〉

(4) **건선 홍색 피부증** (乾癬紅色皮膚症)**명구**《의학》〈여성 일반〉〈부인(여성)-피부 및 모발 질환〉 건선에서 일어나는 것과 유사하게 박리와 염증이 특징인 피부염.〈우리말샘〉

(5) **거짓^임신** (거짓妊娠) **명구**《의학》〈임부·산모〉〈부인(여성)-임신과 관련된 질환〉 임신을 몹시 원하는 여성이 실제로 임신한 것이 아닌데도 입덧이나 태동과 같은 임신 증상을 나타내는 일.〈유〉가-임신(假妊娠)「001」, 상상^임신(想像妊娠)「001」¶게티이미지 남자친구가 떠날까봐 거짓 임신까지 꾸며낸 여자친구에 대해 누리꾼들이 전청조를 떠올리며 공포에 떨었다.〈우리말샘〉

(6) **성인병** (成人病) [성인뼝] **명**《의학》〈성인 일반〉〈노인_심혈관계 질환〉 중년 이후에 문제 되는 병을 통틀어 이르는 말. 동맥 경화증, 고혈압, 악성 종양, 당뇨병, 백내장, 심근 경색, 폐 공기증, 뼈의 퇴행성 변화 따위가 있다. ¶30대 이후에는 지방질이 많은 음식을 피하고 적당한 운동을 하는 등 성인병 예방에 신경 써야 한다. / 나이가 들면 성인병을 조심해야 한다. / 이웃 일본에선 성인병을 '생활 습관병'이라고 할 정도로 규칙적인 생활 습관은 건강의 기본이다.

(7) **고령화** (高齡化) [고령화] **명**《의학》〈노인 일반〉〈노인_퇴행성 뇌질환 및 신

경계 질환〉한 사회에서 노인의 인구 비율이 높은 상태로 나타나는 일. ¶농촌 사
회에서는 고령화 현상이 더욱 두드러지고 있다.〈표준국어대사전〉

(8) **노로바이러스**(norovirus)명《의학》〈기타 공통〉〈전염병〉 조개류, 오염된 지
하수, 가열하지 않은 생채소 따위를 통해 감염되는 아르엔에이 바이러스. ¶해양
수산부는 경남 진해만 해역에서 노로바이러스가 검출됨에 따라 경남 지역 해역
에서 생산되는 굴 제품에 '가열 조리용' 표시를 부착해 유통하도록 조치했다고 24
일 밝혔다.〈우리말샘〉

2. 표제어의 선택에는 명사, 동사, 형용사, 부사, 구명(명사구), 구동(동사구), 구형
(형용사구), 관용구, 속담 등 범주를 가리지 않는다.

〈사례〉
꽃( )[꼳]명
아하다( )[아:하다]동
냅다( )[냅따]형
쌀쌀( )[쌀쌀]부
4대 성인병(四大成人病)명구
가스가 차다( )동구
몸이 무겁다형구
홍역(을) 치르다( )관용
역질 흑함(黑陷) 되듯 한다( )속담

3. 표제항에 딸린 각 단어의 미시 정보는 "(1)표제항 (2)(원어) (3)[발음] (4)품사 (5)
《전문분야》〈하위분야〉(6)뜻풀이. (7)〈관련어휘〉. (8) ¶용례"의 순서로 배열한다.

〈사례〉
고혈압(高血壓)[고혀랍]명《의학》〈노인 일반〉〈노인_심혈관계 질환〉 혈압이
정상 수치보다 높은 증상. 최고 혈압이 150~160mmHg 이상이거나 최저 혈압이
90~95mmHg 이상인 경우인데, 콩팥이 나쁘거나 갑상샘 또는 부신 호르몬에 이
상이 있어 발생하기도 하고 유전적인 원인으로 발생하기도 함.〈유〉고혈압증,
혈압 항진증 ¶매일 규칙적으로 운동하는 것이 무엇보다 중요해진다. 몸무게가

늘면 당뇨병, 심장병, 고혈압 등 온갖 병의 위험도 늘어나기 때문이다. / 특히 짜게 간을 하면 아기의 콩팥에 부담을 줄 뿐만 아니라 평생 짠 음식을 좋아하게 되어 고혈압이 생기기 쉽다.

4. 비표준어/방언의 경우 표준어 표제어와 형태가 현저히 다른 경우는 표제어에 포함시키되 비표준어 및 지역 방언임을 밝힌다.

〈사례〉
미식거리다 ( )[미식꺼리다]**동**'메슥거리다'의 비표준어.
우리하다 ( ) [우리하다]**형**신체의 일부가 몹시 아리고 욱신욱신한 느낌이 있다. 경상 지방의 방언이다. ¶침이 꽂히는 순간 허리가 뜨끔하며 우리하게 울려와 날카로운 통증을 희석시켰다.

5. 약재 관련 표제어는 해당 질병을 치료하는 데 주로 쓰는 약재로 한정하여 표제어로 선정하며 여러 병의 치료에 쓰는 약재를 표제어에 포함시키는 경우는 〈일반 통증〉 분야의 단어로 처리한다.

〈사례〉
두묘 (痘苗)[두묘]**명**《약학》〈소아 아동〉〈소아피부병-천연두〉 두창에 걸린 소에서 뽑아낸 유백색의 우장(牛漿). 한때 천연두 백신의 원료로 썼다. ¶특히 제너의 종두법에 주목하여 일본수신사 수행원으로 동행, 종두기술과 두묘(痘苗) 제조법을 익히고 돌아와 한국에서 우두법을 전하였으며, 의학교를 설립, 의료인을 양성했기에 한국에 서양의학을 도입한 선각자로 각인되었다.

다이아제팜 (Diazepam)**명**《심리》〈여성 일반〉〈부인(여성)-정신건강 및 신경정신과 질환〉벤조디아제핀계열에 속하는 약물로 뇌에서 신경흥분을 억제하여 불안 및 긴장을 감소시킨다.

마진 백신 (痲疹vaccine)**명구**《약학》〈소아 아동〉〈소아피부병-홍역/피부병〉홍역을 예방하기 위한 백신. 예방 접종은 제1회에 불활성화(不活性化) 백신을 근육 또는 피부밑에, 제2회는 4~6주 후 약독(弱毒) 생균(生菌) 백신을 피부밑에 접종하는데, 주로 1~3세의 아이에게 행한다.

두통고(頭痛膏)[두통고] **명**〈기타 통증 일반〉두통이 날 때 붙이는 고약

6. 해당 표제어가 『표준국어대사전』에서 동음이의어이거나 다의어인 경우, 그 내용을 출처에서 밝힌다.

　예) 표준국어대사전 꽃01「6」

II. **원어**

1. 원어는 표제어 뒤에 괄호 ( )를 열어 고유어의 경우는 비워 두되 한자어, 외래어, 혼종어의 경우는 해당 단어의 원래 언어에서의 표기를 밝혀 보인다. 해당 표제어가 고유어와의 결합에 의한 혼종어의 경우는 원어에 고유어 부분도 한글로 제시한다.

　〈사례〉
　가슴앓이( )
　갱년기(更年期)
　노로바이러스(norovirus)
　노화 여드름집(老化 여드름집)
　루게릭병(Lou Gehrig 病)

2. 원어는 고유어, 한자, 로마자로 표기하고 그 밖의 문자는 로마자화하여 표기한다. 로마자의 경우 기본적으로 소문자로 표기하지만 고유 명사나 원래의 언어에서 대문자로 쓰는 경우는 대문자 그대로 표기한다. 문자별 표기가 달라질 때는 한 칸 띄어 구별한다.

　〈사례〉
　노로바이러스(norovirus)
　노화 여드름집(老化 여드름집)

Ⅲ. 발음

1. (원어)란 뒤의 한 칸을 띄고 [발음]란을 둔다. [발음]란에는 해당 표제어의 표준 발음을 밝혀 적는다. 표준 발음은 표제어의 표기와 일대일 대응이 되는 경우에도 모두 밝히는 것을 원칙으로 한다. 다만 발음은 단어의 경우만 밝히고 구나 속담 등의 표제어에서는 밝히지 않는다.

⟨사례⟩
가슴-앓이 ( )[가스마리] 명
갈열 (渴熱)[가렬] 명
결핵 (結核)[결핵] 명
결핵성 수막염 (結核性髓膜炎)[ ] 명구
홍역은 평생에 안 걸리면 무덤에서라도 앓는다 [ ] 속담

2. 표준어 규정에 따라, 발음이 둘 이상으로 될 경우에 '/'을 사용하여 병기한다. '/'의 왼쪽에는 원칙적인 발음을, 오른쪽에는 허용되는 발음을 제시한다.

⟨사례⟩
뇌동맥-류 (腦動脈瘤)[뇌동맹뉴/눼동맹뉴]
뒷-숫구멍 ( )[뒤:쏟꾸멍/뒫:쏟꾸멍]
회반 (回斑)[회반/훼반]

Ⅳ. 품사

1. [발음]란 뒤에는 한 칸을 띄고 품사란을 두되, 여기에는 품사에 따른 단어 범주와 구 이상의 범주를 표시할 수 있다. 단어의 경우 각각 '명사 → 명, 동사 → 동, 형용사 → 형, 부사 → 부' 등으로 표기한다.

⟨사례⟩
감기-치레 (感氣치레)[감:기치레] 명
가렵다 [가렵따] 형

발반-되다(發斑되다)[발반되다/발반뒈다] 동
따끔-따끔( )[따끔따끔] 부

2. '구'의 경우 각각 '명사구 → 명구, 동사구 → 동구, 형용사구 → 형구 등으로 표기하고 관용구나 속담이 단어처럼 쓰이는 경우 표제어로 선택하여 관용, 속담으로 표시하여 구분한다.

〈사례〉
가운데 심장증(가운데心臟症)[가운데심장쯩] 명구
가슴을 앓다( )[ ] 동구
숨이 가쁘다( )[ ] 형구
홍역(을) 치르다[ ] 관용
역질 흑함(黑陷) 되듯 한다( )[ ] 속담

3. 표제어가 둘 이상의 품사로 쓰이는 경우 표제어를 품사별로 따로 나누어 제시하지 않는다. 다만 단어의 성격에 따라 품사의 순서를 달리 제시할 수 있다.

〈사례〉
간질간질하다( )[간질간질하다] 동 형
저리다( )[저리다] 형 동

V. 《전문분야》

1. 《전문분야》는 《표준국어대사전》의 전문어 정보에 따라 《의학》, 《한의》, 《약학》, 《화학》, 《보건일반》, 《생명》, 《동물》, 《식물》, 《민속》 등 단어의 전문 분야 요건에 알맞은 것을 택하여 밝힌다.

〈사례〉
가성 유두부종(假性乳頭浮腫) 명구 《의학》
감저(甘疽)[감저] 명 《한의》
A형 간염 백신(A型肝炎vaccine) 명구 《약학》

거식 장애 (拒食障礙)**명**《심리》
간염 (肝炎)[가ː념]**명**《보건일반》
강남-별성 (江南別星)[강남별썽]**명**《민속》
※《생물(학)》과《생명(과학)》은 '《생명》'으로 통일하되 '《생명》'과 '《동물》'의 공존을 허용함.
※『표준국어대사전』 및 『우리말샘』의《보건일반》,《공학일반》,《자연일반》,《고유명일반》 등은《보건일반》으로 통일함.

2.《전문분야》의 하위 질병 종류로 (1)영유아 (2)아동 (3)청소년 (4)성인 (5)임부/산모 (6)부인 일반 (7)노인 일반 (8)기타 및 통증 표현 등이 포함되나 따로 표기에 반영하지 않으며 필요에 따라 뜻풀이에서 구별한다.

〈사례〉
기저귀 발진 (기저귀 發疹)**명구**〈영유아〉〈신생아〉 장기간 기저귀 착용으로 습해진 환경 때문에 피부에 마찰이 일어나 생긴 염증. 소변, 대변의 분해 산물에 의해 피부가 자극돼 산도가 증가하는데, 이로 인해 미생물이 증식하기 쉬운 환경이 돼 균 감염이 생길 수 있다. 특히 습한 환경이 지속되면 특히 칸디다균이 습진을 악화시키기에 치료가 필요하다.
급감 (急疳) [급깜] **명**《한의》〈소아 아동〉〈감기-몸살, 세기관지염〉 어린아이에게 생기는 병의 하나. 한열(寒熱)이 교대로 일어나며, 잇몸은 헐고 손발은 차다. 선천적으로 원기가 허약한 데다 음식 조절에 실패하거나 병을 앓은 후에 진액이 손상되어 생긴다.
고삼병 (高三病) [고삼뼝] **명**〈청소년〉〈청소년-정신건강 및 신경정신과 질환〉 입시를 앞둔 고등학교 3학년 수험생들에게 홍역처럼 유행하는 각종 정신적·신체적 증후군을 속되게 이르는 말.
성인병 (成人病) [성인뼝] **명**《의학》〈성인 일반〉〈노인_심혈관계 질환〉 중년 이후에 문제 되는 병을 통틀어 이르는 말. 동맥 경화증, 고혈압, 악성 종양, 당뇨병, 백내장, 심근 경색, 폐 공기증, 뼈의 퇴행성 변화 따위가 있다.
나팔관 임신 (喇叭管妊娠)**명구**《의학》〈임부 산모〉〈부인(여성)-임신과 관련된 질환〉 수정란이 나팔관에 착상(着床)하여 임신이 되는 일. 자궁외 임신 중에서 가장 빈도가 높은 것으로, 임신 초기에 유산되거나 나팔관이 파열되며, 하복부의 격통과 함께 복강 내(腹腔內) 출혈이 있다.

난소-암 (卵巢癌)[난:소암] **명** 《의학》〈여성 일반〉〈부인(여성)-암(종양) 관련 질환〉 난소에 생기는 암을 통틀어 이르는 말. 50~70세에 제일 많이 발생하는데, 난소암 또는 유방암에 대한 병력이나 가족력이 있을 경우, 출산의 경험이 없을 경우에 발생률이 높아진다.

노인성 골다공증 (老人性骨多孔症) **명구** 《의학》〈노인 일반〉〈노인_근골격계 및 정형외과 질환〉 노인에게 흔히 나타나는 골다공증. 뼈의 양이 감소하여 골절이 잘 일어난다.

농통 (弄痛)[농:통] **명** 《한의》〈기타〉〈통증 일반〉 해산달에 이르러 며칠 동안 진통하는 일. 또는 이미 양수가 터져 나와서 배가 아프지만 해산은 진행되지 않는 일.

Ⅵ. 뜻풀이

뜻풀이는 표제어의 품사에 맞게 명사/명사구는 명사형으로, 동사/동사구는 동사형으로, 형용사/형용사구는 형용사형으로, 부사/부사구는 부사형으로 풀이하되 정보가 더 필요한 경우 자세한 설명을 서술형으로 덧붙일 수 있다. 단 관용구, 속담의 경우는 '…함을 이르는 말' 혹은 '…을 비유적으로 이르는 말'처럼 상위어로 풀이한다.

〈사례〉

갱년-기 (更年期)[갱:년기] **명** 〈여성 일반〉〈부인(여성)-여성호르몬 및 폐경 관련 질환〉 인체가 성숙기에서 노년기로 접어드는 시기. 대개 마흔 살에서 쉰 살 사이에 신체 기능이 저하되는데, 여성의 경우 생식 기능이 없어지고 월경이 정지되며, 남성의 경우 성기능이 감퇴되는 현상이 나타난다.

호쎄하다 [호쎄하다] **동** 〈기타〉〈통증 감탄〉(아이들이 다친 데나 아픈 데를 덜 아프게 하려고) 입을 오므려 내밀어 입김을 내뿜으며 쓰다듬다.

싸하다 [싸하다] **형** 〈기타〉〈통증 일반〉 혀나 목구멍 또는 코에 자극을 받아 아린 듯한 느낌이 있다.

예방 주사 (豫防注射) **명구** 《보건 일반》〈영유아〉〈신생아〉 감염병을 예방하기 위하여 주사기로 항원을 체내에 주입하는 일.

마마 손님 배송하듯 ( )[ ] **관용** 전염병이 떨어지지 않을 것을 염려하는 마음에 빗대어, 떠났으면 하는 손님이 행여나 가지 아니할까 염려하여 그저 달래고 얼러서 잘 보내기만 함을 이르는 말.

치질 앓는 고양이 모양 같다 속담 〈여성 일반〉〈부인(여성)-소화기 질환〉보기에
매우 초라하거나 거북하고 곤란한 모습을 비유적으로 이르는 말.

Ⅶ. 용례

1. 용례는 실제 쓰임이 확인되는 서술형 문장을 용례 표시 '¶'의 뒤에 제시하되 최대
한 3개까지 '/'로 구분하여 제시한다.(용례의 사례가 다양한 경우, 3개가 넘어가는 것
도 허용한다.)

〈사례〉

고삼병(高三病)[고삼뼝] 명 〈청소년〉〈청소년-정신건강 및 신경정신과 질환〉입
시를 앞둔 고등학교 3학년 수험생들에게 홍역처럼 유행하는 각종 정신적·신체적
증후군을 속되게 이르는 말. ¶웬만한 병보다 무섭다는 고삼병 / 3학년에 올라가
고삼병에 걸렸는지 그렇게 튼튼하던 아이가 먹기만 하면 체한다. / 3학년에 올라
가 고삼병에 걸렸는지 그렇게 튼튼하던 아이가 먹기만 하면 체한다.

2. 용례를 제시하기 어려운 표제어는 굳이 용례를 제시하려고 하지 않았다.

〈사례〉

긴급 피임법(緊急避姙法) 명구 〈여성 일반〉〈부인(여성)-부인과(산부인과) 질환〉
피임에 실패했다고 느껴지는 경우 사후에 처리하는 피임법. 성교 72시간 내에 에
티닐에스트라디올 100mg 이상이 함유된 레보노르게스트렐복합제를 복용하고
12시간 후에 동량을 복용하는 유즈페법(Yuzpe method)이나, 레보노르게스트렐
단독 복용법 등이 알려져 있다. ¶
단진(丹疹)[단진] 명 《한의》〈영유아/소아 아동〉〈소아피부병-홍역/피부병〉피
부의 헌데나 다친 곳으로 세균이 들어가서 열이 높아지고 얼굴이 붉어지며 붓게
되어 부기(浮氣), 동통을 일으키는 전염병. / 홍역과 단독을 아울러 이르는
말.〈유〉단독. ¶
요각통(腰脚痛)[요각통] 명 《한의》〈기타〉〈통증 일반〉허리와 다리가 아픈 질환
을 말하며 크게 방광경(膀胱經)을 따라서 통증이 있는 경우와 담경(膽經)을 따라

서 통증이 오는 경우로 나뉜다. ¶

Ⅷ. 관련 어휘

1. 뜻풀이의 뒤에는 '유의어, 본말, 준말, 참고어휘' 등의 관련 어휘를 각각 〈유〉, 〈본〉, 〈준〉, 〈참〉으로 표기한다.

〈사례〉
근통(筋痛)[근통] **명**《의학》〈기타 통증 일반〉근육이 쑤시고 아픈 증상. 심한 운동 뒤나, 각종 근염에 의한 충혈, 손상 따위가 원인이다. 〈유〉근육통
고환-염(睾丸炎)[고환념] **명**《의학》고환에 생기는 염증. 급성은 외상이나 급성 전염병으로 발생하는 경우가 있으며 아프고 발열 증상이 따른다. 만성은 주로 매독에 의하여 나타나며 자각 증상이 적다. 〈유〉정소염(精巢炎)
진행성 척수성 근육 위축(進行性脊髓性筋肉萎縮) **명구**《의학》〈노인 일반〉〈노인_근골격계 및 정형외과 질환〉운동 신경 세포 질환의 소집단 중 하나. 척수 운동 신경 세포의 진행성 퇴행 장애로서 전형적으로 팔다리의 원위부, 특히 팔에서 시작하여 근위부로 확산되며, 흔히 대칭성인 허약과 소모의 임상 증상을 보인다. 근육 부분의 수축 가능성이 흔하지만 피질 척수로 질환의 증거는 없다. 〈유〉진행 척수 근육 위축, 진행성 척수 근위축증
기도 감염(氣道感染) **명구**『보건 일반』〈영유아/소아 아동〉〈소아피부병-홍역/감기-몸살, 세기관지염〉기침·재채기·이야기 따위를 할 때 병원체가 침이나 가래와 섞여 공기 중에 날아 흩어져, 이것을 마신 사람의 코나 인두 따위의 상기도 점막이 감염되는 일. 홍역, 백일해, 유행성 감기, 디프테리아 따위가 이에 속한다. 〈참〉비말 감염

2. 큰말-작은말, 센말-거센말-여린말 등은 참고어휘에 포함시켜 〈참〉으로 표시한다.

〈사례〉
새큰하다[새큰하다] **형**(신체의 일부나 뼈마디가) 조금 쑤시고 저린 느낌이 있다. 〈참〉시큰하다(큰말), 새근하다(여린말) ¶한의원에서 침을 맞았더니 손목의 새큰한 느낌이 사라졌다. / 다친 발목이 새큰하다.

쩌릿-하다 [쩌리타다] 혭 (몸이나 몸의 일부가) 피가 잘 돌지 못하거나 전기가 통하여 몹시 감각이 무디고 아린 느낌이 있다. 〈참〉 저릿하다(여린 말), 짜릿하다(작은 말) ¶무릎을 꿇고 오래 앉아 있었더니 종아리가 쩌릿하다.

IX. 출처_〈부록1〉

개별 표제항의 출처를 따로 인용하지 않은 것들은 사전의 끝부분에 참고한 자료 및 주요 사이트의 목록을 〈부록1〉로 따로 보인다.

한국어 질병 표현 어휘 사전 IV

ㄱ

가가성^부갑상선^기능^저하증 (假假性副甲狀腺機能低下症)[ ] 명구 《의학》〈여성 일반〉〈부인(여성)-내분비 및 대사 질환〉'거짓거짓부갑상샘기능저하증'의 전 용어.

가닐대다 ( )[가닐대다] 동〈기타〉〈통증 일반〉(몸이나 그 일부가) 살갗이 간지럽고 자릿한 느낌이 자꾸 나다.〈유〉가닐가닐하다, 가닐거리다 〈참〉그닐대다

가락 피부 경화증 (가락皮膚硬化症)[ ] 명구 《의학》〈노인 일반〉〈노인_피부 질환〉손가락이나 발가락의 피부가 딱딱해지는 증상.

가래(가) 끓다 ( )[ ] 동구〈기타〉〈통증 일반〉가래가 목구멍에 붙어서 숨 쉬는 대로 소리가 나다. ¶거르렁거르렁 가래가 끓다.

가렵다 ( )[가렵따] 형〈기타〉〈통증 일반〉(몸이) 근지러워 긁고 싶은 느낌이 있다. ¶나는 모기한테 물린 곳이 가려워서 참을 수가 없었다. / 등 한가운데가 가려운데 아무리 손을 비틀어도 닿지 않는다.

가성^가성^부갑상샘^기능^저하증 (假性假性副甲狀샘機能低下症)[ ] 명구 《의학》〈여성 일반〉〈부인(여성)-내분비 및 대사 질환〉가성부갑상샘기능저하증의 불완전한 이형(異形). 단신, 둥근 얼굴, 중수골단소 등 가성 부갑상샘 기능 저하증과 유사한 신체적 특징을 보이나, 갑상샘의 기능은 정상이기 때문에 혈청 중의 칼슘이나 인의 농도에는 이상이 없다.

가성^부갑상선^기능^저하증 (假性副甲狀腺機能低下症)[ ] 명구 《의학》〈여성 일반〉〈부인(여성)-내분비 및 대사 질환〉'거짓부갑상샘저하증'의 전 용어.〈유〉거짓^부갑상선^기능^저하증(거짓副甲狀腺機能低下症)「001」(동의어)

가성^유두^부종 (假性乳頭浮腫)[ ] 명구 《의학》〈여성 일반〉〈부인(여성)-유방 질환〉시각 신경의 염증에 의한 것이 아닌, 시신경 유두의 비정상적인 융기. ¶건양의대 김안과병원 김웅수 교수팀은 AI의 한 분야인 머신러닝을 통해 시신경병증과 가성유두부종, 정상안을 구별할 수 있다는 사실을 확인하

고 이 같은 연구 결과를 SCI급 안과 학술지인 BMC ophthalmology에 게재
했다고 지난 6일 밝혔다.

가스가 차다 ( )[ ]〔동구〕〈기타〉〈통증 일반〉소화 기관 내에서 내용물이 부패·발
효하여 기체가 발생하다. ¶소화가 안 되는지 배 속에 가스가 찼다.

가슴쓰림 ( )[가슴쓰림]〔명〕《의학》〈기타〉〈통증 일반〉명치 부위가 화끈하고 쓰
린 증상. 흔히 위의 신물이 식도로 역류할 때 생기며 신물이 입안으로 올라
올 때도 있다. 〈유〉가슴앓이

가슴앓이 ( )[가스마리]〔명〕《의학》〈기타〉〈통증 일반〉위에서 식도에 이르는 상
복부 및 인두 근처까지 고열이 나는 듯하거나 송곳으로 찌르는 것같이 아픈
증상. 식도 아래의 염증, 위액의 식도 안으로의 역류, 식도 아래쪽의 신전
(伸展), 극도의 긴장감 등이 원인이 된다. 〈유〉흉복통(胸腹痛), 가슴쓰림 ¶
온몸의 기력이 쇠진한 데다가, 요즈음은 가슴앓이가 더욱 심해져서 스스로
몸을 뒤채기도 힘들었다.

가슴을 앓다 ( )[ ]〔동구〕〈기타〉〈통증 일반〉안달하여 마음의 고통을 느끼다. ¶그
는 오랫동안 혼자 가슴을 앓으며 살아야 했다.

가슴이 쓰리다 ( )[ ]〔동구〕〈기타〉〈통증 일반〉

가슴이 아리다 ( )[ ]〔동구〕〈기타〉〈통증 일반〉몹시 가엾거나 측은하여 마음이 알
알하게 찌르는 것처럼 아프다. ¶아이들의 불쌍한 모습을 보자 가슴이 아렸
다.

가슴이 오그라들다 ( )[ ]〔동구〕〈기타〉〈통증 일반〉

가슴이 찢어지다 ( )[ ]〔동구〕〈기타〉〈통증 일반〉슬픔이나 분함 때문에 가슴이 째
지는 듯한 고통을 받다. ¶가슴이 찢어지는 고통을 참으며 걸어갔다.

가슴이 타다 ( )[ ]〔동구〕〈기타〉〈통증 일반〉마음속으로 고민하여 가슴이 뜨거워
지는 것 같다. ¶가슴이 타서 견딜 수가 없다.

가역적 요실금 (可易的尿失禁)[ ]〔명구〕〈노인 일반〉〈노인_신장 및 비뇨기계 질
환〉일시적으로 발생하는 요실금. 〈유〉일시적 요실금

가와사키-병 (kawasaki[川崎]病)[가와사키병]**명**《의학》〈청소년〉〈청소년-심혈관계 질환〉갑작스럽게 열이 나고 전신에 발진이 생기며 궤양성 잇몸병과 목 부위 림프 비대를 나타내는 원인 불명의 질환. 1967년에 일본에서 처음으로 보고되었는데, 90% 이상이 1~4세의 영유아에게서 나타난다. 발병률은 여아보다는 남아가, 서양인보다는 동양인이 높다. ¶가와사키병이 유행하고 있는 것이 아니라 코로나19 합병증으로 가와사키병과 유사한 괴질이 증가하고 있다는 주장이다.

가운데 심장증 (가운데心臟症)[가운데심장쯩]**명구**《의학》〈영유아〉〈심장 질환〉심장의 위치가 흉곽의 중심부에 있는 상태. 이 위치는 태아 시기에는 정상적이나 출생 후에는 비정상적이다.〈유〉가운데 심장, 정중 심장(正中心腸), 정중 심장증(正中心腸症 ¶아이가 태어나 보니 가운데 심장증이었다.

가-임신 (假妊娠)[가: 임신] **명**《의학》〈임부 산모〉〈부인(여성)-임신과 관련된 질환〉임신을 몹시 원하는 여성이 실제로 임신한 것이 아닌데도 입덧이나 태동과 같은 임신 증상을 나타내는 일. 〈유〉거짓^임신(거짓妊娠)「001」(동의어), 상상^임신(想像妊娠)「001」(동의어) ¶가임신의 진단 검사를 통해 정확하게 확인해요. 가임신 진단은 임신 여부를 확인하는 검사를 통해 이루어진다.

가족^요법 (家族療法)[ ] **명구**《의학》〈여성 일반〉〈부인(여성)-정신 건강 및 신경정신과 질환〉환자의 정신적 또는 정서적 장애가 가족 상호 간의 관계에서 비롯된 경우, 가족을 치료함으로써 환자를 치료하는 방법. 치료자가 환자의 가족을 만나 그들의 갈등과 문제를 해소하여 환자를 치료하는 방법이다.

가-진통 (假陣痛)[가: 진통] **명**《의학》〈임부 산모〉〈부인(여성)-출산 및 산후 관련 질환〉임신 중기나 출산이 가까운 시기에 일시적인 자궁 수축으로 인하여 불규칙적으로 일어나는 통증. ¶그날 새벽, 가진통이 시작되어 잠이 깼다.

가통 (加痛)[가통]**명**〈기타〉〈통증 일반〉1. 환자의 병이 심해져서 고통이 더

함. 2. 열병이나 중병이 재발하거나 다른 증세가 생겨서 몹시 앓음.

가통하다(加痛하다)[가통하다]〔통〕〈기타〉〈통증 일반〉1. 환자의 병이 심해져서 고통이 더하다. 2. 열병이나 중병이 재발하거나 다른 증세가 생겨서 몹시 앓다.

각골분한(刻骨憤恨)( )[각꼴분한]〔명〕〈기타〉〈통증 일반〉뼈에 사무칠 만큼 원통함. 또는 그런 일.〈유〉각골지통, 각골통한

각골지통(刻骨之痛)[각꼴지통]〔명〕〈기타〉〈통증 일반〉뼈에 사무칠 만큼 원통함. 또는 그런 일.〈유〉각골분한(刻骨憤恨), 각골통한(刻骨痛恨)

각골통한(刻骨痛恨)( )[각꼴통한]〔명〕〈기타〉〈통증 일반〉뼈에 사무칠 만큼 원통함. 또는 그런 일.〈유〉각골분한, 각골지통

각막^실질염(角膜實質炎)[ ]〔명구〕《의학》〈영유아〉〈성병〉주로 선천 매독이 원인이 되어 각막의 속이 우윳빛 유리처럼 흐려지고 섬모체의 충혈과 홍채염을 수반하기도 하는 각막염. ¶각막실질염은 각막 깊숙한 곳에 염증이 생긴 것을 말한다.

각막^연화증(角膜軟化症)[ ]〔명구〕《의학》〈소아 아동〉〈소아 피부병-홍역〉각막이 물러져서 차츰 허는 증상. 신생아나 유아가 홍역 따위로 건강 상태가 나빠졌을 때 비타민 에이(A)가 부족한 것이 원인이 되며, 눈에 심한 충혈과 부기(浮氣)가 일어나고 각막 궤양 따위가 생겨 실명하기도 한다. ¶어린아이들이 홍역을 앓은 후 각막연화증 발생한다.

각심통(脚心痛)[각씸통]〔명〕《한의》〈기타〉〈통증 일반〉발바닥의 한가운데가 아픈 증상.〈유〉족심통(足心痛)

각통1(脚痛)[각통]〔명〕〈기타〉〈통증 일반〉다리의 아픔.

각통2(覺痛)[각통]〔명〕〈기타〉〈통증 일반〉아픔을 느낌.

간성 구루병(肝性佝僂病)[ ]〔명구〕《의학》〈소아 아동〉〈간 질환〉장내 미네랄 흡수의 감소와 담즙성 간 질환(CLD)이 있는 어린이에서 발생하는 병.

간심통(肝心痛)[간:심통]〔명〕《한의》〈기타〉〈통증 일반〉간의 이상으로 생기는

가슴앓이. 얼굴빛이 퍼렇게 되고 숨을 제대로 쉬지 못한다.

간지럽다 ( )[간지럽따]⑱〈기타〉〈통증 일반〉(사물이) 살갗에 살짝 닿거나 스칠 때처럼 웃음이 나거나 견디기 어려운 느낌이 있다.〈참〉근지럽다 ¶아이는 모기에 물린 데가 간지러운지 자꾸 긁어 댔다.

간질간질하다 ( )[간질간질하다]⑧/⑱〈기타〉〈통증 일반〉자꾸 간지러운 느낌이 들다. 또는 자꾸 그런 느낌이 들게 하다. / 자꾸 또는 매우 간지럽다.〈유〉간질거리다, 간질대다 〈참〉근질근질하다 ¶바람에 날린 머리카락이 얼굴을 간질간질한다. / 코가 간질간질하여 재채기가 연거푸 났다.

간질거리다 ( )[간질거리다]⑧〈기타〉〈통증 일반〉(몸이나 그 일부가) 부드러운 물체가 살짝 닿거나 스칠 때처럼 웃음이 나거나 견디기 어려운 느낌이 나다.〈유〉간질간질하다, 간질대다 〈참〉근질거리다 ¶가래가 걸려 목구멍이 간질거린다.

간질대다 ( )[간질대다]⑧〈기타〉〈통증 일반〉(몸이나 그 일부가) 부드러운 물체가 살짝 닿거나 스칠 때처럼 웃음이 나거나 견디기 어려운 느낌이 나다.〈유〉간질간질하다, 간질거리다 〈참〉근질대다

간질^위염 (間質胃炎)[ ]⑲〈의학〉〈여성 일반〉〈부인(여성)-소화기 질환〉점막밑 조직과 근육 막에 침투하는 위염의 한 종류.〈유〉사이질^위염(사이質胃炎)

간질^유방염 (間質乳房炎)[ ]⑲〈의학〉〈여성 일반〉〈부인(여성)-유방 질환〉유방의 결합 조직의 염증.

간찰부^건선 (間擦部乾癬)[ ]⑲《의학》〈여성 일반〉〈부인(여성)-피부 및 모발 질환〉피부가 접히는 부위에 발생하는 건선. 다른 부위의 건선과 임상적인 양상이 약간 다르며 치료하기가 까다롭다.〈유〉접힘부^건선(접힘部乾癬)「001」(동의어)

간찰-진 (間擦疹)[간ː찰찐]⑲《의학》〈소아 아동/기타〉〈피부병〉겨드랑이, 목, 사타구니 따위의 피부가 서로 닿아 스침으로써 생기는 습진성 염증. 피부가

부풀어 오르고 짓무르거나 가렵거나 욱신거리는 증상이 나타나며, 젖먹이 아이나 비만한 성인처럼 피부가 많이 접혀 있는 사람에게서 흔히 발생한다. 〈유〉피부스침증(皮膚스침症)

갈락토스^혈증(galactose血症)[ ] **명구**《의학》〈영유아〉〈신생아_추가〉혈액 속의 갈락토스 수치가 높아지는 병. 갈락토스를 분해하는 효소의 결핍으로 일어나는 유전성 질환으로 출생 시에는 이상이 없으나 모유나 우유를 먹기 시작하면서부터 구토, 설사, 간과 지라의 커짐, 지능 발달 장애, 저혈당 따위의 증상이 나타난다. 〈유〉갈락토오스혈증

갈락토스^혈증^백내장(galactose血症白內障)[ ] **명구**《의학》〈영유아〉〈신생아_추가〉갈락토스 혈증을 앓고 있는 신생아나 젖먹이에게 발생하는 백내장. 〈유〉갈락토오스혈증백내장

갈락토오스^혈증(galactose血症)[ ] **명구**《의학》〈영유아〉〈신생아_추가〉혈액 속의 갈락토오스 수치가 높아지는 병. 갈락토오스를 분해하는 효소의 결핍으로 일어나는 유전성 질환으로 출생 시에는 이상이 없으나 모유나 우유를 먹기 시작하면서부터 구토, 설사, 간과 지라의 커짐, 지능 발달 장애, 저혈당 따위의 증상이 나타난다. 〈유〉갈락토스혈증

갈락토오스^혈증^백내장(galactose血症白內障)[ ] **명구**《의학》〈영유아〉〈신생아_추가〉갈락토오스 혈증을 앓고 있는 신생아나 젖먹이에게 발생하는 백내장. 〈유〉갈락토스혈증백내장

갈열(渴熱)[가렬]**명**《의학》〈영유아〉〈신생아_추가〉갓난아이에게 첫 며칠 동안 일시적으로 나타나는 열. 〈유〉탈수열

감각이 둔하다( )[ ] **형구**〈기타〉〈통증 일반〉감각이 날카롭지 않고 몹시 무디다. ¶요즘 들어 잇몸 주위에 둔한 통증이 자주 느껴진다.

감기-치레(感氣치레)[감ː기치레]**명**〈영유아/소아 아동〉〈감기-몸살, 세기관지염〉감기를 앓아 치러 내는 일. ¶그러나 잦은 감기치레는 아이들이 성장하는 데 큰 장애가 되며 감기 합병증으로 인해 많은 아이들이 입원한다는

것을 생각하면 만만히 볼 것은 아니다. / 특히 올해처럼 기후 변화가 종잡을
수 없을 때는 면역력이 약한 아이들은 잦은 감기치레를 할 수밖에 없다.

감돈-치핵(嵌頓痔核)[감돈치핵]**뗑**《의학》〈여성 일반〉〈부인(여성)-소화기 질
환〉내치핵이 항문 안으로 돌아가지 못하고 치핵 조직에 부종 또는 감염이
생기거나 치핵 조직이 썩는 치질 증상.

감로(疳勞)[감노]**뗑**《한의》〈소아 아동〉〈결핵병〉감병(疳病)의 하나. 소화 기
능의 장애로 영양이 불량하고 심신이 극히 쇠약하여 기침과 식은땀이 나고
얼굴이 창백해지는 어린이의 폐결핵, 만성 기관지 카타르 따위를 이른다.

감염^위염(感染胃炎)[ ]**뗑구**《의학》〈여성 일반〉〈부인(여성)-소화기 질환〉감
염을 일으키는 인자에 의하여 발생하는 위염. 위 나선균에 감염되어 생기는
위염이 대표적이다.

감염^홍반(感染紅斑)[ ]**뗑구**《의학》〈소아 아동〉〈전염병일반〉어린아이의 얼
굴과 온몸에 붉은 반점이 생기는 전염 피부병. 갑자기 뺨에 경계가 선명한
붉은 반점이 생겨서 온몸으로 번진다. 자각 증상은 없고 미열이 있을 뿐으
로 일주일 정도 지나면 저절로 낫는다.

감환(感患)[감ː환]**뗑**〈기타〉〈질병 일반〉감기의 높임말. ¶대감께서 감환으
로 나합의 침소에 계서….

갑갑하다( )[갑까파다]**휑**〈기타〉〈통증 일반〉가슴이나 배 속이 꽉 막힌 듯이
불편하다. ¶소화가 안돼서 속이 갑갑하다

갑상샘저하증(甲狀샘低下症)[ ]**뗑구**《의학》〈노인 일반〉〈노인_내분비 및 대사
질환〉혈액 속에 갑상샘 호르몬이 부족하여서 생기는 병. 몸속의 물질대사
가 잘 이루어지지 않아 몸이 나른하고 기력이 없어지며 동작이 느슨하여지
는 증상이 나타난다. 〈유〉갑상저하증, 갑상샘기능부전, 갑상샘기능저하
증 ¶(강북삼성병원이) 2014~2018년 건강검진을 받은 40세 이상 여성 5만
여명을 분석한 결과, 폐경 전후기에 갑상샘저하증 유병률이 유의하게 증가
하는 것으로 나타났다.

갑상샘^기능^부전(甲狀샘機能不全)[ ] **명구**《의학》〈여성 일반〉〈부인(여성)-내
분비 및 대사 질환〉혈액 속에 갑상샘 호르몬이 부족하여서 생기는 병. 몸속
의 물질대사가 잘 이루어지지 않아 몸이 나른하고 기력이 없어지며 동작이
느슨하여지는 증상이 나타난다. 〈유〉갑상^저하증(甲狀低下症)「001」(동의
어), 갑상샘^기능^저하증(甲狀샘技能低下症)「001」(동의어), 갑상샘^저하증
(甲狀샘低下症)「001」(동의어)

갑상샘^기능^저하증(甲狀샘技能低下症)[ ] **명구**《의학》〈여성 일반〉〈부인(여
성)-내분비 및 대사 질환〉혈액 속에 갑상샘 호르몬이 부족하여서 생기는
병. 몸속의 물질대사가 잘 이루어지지 않아 몸이 나른하고 기력이 없어지며
동작이 느슨하여지는 증상이 나타난다. 〈유〉갑상^저하증(甲狀低下症)
「001」(동의어), 갑상샘^기능^부전(甲狀샘機能不全)「001」(동의어), 갑상샘^
저하증(甲狀샘低下症)「001」(동의어) ¶올해 들어 페닐케톤뇨증, 갑상샘 기
능 저하증 등 일부 선천성 대사 이상에 한해 모든 신생아를 대상으로 무료
검사가 이뤄지고 있다.

갑상샘^기능^항진증(甲狀샘機能亢進症)[ ] **명구**《의학》〈여성 일반〉〈부인(여
성)-내분비 및 대사 질환〉혈액 속에 갑상샘 호르몬이 과도하게 생기는 병.
물질대사가 과도하게 활발해져 갑상샘이 커지며 눈이 튀어나오고, 심장이
빨리 뛰며 손끝이 떨리고 땀을 많이 흘리며, 음식을 많이 먹는데도 체중이
줄어드는 따위의 증상을 보인다. 〈유〉갑상샘^과다증(甲狀샘過多症)「001」
(동의어), 방패샘^항진증(防牌샘亢進症)「001」(〈유〉)

갑상선기능저하증(甲狀腺機能低下症)[ ] **명구**《의학》〈노인 일반〉〈노인_내분
비 및 대사 질환〉'갑상샘저하증'의 전 용어. 〈유〉갑상선기능부전, 갑상선저
하증 ¶갑상선의 기능 이상으로 인해 발생하는 질환은 크게 갑상선기능항
진증과 갑상선기능저하증으로 나뉜다.

갑상선^기능^부전(甲狀腺機能不全)[ ] **명구**《의학》〈여성 일반〉〈부인(여성)-내
분비 및 대사 질환〉'갑상샘저하증'의 전 용어. 〈유〉갑상선^기능^저하증(甲

狀腺機能低下症)「001」(동의어), 갑상선^저하증(甲狀腺低下症)「001」(동의어)

갑상선^기능^저하증(甲狀腺機能低下症)[ ] **명구**《의학》〈여성 일반/청소년〉〈부인(여성)-내분비 및 대사 질환/청소년-내분비 및 대사 질환〉'갑상샘저하증'의 전 용어. 〈유〉갑상선^기능^부전(甲狀腺機能不全)「001」(동의어), 갑상선^저하증(甲狀腺低下症)「001」(동의어), 갑상샘저하증, 하시모토 갑상선염

갑상선^기능^항진증(甲狀腺機能亢進症)[ ] **명구**《의학》〈여성 일반/청소년〉〈부인(여성)-내분비 및 대사 질환/청소년-내분비 및 대사 질환〉'갑상샘항진증'의 전 용어. 혈액 속에 갑상샘 호르몬이 과도하게 생기는 병. 물질대사가 과도하게 활발해져 갑상샘이 커지며 눈이 튀어나오고, 심장이 빨리 뛰며 손끝이 떨리고 땀을 많이 흘리며, 음식을 많이 먹는데도 체중이 줄어드는 따위의 증상을 보인다. 〈유〉갑상선^항진증(甲狀腺亢進症)「001」(동의어), 갑상샘항진증, 그레이브스병

갑상선-암(甲狀腺癌)[갑쌍서남]**명**《의학》〈여성 일반〉〈부인(여성)-암(종양) 관련 질환〉'갑상샘암'의 전 용어.

강남-별성(江南別星)[강남별썽]**명**《민속》〈소아 아동〉〈소아 피부병-천연두〉집집마다 찾아다니며 천연두를 앓게 한다는 여신. 중국 강남 지역에서 특별한 사명을 띠고 주기적으로 찾아온다고 한다.

강박성^인격^장애(強迫性人格障礙)[ ] **명구**《심리》〈여성 일반〉〈부인(여성)-정신 건강 및 신경정신과 질환〉유연성, 개방성, 효율성을 잃어 가면서까지 질서 정연, 완벽주의, 정신이나 대인관계의 조절에 지나치게 집착하는 양상을 특징으로 하는 장애. 〈유〉강박^인격^장애(強迫人格障礙)「001」(동의어)

강박^인격^장애(強迫人格障礙)[ ] **명구**《심리》〈여성 일반〉〈부인(여성)-정신 건강 및 신경정신과 질환〉유연성, 개방성, 효율성을 잃어가면서까지 질서 정연, 완벽주의, 정신이나 대인 관계의 조절에 지나치게 집착하는 양상을 특징으로 하는 장애. 〈유〉강박성^인격^장애(強迫性人格障礙)「001」(동의어)

강박^장애(強迫障礙)[ ] **명구**《의학/심리》〈여성 일반/청소년〉〈부인(여성)-정

신 건강 및 신경정신과 질환/청소년-정신 건강 및 신경정신과 질환〉반복되
는 사고의 흐름에 따라 반복적인 행동을 하는 장애.〈유〉OCD ¶강박 장애
는 대개 어릴 때, 특히 사춘기 전에 시작되는 경우가 많다.

강직성^척추염(強直性脊椎炎)[ ] 명구 《의학》〈여성 일반/청소년〉〈부인(여성)-
감각 기관(면역 및 자가 면역)/청소년-면역 및 자가 면역 질환〉척추에 생긴
염증으로 인해 관절 및 인대가 서서히 굳어져 구부릴 수 없게 되는 만성 질
환.〈유〉강직성^척추^관절염(強直性脊椎關節炎)「001」(동의어)

개구^진통(開口陣痛)[ ] 명구 《의학》〈임부 산모〉〈부인(여성)-출산 및 산후 관
련 질환〉'확장진통'의 전 용어.〈유〉확장^진통(擴張陣痛)「001」(동의어) ¶개
구 진통의 작용에는 태포형성, 경관의 소실, 자궁구의 개대, 아두의 하강등
이 있다.

갱년-기(更年期)[갱:년기] 명 〈여성 일반〉〈부인(여성)-여성 호르몬 및 폐경 관
련 질환〉인체가 성숙기에서 노년기로 접어드는 시기. 대개 마흔 살에서 쉰
살 사이에 신체 기능이 저하되는데, 여성의 경우 생식 기능이 없어지고 월
경이 정지되며, 남성의 경우 성기능이 감퇴되는 현상이 나타난다. ¶갱년기
여성. / 요즘 어머니께서 갱년기 증상이 부쩍 심하시다.

갱년기 정신 장애(更年期精神障礙)[ ] 명구 《의학》〈노인 일반〉〈노인_정신 건강
및 신경정신과 질환〉호르몬 활동이 감소하고 생식 능력이 없어지며, 부모
로서의 책임이 줄어드는 갱년기 혹은 퇴화기에 처음으로 발생하는 우울증.
여성의 경우 40~55세, 남성의 경우 50~65세에 주로 발생한다.〈유〉갱년기
정신병

갱년기 정신병(更年期精神病)[ ] 명구 《의학》〈노인 일반〉〈노인_정신 건강 및
신경정신과 질환〉호르몬 활동이 감소하고 생식 능력이 없어지며, 부모로서
의 책임이 줄어드는 갱년기 혹은 퇴화기에 처음으로 발생하는 우울증. 여성
의 경우 40-55세, 남성의 경우 50-65세에 주로 발생한다.〈유〉갱년기정신장
애.

갱년기^각질^피부증(更年期角質皮膚症)[ ] 명구《의학》〈여성 일반〉〈부인(여성)-여성 호르몬 및 폐경 관련 질환〉여성의 폐경 후 양쪽의 난소 절제술 후에 손·발바닥에 각질이 과도하게 형성되어 발생하는 질환. 전신적 에스트로젠 호르몬 대체 요법으로 호전된다.〈유〉갱년기^각피증(更年期角皮症)「001」(동의어), 갱년기^피부^각화증(更年期皮膚角化症)「001」(동의어) ¶폐경기 여성은 갱년기 각질피부증이 발생할 수 있다.

갱년기^각피증(更年期角皮症)[ ] 명구《의학》〈여성 일반〉〈부인(여성)-여성 호르몬 및 폐경 관련 질환〉여성의 폐경 후 양쪽의 난소 절제술 후에 손·발바닥에 각질이 과도하게 형성되어 발생하는 질환. 전신적 에스트로젠 호르몬 대체 요법으로 호전된다.〈유〉갱년기^각질^피부증(更年期角質皮膚症)「001」(동의어), 갱년기^피부^각화증(更年期皮膚角化症)「001」(동의어) ¶갱년기각피증은 후천성 병변으로서 폐경기 후의 여성에게 호발한다.

갱년기-성(更年期性)[갱년기썽] 명《의학》〈여성 일반〉〈부인(여성)-여성 호르몬 및 폐경 관련 질환〉여성이 성숙기에서 노년기로 접어들며 난소가 노화되어 기능이 떨어지는 때와 관련된 성질. ¶판시딜 여자 복용 후기와 갱년기성 탈모 핵심 영양제 추천.

갱년기^우울^반응(更年期憂鬱反應)[ ] 명구《의학》〈여성 일반〉〈부인(여성)-여성 호르몬 및 폐경 관련 질환〉갱년기에 볼 수 있는 정신병적 증상. 초조감과 강렬한 불안감이 수반되며, 자살의 위험이 높다. 건강염려증을 흔히 볼 수 있으며, 종종 그것이 임상적으로 관찰되는 증상의 전부일 수 있다. 이러한 차이점을 제외한다면 우울증과 거의 동일하다.〈유〉갱년기^정신병^반응(更年期精神病反應)「001」(동의어)

갱년기^우울병(更年期憂鬱病)[ ] 명구《의학》〈여성 일반〉〈부인(여성)-정신 건강 및 신경정신과 질환〉초로기에 볼 수 있는 정신병. 보통의 우울증보다 불안이나 고민이 심하여 침착성이 떨어지며 초조와 흥분의 정도가 강하다.〈유〉갱년기우울증, 초로우울병, 퇴행기우울증

갱년기^우울증(更年期憂鬱症)[ ](명구)《의학》〈여성 일반〉〈부인(여성)-정신 건
강 및 신경정신과 질환〉초로기에 볼 수 있는 정신병. 보통의 우울증보다 불
안이나 고민이 심하여 침착성이 떨어지며 초조와 흥분의 정도가 강하
다.〈유〉갱년기우울병 ¶갱년기우울증 증상 방치하면 젊은 치매 발병 2.7배
상승? 40~50대 중년이 되면 여성 호르몬 에스트로겐 등이 급격히 감소하며
우울증 등이 심해질 수 있다.

갱년기^장애(更年期障礙)[ ](명구)《의학》〈여성 일반〉〈부인(여성)-여성 호르몬
및 폐경 관련 질환〉갱년기의 여성에게 일어나는 신체적, 생리적 장애. 두
통, 수족 냉감(冷感), 어깨 결림, 기억력 감퇴 따위의 증상이 나타난다. ¶엄
마가 갱년기 장애 때문에 힘들어하신다.

갱년기^정신병(更年期精神病)[ ](명구)《의학》〈여성 일반〉〈부인(여성)-정신 건
강 및 신경정신과 질환〉호르몬 활동이 감소하고 생식 능력이 없어지며, 부
모로서의 책임이 줄어드는 갱년기 혹은 퇴화기에 처음으로 발생하는 우울
증. 여성의 경우 40-55세, 남성의 경우 50-65세에 주로 발생한다.〈유〉갱년
기^정신^장애

갱년기^정신병^반응(更年期精神病反應)[ ](명구)《의학》〈여성 일반〉〈부인(여
성)-정신 건강 및 신경정신과 질환〉갱년기에 볼 수 있는 정신병적 증상. 초
조감과 강렬한 불안감이 수반되며, 자살의 위험이 높다. '건강 염려증'을 흔
히 볼 수 있으며, 종종 그것이 임상적으로 관찰되는 증상의 전부일 수 있다.
이러한 차이점을 제외한다면 우울증과 거의 동일하다.〈유〉갱년기^우울^
반응

갱년기^정신^장애(更年期精神障礙)[ ](명구)《의학》〈여성 일반〉〈부인(여성)-정
신 건강 및 신경정신과 질환〉호르몬 활동이 감소하고 생식 능력이 없어지
며, 부모로서의 책임이 줄어드는 갱년기 혹은 퇴화기에 처음으로 발생하는
우울증. 여성의 경우 40~55세, 남성의 경우 50~65세에 주로 발생한다.〈유〉
갱년기^정신병

갱년기^증상(更年期症狀)[ ]『명구』《의학》〈여성 일반〉〈부인(여성)-여성 호르몬 및 폐경 관련 질환〉주로 갱년기의 여성에게 나타나는 신체적·생리적인 증상. 폐경, 안면 홍조, 우울증, 불면증, 손발 저림 따위의 증상이 나타난다. ¶ 갱년기 여성들의 각종 갱년기 증상들을 완화하고 골다공증의 위험을 줄이는 데에는 흔히 호르몬 치료법이 사용된다. / 갱년기 증상은 이르면 폐경 10년 전부터 시작해 짧게는 2년, 길게는 8년까지 지속된다.

갱년기^증후(更年期症候)[ ]『명구』《의학》〈여성 일반〉〈부인(여성)-여성 호르몬 및 폐경 관련 질환〉월경 폐지기에 난소 기능의 쇠약으로 난포 호르몬의 분비가 감소하여 하수체 성선 자극 호르몬이 증가하고 월경이 불순하게 되며 우울증, 발한, 수면 장애 따위의 여러 가지 자율 신경 증상 및 정신 증상을 포함해 부정 수소가 많아지는 증후. 치료를 위해 정신적, 심리적 상담이나 전문의에 의한 호르몬 요법을 시행한다. ¶침구 치료도 단독으로 이미 갱년기 증후를 개선시키는 데 효과적임이 SCI급 논문으로 여러차례 발표된 적이 있다.

갱년기^피부^각화증(更年期皮膚角化症)[ ]『명구』《의학》〈여성 일반〉〈부인(여성)-여성 호르몬 및 폐경 관련 질환〉폐경 후 여성에서 양쪽의 난소 절제술 후에 발생하는 '과다 각화증'. 전신적 에스트로겐 호르몬 대체 요법으로 호전된다. 〈유〉갱년기^각질^피부증(更年期角質皮膚症)「001」(동의어), 갱년기^각피증(更年期角皮症)「001」(동의어)

거대 각막증(巨大角膜症)[ ]『명구』《의학》〈영유아〉〈눈병〉각막이 양측으로 발육하는 기형. 출생 시에 비정상적 크기에 달하며, 엑스염색체 열성 또는 상염색체 우성 형질로 유전한다.

거대 세포 폐렴(巨大細胞肺炎)[ ]『명구』《의학》〈영유아/소아 아동〉〈폐렴〉다핵 거대세포가 폐포에 늘어서 있는 드문 홍역 합병증.

거대^섬유^선종(巨大纖維腺腫)[ ]『명구』《의학》〈여성 일반〉〈부인(여성)-유방 질환〉양성 섬유 선종으로 그 크기가 큰 증상. 주로 청소년기의 여자에게 흔히 발생한다.

거대^세포^바이러스 (巨大細胞virus) [ ] **명구** 《생명》〈영유아〉〈전염병일반〉사람, 원숭이, 설치 동물을 감염시키며 핵내 봉입체를 가진 독특한 거대 세포를 생성하는 디엔에이(DNA) 바이러스. 영유아에게 감염되면 치명적일 수 있다. 사이토메갈로바이러스

거대^세포^바이러스^감염 (巨大細胞virus感染) [ ] **명구** 《보건 일반》〈영유아〉〈전염병일반〉거대 세포 바이러스에 의한 감염. 거대 세포 바이러스는 인체 감염을 빈번히 유발하며 선천성 기형의 가장 흔한 원인으로 알려져 있다.

거대^세포^바이러스^망막염 (巨大細胞virus網膜炎) [ ] **명구** 《의학》〈영유아〉〈전염병일반〉거대 세포 바이러스 감염에 의한 망막 염증. 거대 세포 바이러스는 인체 감염을 빈번히 유발하며 선천성 기형의 가장 흔한 원인으로 알려져 있다. 사이토메갈로바이러스 망막염.

거대^세포^바이러스^폐렴 (巨大細胞virus肺炎▽) [ ] **명구** 《의학》〈영유아〉〈전염병일반〉거대 세포 바이러스 감염에 의한 폐 염증. 거대 세포 바이러스는 인체 감염을 빈번히 유발하며 선천성 기형의 가장 흔한 원인으로 알려져 있다.

거대^유방증 (巨大乳房症) [ ] **명구** 《의학》〈여성 일반〉〈부인(여성)-유방 질환〉비정상적으로 과도하게 유방이 큰 상태. 〈유〉큰젖가슴-증(큰젖가슴症)「001」(동의어) ¶지난 13일(현지시각) 더선 외신에 따르면, 페이지 해밀턴(29)은 과도한 유방 조직 성장을 유발하는 거대 유방증을 앓고 있다.

거대^큰창자증 (巨大큰창자症) [ ] **명구** 《의학》〈영유아/소아 아동〉〈신생아_추가〉태어나면서부터 큰창자의 신경세포의 결손으로 꿈틀운동을 못하게 되어, 변을 잘 보지 못하고 점점 복부가 부풀어 오르는 병. 유·소아에게서 나타난다.

거북하다 ( ) [거:부카다] **형** 〈기타〉〈통증 일반〉몸이 찌뿌드드하고 괴로워 움

직임이 자연스럽지 못하거나 자유롭지 못하다. ¶나는 속이 거북해서 점심을 걸렀다.

거식^장애 (拒食障礙) [ ] 명구 《심리》〈여성 일반〉〈부인(여성)-소화기 질환〉식이 장애의 하나로, 먹는 것을 거부하거나 두려워하는 이상 현상. 또는 그러한 병적 증세. ¶싱글 맘인 여성 경영자, 폭주족 출신 ○○○, 거식장애를 앓고 있는 ○○○ 등에 둘러싸인 직장에서 ○○○의 새로운 나날들이 펼쳐진다.

거식-증 (拒食症) [거 : 식쯩] 명 《의학》〈여성 일반/청소년〉〈부인(여성)-소화기 질환/청소년-정신 건강 및 신경정신과 질환〉먹는 것을 거부하거나 두려워하는 병적 증상.〈유〉신경성^식욕^부진증(神經性食慾不振症)「001」¶한 패션모델이 심한 다이어트로 인해 거식증에 걸려 죽었다는 기사가 났다. /거절증 증세가 언어에 나타나면 함묵증, 음식에 대해 나타날 때 거식증이라 한다.

거안 (拒按) [거 : 안] 명 《한의》〈기타〉〈통증 일반〉아픈 부위를 만져 주면 아픔이 더 심해져서 손을 대지 못하게 함.

거위배 ( ) [거위배] 명 《한의》〈기타〉〈통증 일반〉회충으로 인한 배앓이.〈유〉충복통(蟲腹痛), 회복통(蛔腹痛), 회통(蛔痛), 횟배(蛔배), 횟배앓이(蛔배앓이) ¶저놈이 거위배를 앓느냐 왜 배를 문질러.

거위배를 앓다 ( ) [ ] 동구 〈기타〉〈통증 일반〉

거짓 오른심장증 (거짓오른心臟症) [거 : 진오른심장쯩] 명구 《의학》〈영유아〉〈심장 질환〉심장이 몸의 오른쪽에 위치하지만 심실이나 심방, 큰 혈관들의 위치는 정상인 상태. 선천적 혹은 외상으로 발생한다.〈유〉거짓 우심증

거짓^갑상샘^기능^저하증 (거짓甲狀샘機能低下症) [ ] 명구 《의학》〈여성 일반〉〈부인(여성)-내분비 및 대사 질환〉실제로는 갑상샘 호르몬이 있으나 이를 활용하지 못하여 갑상샘 기능 저하가 일어나는 병.

거짓^부갑상샘^기능^저하증 (거짓副甲狀샘機能低下症)[ ]〔명구〕《의학》〈여성 일반〉〈부인(여성)-내분비 및 대사 질환〉부갑상샘 호르몬이 결핍된 것이 아니라 부갑상샘 호르몬에 대한 반응이 결여되어 있는 유전 질환. 이는 신호 전달 체계와 관련이 있는 지 단백질의 결핍 때문에 발생된다.〈유〉거짓^부갑상샘^저하증(거짓副甲狀샘低下症)「001」(동의어)

거짓^부갑상선^기능^저하증 (거짓副甲狀腺機能低下症)[ ]〔명구〕《의학》〈여성 일반〉〈부인(여성)-내분비 및 대사 질환〉'거짓부갑상샘저하증'의 전 용어.〈유〉가성^부갑상선^기능^저하증(假性副甲狀腺機能低下症)「001」(동의어)

거짓^부갑상선^저하증 (거짓副甲狀腺低下症)[ ]〔명구〕《의학》〈임부 산모〉〈부인(여성)-임신과 관련된 질환〉'거짓부갑상샘저하증'의 전 용어.

거짓^여성^유방증 (거짓女性乳房症)[ ]〔명구〕《의학》〈여성 일반〉〈부인(여성)-유방 질환〉지방 축적으로 인하여 남성의 유방이 커져 있는 상태. ¶지방 축적으로 인한 경우를 남성의 거짓 여성 유방증이라 하고 젖꽃판 아래 단단한 유방실질(유선)이 증식돼 있으면 남성의 여성형 유방증이라고 한다.

거짓^여성형^유방증 (거짓女性型乳房症)[ ]〔명구〕《의학》〈여성 일반〉〈부인(여성)-유방 질환〉남자가 여자와 비슷하게 유방이 커진 상태. 실제로는 지방 조직이 커진 것이지 젖샘이 커진 것은 아니다.〈유〉거짓^여성형^유방(거짓女性型乳房)「001」(〈유〉)

거짓^임신 (거짓妊娠)[ ]〔명구〕《의학》〈임부 산모〉〈부인(여성)-임신과 관련된 질환〉임신을 몹시 원하는 여성이 실제로 임신한 것이 아닌데도 입덧이나 태동과 같은 임신 증상을 나타내는 일.〈유〉가-임신(假妊娠)「001」(동의어), 상상^임신(想像妊娠)「001」(동의어) ¶게티이미지 남자 친구가 떠날까 봐 거짓 임신까지 꾸며 낸 여자 친구에 대해 누리꾼들이 전청조를 떠올리며 공포에 떨었다.

건망 (健忘)[건:망]〔명〕《의학》〈노인 일반〉〈노인_퇴행성 뇌 질환 및 신경계 질환〉경험한 일을 전혀 기억하지 못하거나 어느 시기 동안의 일을 전혀 기억하지 못하거나 드문드문 기억하기도 하는 기억 장애.〈유〉건망, 잊음증 ¶건망증에 걸리다, 건망증이 생기다, 건망증이 심하다.

건망증(健忘症)[건:망쯩]**명**《의학》〈노인 일반〉〈노인_퇴행성 뇌 질환 및 신경계 질환〉경험한 일을 전혀 기억하지 못하거나 어느 시기 동안의 일을 전혀 기억하지 못하거나 또는 드문드문 기억하기도 하는 기억장애.〈유〉기억 소실(記憶逍失), 기억 결함(記憶缺陷) ¶요즘에는 건망이 더 심해져서 걱정이다. 천재들은 대개 건망증이 심하다. 일시에 건망증이 생활을 지배한다.

건선(乾癬)[건선]**명**《한의》〈청소년〉〈청소년-피부 및 모발 질환〉얼굴 같은 데에 까슬까슬하게 흰 버짐이 번지는 피부병. 대개 영양 결핍으로 생긴다.

건선^홍색^피부증(乾癬紅色皮膚症)[ ]**명구**《의학》〈여성 일반〉〈부인(여성)-피부 및 모발 질환〉건선에서 일어나는 것과 유사하게 박리와 염증이 특징인 피부염.

건성 카타르(乾性catarrh)[ ]**명구**《의학》〈노인 일반〉〈노인_호흡기 질환〉심한 기침을 할 때 발생하는, 가래 배출이 거의 없는 마른기침. 노인의 천식과 폐공기증에서 볼 수 있다.

건협통(乾脇痛)[건협통]**명**《한의》〈기타〉〈통증 일반〉옆구리 아래 한 부위가 끊임없이 아픈 것으로 매우 위중한 병증.『의초유편(醫鈔類編)』〈협통문(脇痛門)〉에서 '지나치게 허하여 손상됨으로써 옆구리 아래쪽이 끊임없이 아픈 것을 말한다.' ¶건협통은 심히 위급한 증상으로 분류되는데, 육체적·정신적 피로가 너무 심해 기혈이 극도로 허약해진 결과로 보기 때문에 치료처방도 기혈을 보강하는 약재로 구성돼 있다.

게임^중독(game中毒)[ ]**명구**《심리》〈청소년〉〈청소년-정신 건강 및 신경정신과 질환〉게임에 지나치게 빠져, 게임을 하지 않고서는 견디지 못하는 병적 상태. ¶약물, 도박, 게임 중독의 늪에 빠진 현대인이 200만 명이 넘는 것으로 추산된다.

격통1(膈痛)[격통-]**명**《한의》〈기타〉〈통증 일반〉가슴과 명치 끝이 아픈 증상.

격통2(激痛)[격통-]**명**〈기타〉〈통증 일반〉심한 아픔. ¶그는 격통에 온 미간을 찌푸렸다.

견배통(肩背痛)[견배통-]**명**《한의》〈기타〉〈통증 일반〉어깨와 등의 근맥(筋脈)과 살이 아픈 병증. 대부분 풍습(風濕)의 침입을 받아서 발생하는데, 장부(臟腑)와 기혈(氣血)이 속에서 상하여 발생한다. ¶동의보감에서는 견비통이 외상에 의해 발생하거나 축축하고 무거우며 찬 기운이 드는 풍한습이나 기혈 부족 때문에 발생한다고 본다.

견비통(肩臂痛)[견비통-]**명**《한의》〈기타〉〈통증 일반〉신경통의 하나. 어깨에서 팔까지 저리고 아파서 팔을 잘 움직이지 못한다. ¶일반적인 견비통, 즉 장시간 동일한 자세를 취해 근육의 긴장이 계속돼 혈류가 나빠진 단순 피로 견비통이라면 마늘로 효과를 볼 수 있다.

견인증(牽引症)[겨닌쯩]**명**《한의》〈기타〉〈통증 일반〉근육이 땅기고 쑤시고 아픈 증상.

견인통(牽引痛)[겨닌통-]**명**《한의》〈기타〉〈통증 일반〉신경통의 하나. 근육이 땅겨서 쑤시고 아프다.

견통(肩痛)[견통-]**명**《의학》〈기타〉〈통증 일반〉목덜미로부터 어깨에 걸쳐 일어나는 근육통을 통틀어 이르는 말. 피로가 주된 원인이며 대개 어깨에 둔한 통증이 있다. ¶전문의약품은 견통을 어깨 통증으로 바꾸는 등 일반인들도 이해하기 쉬운 용어를 써야 한다. / 이 제품에 함유된 활성형 비타민은 신경 기능을 정상으로 유지시킴으로써 신경통, 요통, 견통(어깨 결림)을 완화시킨다.

결리다( )[결리다]**동**〈기타〉〈통증 일반〉(사람이 몸의 일부가) 숨을 쉬거나 움직일 때 당기거나 뻐근하여 아픔이 느껴지다. ¶어깨가 결리다. / 계속 앉아서 일했더니 허리가 결려. / 나는 구둣발에 채인 옆구리가 결려서 한동안 숨도 쉬지 못했다.

결핵 (結核) [결핵] **명** 《의학》〈청소년〉〈청소년-감염병 및 전염병〉결핵균에 감염되어 일어나는 만성 전염병. 허파·콩팥·창자나 뼈·관절·피부·후두 따위에 침투하며 결핵 수막염, 흉막염, 복막염을 일으키고 온몸에 퍼지기도 한다. ¶결핵에 걸리다. / 결핵을 앓다.

결핵^관절염 (結核關節炎) [ ] **명구** 《의학》〈기타 공통〉〈결핵병〉결핵균이 신체의 다른 부분에서부터 이차적으로 관절에 침입하여 일으키는 병.〈유〉골관절 결핵, 관절결핵

결핵^뇌막염 (結核腦膜炎) [ ] **명구** 《의학》〈영유아〉〈결핵병/뇌+염〉결핵균의 감염으로 뇌막에 일어나는 염증. 젖먹이에게 많이 발생하며 구토, 발열, 불면 증상을 보인다.〈유〉결핵수막염 ¶특히 결핵 뇌막염과 파종 결핵 등을 예방하는 효과가 있다.

결핵성^관절염 (結核性關節炎) [ ] **명구** 《의학》〈기타 공통〉〈결핵병〉'결핵관절염'의 전 용어. ¶보통 세균성 관절염이나 결핵성 관절염 후 관절 연골이 파괴된 경우, 심한 충격이나 반복적인 가벼운 외상 후에 나타난다.

결핵성^뇌막염 (結核性腦膜炎) [ ] **명구** 《의학》〈영유아〉〈결핵병〉'결핵뇌막염'의 전 용어. ¶3살 때 결핵성 뇌막염을 앓고 후유증으로 뇌병변 장애를 갖게 됐습니다. / 결핵성 뇌막염을 예방하기 위해서는 결핵에 대한 예방적인 접종과 생활 습관의 개선이 필요하다.

결핵성^수막염 (結核性髓膜炎) [ ] **명구** 《의학》〈영유아〉〈결핵병〉'결핵수막염'의 전 용어. ¶결핵 중 가장 위험한 것은 결핵성 수막염과 급성 속립성(혹은 좁쌀) 결핵이다.

결핵^수막염 (結核髓膜炎) [ ] **명구** 《의학》〈영유아〉〈결핵병〉결핵균의 감염으로 뇌막에 일어나는 염증. 젖먹이에게 많이 발생하며 구토, 발열, 불면 증상을 보인다.〈유〉결핵뇌막염 ¶결핵수막염이 만성적으로 진행되면 뇌 신경을 침범하는 징후(눈운동신경마비, 드물게 얼굴 신경 마비, 시야 장애)가 나타날 수 있다.

겸한^임신 (兼한妊娠) [ ] **명구** 《의학》〈임부 산모〉〈부인(여성)-임신과 관련된 질환〉자궁 내 임신과 자궁 외 임신이 동시에 이루어지는 상태. 〈유〉자궁^내외^임신(子宮內外妊娠)「001」(동의어)

경계선^인격^장애 (境界線人格障礙) [ ] **명구** 《심리》〈여성 일반〉〈부인(여성)-정신 건강 및 신경정신과 질환〉비정신증적 상태와 정신증적 상태의 경계에 있는 인격 장애. 행동이나 정서적인 면에서 매우 불안정하고 감정의 기복이 심한 증상을 보인다. ¶일부 정신의학자들은 자기애적, 히스테리적, 경계선 인격 장애가 있는 여성이 외모를 특히 중시하고 화장, 노출 패션에 집착한다고 주장한다. / 리더 중에 부하 직원을 위협하거나 모욕을 준다든지, 물건을 던지거나 성희롱을 일삼는 이들이 있다면 경계선 인격 장애를 의심해 볼 필요가 있다.

경계^인격^장애 (境界人格障礙) [ ] **명구** 《의학》〈여성 일반〉〈부인(여성)-정신 건강 및 신경정신과 질환〉이른 성인 시기에 시작하여 지속적이고 전반적인 양상을 보이는 정신 장애. 충동성, 예측 불허성, 불안정한 대인 관계, 부적절하고 조절할 수 없는 정서, 분노, 주체성 장애, 기분의 급격한 변화, 자살 행동, 자해 행위, 직업과 결혼 생활의 불안정, 만성적인 공허감 혹은 권태감, 혼자 있는 것을 견디지 못하는 것 따위가 특징이다. 〈유〉경계선^성격^장애(境界線性格障礙)「001」(동의어), 경계성^인격^장애(境界性人格障礙)「001」(〈유〉)

경구^피임약 (經口避妊藥) [ ] **명구** 《약학》〈여성 일반〉〈부인(여성)-부인과(산부인과) 질환〉먹는 피임약. 배란을 억제하거나 수정란의 착상을 방해하는 따위의 효과를 나타낸다. ¶경구 피임약은 복용 후 약 1~2시간 이내에 인체에 흡수된다.

경련 진통 ( ) [ ] **명구** 〈기타〉〈통증 일반〉

경련성^변비 (痙攣性便祕) [ ] **명구** 《의학》〈여성 일반〉〈부인(여성)-소화기 질환〉장의 특정한 부위에서 갑작스러운 근수축에 의하여 협착이 일어나 배변이 드물거나 곤란한 상태.

경련^수축(痙攣收縮)[ ]〔**명구**〕《의학》〈영유아〉〈신생아_추가〉근육 또는 근육군
의 급격한 불수의적 수축.

경련^진통(痙攣陣痛)[ ]〔**명구**〕《의학》〈임부 산모〉〈부인(여성)-출산 및 산후 관
련 질환〉자궁의 수축이 풀리지 않고 같은 강도로 계속되는 진통.

경증 인지장애(輕症認知障碍)[ ]〔**명구**〕《의학》〈노인 일반〉〈노인_퇴행성 뇌질환
및 신경계 질환〉정상 인지의 노화와 치매 사이의 전환 단계로 단기기억 장
애를 가지고 복잡한 인지 기능에 어려움이 있음.

경통(經痛)[경통-]〔**명**〕《한의》〈기타〉〈통증 일반〉월경 때에, 배와 허리 또는 온
몸이 아픈 증상.〈유〉경통증(經痛症)

경통증(經痛症)[경통-쯩]〔**명**〕《한의》〈기타〉〈통증 일반〉월경 때에, 배와 허리
또는 온몸이 아픈 증상.〈유〉경통(經痛)

경피용^BCG(經皮用BCG)[ ]〔**명구**〕《보건 일반》〈영유아〉〈결핵병〉피부를 통하
여 투여하는 결핵 예방 백신. BCG 접종 방법 중 하나이다. 희석된 결핵균을
팔의 피부에 바르고 약 9개의 얇은 침이 고정되어 있는 원통으로 이루어진
접종 침을 눌러 피부밑으로 들어가게 한다.

계류^유산(稽留流産)[ ]〔**명구**〕《의학》〈임부 산모〉〈부인(여성)-기타 임신 및 출
산 관련 문제〉태아가 죽은 채로 자궁안에 오래 머물러 있다가 나오는 일. ¶
첫 번째 임신을 계류유산으로 끝냈다.

계심통(悸心痛)[계ː심통/게ː심통]〔**명**〕《한의》〈기타〉〈통증 일반〉심장이 두근
거리고 가슴이 답답하며 명치 부위가 아픈 증세. ¶언젠가부터 할아버지는
계심통으로 인해 잠을 잘 주무시지 못한다.

계통1(繼痛)[계ː통/게ː통-]〔**명**〕〈기타〉〈통증 일반〉잇따라 병을 앓음.

계통2(悸痛)[계ː통/게ː통-]〔**명**〕《한의》〈기타〉〈통증 일반〉가슴이 두근거리면
서 아픈 증상.

고관절^결핵(股關節結核)[ ]〔**명구**〕《의학》〈소아 아동〉〈결핵병〉엉덩 관절에 결

핵균이 들어가서 생기는 염증. 어린아이에게 흔히 생기며, 처음에는 다리를 절다가 심해지면 휘어진다. ¶나는 이 약방으로 여명이 얼마 남지 않았다고 진단받은 자궁암 환자, 고관절 결핵으로 한성 농양이 있는 경우, 소아마비로 보행 불능이었던 상태, 신장 결핵으로 부고환 결핵과 한성 농양이 있었던 상황 등, 불치 또는 난치라고 여겨졌던 것을 보통의 일상생활이 가능할 만큼 호전시키는 데 성공하여…

고도근시(高度近視)[ ]圄《의학》〈노인 일반/영유아/소아 아동〉〈노인_감각 기관 관련 질환(안과, 이비인후과)/눈병〉안경 도수가 -10디옵터 이상 되는 심한 근시. 갓 태어나서 또는 어렸을 때에 근시가 생겨 눈이 점차 나빠지면서 생기는데, 흔히 성인이나 노인이 될 때까지 계속된다. ¶고도근시가 있으면 녹내장 발병에도 영향을 줄 수 있다.

고도^비만(高度肥滿)[ ]圄口《의학》〈여성 일반〉〈부인(여성)-내분비 및 대사 질환〉몸무게가 표준체중의 50%를 넘는 비만.

고령 확진자(高齡确诊者)[ ]圄口《의학》〈노인 일반〉〈노인_기타〉확진자 가운데 나이가 많아서 위험도가 높아진 환자. 일반적으로 60세 이상의 경우를 말한다. ¶코로나 19에 감염될 경우 상태가 악화할 가능성이 높은 60대 이상 고령 확진자 비율이 점차 늘고 있다.

고령^임신(高齡妊娠)[ ]圄口《의학》〈임부 산모〉〈부인(여성)-임신과 관련된 질환〉나이가 많이 들어 아이를 배는 일. 보통 임신부가 35세 이상인 경우를 이른다. ¶고령 임신의 경우 난자의 노화로 인해 태아의 염색체 이상이 나타날 가능성이 높아진다. / 최근 자궁 경부암 발생 연령이 낮아지고, 반면 고령 임신이 늘면서 과거에 비해 임신부의 자궁 경부 이상이 자주 발견되고 있어 주의가 요구된다.

고령화(高齡化)[고령화]圄〈노인 일반〉〈노인_퇴행성 뇌 질환 및 신경계 질환〉한 사회에서 노인의 인구 비율이 높은 상태로 나타나는 일. ¶농촌 사회에서는 고령화 현상이 더욱 두드러지고 있다.

고름^물집^여드름 ( )[ ] 명구 《의학》〈여성 일반〉〈부인(여성)-피부 및 모발 질환〉고름 물집 병터가 뚜렷한 보통 여드름.〈유〉농포^여드름(膿疱여드름)「001」(동의어)

고분지통 (鼓盆之痛)[고분지통] 명 〈기타〉〈통증 일반〉물동이를 두드리는 슬픔이라는 뜻으로, 아내가 죽은 슬픔을 이르는 말.

고삼병 (高三病)[고삼뼁] 명 〈청소년〉〈청소년-정신 건강 및 신경정신과 질환〉입시를 앞둔 고등학교 3학년 수험생들에게 홍역처럼 유행하는 각종 정신적·신체적 증후군을 속되게 이르는 말. ¶웬만한 병보다 무섭다는 고삼병 / 3학년에 올라가 고삼병에 걸렸는지 그렇게 튼튼하던 아이가 먹기만 하면 체한다. / 3학년에 올라가 고삼병에 걸렸는지 그렇게 튼튼하던 아이가 먹기만 하면 체한다.

고전적^제왕^절개술 (古典的帝王切開術)[ ] 명구 《의학》〈임부 산모〉〈부인(여성)-출산 및 산후 관련 질환〉질 분만을 하지 않고 배의 한가운데를 세로로 절개하여 아기를 출산하는 방법. 요즈음은 부작용이 많아 잘 사용하지 않는 방법이다.〈유〉고전^제왕^절개(古典帝王切開)「001」(동의어)

고전^제왕^절개 (古典帝王切開)[ ] 명구 《의학》〈임부 산모〉〈부인(여성)-출산 및 산후 관련 질환〉질 분만을 하지 않고 배의 한가운데를 세로로 절개하여 아기를 출산하는 방법. 요즈음은 부작용이 많아 잘 사용하지 않는 방법이다.〈유〉고전적^제왕^절개술(古典的帝王切開術)「001」(동의어)

고지질 혈증 (高脂質血症)[ ] 명구 《의학》〈노인 일반〉〈노인_심혈관계 질환〉혈청 내에 콜레스테롤이 상승되거나 중성 지방의 증가, 혹은 이 두 가지의 지질 성분이 동시에 증가하는 상태.〈유〉고지혈증, 고지방증, 고지방 혈증, 이상 지질 혈증 ¶고지질 혈증은 일단 생기면 위험하고, 조절하기도 까다로우므로 예방이 최선이다. / 고지질 혈증인 경우, 지질 강하제 등을 이용한 치료가 필요하다.

고지-혈증 (高脂血症)[고지혈쯩] 명 《의학》〈여성 일반〉〈부인(여성)-내분비 및

대사 질환〉혈청 속에 지방질이 많아서 혈청이 뿌옇게 흐려진 상태. 동맥 경
화증을 촉진시키는 요인의 하나이다. 〈유〉고지방-증(高脂肪症)「001」(동의
어), 고지방^혈증(高脂肪血症)「001」(달리 이르는 말), 고지질^혈증(高脂質血
症)「001」(동의어) ¶웹툰 작가 겸 방송인 기안84가 고지혈증 진단을 받고 식
습관을 바꾸기 위해 노력하고 있다.

고창(蠱脹)[고창]**명**〈기타〉〈통증 일반〉기생충 때문에 배가 불러 오면서 아
픈 증상.

고콜레스테롤^혈증(高cholesterol血症)[ ]**명구**《의학》〈여성 일반〉〈부인(여성)-
내분비 및 대사 질환〉혈청 내 콜레스테롤 수치가 정상보다 높은 상태. 콩팥
질환이나 동맥 경화증, 고지질 단백 혈증 환자에서 관찰된다. 〈유〉과콜레스
테롤^혈증(過cholesterol血症)「001」(동의어)

고통(苦痛)[고통]**명**〈기타〉〈통증 일반〉몸이나 마음의 괴로움과 아픔. 〈유〉
고한(苦恨) 〈참〉통고(痛苦)

고통스럽다(苦痛스럽다)[고통스럽따]**형**〈기타〉〈통증 일반〉몸이나 마음이 괴
롭고 아픈 느낌이 있다. ¶그는 말하는 것조차도 고통스러운 듯했다. / 보초
는 언제나 고된 임무이지만 특히 겨울밤의 보초는 고통스럽다. / 나는 목이
부어 밥을 넘기기가 고통스러웠다.

고프로락틴혈성^무월경(高prolactin血性無月經)[ ]**명구**《의학》〈여성 일반〉〈부
인(여성)-부인과(산부인과) 질환〉혈청 프로락틴이 비정상적으로 상승하여
발생하는 무월경. 비생리적인 젖분비를 동반하여 나타난다.

고한(苦恨)[고한]**명**〈기타〉〈통증 일반〉몸이나 마음의 괴로움과 아픔. 〈유〉
고한(苦痛)

고-혈당(高血糖)[고혈땅]**명**《의학》〈노인 일반〉〈노인_내분비 및 대사 질환〉
혈액 속에 함유된 포도당이 비정상적으로 많아지는 증상. 대부분 당뇨병과
관계가 있다. 〈유〉고혈당-증(高血糖症), 과-혈당(過血糖), 과혈당-증(過血糖
症), 혈당과다증(血糖過多症) ¶당이 소변으로 빠지기 시작하면 피로감, 잦

은 소변, 극심한 공복감, 피부 및 구강의 건조, 시야가 흐려짐 등의 고혈당 증상이 나타나기 시작한다.

고혈압(高血壓)[고혀랍]圐《의학》〈노인 일반/청소년〉〈노인_심혈관계 질환/청소년-심혈관계 질환〉혈압이 정상 수치보다 높은 증상. 최고 혈압이 150~160mmHg 이상이거나 최저 혈압이 90~95mmHg 이상인 경우인데, 콩팥이 나쁘거나 갑상샘 또는 부신 호르몬에 이상이 있어 발생하기도 하고 유전적인 원인으로 발생하기도 함.〈유〉고혈압증, 혈압항진증 ¶매일 규칙적으로 운동하는 것이 무엇보다 중요해진다. 몸무게가 늘면 당뇨병, 심장병, 고혈압 등 온갖 병의 위험도 늘어나기 때문이다. / 특히 짜게 간을 하면 아기의 콩팥에 부담을 줄 뿐만 아니라 평생 짠 음식을 좋아하게 되어 고혈압이 생기기 쉽다.

고환통(睾丸痛)[고환통]圐《의학》〈기타〉〈통증 일반〉고환이나 관련 부위에 일어나는 신경통. ¶코로나19 감염의 특이 증상으로는 남성들에게서만 나타나는 고환통이 있다.

곡지통(哭之痛)[곡찌통]圐〈기타〉〈통증 일반〉목을 놓아 매우 슬프게 욺. ¶덕령이 이 대목을 읽었을 때, 오천 장병들은 모두 다 흐느껴 곡지통을 아니할 수 없었다.

골^감소증(骨減少症)[ ]圐구《의학》〈여성 일반〉〈부인(여성)-근골격계 및 정형외과 질환〉뼈의 무기질과 단백질이 정상 이하로 감소되어 가는 증상. 유골 형성의 속도가 정상적인 골흡수 속도에 미치지 못하여 발생한다.〈유〉뼈^감소증(뼈減少症)「001」(동의어) ¶패스트푸드를 많이 먹어 칼슘 섭취가 적은 도시 지역 20대 남성의 20.6%(34명 중 7명)가 골다공증의 전 단계인 골감소증 상태인 것으로 조사되었다. / 대한폐경학회에 따르면 50세 이상 폐경 여성 절반이 골 감소증이며, 30%가 골다공증 진단을 받았다.

골관절염(骨關節炎)[골관절렴]圐《의학》〈노인 일반〉〈노인_근골격계 및 정형외과 질환〉주로 노인에게 발생하는 비염증성 변성 관절 질환. 관절 연골의 변성, 골 변연의 비후 및 활액막의 변화가 특징이고, 장기간의 활동 후에 동통이나 경직이 수반된다. ¶대표적인 근골격계 질환인 골관절염의 관리 및 치료와 관련한 국제 가이드라인이 업데이트됐다.

골다공-증(骨多孔症)[골다공쯩]**명**《의학》〈노인 일반/여성 일반〉〈노인_근골 격계 및 정형외과 질환/부인(여성)-근골격계 및 정형외과 질환〉뼈의 칼슘 이 줄어들어 뼈에 작은 구멍들이 생기고 뼈가 약해지는 증상.〈유〉골조송-증(骨粗鬆症)「001」(〈유〉), 뼈엉성-증(뼈엉성症)「001」(〈유〉)¶비타민 디(d) 부족은 골다공증이나 골연화증을 초래해 골절이나 낙상의 위험과 자가 면 역 질환의 위험을 높일 수 있다.

골다공증-약(骨多孔症藥)[골다공쯩냑]**명**《약학》〈여성 일반〉〈부인(여성)-근 골격계 및 정형외과 질환〉골다공증을 치료하거나 예방하는 데 쓰는 약.

골반^경사(骨盤傾斜)[ ]**명구**《의학》〈여성 일반〉〈부인(여성)-부인과(산부인 과) 질환〉수평면과 위 골반문이 이루는 각도.〈유〉골반^기울기(骨盤기울 기)「001」(동의어)

골반-염(骨盤炎)[골반념]**명**《의학》〈여성 일반〉〈부인(여성)-부인과(산부인 과) 질환〉골반에 염증이 생기는 질병. ¶만성 골반염으로 인해 아랫배가 자 주 아프면서 지속적인 냉·대하가 있는 경우에는 약물 보류 관장법으로 직 장을 통해 약물을 흡수시키는 외치법이 효과적이다. / 보통 세균 감염으로 인해 질염이나 자궁 경부염이 제대로 치료되지 않고 방치되면서 세균이 자 궁을 통해 위로 올라가면서 골반염이 생기게 된다.

골반^염증^질환(骨盤炎症疾患)[ ]**명구**《의학》〈여성 일반〉〈부인(여성)-부인과 (산부인과) 질환〉골반통, 발열, 질 분비물을 특징으로 하는 질환. 성적 접촉 에 의하여 외음부와 질 따위의 하부에 생긴 염증이 자궁, 자궁관, 난소, 복 막과 그 인접 조직 등 여성의 전 생식기에 전파되는 상향성 염증성 질환이 다.〈유〉피아이디(PID)「002」(동의어)¶신장 결석의 치료법과 골반 염증 질 환의 발생 원인 및 치료 방안에 대해 상세히 알아보겠다.

골반울혈증후군(骨盤鬱血症候群)[ ] **명구** 〈여성 일반〉〈부인(여성)-부인과(산부인과) 질환〉생리 전이나 성교 후, 오랫동안 서 있을 때 골반 통증이 더 심해지는 사람 중 두통, 허리 통증, 소화불량, 우울증, 불안증, 소변이 마려우면 참기 힘든 증상 등이 동반돼 나타난 증상들이다. ¶30~40대 여성의 만성 골반통증은 아이를 낳은 후 생긴 골반울혈증후군이 원인인 경우가 많다.

골반^장기^탈출증(骨盤臟器脫出症)[ ] **명구** 《의학》〈여성 일반〉〈부인(여성)-부인과(산부인과) 질환〉골반의 근육이 약화되어 골반 장기가 아래쪽으로 빠져나오는 증상. ¶골반장기탈출증을 예방하기 위해서는 규칙적인 운동을 통해 복부 비만을 막고 적정 체중을 유지해야 합니다. / 골반 장기 탈출증은 출산한 경험이 있는 50세 이상 여성 10명 중 3명에게 발병할 정도로 중년 이상에서 빈번하다.

골연화증(骨軟化症)[골ː련화쯩] **명** 《의학》〈청소년〉〈청소년-성장 및 발달 관련 질환〉뼈조직에서 칼슘이나 인 같은 무기질이 침착되지 아니하여 뼈가 약해지고 잘 변형되는 따위의 증상. 비타민 디(D)나 무기질을 적게 섭취하여 생기며 사지에 통증이 있고 걷기가 힘들어진다. 〈유〉뼈연화증

골정맥^혈전증(骨靜脈血栓症)[ ] **명구** 《의학》〈여성 일반〉〈부인(여성)-심혈관계 질환〉뼛속 정맥 안에 하나 또는 그 이상의 혈전이 형성되는 증상. 〈유〉골혈전-증(骨血栓症)「001」(동의어), 뼈^혈전증(뼈血栓症)「001」(동의어)

골통(骨痛)[골통] **명** 《한의》〈기타〉〈통증 일반〉주로 과로 때문에 생기는 것으로, 뼈가 쑤시는 듯이 아프고 열이 오르내리는 병.

골혈전-증(骨血栓症)[골혈쩐쯩] **명** 《의학》〈여성 일반〉〈부인(여성)-심혈관계 질환〉뼛속 정맥 안에 하나 또는 그 이상의 혈전이 형성되는 증상. 〈유〉골정맥^혈전증(骨靜脈血栓症)「001」(동의어), 뼈^혈전증(뼈血栓症)「001」(동의어)

곱다( )[곱따] **형** 〈기타〉〈통증 일반〉(이가) 시거나 찬 음식을 먹어서 시큰시큰하다. ¶시큼한 오렌지를 연상하기만 해도 마치 이가 곱는 듯한 느낌이다.

공기 심장막증(空氣心臟膜症)[ ]〔명구〕《의학》〈기타 공통〉〈심장 질환〉심장막 안에 공기가 차는 병. 식도나 위의 궤양 따위가 심장막 안으로 터져서 생기며 흔히 고름이 차게 되고 심장 압박 증상이 나타난다.〈유〉심낭기종(心囊氣腫), 심막기종(心膜氣腫) ¶공기 심장막증은 신생아의 공기누출의 종류 중 가장 드문 형태이지만 신생아 심장 압전의 가장 흔한 원인이 되며 대부분 신생아 호흡 곤란 증후군으로 기계 환기 치료를 받는 미숙아에서 발생하고 사망률은 70-80%에 이른다.

공기가슴-증(空氣가슴症)[공기가슴쯩]〔명〕《의학》〈기타 공통〉〈결핵병〉가슴막 안에 공기가 차 있는 상태. 흉부 부상 또는 결핵이나 폐렴 따위로 허파의 표면에 구멍이 생기는 것이 원인이며, 폐가 수축하여 호흡 곤란 증상이 나타난다. ¶이와 관련, 한 병원 관계자는 "언론에 보도된 내용을 종합해 보면 박주미 씨는 사고 직후 '외상성 공기가슴증'을 잠시 겪었던 것으로 보인다."며 '가슴에 찬 공기를 모두 빼낸 지금쯤은 빠르게 안정을 되찾고 있을 것'이라고 진단했다.

공기^기아(空氣飢餓)[ ]〔명구〕《기계》〈여성 일반〉〈부인(여성)-부인과(산부인과) 질환〉고공에서 공기 밀도의 저하로 인하여 발생하는 신체의 불쾌한 상태.

공기^요법(空氣療法)[ ]〔명구〕《의학》〈소아 아동〉〈결핵병/만성 하기도 질환〉신선한 공기를 마시게 함으로써 병을 치료하는 방법. 호흡 기관의 병, 특히 폐결핵의 치료에 쓰는 것으로, 화학 요법이 등장하기 전에 많이 이용하였으며 현재도 소아 천식의 치료에 쓰고 있다.〈유〉대기요법 ¶공기 요법의 치유력 수용 / 만성 폐 질환이 있는 환자는 폐질환의 급성 재발(악화) 시 단기간의 공기 요법이 필요할 수 있다.

공복통(空腹痛)[공복통]〔명〕《의학》〈기타〉〈통증 일반〉배 속이 비었을 때 윗배에서 느끼는 통증. ¶단식을 하며 공복통을 경험하는 사람들이 많다. 주로 시작할 무렵에 느끼게 되는데, 우리 몸이 음식으로 섭취하는 포도당을 연료로 사용하는 데 익숙해져 있기 때문이다.

공황^장애 (恐慌障礙)[ ] **명구** 《의학》〈여성 일반〉〈부인(여성)-정신 건강 및 신
경정신과 질환〉뚜렷한 근거나 이유 없이 갑자기 심한 불안과 공포를 느끼
는 공황 발작이 되풀이해서 일어나는 병. 공황 발작이 일어나면 심장이 빨
리 뛰고 호흡이 가빠지는 등의 증상을 보이며 곧 죽을 것 같은 두려움을 느
끼게 된다.〈유〉공황-증(恐惶症)「001」(동의어) ¶매일 출근길이 끔찍해 잠을
못 이루거나 심지어는 공황 장애에 시달리고 있는 근로자가 적지 않은 것으
로 드러났다. / 김 씨는 과거에서 벗어나려 몸부림쳤지만, 한때 대인 기피증
진단을 받고 공황장애도 앓았다.

공황^장애 (恐慌障礙)[ ] **명구** 《의학》〈청소년〉〈청소년-정신 건강 및 신경정신
과 질환〉뚜렷한 근거나 이유 없이 갑자기 심한 불안과 공포를 느끼는 공황
발작이 되풀이해서 일어나는 병. 공황 발작이 일어나면 심장이 빨리 뛰고
호흡이 가빠지는 등의 증상을 보이며 곧 죽을 것 같은 두려움을 느끼게 된
다.

과난소자극증후군(OHSS) (過卵巢刺戟症候群(OHSS))[ ] **명구** 《심리》〈여성 일
반〉〈부인(여성)-정신 건강 및 신경정신과 질환〉난소에 과한 자극이 전해지
게 될 경우 발생하는 현상으로 복부 팽만감, 체중 증가, 오심, 구토, 핍뇨 등
을 동반한다.

과다^불안^장애 (過多不安障礙)[ ] **명구** 《심리》〈여성 일반〉〈부인(여성)-정신
건강 및 신경정신과 질환〉어린이나 청소년기에 발생하는, 특별한 정황이나
스트레스와 무관하게 지나친 걱정이나 공포 행동을 나타내는 장애.〈유〉과
다^불안(過多不安)「001」(동의어)

과다^비만증 (過多肥滿症)[ ] **명구** 《의학》〈여성 일반〉〈부인(여성)-내분비 및 대
사 질환〉비만의 정도가 심한 상태. 병적인 비만 및 비만증을 이른다.

과다^월경 (過多月經)[ ] **명구** 《의학》〈여성 일반〉〈부인(여성)-부인과(산부인
과) 질환〉월경 주기는 정상이지만 출혈이 지나치게 많고 핏덩이가 나오기

도 하는 증상. 자궁 근종, 자궁 속막의 기능 이상이 원인인 경우가 많다.〈유〉월경^과다증(月經過多症)「001」(동의어) ¶과다월경을 진단하기 위해 기본적으로 초음파 검사와 내진을 통해 자궁에 이상이 있는지 확인합니다.

과다^유두(過多乳頭)[ ]❬명구❭《의학》〈여성 일반〉〈부인(여성)-유방 질환〉유방이나 몸의 다른 부위에 정상보다 많은 수의 유두가 존재하는 증상.

과다^유두증(過多乳頭症)[ ]❬명구❭《의학》〈여성 일반〉〈부인(여성)-유방 질환〉유방이나 몸의 다른 부위에 정상보다 많은 수의 유두가 존재하는 증상.

과다^유방(過多乳房)[ ]❬명구❭《의학》〈여성 일반〉〈부인(여성)-유방 질환〉유방이 지나치게 커진 상태. 또는 유선이 비정상적으로 많은 상태.

과립(顆粒)[과립]❬명❭《한의》〈영유아/소아 아동〉〈소아 피부병-홍역/피부병〉마마나 홍역 따위로 인하여 피부에 돋는 것. ¶홍역의 과립(顆粒)이 어제와 비교하여 불그스름한 윤기가 있습니다.

과민대장증후군(過敏大腸症候群)[ ]❬명구❭《의학》〈청소년〉〈청소년-소화기 질환〉정신적인 스트레스로 창자의 운동이 증가하여 설사나 변비가 생기고 아랫배가 아픈 만성 질환.〈유〉민감잘록창자

과식-증(過食症)[과:식쯩]❬명❭《의학》〈여성 일반〉〈부인(여성)-소화기 질환〉식욕이 병적으로 높아져서 음식을 아무리 먹어도 배부르지 아니하여 지나치게 많이 먹는 증상. 지적 장애인에게서 많이 볼 수 있다.〈유〉다식-증(多食症)「001」,대식-증(大食症)「001」

과-임신(過妊娠)[과:임신]❬명❭《의학》〈임부 산모〉〈부인(여성)-임신과 관련된 질환〉'중복임신'의 전 용어.

과잉^불안^장애(過剩不安障礙)[ ]❬명구❭《심리》〈여성 일반〉〈부인(여성)-정신건강 및 신경정신과 질환〉어린이나 청소년기에 발생하는, 특별한 정황이나 스트레스와 무관하게 지나친 걱정이나 공포 행동을 나타내는 장애.〈유〉과다^불안(過多不安)「001」(동의어)

과잉^유두 (過剩乳頭)[ ] 명구 《의학》〈여성 일반〉〈부인(여성)-유방 질환〉유두를 과잉으로 가지고 있는 상태. 유두 밑으로 유선 조직은 연결되어 있지 않으며, 유두의 크기는 작은 분홍색 점부터 정상 유두까지 다양하다.

과잉^칼로리에^의한^비만 (過剩calorie에의한肥滿)[ ] 명구 《의학》〈여성 일반〉〈부인(여성)-내분비 및 대사 질환〉과식과 운동 부족으로 인해 신체에 체지방이 과다한 상태.

과체중 (過體重)[과:체중] 명 〈청소년〉〈청소년-성장 및 발달 관련 질환〉기준이나 표준에 비하여 지나치게 많이 나가는 몸무게. ¶과체중이나 비만인 사람들은 다이어트를 하는 게 좋다.

관내^유두종 (管內乳頭腫)[ ] 명구 《의학》〈여성 일반〉〈부인(여성)-유방 질환〉젖샘관에서 기원하며 작아서 때로는 만져지지 않는 양성 유두종. 가끔 젖꼭지에서 출혈이 나타난다.

관농 (貫膿)[관:농] 명 《한의》〈소아 아동〉〈소아 피부병-천연두〉천연두를 앓을 때 부르터서 곪음. ¶증상으로는 초열(初熱), 출두(出痘), 기창(起脹), 관농(貫膿), 수엽(收靨), 낙가(落痂) 등의 단계가 3일씩 차례대로 진행되는 독특한 경과를 보였다.

관농-하다 (貫膿하다)[관:농하다] 동 《한의》〈소아 아동〉〈소아 피부병-천연두〉천연두를 앓을 때 부르터서 곪다.

관심병 (觀心病)[관심뼝] 명 〈기타 공통〉일반적으로 지나치게 관심받는 것을 의식하고 자아도취 하거나 자신의 인지도를 필요 이상으로 과대평가하는 행위를 지칭하는 신조어.

관절통 (關節痛)[관절통] 명 《의학》〈기타〉〈통증 일반〉뼈마디가 쑤시면서 몹시 아픈 증상. ¶나이가 들면서 관절통이 심해져서 요즘은 운동도 못 하고 있습니다.

광범위 뇌 위축 (廣範圍腦萎縮)[ ] 명구 《의학》〈노인 일반〉〈노인_퇴행성 뇌 질환 및 신경계 질환〉뇌의 이마엽 파괴로 인하여 발생한, 치매의 한 종류. 이로 인해 정신 기능이 점차적으로 퇴행된다. ¶대학병원에서 뇌MRI검사 결과 광범위한 뇌 위축 진단을 받고 뇌심부자극술을 받기로 했다. 이 씨는 파킨슨 병 환자다. / 무시하면 음주는 광범위한 뇌 구조의 위축을 일으키며 '알코올 성 치매'로 진행할 수 있다. 노인성 치매와 비슷하게 심한 기억 상실 증세를 보이는데 바로 전날의 일도 알 수 없을 만큼 기억력이 현저히 떨어진다.

광선^양진 (光線癢疹)[ ] **명구**《의학》〈여성 일반〉〈부인(여성)-피부 및 모발 질 환〉햇빛에 대한 비정상적인 반응으로 피부에 발생하는 가려운 발진. 주로 광선 노출부에 발생한다.

광장공포증 (廣場恐怖症)[ ] **명구**《심리》〈여성 일반〉〈부인(여성)-정신 건강 및 신경정신과 질환〉공황 발작이나 유사 증상이 생길 경우 도움을 받기 어려 운 장소에 있으면 불안하다고 느끼는 증상이다. 공황 발작과 연관성이 커서 같이 다루어진다.

교통 (絞痛)[교통-] **명**《한의》〈기타〉〈통증 일반〉비트는 것처럼 몹시 아픈 증 상.

구강^피임약 (口腔避妊藥)[ ] **명구**《약학》〈여성 일반〉〈부인(여성)-부인과(산부 인과) 질환〉임신이 되지 않도록 구강으로 섭취하는 여성 호르몬 제제. ¶구 강 피임약을 장기간 복용할 때, 신체에 '이런' 것이 발생한다.

구루병 (佝僂病)[구루뼝] **명**《의학》〈청소년〉〈청소년-성장 및 발달 관련 질환〉 뼈의 발육이 좋지 못하여 척추가 구부러지거나, 뼈의 변형으로 안짱다리 등 의 성장 장애가 나타나는 병. 비타민 디(D)의 부족으로 생기며, 유아에게 많다.〈유〉비타민 D 결핍증, 곱삿병

구빈원 (救貧院)[구:비눤] **명**《복지》〈노인 일반〉〈노인_기타〉생활 능력이 없 거나 가난한 사람들을 수용하여 구호하는 공적·사적인 시설. ¶19세기 말, 보호가 필요한 아동들은 주로 구빈원에서 보호되다가 값싼 노동력으로 제 공되었다.

구순암 (口脣癌)[구수남] **명**《의학》〈노인 일반〉〈노인_암(종양) 관련 질환〉입

술에 생기는 암. 아랫입술 겉면이 하얗게 되기도 하며 응어리가 지면서 짓 무르기도 하는데 50~70세 남성에게 발생하기 쉽다.〈유〉입술암 ¶구순암의 치료 방법은 수술이다.

구역질(嘔逆질)[구역찔]**명**〈기타〉〈통증 일반〉속이 메스꺼워 자꾸 토하려고 하는 짓.〈유〉욕지기질, 외욕질, 토역질(吐逆질) ¶그는 심한 악취를 맡자 웩 웩 구역질을 시작하였다. / 이십 분쯤 지났을 때 구역질은 어느 정도 가라앉 는 것 같았다.

구역질하다(嘔逆질하다)[구역찔하다]**동**〈기타〉〈통증 일반〉

국소^머리^골다공증(局所머리骨多孔症)[ ]**명구**《의학》〈여성 일반〉〈부인(여 성)-근골격계 및 정형외과 질환〉머리뼈의 일부에만 국소적으로 나타나는 뼈엉성증. 파젯병에서 잘 나타난다.〈유〉국소^머리^뼈엉성증(局所머리뼈 엉성症)「001」(동의어)

군인병(軍人病)[ ]**명**〈성인 일반〉군인으로서의 업무를 수행하다가 걸리게 되 는 질병을 통틀어 이르는 말. ¶군인병 중 폐렴은 주로 만성 폐 질환, 흡연 자, 면역계 질환자에게 발생한다.

굴기능 부전 증후군(窟機能不全症候群)[굴기능부전증후군]**명구**《의학》〈기타 공통〉〈심장 질환〉심방의 활동이 제대로 되지 않거나 없어서 여러 증상이 나타나는 증후군. 증상은 어지럼증에서 의식 소실에까지 이르며, 흔히 느린 맥박과 빠른맥이 교대로 나타나고, 심실위 또는 심실 부정맥, 굴심방 결절 기능 정지, 굴심방 차단이 동반된다.〈유〉동기능부전증후군(洞機能不全症 候群) ¶굴기능부전증후군은 매우 드물지만 신생아에서도 발생할 수 있으 며 소아 환자의 경우 대부분 선천 심장병이 있거나 심장 수술 후에 발생한 다. 그러나 이와 같은 심 질환의 선행 요인이 없는 신생아에서도 발생할 수 있기 때문에 이에 대한 인지가 필요하다.

굴심방 부정맥(窟心房不定脈)[굴:심방부정맥]**명**《의학》〈소아 아동/노인 일 반〉〈심장 질환〉굴심방 결절에서 자극이 고르지 못할 때 나타나는 부정맥.

어린이나 노인에게서 자주 보게 되며, 심장 동맥 경화증이나 심한 심장 근육 장애 때도 나타난다.

굴측성^건선(屈側性乾癬)[ ] 명구 《의학》〈여성 일반〉〈부인(여성)-피부 및 모발 질환〉몸의 굽힘 쪽 부위에 생기는 건선. 폄 쪽 부위에 생기는 것보다 발생 빈도는 낮지만 치료가 다소 까다롭다.〈유〉굽힘^쪽^건선(굽힘쪽乾癬)「001」(동의어), 부위^바꿈^건선(部位바꿈乾癬)「001」(동의어)

궐두통(厥頭痛)[궐두통]명《한의》〈기타〉〈통증 일반〉찬 기운이 뇌에까지 미쳐 두통과 치통이 함께 나타나는 증상.〈유〉궐역두통((厥逆頭痛)

궐심통(厥心痛)[궐씸통]명《한의》〈기타〉〈통증 일반〉사기(邪氣)가 심장을 둘러싸고 있는 막과 거기에 붙어 있는 낙맥(絡脈)을 침범하여 생긴 병. 심장이 바늘로 찌르는 것 같고 등까지 아프다. ¶한의학에서는 현대 협심증과 유사한 증상으로 흉비(胸痹), 심통(心痛), 궐심통(厥心痛)이 있다.

궤양성^대장염(潰瘍性大腸炎)[ ] 명구《의학》〈청소년〉〈청소년-소화기 질환〉큰창자의 안쪽 점막에 궤양이 생기는 병. 점혈변(點血便), 복통, 설사, 발열 따위의 증상이 나타난다.

귀배-증(龜背症)[귀배쫑]명《한의》〈소아 아동〉〈결핵병〉척추 관절 부위에 생기는 결핵병. 취학기의 아동에게 주로 발생하며, 등뼈가 거북의 등처럼 구부러져서 펴지 못한다. ¶거의 60세인 한 남자가 귀배증(龜背證)을 앓으면서 고미(苦味)를 먹을 수 없었는데,〈고미(苦味)를 먹기만 하면〉흉중(胸中)이 찢어지는 것과 같기 때문이었고, 곧게 서 있더라도 신장(身長)이 평일의 반(半)밖에 되지 않았다.

귀앓이( )[귀아리]명〈기타〉〈통증 일반〉귓속이 곪아 앓는 병. 또는 그런 증상.〈유〉귀통증 ¶귀앓이를 앓다.

귀통증(귀痛症)[귀통쫑]명《의학》〈기타〉〈통증 일반〉귓속이 곪아 앓는 병. 또는 그런 증상.〈유〉귀앓이, 이통(耳痛) ¶코로나 감염의 증상으로 심한 인후통이나 코막힘을 호소하는 아이들이 많으며, 귀통증은 코막힘과 연관되는 경우가 흔하다.

그닐거리다 ( )[그닐거리다]**[통]**〈기타〉〈통증 일반〉(몸이나 그 일부가) 살갗이 근지럽고 저린 느낌이 자꾸 나다.〈유〉그닐그닐하다, 그닐대다 〈참〉가닐가닐하다 ¶손가락이 벌레에 물린 듯 그닐거렸다.

그닐그닐하다 ( )[그닐그닐하다]**[통]**〈기타〉〈통증 일반〉(몸이나 그 일부가) 살갗이 근지럽고 저린 느낌이 자꾸 나다.〈유〉그닐거리다, 그닐대다 〈참〉가닐가닐하다

그닐대다 ( )[그닐대다]**[통]**〈기타〉〈통증 일반〉(몸이나 그 일부가) 살갗이 근지럽고 저린 느낌이 자꾸 나다.〈유〉그닐거리다, 그닐그닐하다 〈참〉가닐대다

그레이브스-병(graves病)[ ]**[명]**《의학》〈여성 일반〉〈부인(여성)-내분비 및 대사 질환〉갑상샘 항진증의 대표적인 질환. 특히 눈알이 튀어나오며 갑상샘종을 수반하는 경우를 이른다. 기초 대사가 항진하여 식욕이 늘면서도 몸은 여위며, 가슴이 두근거리고 땀이 나며 손이 떨리는 등의 증상이 나타나는데, 남자보다도 여자에게 많이 발생한다.〈유〉바제도-병(Basedow病)「001」(동의어)

그물^모양^유사^건선(그물模樣類似乾癬)[ ]**[명구]**《의학》〈여성 일반〉〈부인(여성)-피부 및 모발 질환〉몸통과 팔다리에 지속적으로 발생하는 것으로, 위축된 황색 또는 오렌지색의 판이 나타나는 만성 염증 피부 질환. 간혹 균상 식육종으로 이행된다.〈유〉다형^유사^건선(多形類似乾癬)「001」(동의어), 위축^유사^건선(萎縮類似乾癬)「001」(동의어), 큰^판^유사^건선(큰板類似乾癬)「001」(동의어)

극통(極痛/劇痛)[극통]**[명]**〈기타〉〈통증 일반〉매우 심한 아픔이나 고통. ¶기절 직전의 극통이 온몸을 휩쓸고 지나갔다.

근근하다 ( )[근근하다]**[형]**〈기타〉〈통증 일반〉(몸이나 피부가) 좀 아픈 듯하면서도 가려운 느낌이 있다. ¶피부병이 났던 자리가 건조하고 근근하네요. / 부스럼 자리가 근근하면서 좀 쑤신다.

근막 동통 증후군(筋膜疼痛症候群)[ ] 명구《의학》〈기타〉〈통증 일반〉근육의 탄력성이 떨어져 수축된 상태가 지속되어 통증을 느끼게 되는 가장 일반적인 만성 근육 장애. 근육이 수축된 상태가 지속되면 근육 내 신경이 눌리고 혈관이 압박되어 근육 내에서 생긴 통증 물질이 배출되지 못하고 근육 내에 축적된다. 그러면 근육이 부착된 골막이 자극을 받아 통증이 유발된다.〈유〉근막 통증 증후군(筋膜痛症症候群), 근막통 증후군(筋膜痛症候群)

근실거리다( )[근실거리다] 동〈기타〉〈통증 일반〉(사람이나 그 몸이) 가려운 느낌이 자꾸 나다.〈유〉근실근실하다, 근실대다 ¶벌레가 기어가는 것처럼 몸이 자꾸 근실거린다.

근실근실하다( )[근실근실하다] 동〈기타〉〈통증 일반〉(사람이나 그 몸이) 가려운 느낌이 자꾸 나다.〈유〉근실거리다, 근실대다 ¶송충이들이 무리 지어 기어가는 것을 보고 있으면 온몸이 근실근실하여 기분이 나쁘다.

근실대다( )[근실대다] 동〈기타〉〈통증 일반〉(사람이나 그 몸이) 가려운 느낌이 자꾸 나다.〈유〉근실거리다, 근실근실하다

근육 위축 가쪽 경화증(筋肉萎縮가쪽硬化症)[ ] 명구《의학》〈노인 일반〉〈노인_근골격계 및 정형외과 질환〉겉질 뇌줄기로, 겉질척수로와 척수의 운동 신경 세포를 침범하는 치명적인 퇴행병. 이 병의 영향을 받은 신경이 분포하는 근육에서는 허약과 소모가 점차 진행되며, 근육 섬유가 수축하거나 경련하는 증상이 흔히 일어난다.〈유〉근위축 측삭 경화증 ¶전체 루게릭병 환자의 약 5~10%는 가족성 근육 위축 가쪽 경화증으로 알려져 있고, 이 중 약 20%의 가족에게 21번 염색체에서 원인 유전자의 돌연변이가 확인되고 있다.

근육 통증(筋肉痛症)[그뉵통쯩] 명구《의학》〈기타〉〈통증 일반〉근육이 쑤시고 아픈 증상.〈유〉근육통(筋肉痛), 근통(筋痛), 살몸살

근육이 뭉치다( )[ ] 동구〈기타〉〈통증 일반〉

근육층^신경얼기(筋肉層神經얼기)[ ] 명구《의학》〈영유아〉〈신생아_추가〉식도, 위, 창자의 근육층에서 신경절 이후 신경 세포체와 민말이집 신경 섬유

로 이루어진 신경얼기.근층간 신경총.

근육통(筋肉痛)[그뉵통]**명**《의학》〈기타〉〈통증 일반〉근육이 쑤시고 아픈 증
상.〈유〉근통(筋痛), 살몸살 ¶근육에 피로물질이 축적되면 근육통이 생긴
다. / 운동을 심하게 했더니 온몸에 근육통이 생겼어. / 몸살감기로 인해 뼈
마디가 쑤실 정도로 근육통이 심해졌다.

근-이영양증(筋異營養症)[ ]**명**《의학》〈영유아〉〈신생아_추가〉신체의 근육이
긴장되고 위축되며 호르몬 이상과 대사 장애가 나타나는 우성 유전병. 근-
디스트로피(筋dystrophy), 근육^영양^장애(筋肉營養障礙), 근육^위축병(筋
肉萎縮病), 근육^이영양증(筋肉異營養症), 근육^퇴행^위축(筋肉退行萎
縮) ¶기존에는 근 위축 등을 수반하는 근이영양증 등 165종 질환에 대해서
만 산전 배아나 태아를 대상으로 유전체 검사가 허용됐다.

근지럽다( )[근지럽따]**형**〈기타〉〈통증 일반〉(몸이) 무언가 닿아 스치는 것처
럼 가려운 느낌이 있다.〈참〉간지럽다 ¶몸이 너무 근지러워서 목욕을 좀 해
야겠다.

근질거리다( )[근질거리다]**동**〈기타〉〈통증 일반〉(몸이나 그 일부가) 부드러운
물체가 닿을 때처럼 저릿저릿한 느낌이 자꾸 들다.〈유〉근질근질하다, 근질
대다 〈참〉간질거리다

근질근질하다( )[근질근질하다]**동**/**형**〈기타〉〈통증 일반〉(몸이) 자꾸 가려운
느낌이 들다. / (몸이) 매우 가렵다.〈유〉근질거리다, 근질대다 ¶왜 이리 등
이 근질근질하는지 모르겠네. / 가을이 되니 피부가 건조해서 몸이 근질근
질하다.

근질대다( )[근질대다]**동**〈기타〉〈통증 일반〉(몸이나 그 일부가) 부드러운 물
체가 닿을 때처럼 저릿저릿한 느낌이 자꾸 들다.〈유〉근질거리다, 근질근질
하다 〈참〉간질대다

근치^유방^절제(根治乳房切除)[ ]**명구**《의학》〈여성 일반〉〈부인(여성)-유방
질환〉유방암 치료술. 유방 조직 외에 피부, 피하 조직, 가슴근, 겨드랑이 림

프절을 모두 제거하는 수술이다.

근치^유방^절제술(根治乳房切除術)[ ] **명구**《의학》〈여성 일반〉〈부인(여성)-유방 질환〉유방암에 걸렸을 때 암에 걸린 유방, 큰가슴근, 작은가슴근, 겨드랑 림프절 따위를 모두 잘라 내는 수술 방법.

근통(筋痛)[근통]**명**《의학》〈기타〉〈통증 일반〉근육이 쑤시고 아픈 증상. 심한 운동 뒤나, 각종 근염에 의한 충혈, 손상 따위가 원인이다.〈유〉근육통 ¶무리하게 마라톤을 완주한 후 근통이 생겼다.

급감(急疳)[급깜]**명**《한의》〈소아 아동〉〈감기-몸살, 세기관지염〉어린아이에게 생기는 병의 하나. 한열(寒熱)이 교대로 일어나며, 잇몸은 헐고 손발은 차다. 선천적으로 원기가 허약한 데다 음식 조절에 실패하거나 병을 앓은 후에 진액이 손상되어 생긴다.

급경련통(急痙攣痛)[급꼉년통]**명**《의학》〈기타〉〈통증 일반〉배가 팍팍 쑤시는 듯이 심하게 아픈 것이 간격을 두고 되풀이하여 일어나는 증상. 배 부위 내장의 여러 질환에 따르는 증후로 대개 콩팥돌증, 창자막힘증 따위의 경우에 나타난다. ¶급경련통은 속이 빈 모양의 내장 기관, 즉 소장, 대장, 요관, 자궁, 나팔관 등이 비정상적으로 수축할 때 나타나며 심하게 쥐어짜는 듯한 통증이 온다.

급성 위장염(急性胃腸炎)[ ] **명구**《의학》〈노인 일반/기타 공통〉〈노인-소화기 질환/위장병〉위 및 소장의 소화 기관에 생기는 단기 급성 염증. 복통, 설사, 식욕 부진, 구토 및 발열 등의 증상이 나타나며 식품이나 화학 약품 등 외부 원인으로 인해 발병되는 경우도 있다. 특히 노령자나 소아의 경우, 낮은 면역력으로 인해 증상이 심각하게 나타난다. ¶급성 위장염을 일으키는 노로바이러스는 굴, 어패류의 생식 등에 의해 발생하며, 구토, 설사, 복통 등을 일으킨다.

급성 위장염(急性胃腸炎)[ ] **명구**《의학》〈소아 아동/노인 일반〉〈위장병〉위 및 소장의 소화 기관에 생기는 단기 급성 염증. 복통, 설사, 식욕 부진, 구토 및

발열 등의 증상이 나타나며 식품이나 화학 약품 등 외부 원인으로 인해 발
병되는 경우도 있다. 특히 노령자나 소아의 경우, 낮은 면역력으로 인해 증
상이 심각하게 나타난다.

급성^장염(急性腸炎)[ ]〔명구〕《의학》〈청소년〉〈청소년-소화기 질환〉창자의 점
막이나 근형질에 생기는 급성 염증.

급성^회백수염(急性灰白髓炎)[ ]〔명구〕《의학》〈소아 아동〉〈전염병일반〉폴리오
바이러스의 감염으로 인한 급성 전염병. 입을 통하여 바이러스가 들어가 척
수에 침범하여 손발의 마비를 일으키는데, 어린이에게 잘 발생한다. ¶연구
실에 가기 위해서는 매일 급성 회백수염에 시달리는 아이들이 있는 병동을
지나서 가야 했다.

급통(急痛)[급통-]〔명〕《한의》〈기타〉〈통증 일반〉1.죄어들거나 켕기면서 아픔.
2.갑자기 몹시 아픔. ¶항암 치료는 불을 통과하는 극통(極痛)이었다.

급후비(急喉痺)[그푸비]〔명〕《한의》〈기타〉〈통증 일반〉갑자기 목구멍이 붓고
아픈 증세.〈유〉졸후비

기갈통(飢渴痛)[기갈통-]〔명〕《의학》〈기타〉〈통증 일반〉'빈속 통증'의 전 용어.

기계적^월경통(機械的月經痛)[ ]〔명구〕《의학》〈여성 일반〉〈부인(여성)-부인과
(산부인과) 질환〉자궁목 협착증에서와 같이 월경 혈액의 배출이 폐쇄되어
발생하는 통증.

기관지암(氣管支癌)[기관지암]〔명〕《의학》〈노인 일반〉〈노인-암(종양) 관련 질
환〉기관지에 생기는 암. 40세 이후의 남성에게 많이 나타나는데, 기침이 나
고 호흡이 거칠며 가슴이 아픈 증상을 보인다. ¶선천적으로 기관지 없이 태
어났거나 기관지암이 발병하여 기관지를 제거해야 하는 경우에는 기관지
를 대체할 인공 기관지가 필요할 것이다.

기관지-염(氣管支炎)[기관지염]〔명〕《의학》〈청소년〉〈청소년-호흡기 및 알레
르기 질환〉기관지의 점막에 생기는 염증. 바이러스나 세균이 원인인 급성
의 경우와 먼지·가스·흡연 따위가 원인인 만성의 경우가 있는데, 대개 기침

이 나고 가래가 나오며 열이 나고 가슴이 아프다.

기관지^확장증(氣管支擴張症)[ ] 명구《의학》〈소아 아동〉〈소아 피부병-홍역/ 만성 하기도질환/폐렴〉기관지의 내강 일부가 확장되고 변형되는 병. 주머 니 모양이나 원추 모양으로 확장된 내강에 가래가 고이기 쉽게 되고 거기에 세균이 감염되어 염증을 일으킨다. 선천적인 원인으로 발생하는 수도 있고 영아 또는 유아 무렵에 폐렴, 백일해, 홍역 따위에 걸린 뒤에 나타나기도 하 며, 성인이 흉곽 성형술을 받은 뒤에 발생하기도 한다. ¶기관지 확장증으로 인한 가래 증세일 수 있다며 추적 검진을 진행해 보자고 했어요. / 기관지 확장증의 주요 발병 대상은 젊은이로, 41~42%가 10대일 뿐만 아니라 64~69%가 20세가 되기 전에 발생한다. / 기관지 확장증은 폐 속의 큰 기도 인 기관지가 과거의 심한 호흡기계 염증으로 손상을 입어 영구적으로 확장 됨으로써 객담 배출 기능이 약해진 상태를 의미합니다.

기능 심장 잡음(機能心腸雜音)[기능심장자븜] 명구《의학》〈소아 아동〉〈심장 질환〉심장에 병변이 없는데, 심장병처럼 심장에서 이상한 소리가 나는 것 을 이르는 말. 씩씩, 풍풍, 앵앵 하면서 마치 팽이 돌아가는 소리나 줄이 튕 겨지는 소리처럼 들리며, 어린아이들에게서 많이 들을 수 있는데 병적인 것 은 아니다. ¶아이의 심장에서 이상한 소리가 나 병원에 가 보니, 기능 심장 잡음이라며 의사 선생님께서 안심하라고 하셨다.

기능^부전^자궁^출혈(機能不全子宮出血)[ ] 명구《의학》〈여성 일반〉〈부인(여 성)-부인과(산부인과) 질환〉종양이나 염증 따위의 기질성 질환보다는 내분 비 기능의 이상으로 나타나는 비정상적인 자궁 출혈.

기능성^자궁^출혈(機能性子宮出血)[ ] 명구《의학》〈여성 일반〉〈부인(여성)-부 인과(산부인과) 질환〉'기능자궁출혈'의 전 용어. ¶기능성 자궁 출혈로 진단 하기에 앞서 다음 질환들의 가능성에 대해 반드시 진찰을 받아 보는 것이 좋다.

기능^자궁^출혈(機能子宮出血)[ ] 명구《의학》〈여성 일반〉〈부인(여성)-부인과

(산부인과) 질환〉소포 호르몬과 황체 호르몬의 균형이 무너져 자궁강 안에
서 일어나는 출혈.

기능^장애성^자궁^출혈 (機能障礙性子宮出血) [ ] 〔**명구**〕《의학》〈여성 일반〉〈부
인(여성)-부인과(산부인과) 질환〉신체적 또는 의학적 문제가 없는데도 자궁
에서 비정상적인 출혈이 일어나는 상태. 시상 하부-뇌하수체-난소 축의 장
애, 배란이 없을 때 또는 프로게스테론이 충분하게 생성되지 않을 때 일어
난다.

기능^장애^자궁^출혈 (機能障礙子宮出血) [ ] 〔**명구**〕《의학》〈여성 일반〉〈부인(여
성)-부인과(산부인과) 질환〉자궁이나 골반 내 기관의 질병 때문이 아니라
내분비 이상 때문에 발생하는 자궁 출혈.

기대 수명 (期待壽命) [ ] 〔**명구**〕《사회 일반》〈노인 일반〉〈노인-기타〉어떤 사회에
인간이 태어났을 때 앞으로 생존할 것으로 기대되는 평균 생존 연수.

기도^감염 (氣道感染) [ ] 〔**명구**〕《보건 일반》〈영유아/소아 아동〉〈소아 피부병-홍
역/감기-몸살, 세기관지염〉기침·재채기·이야기 따위를 할 때 병원체가 침
이나 가래와 섞여 공기 중에 날아 흩어져, 이것을 마신 사람의 코나 인두 따
위의 상기도 점막이 감염되는 일. 홍역, 백일해, 유행성감기, 디프테리아 따
위가 이에 속한다. 〈참〉비말 감염 ¶기도 감염은 단순한 감기나 목감기를 넘
어서 다양한 증상을 동반하며 삶의 질에 큰 영향을 미칠 수 있는 질병입니
다.

기름 흐름 습진 (기름흐름濕疹) [ ] 〔**명구**〕《의학》〈여성 일반〉〈부인(여성)-피부 및
모발 질환〉지루 피부에 주로 일어나는 만성 피부염. 비늘, 누런 딱지가 생
기고 가렵다. 〈유〉지루습진

기미 ( ) [기미] 〔**명**〕〈여성 일반〉〈부인(여성)-피부 및 모발 질환〉얼굴에 끼는 거
뭇한 얼룩점. ¶새까맣게 기미가 앉은 얼굴. /요즘 고생이 많이 되는지 아내
의 얼굴에 부적 기미가 끼었다. / 뺨과 이마에 얼룩진 기미가 곰팡이처럼 불
결해 보였다.

기비 (肌痹)[기비][명]《한의》〈기타〉〈통증 일반〉살가죽의 감각이 마비되고 저리거나 아픈 증상이 있는 병.

기심통 (氣心痛)[기심통][명]《한의》〈기타〉〈통증 일반〉가슴속에 기(氣)가 몰려서 찌르는 듯이 아프거나 아픈 곳을 누르면 통증이 덜해지고 맥(脈)에 힘이 없는 병증.

기억 장애 (記憶障礙)[ ][명구]《의학》〈노인 일반〉〈노인-퇴행성 뇌 질환 및 신경계 질환〉뇌의 기질 장애로 일어나는 정신병. 노인성 치매, 뇌매독, 만성 알코올 의존증 따위.〈유〉기질성정신병

기요통 (氣腰痛)[기요통][명]《한의》〈기타〉〈통증 일반〉정신적인 원인으로 기혈이 잘 돌지 못하여 허리가 아픈 병. ¶기요통의 치료는 정신적 안정, 기혈 순화 개선 및 허리 강화가 기존 치료에 앞서 이루어져야 한다.

기저귀^발진 (기저귀 發疹)[ ][명구]〈영유아〉〈신생아_추가〉장기간 기저귀 착용으로 습해진 환경 때문에 피부에 마찰이 일어나 생긴 염증. 소변, 대변의 분해 산물에 의해 피부가 자극돼 산도가 증가하는데, 이로 인해 미생물이 증식하기 쉬운 환경이 돼 균 감염이 생길 수 있다. 습한 환경이 지속되면 특히 칸디다균이 습진을 악화시키기에 치료가 필요하다.

기창 (起瘡)[기창][명]《한의》〈소아 아동〉〈소아 피부병-천연두〉천연두를 앓을 때 부르터서 곪음. ¶돌기가 부풀어 오르는 기창(起瘡), 고름이 맺히는 관농(貫膿), 검은 딱지가 만들어지는 수엽(收靨)의 과정이 각기 약 사흘씩 계속되어 대략 보름 만에 끝나서 약 3주 후면 딱지가 떨어져 완결되는 특이한 질병이다.

기창-하다 (起瘡하다)[기창하다][동]《한의》〈소아 아동〉〈소아 피부병-천연두〉천연두를 앓을 때 부르터서 곪다.

기체 (氣滯)[기체][명]《한의》〈기타〉〈통증 일반〉체내의 기(氣) 운행이 순조롭지 못하여 어느 한곳에 정체되어 막히는 병리 현상. 또는 그로 인하여 나타나는 증상. 배가 더부룩하거나 통증이 있다.〈유〉기통(氣痛)

기침-감기(기침感氣)[기침감기]**명**《의학》〈영유아/소아 아동〉〈감기-몸살, 세
  기관지염〉기침이 나오는 증상의 감기. ¶아이는 기관지가 약한지 기침감기
  로 사흘이 멀다 하고 병원을 드나들었다.

기타^명시된^원인에^의한^여성^불임증(其他明示된原因에의한女性不妊症)
  [ ]**명구**《의학》〈임부 산모〉〈부인(여성)-기타 임신 및 출산 관련 문제〉남성
  이나 여성이 자손을 생성하는 능력이 감소하거나 결핍된 상태. 불임증만큼
  비가역적이지는 않다. 한 해 혹은 그 이상의 노력에도 임신하지 못하는 상
  태로, 둘 가운데 한 명 혹은 두 명 모두에게 나타날 수 있고, 회복이 가능하
  기도 하다.

기태^임신(奇胎妊娠)[ ]**명구**《의학》〈임부 산모〉〈부인(여성)-임신과 관련된
  질환〉포상기태를 형성하는 임신. ¶임신 초기에 발생하는 기태임신은 많은
  부모들에게 불안과 스트레스를 안겨 줄 수 있는 문제이다.

기통(氣痛)[기통-]**명**《한의》〈기타〉〈통증 일반〉체내의 기(氣) 운행이 순조롭
  지 못하여 어느 한곳에 정체되어 막히는 병리 현상. 또는 그로 인하여 나타
  나는 증상. 배가 더부룩하거나 통증이 있다.〈유〉기체(氣滯) ¶기통이 발생
  하는 원인으로는 정신적인 스트레스 이외에도 잘못된 생활 습관, 기후나 환
  경적인 문제 등을 들 수 있다.

기혈 응체 비통(氣血凝滯臂痛)[ ]**명구**《한의》〈기타〉〈통증 일반〉기체(氣滯), 혈
  어(血瘀)로 팔이 아픈 증상. 앉거나 누워 있을 때 풍습(風濕)이 경락을 침습
  해 혈이 응결(凝結)하고 기가 몰리거나 잘 때 팔이 밖으로 나와 한사(寒邪)
  의 침습을 받거나 노화(怒火)로 일어난다. 흔히 갱년기의 여성들에게 많아
  오십견(五十肩)이라고도 한다.

기흉(氣胸)[기흉]**명**《의학》〈기타 공통〉〈결핵병/암〉가슴막 안에 공기가 차 있
  는 상태. 흉부 부상 또는 결핵이나 폐렴 따위로 허파의 표면에 구멍이 생기는
  것이 원인이며, 폐가 수축하여 호흡 곤란 증상이 나타난다. ¶기흉이 왔다. /
  신장암의 수술 후 합병증으로는 장폐색, 기흉, 주위 장기 손상 등이 있다.

긴급 피임법 ( )[ ][명구]〈여성 일반〉〈부인(여성)-부인과(산부인과) 질환〉피임에 실패했다고 느껴지는 경우 사후에 처리하는 피임법. 성교 72시간 내에 에티닐에스트라디올 100mg 이상이 함유된 레보노르게스트렐복합제를 복용하고 12시간 후에 동량을 복용하는 유즈페법(Yuzpe method)이나, 레보노르게스트렐 단독 복용법 등이 알려져 있다.

긴박성^요실금 (緊迫性尿失禁)[ ][명구]《의학》〈여성 일반〉〈부인(여성)-부인과(산부인과) 질환〉방광의 비정상적인 수축으로 인해 소변을 보고 싶은 강력한 욕구를 느끼면서 의지와 상관없이 오줌을 배설하는 현상. ¶긴박성 요실금을 야기하지만 대부분은 원인불명으로 간주된다.

긴장성^요실금 (緊張性尿失禁)[ ][명구]《의학》〈여성 일반〉〈부인(여성)-부인과(산부인과) 질환〉기침, 재채기, 줄넘기 등으로 인하여 복부의 압력이 높아짐으로써, 의지와 상관없이 오줌이 새는 현상. 조임근 기전이 불완전하기 때문에 일어난다. 〈유〉복압^오줌새기(腹壓오줌새기)「001」(동의어), 복압^요실금(腹壓尿失禁)「001」(동의어), 복압성^요실금(腹壓性尿失禁)「001」(동의어), 스트레스^요실금(stress尿失禁)「001」(동의어), 스트레스성^요실금(stress性尿失禁)「001」(동의어)

깊은^홍반^루푸스 (깊은紅斑lupus)[ ][명구]《의학》〈여성 일반〉〈부인(여성)-감각 기관(면역 및 자가 면역)〉결핵균에 의해 피부에 생기는 낭창. 전신에 나타나는 염증성 류머티즘 질환이다. ⇒ 규범 표기는 미확정이다.

까진^위염 (까진胃炎)[ ][명구]《의학》〈여성 일반〉〈부인(여성)-소화기 질환〉위 근육층의 관통 없이 압력이나 마찰로 벗겨지는 것 같은 얕은 궤양의 위염.〈유〉미란^위염(靡爛胃炎)(동의어), 미란성^위염(靡爛性胃炎)(동의어)

까짐^유두^샘종증 (까짐乳頭샘腫症)[ ][명구]《의학》〈여성 일반〉〈부인(여성)-유방 질환〉젖샘관에서 기원하는 드문 양성종양. 젖꼭지가 까지며 습진 모양으로 변하므로 파젯병이나 다른 병으로 오인될 수 있다. 월경 전에 증상이 악화된다.〈유〉미란^유두^샘종증(靡爛乳頭샘腫症)「001」(동의어), 양성^유

두종증(陽性乳頭腫症)「001」(동의어)

깔끄럽다( )[껄끄럽따]혱〈기타〉〈통증 일반〉(작은 알갱이가) 살에 닿아서 자꾸 따끔거리는 듯하다.〈참〉껄끄럽다 ¶벼를 추수하고 왔더니 까끄라기가 붙어서 깔끄럽다.

깔끔거리다( )[깔끔거리다]동〈기타〉〈통증 일반〉(신체의 일부가) 매끄럽지 못한 것이 살갗에 닿아 자꾸 따끔거리다.〈유〉깔끔깔끔하다, 깔끔대다 〈참〉껄끔거리다 ¶눈 안에 먼지가 들어가 깔끔거렸다.

깔끔깔끔하다( )[깔끔깔끔하다]동〈기타〉〈통증 일반〉(신체의 일부가) 매끄럽지 못한 것이 살갗에 닿아 자꾸 따끔거리다.〈유〉깔끔거리다, 깔끔대다 〈참〉껄끔껄끔하다 ¶어젯밤 마신 술 때문인지 혀가 깔끔깔끔하여 밥을 제대로 먹을 수 없다.

깔끔대다( )[깔끔대다]동〈기타〉〈통증 일반〉(신체의 일부가) 매끄럽지 못한 것이 살갗에 닿아 자꾸 따끔거리다.〈유〉깔끔거리다, 깔끔깔끔하다 〈참〉껄끔대다

껄끄럽다( )[깔끄럽따]혱〈기타〉〈통증 일반〉(작은 알갱이가) 살에 닿거나 붙어서 신경이 쓰이게 자꾸 뜨끔거리는 듯하다.〈참〉깔끄럽다

껄끔거리다( )[껄끔거리다]동〈기타〉〈통증 일반〉(신체의 일부가) 거칠거나 날카로운 것이 살갗에 닿아 자꾸 뜨끔거리다.〈유〉껄끔껄끔하다, 껄끔대다 〈참〉깔끔거리다

껄끔껄끔하다( )[껄끔껄끔하다]동〈기타〉〈통증 일반〉(신체의 일부가) 거칠거나 날카로운 것이 살갗에 닿아 자꾸 뜨끔거리다.〈유〉껄끔거리다, 껄끔대다 〈참〉깔끔깔끔하다

껄끔대다( )[껄끔대다]동〈기타〉〈통증 일반〉(신체의 일부가) 거칠거나 날카로운 것이 살갗에 닿아 자꾸 뜨끔거리다.〈유〉껄끔거리다, 껄끔껄끔하다 〈참〉깔끔대다

꽃( )[꼳]명〈영유아/소아 아동〉〈소아 피부병-홍역〉홍역 따위를 앓을 때 살

갗에 좁쌀처럼 발갛게 돋아나는 것. ¶자고 난 아이의 볼에 하나둘 꽃이 번지기 시작했다.

꽃향기^요법(꽃香氣療法)[ ]**명구**《의학》〈여성 일반〉〈부인(여성)-정신 건강 및 신경정신과 질환〉식물의 꽃에서 추출한 정유를 이용하여 질병의 예방과 치료, 건강 유지 및 증진을 도모하는 자연 의학의 한 형태.

한국어 질병 표현 어휘 사전 IV

ㄴ

나선-균(螺旋菌)[나선균]**명**《보건 일반》〈기타 공통〉〈성병〉에스(S) 자 모양 또는 나선 모양의 커다란 세균. 막대균으로서, 끝에 편모가 있어 활발하게 운동하는데, 병원성인 것은 바일병·매독·재귀열 따위를 일으킨다.〈유〉나선상균〈참〉간균, 구균 ¶나선균 및 비브리오 균속의 균들은 그람 음성인가요?

나선상^균(螺旋狀菌)[ ]**명구**《보건 일반》〈기타 공통〉〈성병〉에스(S) 자 모양 또는 나선 모양의 커다란 세균. 막대균으로서, 끝에 편모가 있어 활발하게 운동하는데, 병원성인 것은 바일병·매독·재귀열 따위를 일으킨다.〈유〉나선균 ¶매독은 트레포네마·파리둠이라는 일종의 스피로헤타(나선상균)의 감염으로 일어나는 만성전염병을 말한다.

나이칸(內觀)**요법**(나이칸(일.內觀)療法)[ ]**명구**《심리》〈여성 일반〉〈부인(여성)-정신 건강 및 신경정신과 질환〉일본에서 만들어진 심리 치료 활동으로서 자기 관찰, 자기 성찰을 주요 기법으로 하는 전문적 활동이다.

나팔관^임신(喇叭管妊娠)[ ]**명구**《의학》〈임부 산모〉〈부인(여성)-임신과 관련된 질환〉수정란이 나팔관에 착상(着床)하여 임신이 되는 일. 자궁외 임신 중에서 가장 빈도가 높은 것으로, 임신 초기에 유산되거나 나팔관이 파열되며, 하복부의 격통과 함께 복강 내(腹腔內) 출혈이 있다.〈유〉난관^임신(卵管妊娠)「001」(동의어)

나프로^임신법(←natural procreation妊娠法)[ ]**명구**《의학》〈임부 산모〉〈부인(여성)-임신과 관련된 질환〉배란 시기에 나오는 점액과 호르몬의 주기 따위로 최적의 가임 상태를 파악해 자연 임신을 유도하는 방법. ⇒ 규범 표기는 미확정이다. ¶나프로 임신법은 여성의 질 분비물을 관찰·기록해 임신 관련 호르몬의 변화를 감지한다. / 그는 또 "고통스러운 난임 시술을 하지 않고도 임신할 수 있는 여성이 많은데… 나프로임신법이 그에 앞서 자신의 몸에 문제가 있는지 파악해 보는 보편적 스크리닝 도구로 활용되는 날이 빨리 오기를 바란다."라며 아쉬움을 드러냈다. / 직접 하루에 서너 차례 점액 체크를 하며 임신을 준비했던 o 씨는 나프로임신법이 왜 여성의 건강을 지키는 방법인지 공감했다는 말도 털어났다.

낙태1(落胎)[낙태]**명**《의학》〈임부 산모〉〈부인(여성)-기타 임신 및 출산 관련 문제〉태아가 달이 차기 전에 죽어서 나옴.〈유〉유산(流産)「004」(〈유〉)〈참〉사산(死産)「006」(기타) ¶의사는 죽어라 하고 아니 먹는 약을, 꾸짖고 달래고 하여 가며, 간신히 한 차례 먹인 뒤에, 잘못하면, 낙태가 되기 쉬우니, 조심하여 몸을 추스르라고 일러 놓고 가 버렸다.

낙태2(落胎)[낙태]**명**《의학》〈임부 산모〉〈부인(여성)-기타 임신 및 출산 관련 문제〉임신한 아기를 인공적으로 없애는 일. ¶낙태 반대 운동이 일어나다. 낙태 수술에 대한 비판이 의료계 내부에서도 일고 있다.

낙태-술(落胎術)[낙태술]**명**《의학》〈임부 산모〉〈부인(여성)-기타 임신 및 출산 관련 문제〉자궁에서 발육 중인 태아를 자연 분만기 전에 인공적으로 제거하는 수술.〈유〉낙태 수술(落胎手術)「001」(동의어), 태아ᄉ분쇄술(胎兒粉碎術)「001」(동의어) ¶낙태술을 시행한 의료인을 2년 이하의 징역에 처하도록 하는 '형법 제270조 제1항'은 7 대 2의 헌법재판관 의견으로 역사 속으로 사라진다.

낙태-약(落胎藥)[낙태약]**명**《약학》〈임부 산모〉〈부인(여성)-기타 임신 및 출산 관련 문제〉유산을 일으키는 약물. ¶낙태약을 사용할 때는 올바른 정보와 안전한 절차를 숙지하는 것이 중요합니다.

낙태-제(落胎劑)[낙태제]**명**《약학》〈임부 산모〉〈부인(여성)-기타 임신 및 출산 관련 문제〉임신이 정상적으로 지속되는 것을 막는 약제.〈유〉유산-제(流産劑)「001」(동의어) ¶낙태제가 폐지된 이후 정확한 기준이 없어 혼란스러운 경우가 많았다.

낙태-하다1(落胎하다)[낙태하다]**동**《의학》〈임부 산모〉〈부인(여성)-기타 임신 및 출산 관련 문제〉태아가 달이 차기 전에 죽어서 나오다. 또는 그렇게 되게 하다.〈유〉유산-하다(流産하다)「001」(동의어) ¶헌법에 '낙태할 자유'

명시 프랑스…작년 낙태 24만여 건.

낙태-하다2 (落胎하다)[낙태하다]동《의학》〈임부 산모〉〈부인(여성)-기타 임신 및 출산 관련 문제〉임신한 아기를 인공적으로 없애다.

낙태^후^증후군 (落胎後症候群)[ ]명구《의학》〈임부 산모〉〈부인(여성)-기타 임신 및 출산 관련 문제〉낙태를 한 후에 여성에게 나타나는 증후군. 죄책감, 자존감 상실, 감정의 기복, 우울증 따위의 증상이 나타나며, 자살을 시도하는 경우도 있다. ¶낙태 후 증후군은 외상 후 스트레스 증후군(PTSd)을 일으키기도 한다.

난관^임신 (卵管妊娠)[ ]명구《의학》〈임부 산모〉〈부인(여성)-임신과 관련된 질환〉수정란이 나팔관에 착상(着床)하여 임신이 되는 일. 자궁 외 임신 중에서 가장 빈도가 높은 것으로, 임신 초기에 유산되거나 나팔관이 파열되며, 하복부의 격통과 함께 복강 내(腹腔內) 출혈이 있다. 〈유〉나팔관^임신(喇叭管妊娠)「001」(동의어)

난산 (難産)[난산]명〈임부 산모〉〈부인(여성)-출산 및 산후 관련 질환〉순조롭지 아니하게 아이를 낳음. 또는 그런 해산.〈반〉순만(順娩)「001」, 순산(順産)「002」, 안산(安産)「002」¶난산으로 고생하다. / 난산으로 죽을 뻔하다. / 언니는 난산 끝에 결국 제왕 절개 수술을 해야 했다. / 난산으로 얻은 아이라 그런지 더욱 예뻐 보였다. / 진통이 이틀이나 계속되어서 산모는 기진맥진했고 해산 역시 지독한 난산이었다. 난산의 이유는 산도가 유난히 좁은데다가 태아가 발부터 거꾸로 나왔기 때문이다. / 아내는 노처녀였으므로 골반이 경화됐다면 난산일지도 모를 일이었고,…. / 도시를 짓이기는 날 아침에 하필 올케는 산기가 있었다. 첫 손자 볼 때 난산이었던 걸 본 엄마는 혼자 당하기가 겁이 났던지 나한테 빨리 숙모를 좀 불러오라고 했다. / 어르신 말씀대로라면 물론 피폭 원인 탓이 아니라, 산모가 난산 끝에 운명하는 경우가 비일비재하다 하시겠지요? / 난산 뒤, 입원실로 옮겨진 어머니는 아직 의식이 완전히 회복되지 않았다.

난소 기형종(卵巢畸形腫)[ ] **명구**〈여성 일반〉〈부인(여성)-부인과(산부인과) 질환〉난소에 생기는 흔한 종양 중 하나로 대부분 젊은 여성에서 발생하며 평균 발생 연령이 30세 전후이다. ¶난소기형종을 2년 반 전에 수술을 하고 다시 재발해서 수술하게 되었다.

난소^기능^상실(卵巢機能喪失)[ ] **명구**《의학》〈여성 일반〉〈부인(여성)-부인과(산부인과) 질환〉난소의 기능이 없어졌을 때에 나타나는 병적 증상. 난소를 떼 내었거나 방사선을 쐬었을 때, 종양이 생겼을 때 나타나는데 머리가 무겁고 어깨가 뻐근하며 흥분하기 쉽고 우울해지는 따위의 여러 가지 정신 장애가 따른다. ¶난소 기능 상실로 인해 에스트로겐 수치가 감소하면 골밀도의 감소 속도가 빨라져서 골다공증의 위험이 증가하게 된다.

난소^기능^저하증(卵巢機能低下症)[ ] **명구**《의학》〈여성 일반〉〈부인(여성)-부인과(산부인과) 질환〉난소의 내분비 활동이 부족한 상태. 대부분 난소 호르몬 분비가 감소되는 것을 의미한다.〈참〉난소^기능^항진증(卵巢機能亢進症)「001」

난소^기능^항진증(卵巢機能亢進症)[ ] **명구**《의학》〈여성 일반〉〈부인(여성)-부인과(산부인과) 질환〉난소 호르몬의 분비로 인한 난소의 발달과, 시상하부 뇌하수체 난소 축의 조숙 성숙으로 인하여 젊은 여성에게 성조숙이 생기는 증상. 이는 과도하거나 이른 난소 호르몬 분비로 인한 젊은 여성의 성조숙을 의미한다.

난소^낭종(卵巢囊腫)[ ] **명구**《의학》〈여성 일반〉〈부인(여성)-부인과(산부인과) 질환〉난소에 생기는 둥글고 잘 움직이는 주머니 모양의 종양. 평상시 통증은 없으나 종양 부위가 갑자기 꼬이면 심한 통증이 있고, 때때로 악성이 되기도 한다. ¶난소낭종은 다양한 크기와 임상 경과를 보일 수 있다.

난소^물혹(卵巢물혹)[ ] **명구**《의학》〈여성 일반〉〈부인(여성)-부인과(산부인과) 질환〉난소에 발생한 낭. 단순한 물혹인 낭과 종양성 낭이 있다. 막으로 둘러싸여 있으며, 안에는 액체가 차 있는 병터이다.〈유〉난소-낭(卵巢囊)

「001」(〈유〉), 난소^낭종(卵巢囊腫)「001」(〈유〉)

난소^배안^임신(卵巢배안妊娠)[ ]〔**명구**〕《의학》〈임부 산모〉〈부인(여성)-임신과 관련된 질환〉배아가 성장함에 따라 배안임신으로 이행하는 난소 임신.〈유〉난소^복강^임신(卵巢腹腔妊娠)「001」(〈유〉)

난소^복강^임신(卵巢腹腔妊娠)[ ]〔**명구**〕《의학》〈임부 산모〉〈부인(여성)-임신과 관련된 질환〉배아가 성장함에 따라 복강 임신으로 이행하는 난소 임신.〈유〉난소^배안^임신(卵巢배안妊娠)「001」(〈유〉)

난소성^무월경(卵巢性無月經)[ ]〔**명구**〕《의학》〈여성 일반〉〈부인(여성)-부인과(산부인과) 질환〉난소의 에스트로겐 호르몬 생산이 감소하여 발생하는 무월경. ¶난소성 무월경은 난소 발육이 정상적이지 못하여 조기에 경폐 등으로 인하여 뇌하수체에서 분비되는 성선 자극 호르몬에 반응하지 않기 때문이다.

난소-암(卵巢癌)[난ː소암]〔**명**〕《의학》〈노인 일반/여성 일반〉〈노인-암(종양) 관련 질환/부인(여성)-암(종양) 관련 질환〉난소에 생기는 암을 통틀어 이르는 말. 50~70세에 제일 많이 발생하는데, 난소암 또는 유방암에 대한 병력이나 가족력이 있을 경우, 출산의 경험이 없을 경우에 발생률이 높아진다. ¶유전적 원인도 일부 난소암에서는 관계가 있는 것으로 밝혀졌다.

난소^월경통(卵巢月經痛)[ ]〔**명구**〕《의학》〈여성 일반〉〈부인(여성)-부인과(산부인과) 질환〉난소의 병으로 인한 이차 월경통.

난소^임신(卵巢妊娠)[ ]〔**명구**〕《의학》〈임부 산모〉〈부인(여성)-임신과 관련된 질환〉수정란이 난소에 착상하여 임신이 되는 자궁 외 임신의 하나.

난소^자궁^내막증(卵巢子宮內膜症)[ ]〔**명구**〕《의학》〈여성 일반〉〈부인(여성)-부인과(산부인과) 질환〉자궁 속막과 유사한 조직이 난소에서 발육하고 증식하는 현상.

난임(難妊/難姙)[나님]〔**명**〕《의학》〈임부 산모〉〈부인(여성)-기타 임신 및 출산 관련 문제〉임신하기 어려운 일. 또는 그런 상태.〈참〉불임(不妊/不姙)「001」

(기타) ¶난임 가구. 난임 부부.

난임^환자 (難妊患者)[ ] 명구《의학》〈임부 산모〉〈부인(여성)-기타 임신 및 출산 관련 문제〉임신하기 어려운 환자. ¶2009년 한 해 우리나라에서 난임으로 진료받은 환자 수가 약 19만 명으로 2005년 대비 25%가 늘었으며 난임 환자가 매년 10%에서 20%씩 빠른 속도로 증가하고 있다./하지만 난임 환자를 위한 제도는 아직 부족한 실정이다. 난임 환자는 적극적으로 임신을 원하는 만큼 충분한 제도적 뒷받침이 있어야 한다.

난치성^유방암 (難治性乳房癌)[ ] 명구《의학》〈여성 일반〉〈부인(여성)-유방 질환〉고치기 어려운 성질의 유방암. 〈참〉난치성^암(難治性癌)「001」(기타) ¶○ 교수는 "그동안의 연구 결과를 바탕으로 젊은 여성의 난치성 유방암에 적합한 치료제와 치료 가이드라인 개발에 도움이 될 수 있도록 더욱 노력하겠다."라고 말했다./삼중 음성 유방암은 전체 유방암 중 약 10~15%를 차지하며, 40세 이하 혹은 폐경 전 여성에서 유병률이 상대적으로 높게 나타나는 난치성 유방암이다.

날문^경련^수축 (날門痙攣收縮)[ ] 명구《의학》〈소아 아동〉〈위염/위장병〉위의 날문부분에 기질적 질병이 없는데도 경련성 수축을 일으켜 구토가 일어나는 병. 어린아이에게 많으며 위궤양 따위와 함께 나타난다. 〈유〉날문경련수축증(날門痙攣收縮症)

날문^경련^수축증 (날門痙攣收縮症)[ ] 명구《의학》〈소아 아동〉〈위염/위장병〉위의 날문부분에 기질적 질병이 없는데도 경련성 수축을 일으켜 구토가 일어나는 병. 어린아이에게 많으며 위궤양 따위와 함께 나타난다. 〈유〉날문경련수축(날門痙攣收縮)

날문^협착 (날門狹窄)[ ] 명구《의학》〈소아 아동〉〈위염/위장병〉위의 날문부분 내강(內腔)이 좁아져서 위의 내용물이 잘 지나가지 못하게 된 상태. 위궤양·암 따위일 때 많이 나타나며, 선천성인 경우도 있다. 〈유〉유문협착(幽門狹窄)

납작각막증 (납작角膜症)[납짝깡막쯩]團《의학》〈영유아〉〈눈병〉각막의 만곡
호가 정상보다 더 평평해져 원시의 시력을 나타내는 선천적 이상 증상.

낭-섬유증 (囊纖維症)[낭서뮤쯩]團《의학》〈영유아〉〈신생아_추가〉외분비선
의 분비 이상을 보이는 선천성 대사 질환. 폐, 이자, 비뇨 생식계, 근육, 피부
따위에 영향을 미치는 상염색체 열성 질환이다.

낭성^여드름 (囊性여드름)[ ]團구《의학》〈여성 일반〉〈부인(여성)-피부 및 모발
질환〉주된 병터가 털집낭으로 터져서 흉터가 생기는 심한 여드름.

낭창 (狼瘡)[낭:창]團《의학》〈소아 아동〉〈결핵병/피부병〉결핵성 피부병의
하나. 허약한 소년에게 많이 나타나는 병으로, 얼굴 특히 코를 중심으로 좌
우에 대칭으로 생긴다. 몸통·목·사지(四肢)에도 발생하는데, 결절(結節)·
궤양(潰瘍)·흉터 따위의 특이한 변화가 나타난다. ¶자가 항체와 면역 복합
체에 의해 인체의 여러 장기, 조직 및 세포가 손상을 받는 전신 자가 면역질
환으로 라틴어로 '늑대'라는 의미로 피부의 염증이 늑대에게 물린 것과 비슷
하다고 하여 붙여진 이름이다. 줄여서 루푸스라고 흔히 부르며, '낭창(狼
瘡)'으로 번역되기도 한다.

낭포^여드름 (囊胞여드름)[ ]團구《의학》〈여성 일반〉〈부인(여성)-피부 및 모발
질환〉케라틴과 피지(皮脂) 따위가 여러 가지 비율로 혼합된 물집을 이루는
여드름.〈유〉주머니^여드름「001」(〈유〉)

내관-법 (內觀法)[내:관뻡]團《심리》〈여성 일반〉〈부인(여성)-정신 건강 및
신경정신과 질환〉자신의 심리 상태나 그 변화를 내면적으로 깊이 생각하거
나, 다른 사람들의 자기 관찰에 의한 보고를 근거로 하여 연구하는 방
법.〈유〉내성-법(內省法)「001」(동의어)

내림^정지^난산 (내림停止難産)[ ]團구《의학》〈임부 산모〉〈부인(여성)-출산
및 산후 관련 질환〉산모의 노력에도 불구하고 분만 둘째 시기에 한 시간 후
태아가 내려가는 것이 안 되는 난산. 전형적으로 불충분한 산모의 노력, 태
아의 위치 이상 또는 태아 크기 때문에 일어난다.

내-발진 (內發疹)[내:발찐]**명**《의학》〈영유아/소아 아동〉〈소아 피부병-홍역〉 점막에 생기는 발진. 홍역 초기에 입천장에 나는 붉은 반점 같은 것이 이에 속한다. 점막진

내자궁^경부^샘암종 (內子宮頸部샘癌腫)[ ]**명구**《의학》〈여성 일반〉〈부인(여성)-부인과(산부인과) 질환〉자궁 경부의 샘에서 기원한 악성 종양.

내장 좌우 바뀜증 동반 오른심장증 (內臟左右바뀜症同伴오른心臟症)[내:장좌우 바뀜쯩동반오른심장쯩]**명**《의학》〈영유아〉〈심장 질환〉선천적으로 좌우 장기의 위치가 바뀌고 심장이 오른쪽에 위치하는 증상. ¶내 동생은 태어날 때부터 내장 좌우 바뀜증 동반 오른심장증이었다.

내-치질 (內痔疾)[내:치질]**명**《의학》〈여성 일반〉〈부인(여성)-소화기 질환〉항 문 조임근의 안쪽 점막층 밑에 생기는 치핵.〈유〉내-치핵(內痔核)「001」(동 의어) ¶작년 이맘때쯤 내치질 진단 받았으니 벌써 1년이 지났는데 이렇다 할 증상은 아직 없다.

내-치핵 (內痔核)[내:치핵]**명**《의학》〈여성 일반〉〈부인(여성)-소화기 질환〉항 문 조임근의 안쪽 점막층 밑에 생기는 치핵.〈유〉내-치질(內痔疾)「001」(동 의어)

냅다 ( )[냅따]**형**〈기타〉〈통증 일반〉연기로 인해 눈이나 목구멍이 쓰라린 느 낌이 있다. ¶"울기는 누가 울어요. 불을 피우느라고 내워서 그랬지." 하며, 눈물을 씻고 빙긋 웃는다.

냉심통 (冷心痛)[냉:심통]**명**《한의》〈기타〉〈통증 일반〉명치 부위가 은은히 아프면서 그 통증이 등에까지 뻗치고 손발이 찬 병.〈유〉한심통(寒心痛)

너싱홈 (nurcing home)[ ]**명**《간호》〈노인 일반〉〈노인-기타〉간호사가 시설장 (원장)이고 간호사들이 운영하는 요양 시설. 병원과 가정의 중간 형태로 미 국이나 일본, 캐나다 등에서 보편화되어 있다.

넘어오다 ( )[너머오다]**동**〈기타〉〈통증 일반〉(음식물이나 울음 따위가 목구멍 으로) 밖으로 나오다. ¶목구멍으로 신물이 넘어왔다. / 심한 뱃멀미로 인해

먹은 것이 모두 넘어왔다.

노광(老狂)[노:광][명]《의학》〈노인 일반〉〈노인-퇴행성 뇌 질환 및 신경계 질환〉늙은 나이에 상도(常道)에 벗어난 행동을 함.〈유〉노망(老妄), 망령(妄靈) ¶일흔 넘어 젊은 후처를 얻으려 하니 노광이 아니고 무엇이겠소?

노년 기억(老年記憶)[ ][명구]《의학》〈노인 일반〉〈노인-퇴행성 뇌 질환 및 신경계 질환〉노인이나 치매에 걸린 환자에게 특징적으로 나타나는 것으로, 최근 일어난 사건과는 달리 먼 과거의 일에 대해서는 기억을 잘하는 증상.

노년 섬망(老年譫妄)[ ][명구]《심리》〈노인 일반〉〈노인-정신 건강 및 신경정신과 질환〉부분 감각 상실, 불안정, 불면증, 환각, 목적 없는 배회 등 노년기에 일어나는 증후군. 보통 급성으로 발병하며 가끔 노인성 정신병을 동반하기도 한다.

노년 정신병(老年精神病)[ ][명구]《의학》〈노인 일반〉〈노인-정신 건강 및 신경정신과 질환〉신체의 노화, 대뇌의 퇴화에서 오는 노인의 정신병. 노인성 치매, 노인 신경증 따위가 있다.

노년-병(老年病)[노:년뼝][명]《의학》〈노인 일반〉〈노인-심혈관계 질환〉노인에게 잘 생기는 병을 통틀어 이르는 말. 동맥 경화증, 고혈압, 당뇨병, 중풍, 빈혈, 갱년기 장애, 노인성 치매, 변형성 관절염, 백내장 따위가 있다.〈유〉노인-병(老人病 ¶고혈압을 잘 조절하면 가장 무서운 노년병으로 알려진 치매도 예방할 수 있다.

노년성 치매(老年性癡呆)[ ][명구]《의학》〈노인 일반〉〈노인-퇴행성 뇌 질환 및 신경계 질환〉고령자에게서 볼 수 있는 정신병의 하나. 뇌의 노화로 인하여 기억력, 이해력이 무디어지고 비이성적인 행동을 하게 됨.〈유〉노인성 치매 ¶치매 검사에 대한 편견과 선입견을 걷어내고 노년성 치매에 대한 막연한 불안감을 해소했다는 것이다. / 의학적으로 노년성 치매만이 노인성 치매라는 주장은 근거가 없다.

노로바이러스(norovirus)[ ][명]《의학》〈기타 공통〉〈전염병일반〉조개류, 오염된 지하수, 가열하지 않은 생채소 따위를 통해 감염되는 아르엔에이 바이러스. ¶해양수산부는 경남 진해만 해역에서 노로바이러스가 검출됨에 따라 경남 지역 해역에서 생산되는 굴 제품에 '가열 조리용' 표시를 부착해 유통하도록 조치했다고 24일 밝혔다.

노망(老妄)[노ː망]**명**《의학》〈노인 일반〉〈노인-퇴행성 뇌 질환 및 신경계 질환〉늘어서 망령이 듦. 또는 그 망령.〈유〉노광(老狂), 망령(妄靈) ¶그 노인네 노망이 들어도 단단히 들었어. / 안적 그럴 낫새도 아닌디, 일찌감치 노망들랑개비지.

노병(老病)[노ː병]**명**《의학》〈기타〉〈질병 일반〉늙고 쇠약해지면서 생기는 병노질 ¶개소주를 내려서 드리기만 하면 자기 친정아버지가 노병을 썻은 듯 떨고 일어날 수 있으리라 하는 생각을….

노쇠(老衰)[노쇠]**명**〈노인 일반〉〈노인-퇴행성 뇌 질환 및 신경계 질환〉늙어서 쇠약하고 기운이 별로 없음.〈유〉퇴모 ¶칠순이 다 되었다고는 하지만 노쇠보다 병고가 더한층 가차 없이 냉혹했던 것 같다. / 스물여섯의 나이에 벌써 노쇠 현상이라면 이건 어처구니가 없다는 생각이 뒤따랐다.

노안(老眼)[노ː안]**명**〈노인 일반〉〈노인-감각 기관 관련 질환(안과, 이비인후과)〉늙어 시력이 나빠짐. 또는 그런 눈. ¶김 노인은 점점 쇠약해지는 몸과 앞도 잘 구분 못 하는 노안을 한탄하였다. 박 포수의 핏발 선 노안에도 즉시 아른아른한 안개 같은 것이 서려 왔다.

노인 결핵(老人結核)[ ]**명구**《의학》〈노인 일반〉〈노인-호흡기 질환〉노인이 앓는 결핵. 노인 특유의 심리·사회 조건 따위로 인하여 관리하기 어렵고, 대체로 병터가 오래 묵어 잘 낫지 않는 경우가 많다. ¶청양군보건의료원은 대한결핵협회 대전·충남지부와 마을회관과 경로당을 직접 찾아가 노인 결핵 조기발견을 위한 선제적 집중 검진을 펼쳐 좋은 반응을 얻고 있다고 29일 밝혔다.

노인 고혈압(老人高血壓)[노ː인고혀랍]**명구**〈노인 일반〉〈노인-심혈관계 질환〉노인 고혈압의 가장 큰 특징은 수축기 고혈압이 많은 것이다. 나이에 따라 수축기 혈압은 점차 증가하며, 일정 연령 이후 이완기 혈압은 오히려 감소하는 추세를 보인다. 이는 노화 현상으로 혈관의 탄력이 줄고 딱딱하게 경직되기 때문이다. 따라서 젊은 성인에 비하여 이완기 혈압은 낮고, 수축기 혈압만 높은 경우가 많다. 그렇지만, 노인에서 고혈압의 진단 기준이 젊은 성인과 비교하여 바뀌는 것은 아니며 수축기 혈압이 140 mmHg 이상이거나 이완기 혈압이 90 mmHg 이상이면 고혈압으로 진단한다.

노인 골다공증(老人骨多孔症)[ ] 명구《의학》〈노인 일반〉〈노인-근골격계 및 정형외과 질환〉노인에게 흔히 나타나는 골다공증. 뼈의 양이 감소하여 골절이 잘 일어난다.〈유〉노인 뼈엉성증, 노인성 골다공증 ¶정상적인 노화에 따른 골다공증은 남녀 모두에게 발생하며 제2형 골다공증 또는 노인성 골다공증으로 명칭 한다.

노인 어지럼증(老人어지럼症)[ ] 명구《의학》〈노인 일반〉〈노인-감각 기관 관련 질환(안과, 이비인후과)〉노인들에게 잘 일어나는 어지럼증. ¶귀와 관련한 질환으로는 노인 어지럼증의 가장 흔한 원인인 이석증이 있다.

노인 요실금(老人尿失禁)[ ] 명구《의학》〈노인 일반〉〈노인-신장 및 비뇨기계 질환〉노인들에게 잘 일어나는 요실금증. 오줌이 뜻하지 아니하게 저절로 나오는 증상이다. ¶중풍·파킨슨씨병·뇌수막염 등의 신경계 질환 역시 노인 요실금을 유발한다. / 이번 강좌에서는 노인 요실금의 예방 및 치료에 대한 배뇨 장애 전문가의 자세한 설명과 함께 상담도 해 준다.

노인 요양 시설(老人療養施設)[ ] 명구《복지》〈노인 일반〉〈노인-기타〉노인성 질환 등으로 인해 도움이 필요한 노인을 수용하여 급식과 요양 따위의 일상생활에 필요한 편의를 제공하는 시설. ¶보사부는 이와 함께 올해부터 도시와 농어촌 지역에 매년 4~5개씩의 노인 요양 시설을 확충해 나가기로 했다. / 충주시가 설 명절을 앞두고 코로나19 감염 방지를 위해 노인 요양 시설에 대한 특별 점검을 실시했다.

노인 천식 (老人喘息) [ ] **명구** 《의학》〈노인 일반〉〈노인-호흡기 질환〉40세 이상
에서 발병하는 천식. 기관지 확장증을 기반으로 하여 기도(氣道)에 세균 감
염이 생기는 일이 많다. ¶노인 천식 환자의 사망률은 55~59세 100,000명당
/8명, 60~64세 4.8명으로 60세를 전후하여 평균 사망률의 두 배로 증가한
다.

노인 치매 (老人癡呆) [ ] **명구** 《의학》〈노인 일반〉〈노인-퇴행성 뇌 질환 및 신경
계 질환〉고령자에게서 볼 수 있는 정신병의 하나. 뇌의 노화로 인하여 기억
력, 이해력이 무디어지고 비이성적인 행동을 하게 됨.〈유〉노인성 치매 ¶
2023년 기준 노인 치매 유병률은 9.25%로, 앞선 2016년 같은 역학조사의
9.50% 대비 0.25%포인트 감소했다.

노인 폐기종 (老人肺氣腫) [ ] **명구** 《의학》〈노인 일반〉〈노인-호흡기 질환〉노년
기에 나타나는 생리적 위축으로 발생하는 공기증. ¶노인 폐기종의 주요 예
방법 중 하나는 금연이다.

노인-병 (老人病) [노:인뼝] **명** 《의학》〈노인 일반〉〈노인-심혈관계 질환〉노인
에게 잘 생기는 병을 통틀어 이르는 말. 동맥경화증, 고혈압, 당뇨병, 중풍,
빈혈, 갱년기 장애, 노인성 치매, 변형성 관절염, 백내장 따위가 있다.〈유〉
노년-병(老年病) ¶그들은 노부모를 노인병 요양 기관에 맡겼다. / 나는 부
모님의 노인병 치료 및 입원비를 보장하는 보험에 들었다.

노인성 골다공증 (老人性骨多孔症) [ ] **명구** 《의학》〈노인 일반〉〈노인-근골격계
및 정형외과 질환〉노인에게 흔히 나타나는 골다공증. 뼈의 양이 감소하여
골절이 잘 일어난다.〈유〉노인 골다공증, 노인 뼈엉성증 ¶일차성 골다공증
에는 51~65세에서 많이 생기는 폐경 후 골다공증과 70세 이후 노인에게 생
기는 노인성 골다공증이 있다. / 노인성 골다공증은 젊었을 때는 두껍고 빡
빡하게 구성된 뼈가 나이가 들면서 외부는 점점 얇아지고, 내부는 성기고
듬성듬성한 조직으로 변해 골절이 되기 쉬운 상태가 되는 것을 의미한다.

노인성 난청 (老人性難聽) [ ] **명구** 《의학》〈노인 일반〉〈노인-감각 기관 관련 질

환(안과, 이비인후과)〉청각계의 노화 현상에 따라 노인들에게 잘 나타나는 청력 장애.〈유〉노인 난청 ¶이번 사업은 노인성 난청을 겪고 있지만 청각장애 기준에는 미치지 않아 혜택을 받지 못하는 어르신들에게 보청기 구입비를 지원하는 사업이다.

노인성 무릎 관절염(老人性무릎關節炎)[ ]**명구**《의학》〈노인 일반〉〈노인-근골격계 및 정형외과 질환〉노화 현상에 따라 노인들에게 나타나는 무릎 관절염. ¶구세군 자선냄비 본부 ○○○ 사무총장은 "노인성 무릎 관절염과 청각 장애는…우울증 등 정서적 장애도 초래할 수 있어 적극적인 치료가 필요하다."라고 말했다. / 노인성 무릎 관절염의 주요한 증상은 통증, 곪거나 부어오르는 증상, 변형과 기능 장애인데 슬개골 주변의 통증과 삐걱거리는 듯한 이상음이 초기 증상이라고 할 수 있다.

노인성 원시(老人性遠視)[ ]**명구**〈노인 일반〉〈노인-감각 기관 관련 질환(안과, 이비인후과)〉노화로 인해 발생하는 원시. 수정체가 딱딱해지고 모양근의 힘이 약해지면서 가까운 물체의 상이 망막에 정확하게 생기지 않게 된다. ¶노인성 원시는 안경과 같은 광학적 도구를 사용하여 적절히 대응해야 한다. / 노인성 원시, 백내장, 안구건조증 등 눈과 관련한 질병 대부분은 노화와 관계가 있다.

노인성 치매(老人性癡呆)[ ]**명구**《의학》〈노인 일반〉〈노인-퇴행성 뇌 질환 및 신경계 질환〉고령자에게서 볼 수 있는 정신병의 하나. 뇌의 노화로 인하여 기억력, 이해력이 무디어지고 비이성적인 행동을 하게 됨.〈유〉노년성 치매, 노인 치매 ¶치매에는 알츠하이머병이라 불리는 노인성 치매, 뇌졸중 등으로 인해 생기는 혈관성 치매가 있다. 이 밖에도 다양한 원인에 의한 치매가 있다.

노질(老疾)[노:질]**명**《의학》〈기타〉〈질병 일반〉늙고 쇠약해지면서 생기는 병노병

노화(老化)[노화]**명**《의학》〈노인 일반〉〈노인-퇴행성 뇌 질환 및 신경계 질

환〉사람의 노년기에 나타나는 노인성 변화. 세포에서는 소모 색소(消耗色素)의 침착(沈着), 소지방구(小脂肪球)의 축적, 세포의 용적 감소, 핵(核)의 위축 따위가 일어남.〈유〉나이 먹음, 노령화 ¶비록 노화는 막을 수 없지만, 올바른 생활 습관과 건강 관리로 이를 늦추고 삶의 질을 유지하는 것은 가능하다.

노화^여드름집 (老化여드름집)[ ]**명구**《의학》〈여성 일반〉〈부인(여성)-피부 및 모발 질환〉일광 탄력 섬유증에 의해 털피지샘 낭이 막혀서 햇빛에 의해 손상된 피부에 나타나는 여드름집.〈유〉일광^면포(日光面胞)「001」(동의어), 일광^여드름집(日光여드름집)「001」(동의어)

노환 (老患)[노:환]**명**〈기타〉〈질병 일반〉노병의 높임말. ¶노환으로 고생하시다. / 노환으로 별세하다. / 아버님께서 노환으로 기력이 많이 쇠해지셨다.

녹내장 (綠內障)[농내장]**명**《의학》〈노인 일반〉〈노인-감각 기관 관련 질환(안과, 이비인후과)〉안압이 높아져서 시각 신경 유두의 병적 변화와 시야의 결손을 가져오는 일련의 병.〈참〉백내장(白內障) ¶녹내장은 인지하기 어려워 조기 발견해 치료하지 않으면 실명으로 이어질 수 있어 40세가 넘으면 매년 검진을 받아 볼 필요가 있다.

농축^담즙^증후군 (濃縮膽汁症候群)[ ]**명구**《의학》〈영유아〉〈신생아_추가〉신생아에게 용혈성 빈혈이 있을 때, 담즙이 원활하게 흐르지 못하여 온몸과 눈 따위가 누렇게 되는 황달이 지속적으로 나타나는 증상. 직접 빌리루빈과 간접 빌리루빈이 모두 증가한다.〈유〉진한쓸개즙증후군

농태 (弄胎)[농:태]**명**《한의》〈기타〉〈통증 일반〉해산달에 이르러 며칠 동안 진통하는 일. 또는 이미 양수가 터져 나와서 배가 아프지만 해산은 진행되지 않는 일.〈유〉농통(弄痛)

농통 (弄痛)[농:통]**명**《한의》〈기타〉〈통증 일반〉해산달에 이르러 며칠 동안 진통하는 일. 또는 이미 양수가 터져 나와서 배가 아프지만 해산은 진행되

지 않는 일. 〈유〉농태(弄胎)

농포^여드름(膿疱여드름)[ ] **명구**《의학》〈여성 일반〉〈부인(여성)-피부 및 모발
질환〉고름 물집 병터가 뚜렷한 보통 여드름. 〈유〉고름^물집^여드름「001」
(동의어)

뇌동맥-류(腦動脈瘤)[뇌동맹뉴/눼동맹뉴] **명**《의학》〈영유아/기타〉〈뇌출혈〉
뇌동맥의 일부가 혹처럼 불룩해진 것. 선천적으로 뇌동맥이 약하거나 뇌동
맥 경화, 세균 감염, 머리 외상, 뇌매독 따위가 원인이 되며, 터지면 거미막
밑 출혈이나 뇌출혈의 원인이 된다. 〈유〉뇌동맥자루 ¶뇌동맥류 파열의 주
요 원인은 자발성 지주막하 출혈입니다.

뇌두통(雷頭痛)[뇌두통/눼두통] **명**《한의》〈기타〉〈통증 일반〉눈병의 하나.
눈에 열독(熱毒)이 들어가 눈이 아프고 부시며 눈물이 나고 눈동자가 커졌
다 작아졌다 하여 잘 보이지 않으며 두통이 심하다.

뇌막^뇌탈출증(腦膜腦脫出症)[ ] **명구**《의학》〈영유아〉〈두통〉선천성 머리뼈
결손부를 통하여 뇌막, 뇌, 뇌실액(腦室液)이 두피 아래로 나온 상태.

뇌성^마비(腦性痲痺)[ ] **명구**《의학》〈영유아〉〈마비〉뇌가 손상되어 운동 기능
이 마비된 상태. 태아기의 감염, 발육 장애, 출생 시의 뇌 손상, 신생아의 중
증 황달, 수막염 따위가 원인이다. 〈유〉중추성마비 ¶뇌성마비 증세를 보이
다.

뇌^수막염(腦髓膜炎)[ ] **명구**《의학》〈소아 아동/청소년〉〈전염병일반/청소년-
감염병 및 전염병〉뇌와 수막에 나타나는 염증.

뇌-수종(腦水腫)[뇌수종/눼수종] **명**《의학》〈영유아〉〈신생아_추가〉뇌실이나
거미막밑 공간에 수액이 지나치게 많이 괴어 그 부분이 확대된 상태. 어린
아이의 경우 머리의 둘레가 커지고 지능이나 운동 발달이 늦어지며 호흡 곤
란, 전신 경련, 의식 장애가 일어나기도 한다. 〈유〉물뇌증, 수뇌증, 수두증

뇌-심근염(腦心筋炎)[뇌심근념/눼심근념] **명**《의학》〈소아 아동〉〈염증/심장
질환〉뇌염이나 심장 근육염의 염증을 수반하는 바이러스성 질병. 특히 어

린이에게서 많이 볼 수 있다. ¶뇌심근염은 심각한 심장 질환으로, 조기 발
견과 치료가 중요합니다

뇌척수막염-균 (腦脊髓膜炎菌) [뇌척쑤망념균/눼척쑤망념균] **명**《보건 일
반》〈소아 아동〉〈전염병일반〉유행 뇌척수막염의 병원체. 홀씨와 편모(鞭
毛)가 없는 호기성이나 그람 음성(Gram陰性)의 쌍알균으로, 저항이나 증식
력은 약하며, 건강한 사람의 코나 인두에도 존재하는 수가 있다.〈유〉수막
염균

뇌하수체성^무월경 (腦下垂體性無月經) [ ] **명구**《의학》〈여성 일반〉〈부인(여
성)-부인과(산부인과) 질환〉뇌하수체 전엽의 생식샘 자극 호르몬 분비가 부
족하여 발생하는 무월경. ¶뇌하수체성 무월경은 에스트로겐이 낮기 때문
에 자궁 내막이 많이 얇아져 있다.

눈구멍^가까움증 (눈구멍가까움症) [ ] **명구**〈영유아〉〈눈병〉눈구멍 안쪽 벽 사이
의 거리가 영아는 15mm 이하, 12세 어린이는 23mm 이하, 성인 남자는
25mm 이하인 상태. 드문 기형으로 삼각 머리중, 후각 뇌 결여증, 눈 치아
손가락 형성 이상증, 염색체 18피(p) 증후군, 13번 보통 염색체 증후군, 작
은머리증, 다운 증후군, 빈더 증후군 따위의 환자에게서 볼 수 있다.

눈알 심장 반사 (눈알心臟反射) [누날심장반사] **명구**《의학》〈소아 아동〉〈심장
질환〉눈알을 누르거나 눈 밖 근육을 당기는 것과 연관되는 맥박의 감소. 어
린이들에게서 특히 민감하게 나타나며, 비수축 심장 정지를 야기할 수 있
다.〈유〉안구 심장 반사(眼球心臟反射)

눈확^가까움증 (눈확가까움症) [ ] **명구**〈영유아〉〈눈병〉'눈구멍가까움증'의 잘
못.

눌리다 ( ) [눌리다] **동**〈기타〉〈통증 일반〉표면 전체나 부분에 힘이나 무게가
가해지다

뉘엿거리다 ( ) [뉘열꺼리다] **동**〈기타〉〈통증 일반〉(속이) 메스꺼워 자꾸 토할
듯하다.〈유〉뉘엿대다 ¶재운은 가슴이 답답하고 뉘엿거린다며 두 손으로

가슴을 쥐어뜯었다.

뉘엿뉘엿하다( )[뉘연뉘여타다]휑〈기타〉〈통증 일반〉(속이) 자꾸 토할 듯 메스껍다. ¶속이 몹시 뉘엿뉘엿하다.

뉘엿대다( )[뉘연때다]동〈기타〉〈통증 일반〉(속이) 메스꺼워 자꾸 토할 듯하다. 〈유〉뉘엿거리다

느근거리다( )[느근거리다]동〈기타〉〈통증 일반〉(사람이나 그 속이) 먹은 것이 잘 내려가지 않아 자꾸 느끼해지다. 〈유〉느근느근하다, 느근대다 ¶나는 속이 느근거려서 버스에서 내렸다. / 어제 과식을 했더니 기름기 있는 음식은 이제 쳐다보기만 해도 속이 느근거린다.

느근느근하다( )[느근느근하다]동〈기타〉〈통증 일반〉(사람이나 그 속이) 먹은 것이 잘 내려가지 않아 자꾸 느끼해지다. ¶저녁 먹은 것이 체했는지 속이 계속 느근느근하다.

느근대다( )[느근대다]동〈기타〉〈통증 일반〉(사람이나 그 속이) 먹은 것이 잘 내려가지 않아 자꾸 느끼해지다. 〈유〉느근거리다, 느근느근하다

느근하다( )[느근하다]휑〈기타〉〈통증 일반〉먹은 것이 내려가지 아니하여 속이 느끼하다. 〈유〉느근거리다, 느근대다

느글거리다( )[느글거리다]동〈기타〉〈통증 일반〉(사람의 속이) 자꾸 메스꺼워 곧 토할 듯하다. 〈유〉느글느글하다, 느글대다 ¶뚫린 구멍에다 수류탄을 까 넣어 기분 나쁜 금속성 폭음이 바위 밑을 흔들었고 들큼한 화약 냄새에 배 속이 느글거렸다.

느글느글하다( )[느글느글하다]동/휑〈기타〉〈통증 일반〉(사람의 속이) 자꾸 메스꺼워 곧 토할 듯하다. /(사람의 속이나 기분 또는 어떤 냄새나 맛이) 먹은 것이 잘 내려가지 않아서 곧 토할 듯이 아주 메스껍다. 〈유〉느글거리다, 느글대다 ¶빈속에 기름기 있는 음식을 먹었더니 배 속이 느글느글했다. / 한동안 느글느글한 양식만 먹다 보니 김치 생각이 간절하였다.

느글대다( )[느글대다]동〈기타〉〈통증 일반〉(사람의 속이) 자꾸 메스꺼워 곧

토할 듯하다.〈유〉느글거리다, 느글느글하다 ¶속이 비계 덩어리를 삼킨 것
처럼 느글대서 견디기 힘들었다.

느긋거리다( )[느근꺼리다]동〈기타〉〈통증 일반〉(사람이) 먹은 것이 내려가
지 않아 속이 자꾸 느끼하게 되다.〈유〉느긋느긋하다, 느긋대다

느긋느긋하다( )[느근느그타다]동/형〈기타〉〈통증 일반〉(사람이) 먹은 것이
내려가지 않아 속이 자꾸 느끼하게 되다. / (사람의 속이) 먹은 것이 내려가
지 않아 매우 느끼하다.〈유〉느긋거리다, 느긋대다

느긋대다( )[느근때다]동〈기타〉〈통증 일반〉(사람이) 먹은 것이 내려가지 않
아 속이 자꾸 느끼하게 되다.〈유〉느긋거리다, 느긋느긋하다

느긋하다( )[느그타다]형〈기타〉〈통증 일반〉(사람의 속이) 먹은 것이 내려가
지 않아 느끼하다.〈준〉늑하다

느끼하다( )[느끼하다]형〈기타〉〈통증 일반〉(속이) 기름기 많은 음식을 많이
먹어서 메스껍다. ¶튀김을 많이 먹었더니 속이 느끼하다.

느른하다( )[느른하다]형〈기타〉〈통증 일반〉(사람이나 그 몸이) 피곤하여 맥
이 풀리고 몹시 기운이 없다.〈유〉따분하다, 맥없다(脈없다) ¶삭신이 느른
하다.

늑하다( )[느카다]형〈기타〉〈통증 일반〉(사람의 속이) 먹은 것이 내려가지 않
아 느끼하다.〈본〉느긋하다

니글거리다( )[니글거리다]동〈기타〉〈통증 일반〉(사람의 속이) 먹은 것이 내
려가지 않고 자꾸 메스꺼워 곧 토할 듯하다.〈유〉니글니글하다, 니글대다 ¶
어제 과음을 해서 아직도 속이 니글거린다. / 기름 냄새를 계속 맡았더니 속
이 니글거린다.

니글니글하다( )[니글니글하다]동/형〈기타〉〈통증 일반〉(사람의 속이) 먹은
것이 내려가지 않고 자꾸 메스꺼워 곧 토할 듯하다. / (사람의 속이나 기분
또는 어떤 냄새나 맛이) 먹은 것이 잘 내려가지 않아서 곧 토할 듯이 아주 메
스껍다.〈유〉니글거리다, 니글대다 ¶입덧이 심한 지애는 상대방이 먹는 모

습을 보니 금세 속이 니글니글했다. / 아버지는 버터 냄새가 니글니글하다며 고개를 저으셨다.

니글대다( )[니글대다]동⟨기타⟩⟨통증 일반⟩(사람의 속이) 먹은 것이 내려가지 않고 자꾸 메스꺼워 곧 토할 듯하다.⟨유⟩니글거리다, 니글니글하다¶밥을 허둥지둥 급하게 먹었더니 속이 니글대서 참을 수가 없었다.

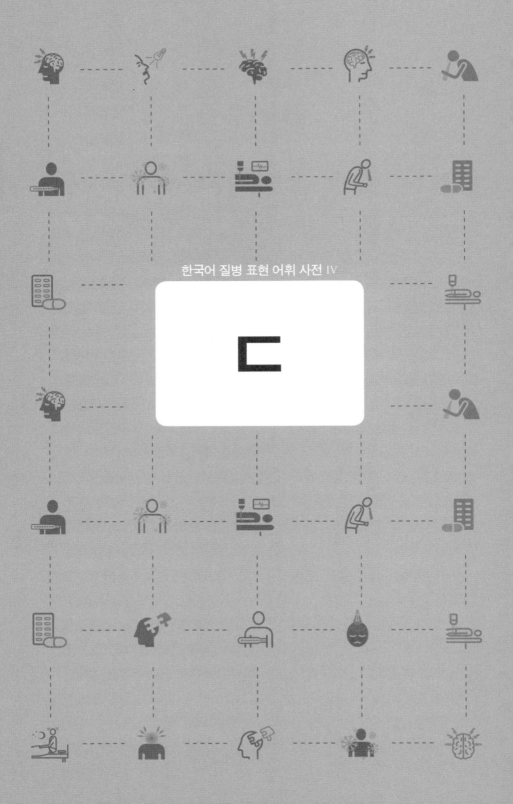

한국어 질병 표현 어휘 사전 Ⅳ

ㄷ

다낭성^난소^증후군(多囊性卵巢症候群)[ ] **명구** 《의학》〈여성 일반/청소년〉〈부인(여성)-부인과(산부인과) 질환/청소년-내분비 및 대사 질환〉만성 무배란과 고(高)안드로겐 혈증을 특징으로 하며, 초음파상 다낭성 난소 형태가 관찰되고, 비만과 인슐린 저항 따위의 다양한 임상 양상을 나타낼 수 있는 증후군.〈유〉PCOS ¶다낭성 난소 증후군은 작은 난포가 동시에 여러 개 발생하지만, 하나도 제대로 성장하지 못합니다. 배란이 되지 않으므로 정상적인 월경이 시작되지 않으며, 동시에 난소에서 남성 호르몬 분비가 증가해 여러 가지 건강 이상을 초래한다.

다낭성^난소^질환(多囊性卵巢疾患)[ ] **명구** 《의학》〈여성 일반〉〈부인(여성)-부인과(산부인과) 질환〉배란이 일어나지 않지만 월경을 하거나 난소에 여러 개의 양성 종양이 발생하는 질병.

다릿병(다릿病)[다릳뼝/다리뼝] **명** 〈기타〉〈통증 일반〉다리가 아픈 병.〈유〉각질02 ¶어멈은 본래 어린애가 딸려서 일을 잘 못하는 데다가, 다릿병이 있어 다리를 잘 못 쓰고….

다발^과다^월경(多發過多月經)[ ] **명구** 《의학》〈여성 일반〉〈부인(여성)-부인과(산부인과) 질환〉월경의 횟수가 비정상적으로 잦고 출혈량도 많은 상태.〈유〉다발^월경^과다(多發月經過多)「001」(동의어), 잦은^월경^과다증(잦은月經過多症)「001」(동의어)

다발성^경화증(多發性硬化症)[ ] **명구** 《의학》〈여성 일반〉〈부인(여성)-감각 기관(면역 및 자가 면역)〉뇌와 척수의 전역에 걸쳐 신경 부분의 말이집이 되풀이하여 산발적으로 파괴되는 병. 눈의 이상, 지각 장애, 언어 장애, 운동 실조, 운동 마비, 배설 곤란, 현기증 따위의 증상이 나타나는데 원인은 밝혀지지 않고 있다.〈유〉다발^경화증(多發硬化症)「001」(동의어)

다발성^경화증(多發性硬化症)[ ] **명구** 《의학》〈청소년〉〈청소년-면역 및 자가 면역 질환〉뇌와 척수의 전역에 걸쳐 신경 부분의 말이집이 되풀이하여 산발적으로 파괴되는 병. 눈의 이상, 지각 장애, 언어 장애, 운동 실조, 운동 마비, 배설 곤란, 현기증 따위의 증상이 나타나는데 원인은 밝혀지지 않고 있다.

다발성^경화증^급성^재발(多發性硬化症急性再發)[ ]⦗명구⦘《의학》〈여성 일반〉〈부인(여성)-감각 기관(면역 및 자가 면역)〉급성으로 재발한 다발성 경화증.

다발^월경^과다(多發月經過多)[ ]⦗명구⦘《의학》〈여성 일반〉〈부인(여성)-부인과(산부인과) 질환〉월경의 횟수가 비정상적으로 잦고 출혈량도 많은 상태.〈유〉다발^과다^월경(多發過多月經)「001」(동의어), 잦은^월경^과다증(잦은月經過多症)「001」(동의어)

다식-증(多食症)[다식쯩]⦗명⦘《의학》〈여성 일반〉〈부인(여성)-소화기 질환〉식욕이 병적으로 높아져서 음식을 아무리 먹어도 배부르지 아니하여 지나치게 많이 먹는 증상. 지적 장애인에게서 많이 볼 수 있다.〈유〉과식-증(過食症)「001」, 대식-증(大食症)「001」¶그녀는 정신적 스트레스로 다식증에 걸려 살이 많이 쪘다.

다운^증후군(down症候群)[ ]⦗명구⦘《의학》〈영유아〉〈신생아_추가〉염색체의 이상으로 생기는, 어린이의 선천 질환. 머리·귀·손가락이 작고 얼굴이 편평하며 눈꼬리가 올라가는 따위의 모습을 보이며, 대개 심장병, 지적 장애, 내장의 형태 이상 따위를 수반한다. 1866년 다운이 학계에 보고하였다고 하여 이렇게 불린다.

다유두-증(多乳頭症)[다유두쯩]⦗명⦘《의학》〈여성 일반〉〈부인(여성)-유방 질환〉가슴이나 신체의 다른 부위에 두 쌍 이상의 젖꼭지를 가지고 있는 상태. ¶영국 가수 릴리 알렌도 겪고 있는 증상인 다유두증이 발바닥에도 나타나는 것이 확인됐다.

다유방-증(多乳房症)[다유방쯩]⦗명⦘《의학》〈여성 일반〉〈부인(여성)-유방 질환〉'유방 과다증'의 전 용어. ¶다유방증은 전 세계 여성의 약 6%에 나타나는 질환으로, 가장 많이 나타나는 겨드랑이 외에도 가슴 아랫부분이나 옆구리, 팔뚝 등에 생겨나 통증을 유발한다.

다이아제팜(diazepam)[ ]⦗명구⦘《심리》〈여성 일반〉〈부인(여성)-정신 건강 및 신경정신과 질환〉벤조디아제핀 계열에 속하는 약물로 뇌에서 신경 흥분을 억제하여 불안 및 긴장을 감소시킨다.

다이어트^장애(diet障礙)[ ]⦗명구⦘《의학》〈여성 일반〉〈부인(여성)-소화기 질환〉과도한 식이 요법의 부작용 또는 여러 가지 생리적·정신적 원인으로 인하여 비정상적으로 음식을 섭취하는 증상. 거식증과 폭식증이 있다.〈유〉섭식^장애(攝食障礙)「001」¶잘못된 다이어트 방법은 자신도 모르는 새 심각한 다이어트 장애로 이어진다. / 비만의 원인에 여러 가지가 있지만 가장 고치기 힘든 것이 폭식증, 다이어트 장애, 신경성 과식욕증이 있습니다.

다임신-녀(多妊娠女)[다임신녀]⦗명⦘《의학》〈임부 산모〉〈부인(여성)-임신과 관련된 질환〉세 번 이상 임신한 여자.

다-임신부(多妊娠婦)[다임신부]⦗명⦘《의학》〈임부 산모〉〈부인(여성)-임신과 관련된 질환〉과거에 임신한 경험이 있는, 아이를 밴 여자.〈유〉경-임부(經妊婦)「001」(동의어)〈참〉다임신-녀(多妊娠女)「001」(기타)

다태아^임신부(多胎兒妊娠婦)[ ]⦗명구⦘《의학》〈임부 산모〉〈부인(여성)-임신과 관련된 질환〉한 배에 둘 이상의 태아를 가진 임신부.¶다태아 임신부를 위한 복지 정책이 필요하다. / 다음 달 1일 이후 임신·출산 진료비 지원을 신청하는 다태아 임신부는 20만 원을 추가로 지원받게 된다.

다태^임신(多胎妊娠)[ ]⦗명구⦘《의학》〈임부 산모〉〈부인(여성)-임신과 관련된 질환〉한 배에 둘 이상의 태아를 갖는 임신.

다한증(多汗症)[다한쯩]⦗명⦘《의학》〈청소년〉〈청소년-피부 및 모발 질환〉땀이 지나치게 많이 나는 증상. 당뇨병·임신·갱년기 장애 따위로 인하여 온몸에 땀이 많이 나는 전신성과, 일시적인 흥분·긴장·공포 따위로 손·발·겨드랑이·이마·콧등 따위에 땀이 나는 국한성이 있다.〈유〉땀 과다증

다형^유사^건선(多形類似乾癬)[ ]⦗명구⦘《의학》〈여성 일반〉〈부인(여성)-피부

및 모발 질환〉몸통과 팔다리에 지속적으로 발생하는 것으로, 위축된 황색 또는 오렌지색의 판이 나타나는 만성 염증 피부 질환. 간혹 균상 식육종으로 이행된다.〈유〉그물^모양^유사^건선(그물模樣類似乾癬)「001」(동의어), 위축^유사^건선(萎縮類似乾癬)「001」(동의어), 큰^판^유사^건선(큰板類似乾癬)「001」(동의어)

단독(丹毒)[단독]圐《한의》〈영유아/소아 아동〉〈소아 피부병-홍역〉피부의 헌데나 다친 곳으로 세균이 들어가서 열이 높아지고 얼굴이 붉어지며 붓게 되어 부기(浮氣), 동통을 일으키는 전염병.〈유〉단진, 단표, 얕은 연조직염, 적유풍, 풍단, 홍사창, 화단

단백뇨(蛋白尿)[단:뱅뇨]圐《의학》〈청소년〉〈청소년-신장 및 비뇨기 질환〉일정량 이상의 단백질이 섞여 나오는 오줌. 신장에 질환이 있을 때 나타나는 병적인 것과 오래 서 있었거나 과격한 운동 후에 나타나는 생리적인 것이 있다.

단순 치매(單純癡呆)[ ]圐구《의학》〈노인 일반〉〈노인-퇴행성 뇌 질환 및 신경계 질환〉나이가 들면서 점차 지적 능력이 약해지는 지적 장애의 하나. 대뇌 겉질의 광범한 위축과 관련되어 있다.

단순^비만(單純肥滿)[ ]圐구《의학》〈여성 일반〉〈부인(여성)-내분비 및 대사 질환〉섭취한 열량이 소비한 에너지의 양보다 많아 생기는 비만.

단순^위염(單純胃炎)[ ]圐구《의학》〈여성 일반〉〈부인(여성)-소화기 질환〉증상이 가벼운 급성 위염의 하나.

단순^유방^절제(單純乳房切除)[ ]圐구《의학》〈여성 일반〉〈부인(여성)-유방 질환〉유방, 젖꼭지, 젖꽃판, 유방 윗부분 피부를 잘라 내는 수술. 유방암 치료법 가운데 하나로, 림프샘과 가슴 근육은 절제하지 않는다.〈유〉단순^유방^절제술(單純乳房切除術)「001」(동의어)

단순^유방^절제술(單純乳房切除術)[ ]圐구《의학》〈여성 일반〉〈부인(여성)-유방 질환〉유방, 젖꼭지, 젖꽃판, 유방 윗부분 피부를 잘라 내는 수술. 유방암

치료법 가운데 하나로, 림프샘과 가슴 근육은 절제하지 않는다. 〈유〉단순^유방^절제(單純乳房切除)「001」(동의어)

단순^자궁^내막^과다^형성 (單純子宮內膜過多形成)[ ]【명구】《의학》〈여성 일반〉〈부인(여성)-부인과(산부인과) 질환〉자궁 내막 조직의 양이 증가하는 상태. 이때 많은 버팀질에 의하여 샘은 분리된다. 〈유〉단순^자궁^내막^증식증(單純子宮內膜增植症)「001」(동의어)

단순^자궁^내막^증식증 (單純子宮內膜增植症)[ ]【명구】《의학》〈여성 일반〉〈부인(여성)-부인과(산부인과) 질환〉자궁 내막 조직의 양이 증가하는 상태. 이때 많은 버팀질에 의하여 샘은 분리된다. 〈유〉단순^자궁^내막^과다^형성(單純子宮內膜過多形成)「001」(동의어) ¶단순 자궁 내막 증식증과 달리, 세포 구조의 변화가 동반되기 때문에 더 세심한 진단과 관리가 요구된다.

단진 (丹疹)[단진]【명】《한의》〈영유아/소아 아동〉〈소아 피부병-홍역/피부병〉피부의 헌데나 다친 곳으로 세균이 들어가서 열이 높아지고 얼굴이 붉어지며 붓게 되어 부기(浮氣), 동통을 일으키는 전염병. / 홍역과 단독을 아울러 이르는 말. 〈유〉단독

단풍 당뇨병 (丹楓糖尿病)[ ]【명구】《의학》〈영유아〉〈당뇨〉신생아에게 나타나는 선천성 아미노산 대사 이상의 하나. 분지 아미노산의 대사가 정상적으로 일어나지 않아 혈중 발린, 류신, 이소류신의 농도가 증가하는 질환이다. 생후 첫째 주에서 둘째 주에 포유 곤란, 무호흡 발작, 구토 따위의 증상이 나타나며 심각한 지능 저하를 초래한다. 소변이나 땀에서 단풍나무 시럽 냄새가 나는 것이 특징이다. 〈유〉단풍 당뇨증(丹楓糖尿症), 단풍나무 시럽병(丹楓나무syrup病), 매플시럽요-증(maple syrup尿症), 메이플시럽요-증(maple syrup尿症), 카에데 당뇨증(kaede[楓]糖尿症), 풍 당뇨증(楓糖尿症) ¶단풍 당뇨병은 치료하지 않으면 정신지체, 신체적 불구, 사망을 유발하는 드문 유전질환이다. / 단풍 당뇨병은 1954년 Menkes에 의해 처음으로 기술되었으며, 모든 인종에서 발현되고 발생 빈도는 225,000명당 1명이다.

담( )[담ː]圐《의학》〈영유아/성인 일반〉〈성병〉매독 스피로헤타라는 나선균 (螺旋菌)에 의하여 감염되는 성병. 태아기에 감염되는 선천적인 경우와 성 행위로 인하여 옮는 후천적인 경우가 있는데, 제1기에는 음부에 궤양이 생 기고, 제2기에는 피부에 발진이 생기며, 제3기에는 피부와 장기(臟器)에 고 무종이 생기고, 제4기에는 신경 계통이 손상된다. 〈유〉매독

담 걸리다( )[ ]圐구〈기타〉〈통증 일반〉일시적으로 근육이 경직되거나 기혈 순 환이 막혀 생기는 병증 ¶목에서는 담이나 걸린 듯이 가랑가랑하는 소리가 모깃소리만큼 났다.

담궐 두통(痰厥頭痛)[ ]圐구《한의》〈기타〉〈통증 일반〉담(痰)으로 인하여 생 기는 두통. 기운이 없고 어질어질하며 속이 메스껍다. ¶위장 운동성이 저 하되면서 발생하는 위장 담적병 증상 중 하나로 담궐 두통이 나타날 수 있 다.

담음 요통(痰飮腰痛)[ ]圐구《한의》〈기타〉〈통증 일반〉담음(痰飮)이 원인이 되 어 허리나 등 쪽에 체액이 저류함으로써 생기는 요통. ¶뚱뚱한 사람들이 여 기저기가 쑤시면서 허리가 아프다면 담음 요통일 가능성이 높다.

답답하다( )[답따파다]圐〈기타〉〈통증 일반〉숨이 막힐 듯이 갑갑하다. ¶소화 가 되지 않아 속이 답답하게 느껴졌다.

당나귀-기침(唐나귀기침)[당나귀기침]圐《한의》〈영유아/소아 아동〉〈감기- 몸살, 세기관지염〉백일해나 오래된 감기를 앓을 때에 자주 하는 기침. 당나 귀의 울음소리와 비슷하다고 하여 이렇게 이른다.

당뇨(糖尿)[당뇨]圐《의학》〈노인 일반〉〈노인-암(종양) 관련 질환/노인-내분 비 및 대사 질환〉소변에 당분이 많이 섞여 나오는 병. 탄수화물 대사를 조 절하는 호르몬 단백질인 인슐린이 부족하여 생기는 것으로 소변량과 소변 보는 횟수가 늘어나고, 갈증이 나서 물을 많이 마시게 되며, 전신 권태가 따 르는 한편 식욕이 좋아진다. 〈유〉당뇨병 ¶당뇨를 앓다.

당뇨-병(糖尿病)[당뇨뼝]圐《의학》〈청소년〉〈청소년-내분비 및 대사 질환〉

소변에 당분이 많이 섞여 나오는 병. 탄수화물 대사를 조절하는 호르몬 단백질인 인슐린이 부족하여 생기는 것으로 소변량과 소변보는 횟수가 늘어나고, 갈증이 나서 물을 많이 마시게 되며, 전신 권태가 따르는 한편 식욕이 좋아진다

당뇨병 걸린 산모의 유아 증후군 (糖尿病걸린産母의乳兒症候群)[ ] **명구**《의학》〈영유아〉〈신생아_추가〉당뇨병을 앓는 산모의 신생아에게 나타나는 병적 특징. 거대아가 되기 쉽고, 호흡 부전이 되기 쉬우며, 태어난 첫날에 두드러진 저혈당이 나타날 수 있다. 또한 임신 중의 모체가 당뇨병 관리를 제대로 하지 않으면 태아가 태내에서 사망하거나 기형이 되는 빈도가 높아진다. ¶당뇨병 걸린 산모의 유아 증후군의 증상은 아기가 엄마에게 필요한 것보다 더 많은 설탕을 섭취하는 데 익숙해졌기 때문에 출생 후 필요한 것보다 더 높은 인슐린 수치를 가지고 있을 뿐만 아니라 출생 직후 및 생후 처음 며칠 동안 저혈당(저혈당) 기간을 가질 가능성이 더 크다는 것이다.

당뇨병 근육 위축(糖尿病筋肉萎縮)[ ] **명구**《의학》〈노인 일반〉〈노인-내분비 및 대사 질환〉당뇨병과 관련된 신경 질환의 한 형태. 당뇨병을 앓는 노령 환자에게서 주로 발견되며, 한쪽이나 양쪽 넓적다리에 위축, 허약, 통증 따위의 증상이 갑자기 또는 서서히 나타난다.〈유〉당뇨병성 근위축(糖尿病性筋萎縮), 당뇨병성 근위축증(糖尿病性筋萎縮症), 당뇨병성 근육 위축(糖尿病性筋肉萎縮), 당뇨병성 근육 위축증(糖尿病性筋肉萎縮症) ¶당뇨 환자의 1% 정도에서 당뇨병 근육 위축이 발생하는데, 주로 50세 이상의 경증 당뇨병 환자가 그 발생군이다.

당뇨병 지방 생괴사 (糖尿病脂肪生壞死)[ ] **명구**《의학》〈노인 일반〉〈노인-내분비 및 대사 질환〉결합 조직과 탄력 조직의 괴사와 위축을 특징으로 하는 피부 질환. 당뇨병을 앓을 때 잘 나타나며, 보통 다리 앞쪽 가운데 부위가 황색으로 변하며 그 주위에 갈색의 경계가 특징적으로 발생한다. ¶당뇨병 지방 생괴사의 평균 발병 연령은 30세이고, 여자에서 3배 정도 발생빈도가 높

습니다.

당뇨-진(糖尿疹)[당뇨진]**명**《의학》〈노인 일반〉〈노인-내분비 및 대사 질환〉
당뇨병 환자에게 상당히 많이 나타나는 것으로, 주로 정강이 앞부분에 생긴
약간 붉은색의 구진이 점차 얇은 비늘로 바뀌면서 결국 위축반(萎縮瘢)으
로 변하는 피부 증상.〈유〉당뇨 피부 병증(糖尿皮膚病症) ¶당뇨진은 당뇨병
과 관련된 가장 흔한 피부병으로 정강이뼈 앞쪽, 허벅지, 뼈가 돌출된 부위
등에 호발하며, 당뇨인의 30~40%에서 발생하고, 당뇨병의 유병 기간이 길
수록, 그리고 남성에서 더 흔하게 발생한다.

당랑-자(螳螂子)[ ]**명**《한의》〈영유아〉〈신생아_추가〉갓난아이가 태열로 인하
여 입의 안쪽 벽에 염증이 생기는 병.

대리모^임신(代理母妊娠)[ ]**명구**《의학》〈임부 산모〉〈부인(여성)-임신과 관련
된 질환〉불임 부부에게서 수정란을 받아 아이를 대신 낳을 여성에게 이식
하여 임신 및 분만을 하게 하는 방법. ¶미국 태아 성별 공개 파티 영상, 37
살 나이 차이 연상 연하 딸 대리모 임신

대변실금(大便失禁)[대ː변실금]**명**《의학》〈노인 일반〉〈노인-신장 및 비뇨기
계 질환〉항문 괄약근의 조절 불능으로 자기도 모르는 사이에 가스, 액체, 고
체 성분이 분출되는 증상.〈유〉대변 새기, 변실금, 분변실금 ¶대변실금은
중추 신경계의 혈관 질환이나 노인성 치매, 말초 신경의 장애, 당뇨병에 의
해서 이차적으로 발생될 수 있으며, 분만과 관련된 항문 괄약근의 파열과
외음부 신경의 장애에 의하거나 또는 항문 질환을 수술한 후에 발생될 수
있습니다.

대사^증후군(代謝症候群)[ ]**명구**《의학》〈여성 일반/청소년〉〈부인(여성)-내분
비 및 대사 질환/청소년-내분비 및 대사 질환〉인슐린 저항과 심장 혈관병의
위험 증가와 연관된 대사 위험 질환.

대상^포진(帶狀疱疹)[대상포진]**명구**《의학》〈청소년〉〈청소년-감염병 및 전
염병〉몸의 좌우 한쪽 신경에 포진 바이러스가 감염되어 일어나는 병. 몸통,

얼굴에 나타나는 경우가 많으며 지름 2~4mm의 작은 물집이 붉은 반점 위에 나타난다. 띠 모양으로 발생하고 심한 통증을 유발한다. 〈유〉띠헤르페스(띠herpes)

대세포 암(大細胞癌)[ ]〔**명구**〕《의학》〈노인 일반〉〈노인-암(종양) 관련 질환〉폐암의 4~10% 정도로 발생하며, 폐 표면 근처(폐 말초)에 주로 발생하고, 절반이 큰 기관지에서 발생한다. 세포가 대체적으로 크기가 크며, 그중 일부는 빠르게 증식·전이되는 경향이 있어 다른 비소세포암에 비하여 예후가 나쁜 편이다. ¶대세포 암은 일반적으로 증식 속도가 빠르기 때문에 폐암이라는 진단이 내려졌을 때는 암이 이미 상당히 커져 있는 경우가 많다.

대-소역(大小疫)[대:소역]〔**명**〕〈영유아/소아 아동〉〈소아 피부병-홍역/소아 피부병-천연두〉마마와 홍역을 아울러 이르는 말. ¶마마를 대역(大疫), 홍역을 소역(小疫)이라고 한다.

대식-증(大食症)[대:식쯩]〔**명**〕《의학》〈여성 일반〉〈부인(여성)-소화기 질환〉식욕이 병적으로 높아져서 음식을 아무리 먹어도 배부르지 아니하여 지나치게 많이 먹는 증상. 지적 장애인에게서 많이 볼 수 있다. 〈유〉과식-증(過食症)「001」,다식-증(多食症)「001」

대유방-증(大乳房症)[대:유방쯩]〔**명**〕《의학》〈여성 일반〉〈부인(여성)-유방 질환〉유방이 거대하게 비대해진 상태.

대이병(大二病)[대:이뼝]〔**명**〕〈성인 일반〉대학교 2학년 또래의 학생들이 장래를 걱정하고 취업에 대한 불안을 느끼는 심리적 상태를 빗대어 이르는 말. ¶많은 대학 2학년생이 이런 '대이병'을 겪고 있다. / ○○○이 '대이병'으로 고민하는 사연자에게 자신의 경험을 설명하며 위로를 건넨다.

대장암(大腸癌)[대장암]〔**명**〕《의학》〈노인 일반〉〈노인-암(종양) 관련 질환〉큰창자에 생기는 암. 변비와 설사를 되풀이하고 대변에 혈액이나 점액이 섞여 나온다. 〈유〉큰창자암 ¶어머니는 대장암을 조기에 발견하여 수술을 받고 완치되셨다.

더부룩하다 ( )[더부루카다]〈형〉〈기타〉〈통증 일반〉소화가 잘 안되어 배 속이 거북하다. ¶이것저것 너무 많이 먹었더니 배가 더부룩하다.

덧-유방(덧乳房)[던뉴방]〈명〉《의학》〈여성 일반〉〈부인(여성)-유방 질환〉두 개의 정상적인 유방 이외에 다른 곳에 유방이 더 있는 것. 대개 배아 때의 젖선을 따라서 나타난다. 〈유〉덧-젖「001」(동의어)

덩이뿌리^유방(덩이뿌리乳房)[ ]〈명구〉《의학》〈여성 일반〉〈부인(여성)-유방 질환〉달리아 뿌리 모양으로 생긴 유방. 양쪽 유방이 다 작고 비대칭인 경우가 많다.

도심(悼心)[ ]〈명〉〈기타〉〈통증 일반〉비통한 마음. 또는 아픈 마음.

도압(倒壓)[도:압]〈명〉《한의》〈소아 아동〉〈소아 피부병-천연두〉천연두에 탈이 생겨서 잘 곪지 않는 증상.

도화-선(桃花癬)[도화선]〈명〉《한의》〈영유아/기타〉〈피부병〉봄철에 주로 여자나 아이들의 얼굴에 생기는 피부병. 손톱 크기만 한 붉은색 또는 흰색의 반점이 뚜렷하게 나타난다.

독감(毒感)[독깜]〈명〉《의학》〈청소년/기타 공통〉〈청소년-감염병 및 전염병/감기-몸살, 세기관지염/폐렴〉인플루엔자 바이러스에 의하여 일어나는 감기. 고열이 나며 폐렴, 가운데귀염, 뇌염 따위의 합병증을 일으킨다. / 지독한 감기〈유〉유행성 감기, 인플루엔자 ¶독감에 걸리다. / 독감을 앓다. / 몸조리 잘한 보람이 있어 엿새 후 선편이 있다고 기별이 왔을 때에는 독감 기운이 많이 수그러져 있었다. / 미국에서는 지금 전국에 독감 경보가 내려져 있다.

독담통(毒痰痛)[독땀통]〈명〉《한의》〈기타〉〈통증 일반〉치통의 하나. 열이 나고 잇몸이 몹시 아프면서 가래와 기침이 나온다.

독통(毒痛)[독통]〈명〉〈기타〉〈통증 일반〉독으로 인하여 생긴 아픔. ¶이른 새벽 병원에서 전갈이 왔다. 종일 독통(毒痛)에 시달리다 자정쯤에야 그가 먼 잠에 들었다고.

돌창자^크론병 (돌창자crohns病) [ ] **명구** 《의학》〈여성 일반〉〈부인(여성)-감각 기관(면역 및 자가 면역)〉돌창자에 생긴 원인 불명의 만성 염증 질환. 장벽 두께 전체에 염증 세포 침윤이 있으며, 육아종을 형성하기도 하고, 샛길, 틈 새 따위가 잘 관찰된다. 위장관 전체를 침범할 수 있다.

동결-견 (凍結肩) [동:결견] **명** 《의학》〈여성 일반/기타〉〈부인(여성)-근골격계 및 정형외과 질환/통증 일반〉어깨에 심한 통증과 경직 증상을 동반한 유착 관절낭염. 〈유〉굳은-어깨「002」(동의어), 동결^어깨(凍結어깨)「001」(동의 어), 오십견(五十肩)

동맥 경화 (動脈硬化) [ ] **명구** 《의학》〈노인 일반〉〈노인-심혈관계 질환〉동맥의 벽이 두꺼워지고 굳어져서 탄력을 잃는 질환. 일종의 노화 현상으로 고혈 압, 비만, 당뇨병 따위가 주요 원인이며 혈류 장애, 혈전 형성, 뇌중풍, 심근 경색 따위의 주 원인이 된다. 〈유〉동맥경화증(動脈硬化症) ¶동맥 경화를 막 는 가장 확실한 방법은 '습관'을 들이는 것이다.

동맥경화증 (動脈硬化症) [ ] **명구** 《의학》〈노인 일반〉〈노인-심혈관계 질환〉동맥 의 벽이 두꺼워지고 굳어져서 탄력을 잃는 질환. 일종의 노화 현상으로 고 혈압, 비만, 당뇨병 따위가 주요 원인이며 혈류 장애, 혈전 형성, 뇌중풍, 심 근 경색 따위의 주원인. 〈유〉동맥 경화 ¶동맥 경화란 말 자체는 병명이 아 니고 동맥의 병적 변화를 말하는 용어입니다. 동맥경화증에 의해 문제가 생 긴 장기에 따라서 구체적 병명이 붙게 됩니다.

동맥성 고혈압 (動脈性高血壓) [ ] **명구** 《의학》〈노인 일반〉〈노인-심혈관계 질 환〉일시적 혹은 지속적으로 전신 동맥압이 상승하여 심장 혈관계를 손상하 거나 다른 부작용을 유발하는 상태. 〈유〉동맥 고혈압(動脈高血壓) ¶보통 혈 압이라고 하면 동맥혈압을 뜻할 때가 많습니다.

동맥신 경화증 (動脈腎硬化症) [ ] **명구** 《의학》〈노인 일반〉〈노인-심혈관계 질 환〉신동맥(腎動脈)의 굵은 가지의 내강이 동맥 경화로 좁아져서 신장에 반 점형 위축성 반혼이 생기는 증상. 노인이나 고혈압 환자에서 발생한

다. 〈유〉동맥 콩팥 굳음증

동변(童便)[동:변] 圄《한의》〈소아 아동〉〈일반 통증〉12살 이하인 사내아이
의 오줌. 두통, 학질, 번갈(煩渴), 해수(咳嗽), 골절상, 부기(浮氣) 따위에 쓴
다. 〈참〉환원탕(還元湯) ¶여느 오줌은 아니고 동변이라고, 음양을 알기 전
의 어린애들의 오줌입니다.

동성-부정맥(洞性不定脈)[동:성부정맥] 圄《의학》〈소아 아동/노인 일반〉〈심
장 질환〉굴심방 결절에서 자극이 고르지 못할 때 나타나는 부정맥. 어린이
나 노인에게서 자주 보게 되며, 심장 동맥 경화증이나 심한 심장 근육 장애
때도 나타난다. 〈유〉굴-부정맥(窟不整脈), 굴심방 부정맥(窟心房不定脈) ¶
일년 전부터 가슴이 당기듯이 아프다고 하여 한 달 전 심장내과에서 심전도
검사를 했는데 동성부정맥이라고 나왔습니다.

동통(疼痛)[동:통] 圄〈기타〉〈통증 일반〉신경에 가해지는 어떤 자극으로 인
해 몸이 쑤시고 아픔. ¶어깨에 동통이 오고 온몸에 열이 납니다. / 무서운
아픔이 아버지를 괴롭혔다. 모르핀 주사도 아버지의 동통을 덜어 주지 못했
다.

동통기(疼痛期)[동:통기] 圄〈기타〉〈통증 일반〉몸이 몹시 쑤시고 아픈 때. ¶
오십견은 크게 동통기-동결기-해동기로 나뉘는데, 동통기는 통증이 심한
시기다.

된^변비(된便祕)[ ] 圄구《의학》〈여성 일반〉〈부인(여성)-소화기 질환〉변비가
심한 증상.

두 심장증(두心臟症)[두심장쯩] 圄구《의학》〈기타 공통〉〈심장 질환〉심장이
가운데 균열에 의해 다양한 정도로 좌심과 우심으로 나뉘어 있는 상태. ¶두
심장증 아이가 태어났다.

두가(痘痂)[두가] 圄〈소아 아동〉〈소아 피부병-천연두〉천연두를 앓을 때 헌
자리에 앉는 딱지. ¶두가(痘痂)를 간 가루를 물에 녹인 다음 솜에 적셔 콧구
멍에 넣는다.

두독(痘毒)[두독]**명**〈소아 아동〉〈소아 피부병-천연두〉천연두를 일으키는 독. ¶열(熱)을 식혀주고 갈증을 풀어 주며 두독(痘毒)을 해소하고 진액(津液)이 말라 붙은것을 치료하는 처방임.

두드러기( )[두드러기]**명**〈청소년〉〈청소년-피부 및 모발 질환〉약이나 음식을 잘못 먹거나 또는 환경의 변화로 인해 생기는 피부병의 하나. 피부가 붉게 부르트며 몹시 가렵다. ¶두드러기가 나다.

두면(痘面)[두면]**명**〈소아 아동〉〈소아 피부병-천연두〉천연두를 앓아서 얽은 얼굴.

두묘(痘苗)[두묘]**명**《약학》〈소아 아동〉〈소아 피부병-천연두〉두창에 걸린 소에서 뽑아낸 유백색의 우장(牛漿). 한때 천연두 백신의 원료로 썼다. ¶특히 제너의 종두법에 주목하여 일본 수신사 수행원으로 동행, 종두 기술과 두묘(痘苗) 제조법을 익히고 돌아와 한국에서 우두법을 전하였으며, 의학교를 설립, 의료인을 양성했기에 한국에 서양 의학을 도입한 선각자로 각인되었다.

두신(痘神)[두신]**명**《민속》〈소아 아동〉〈소아 피부병-천연두〉집집마다 찾아다니며 천연두를 앓게 한다는 여신. 강남(중국)에서 특별한 사명을 띠고 주기적으로 찾아온다고 한다. ¶'별신'은 홍역을 담당하는 천연두, 곧 두신(痘神) 존재이며 이를 손님이라고도 한다.

두신-호귀(痘神胡鬼)[두신호귀]**명**《민속》〈소아 아동〉〈소아 피부병-천연두〉집집마다 찾아다니며 천연두를 앓게 한다는 여신. 강남(중국)에서 특별한 사명을 띠고 주기적으로 찾아온다고 한다.

두역(痘疫)[두역]**명**《한의》〈소아 아동〉〈소아 피부병-천연두/조선 시대 전염병〉'천연두'를 한방에서 이르는 말. 〈유〉역신, 역질 ¶『언해두창집요(諺解痘瘡集要)』는 국왕의 명으로 1601년(선조 34) 허준(許浚)이 편찬한 두역(痘疫) 처방에 관한 전문 의서다. / 윤개의 아들 연송의 두역(痘疫)이 거의 아물어서 무당을 불러서 감사드리며 신을 보냈다. / 두역은 한방에서 천연두를 뜻하는 말이다.

두자(痘子)[두자]**명**《한의》〈소아 아동〉〈소아 피부병-수두/피부병〉수두나
두창을 앓을 때 피부에 돋는 물집. ¶민간에서 수포를 수두(水痘)라 하고 농
포는 두자(痘子)라고 한다.

두장(痘漿)[두장]**명**《한의》〈소아 아동〉〈소아 피부병-천연두〉천연두의 고
름. ¶이에 대해 (미세) 혈관에서 두장(痘漿)을 흡수해서 전신에 퍼지게 되
는 것이니 오직 팔뚝 위에 접종하는 것은 다른 이유가 아니라 접종한 흔적
을 가리고 소매를 걷어 팔을 드러내기 용이하기에 편리함을 취한 것일 뿐이
라고 보충해서 설명하였다.

두증(痘症)[두쯩]**명**《한의》〈소아 아동〉〈소아 피부병-천연두/조선시대 전염
병〉천연두의 증세. ¶두증이 발반하다.

두진(痘疹)[두진]**명**《한의》〈소아 아동〉〈소아 피부병-홍역/조선시대 전염
병/피부병〉천연두의 증상. 춥고 열이 나며 얼굴부터 전신에 붉은 점이 생기
는 것이 홍역과 비슷하다. / 천연두와 홍역 따위의 발진성 질병을 통틀어 이
르는 말. ¶1699년(숙종 25) 1월 14일의 『숙종실록』은 "왕세자가 두진(痘疹)
을 앓았으므로, 의약청(醫藥廳)을 사옹원(司饔院)에 설치하였는데, 제조 등
이 아울러 숙직하였다. / 과거에는 주로 천연두의 증상인 두진(痘疹)을 치
료하는 처방으로 활용됐고 제반 열증(熱症)을 치료하는 데도 처방됐다.

두창(豆瘡/痘瘡)[두창]**명**《한의》〈소아 아동〉〈소아 피부병-천연두/조선시대
전염병〉'천연두'를 한방에서 이르는 말.〈유〉천행두 ¶왕세자(王世子)로 있
던 광해군이 두창(痘瘡)을 앓게 되었으나 허준이 치료하여 완쾌되었으며
이러한 공로로 그는 정2품 정헌대부(正憲大夫)에 제수(除授)되었다. / 우두
법은 한국에서 근대 과학 기술 정착의 대표적 사례로 19세기에 두창 예방에
크게 기여하였다.

두창^모양^여드름(痘瘡模樣여드름)[ ]**명구**《의학》〈여성 일반〉〈부인(여성)-피
부 및 모발 질환〉이마와 관자 측면에 주로 고름 물집과 흉터가 발생되는 만

성 질환. 여드름과 비슷한 모양을 보이고 두창과 같은 깊은 흉터를 남기기 때문에 이러한 병명을 갖게 되었다. 가려움이 있으며 여드름집이 잘 나타나지 않아 여드름과는 무관한 것으로 간주되고 있다.

두통(頭痛)[두통]〔명〕〈기타〉〈통증 일반〉머리가 아픈 증세.〈유〉머리앓이 ¶혜린이는 심한 두통에 얼굴을 찡그렸다. / 동영이는 온종일 두통으로 힘들어했다.

두통고(頭痛膏)[두통고]〔명〕〈기타〉〈통증 일반〉두통이 날 때 붙이는 고약.

두통약(頭痛藥)[두통냑]〔명〕〈기타〉〈통증 일반〉머리가 아픈 증세에 먹는 약. ¶사무직 근로자들의 책상 서랍 속에도 위장약과 두통약이 항상 비치되어 있어 자주 복용된다.

두풍-창(痘風瘡)[두풍창]〔명〕《한의》〈소아 아동〉〈소아 피부병-천연두〉천연두를 앓은 뒤에 살갗에 염증이 생겨서 가렵고 진물이 흐르는 병.

두항강통(頭項強痛)[두항강통]〔명〕《한의》〈기타〉〈통증 일반〉목덜미가 뻣뻣하고 아픈 증상.

두환(痘患)[ ]〔명〕《한의》〈소아 아동〉〈조선시대 전염병〉천연두를 달리 이르는 말. ¶그는 숙종 9년 임금의 두환(痘患)을 치료하여 명성을 떨쳤으며 그 공으로 인해 자급(資級)이 보국(輔國)에 이르렀다

두후-잡증(痘後雜症)[두후잡쯩]〔명〕《한의》〈소아 아동〉〈소아 피부병-천연두〉천연두를 앓고 난 후에 몸조리를 잘못하여 생기는 여러 가지 병증. ¶두후잡증(痘後雜症)에서 두창에 병발하여 생기는 다양한 질병 증상들이 열거되어 있다.

두흔(痘痕)[두흔]〔명〕〈소아 아동〉〈소아 피부병-천연두〉천연두를 앓고 난 후 딱지가 떨어진 자리에 생긴 얽은 자국. ¶검은 사마귀인 흑자(黑子)는 검정색의 수기(水氣)이므로 탕화살(湯火殺)에 상응할 수 있는 힘을 가지고 있음이고, 곰보자국인 두흔(痘痕)도 움푹움푹 파인 형태이기에 이런 탕화살(湯火殺)의 성분을 음쇠(陰衰)시키는 힘을 가졌기에 가능함이다.

둔통(鈍痛)[둔ː통-]〔명〕〈기타〉〈통증 일반〉둔하고 무지근하게 느끼는 아픔. ¶
심장을 멎게 하는 둔통이 가슴에서부터 전신으로 전이되었다. / 방송국 원
고지 메우기에 피로했던 어깨와 팔꿈치의 둔통이 일시에 가시는 듯했다.

뒤굽이-임신(뒤굽이妊娠)[뒤구비임신]〔명〕《의학》〈임부 산모〉〈부인(여성)-임
신과 관련된 질환〉자궁뒤굽이인 상태에서 이루어진 임신.〈유〉후굴^임신
(後屈妊娠)「001」(동의어)

뒤틀리다( )[뒤틀리다]〔동〕〈기타〉〈통증 일반〉(몸이나 물건이) 이리저리 꼬여
서 비틀어지다. ¶무엇을 잘못 먹었는지 창자가 뒤틀리는 듯이 아프다.

뒷-숫구멍( )[뒤ː쑫꾸멍/뒫ː쑫꾸멍]〔명〕《의학》〈영유아〉〈두통〉갓난아이에서
마루뼈와 뒤통수뼈 사이에 미처 뼈가 형성되지 않아 말랑말랑한 부분.〈유〉
후두천문〈참〉앞숫구멍

들먹거리다( )[들먹꺼리다]〔동〕〈기타〉〈통증 일반〉다친 데나 헌데가 곪느라고
자꾸 쑤시다.〈유〉들먹대다

들먹대다( )[들먹때다]〔동〕〈기타〉〈통증 일반〉다친 데나 헌데가 곪느라고 자꾸
쑤시다.〈유〉들먹거리다

들이쑤시다( )[드리쑤시다]〔동〕〈기타〉〈통증 일반〉(몸의 일부 혹은 전체가) 쿡
쿡 찌르듯이 몹시 아픈 느낌이 들다. ¶감기가 들었는지 골이 들이쑤신다.

따갑다( )[따갑따]〔형〕〈기타〉〈통증 일반〉살을 찌르는 듯이 아픈 느낌이 있
다. ¶가시에 찔린 손가락이 따갑다. / 매연으로 눈이 아프고 목이 따갑다.

따끔( )[ ]〔부〕〈기타〉〈통증 일반〉찔리거나 꼬집히는 것처럼 아픈 느낌.〈유〉따
끔히 ¶모기가 따끔 무는 통에 잠을 깨고 말았다.

따끔거리다( )[따끔거리다]〔동〕〈기타〉〈통증 일반〉(신체 일부가) 뾰족한 것에
찔리거나 살짝 꼬집히는 것처럼 자꾸 아픈 느낌이 들다.〈유〉따끔대다, 따
끔따끔하다 ¶눈이 따끔거리다. / 어제부터 자꾸 피부가 따끔거려. / 왼쪽
아랫배가 벌레가 깨무는 것처럼 따끔거린다.

따끔대다( )[따끔대다]〔동〕〈기타〉〈통증 일반〉(신체 일부가) 뾰족한 것에 찔리

거나 살짝 꼬집히는 것처럼 자꾸 아픈 느낌이 들다.〈유〉따끔거리다, 따끔
따끔하다 〈참〉뜨끔대다(1) ¶손끝이 따끔대는 걸 보니 가시에 찔린 것 같
다.

따끔따끔 ( )[ ]（부）〈기타〉〈통증 일반〉찔리거나 꼬집히는 것처럼 자꾸 아픈 느
낌.〈유〉따끔따끔히 ¶벌레 물린 곳이 따끔따끔 아프다. / 그는 숨을 내쉴 때
마다 가슴에 따끔따끔 통증이 왔다.

따끔따끔하다 ( )[따끔따끔하다]（동）/（형）〈기타〉〈통증 일반〉(신체 일부가) 뾰족
한 것에 찔리거나 살짝 꼬집히는 것처럼 자꾸 아픈 느낌이 들다. / (신체 일
부가) 뾰족한 것에 찔리거나 살짝 꼬집힌 것처럼 자꾸 아프다.〈유〉따끔거
리다, 따끔대다 〈참〉뜨끔뜨끔하다 ¶해변가에 갔다 온 이후 햇볕에 익은 피
부가 따끔따끔한다. / 가시나무에 긁힌 자리가 따끔따끔하게 아프다.

따끔따끔히 ( )[ ]（부）〈기타〉〈통증 일반〉찔리거나 꼬집히는 것처럼 자꾸 아픈
느낌.〈유〉따끔따끔 ¶벌레 물린 곳이 따끔따끔 아프다. / 그는 숨을 내쉴 때
마다 가슴에 따끔따끔 통증이 왔다.

따끔하다 ( )[따끔하다]（형）〈기타〉〈통증 일반〉(신체 일부가) 데거나 뾰족한 것
에 찔리거나 꼬집힌 것처럼 아프다.〈참〉뜨끔뜨끔하다 ¶준하는 바늘에 찔
려 손가락이 따끔했다.

따끔히 ( )[ ]（부）〈기타〉〈통증 일반〉찔리거나 꼬집히는 것처럼 아픈 느낌.〈유〉
따끔 ¶모기가 따끔 무는 통에 잠을 깨고 말았다.

따분하다 ( )[따분하다]（형）〈기타〉〈통증 일반〉(사람이) 착 까부라져서 맥이 없
다.〈유〉느른하다, 맥없다(脈없다)

딴곳^임신 (딴곳妊娠)[ ]（명구）《의학》〈임부 산모〉〈부인(여성)-임신과 관련된
질환〉수정된 난자가 자궁안 이외의 부위에 착상하여 발육하는 비정상적 임
신. 일어나는 위치는 난관, 난소, 복막, 자궁 목관 따위가 있으나 난관 임신
이 대부분이다. 임신 초기에 유산이나 난관 파열을 일으켜 격심한 하복통과
함께 많은 출혈이 따른다.〈유〉이소성^임신(異所性妊娠)「001」(동의어), 자

궁^밖^임신(子宮밖姙娠)「001」(동의어), 자궁^외^임신(子宮外姙娠)「001」(동의어)

땀-띠 ( )[땀띠]圐《의학》〈영유아〉〈피부병〉땀으로 피부가 자극되어 생기는 발진. 좁쌀 크기의 붉은색 또는 무색 발진이 오밀조밀하게 돋아 가렵고 따가운데, 특히 살과 살이 맞닿는 부위에 땀이 고여 있을 때 많이 생긴다. ¶땀띠가 돋다./나는 겨드랑이에 땀띠가 나서 땀띠약을 발랐다. / 아기의 목이며 엉덩이에 빨갛게 땀띠가 돋았다.

땅기다 ( )[땅기다]圐〈기타〉〈통증 일반〉(피부나 근육의 힘줄이) 몹시 팽팽해지거나 긴장되어 뭉치다. ¶수술 자리가 움직일 때마다 땅긴다. / 나는 겨울만 되면 얼굴이 땅기고 튼다.

땡기다 ( )[땡기다]圐〈기타〉〈통증 일반〉'땅기다'의 경남 방언.

떨림^섬망(떨림譫妄)[ ]圐구《의학》〈여성 일반〉〈부인(여성)-정신 건강 및 신경정신과 질환〉머리, 손, 몸 따위가 무의식적으로 불규칙하게 떨리고, 강한 흥분을 수반한 섬망이 특징인 급성 전신 장애. 알코올 정신병의 한 형태로서 보통 대량으로 알코올을 섭취하던 것을 중지했을 때 나타나나, 계속적으로 음주하여도 나타나는 수가 있으며, 아편 흡연자에게서도 나타난다.〈유〉진전^섬망(震顫譫妄)「001」(동의어)

뜨끔 ( )[뜨끔]圙〈기타〉〈통증 일반〉찔리거나 얻어맞은 것처럼 아픈 느낌.〈유〉뜨끔히 ¶복부와 앙버틴 다리에 한 줄기 불끈 힘이 뻗자, 또 오른쪽 갈비뼈 아래가 뜨끔 쑤셨다.

뜨끔거리다 ( )[뜨끔거리다]圐〈기타〉〈통증 일반〉(신체 부위가) 뾰족한 것에 찔리거나 꼬집힌 것처럼 아픈 느낌이 자꾸 들다.〈유〉뜨끔대다, 뜨끔뜨끔하다 〈참〉따끔거리다 ¶현우는 깡패에게 맞은 허리가 뜨끔거려서 도저히 일어날 수가 없었다.

뜨끔대다 ( )[뜨끔대다]圐〈기타〉〈통증 일반〉(신체 부위가) 뾰족한 것에 찔리거나 꼬집힌 것처럼 아픈 느낌이 자꾸 들다.〈유〉뜨끔거리다, 뜨끔뜨끔하다 〈참〉따끔대다 ¶명수는 그날의 사고를 떠올리자 아물었던 상처가 다시금 뜨끔댔다.

뜨끔뜨끔( )[뜨끔뜨끔]県〈기타〉〈통증 일반〉찔리거나 얻어맞은 것처럼 자꾸 아픈 느낌.〈유〉뜨끔뜨끔히 ¶허리 삔 데가 뜨끔뜨끔 결려 왔다. / 뜨끔뜨끔 통증이 심해지기 시작했다. / 감기에 걸렸는지 저녁나절 내내 목이 뜨끔뜨끔 아팠다.

뜨끔뜨끔하다( )[뜨끔뜨끔하다]동〈기타〉〈통증 일반〉(신체 부위가) 뾰족한 것에 찔리거나 꼬집힌 것처럼 아픈 느낌이 자꾸 들다.〈유〉뜨끔거리다, 뜨끔대다 〈참〉따끔따끔하다 ¶화상은 그 정도에 따라 1도, 2도, 3도로 나누며 제1도 화상은 피부가 붉어지면서 붓고, 아프면서 뜨끔뜨끔한 감이 있다.

뜨끔뜨끔히( )[뜨끔뜨끔히]県〈기타〉〈통증 일반〉찔리거나 얻어맞은 것처럼 자꾸 아픈 느낌.〈유〉뜨끔뜨끔

뜨끔하다( )[뜨끔하다]형〈기타〉〈통증 일반〉(신체 부위가) 불에 데거나 뾰족한 것에 찔리는 것처럼 아프다.〈참〉따끔하다 ¶주사 맞을 때 살짝 뜨끔할 거예요.

뜨끔히( )[뜨끔히]県〈기타〉〈통증 일반〉찔리거나 얻어맞은 것처럼 아픈 느낌.〈유〉뜨끔 ¶날카로운 송곳이 찌르는 듯 머리 속이 뜨끔히 쑤셨다.

띵하다( )[띵하다]형〈기타〉〈통증 일반〉(머리가) 울리듯 아프면서 정신이 맑지 못하고 멍하다. ¶김 대리는 아침이 되자 머리가 띵하게 아파 왔다. / 덕기는 그녀의 끝없는 수다를 듣다 보니 머릿속이 띵한 것 같았다.

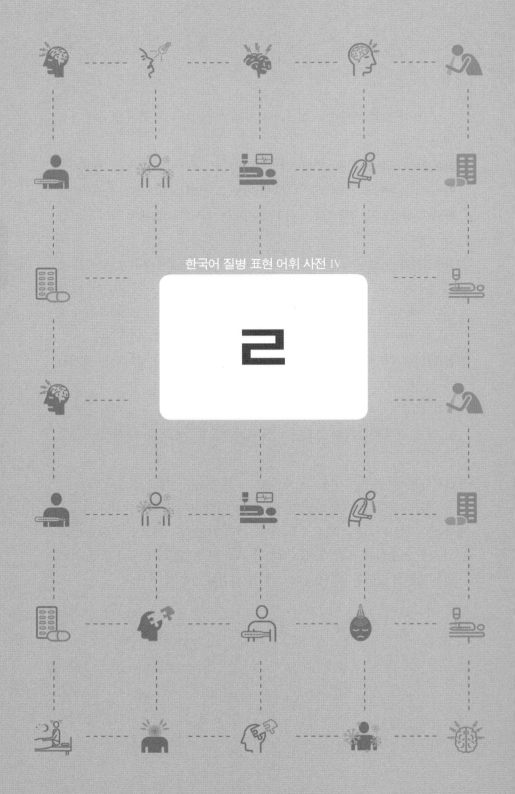

한국어 질병 표현 어휘 사전 IV

ㄹ

라이^증후군 (reye症候群) [ ] 명구 《의학》〈소아 아동〉〈소아 피부병-수두/감기-몸살, 세기관지염〉뇌압이 올라가고 간에 장애가 생겨 갑자기 심한 구토를 하며 혼수상태에 빠져 생명이 위험한 병. 유행성 감기나 수두(水痘)를 앓을 때 아스피린과 같은 해열 진통제를 사용해서 발생하는 일이 많으며 16세 이하의 아동에게서 많이 볼 수 있다. ¶아스피린은 라이 증후군(Reye's syndrome)을 유발할 수 있어 아기에게 위험하다.

로타바이러스 위장염 (rotavirus胃腸炎) [ ] 명구 《의학》〈영유아〉〈위장병〉로타바이러스의 감염으로 생기는 전염병. 주로 젖먹이 어린아이들에게 많이 나타나는 것으로, 메스꺼움·구토·설사·복통 따위의 위장 장애 증상이 나타난다.

로타바이러스^백신 (rotavirus vaccine) [ ] 명구 〈영유아〉〈전염병-추가〉로타바이러스로 인한 위장관염을 예방하는 경구용 백신. 로타릭스와 로타텍이 있다. 1차 접종은 생후 15주 이전에 하여야 한다.

로타바이러스성^위장염 (rotavirus性胃腸炎) [ ] 명구 《의학》〈영유아〉〈위염/위장병〉'로타바이러스 위장염'의 전 용어.

로타바이러스^위장염 (rota virus胃腸炎) [ ] 명구 《의학》〈영유아〉〈전염병일반/위장병〉로타바이러스의 감염으로 생기는 전염병. 주로 젖먹이 어린아이들에게 많이 나타나는 것으로, 메스꺼움·구토·설사·복통 따위의 위장 장애 증상이 나타난다. ¶전국 8곳의 병원에 급성설사로 입원한 5세 미만 소아 1만 1,199명을 대상으로 한 후향적 연구 결과에 따르면 매년 로타바이러스 위장염으로 입원한 환자 수가 감소했다.

루게릭병 (Lou gehrig病) [루게릭뼝] 명 《의학》〈노인 일반〉〈노인-퇴행성 뇌 질환 및 신경계 질환〉뇌의 위 운동 신경 세포와 뇌간과 척수의 아래 운동 신경 세포의 진행성 변성을 특징으로 하는 질환.〈유〉근위축성 측삭 경화증 ¶영국에서 다리를 잃은 퇴역 군인과 루게릭병에 걸린 소방관 등 10명이 1,600km 사이클 국토 종주에 성공했다.

루푸스^띠^검사 (lupus띠檢查)[ ] 〔명구〕《의학》〈여성 일반〉〈부인(여성)-감각 기관(면역 및 자가 면역)〉홍반 루푸스〈/FL〉 환자 피부의 진피와 표피 경계에서 면역 글로불린의 띠를 나타내는 직접 면역 형광법. ⇒ 규범 표기는 미확정이다.

루푸스^모양^증후군 (lupus模樣症候群)[ ] 〔명구〕《의학》〈여성 일반〉〈부인(여성)-감각 기관(면역 및 자가 면역)〉전신 홍반 루푸스〈/FL〉와 비슷한 임상 증후군. ⇒ 규범 표기는 미확정이다.

루푸스양^간염 (lupus樣肝炎)[ ] 〔명구〕《보건 일반》〈여성 일반〉〈부인(여성)-감각 기관(면역 및 자가 면역)〉항핵 항체 혹은 홍반 루푸스〈/FL〉 세포 시험에 양성이며, 간세포 손상을 일으키는 간염. 간 생검에서는 대부분 형질 세포 침윤이 있는 만성 활동 간염 또는 괴사 후 간경화증 소견을 보인다. 혈청에서는 비형 간염 항원은 음성이다. ⇒ 규범 표기는 미확정이다.

루푸스^지방층염 (lupus脂肪層炎)[ ] 〔명구〕《의학》〈여성 일반〉〈부인(여성)-감각 기관(면역 및 자가 면역)〉 원판 모양 홍반 루푸스〈/FL〉나 전신 홍반 루푸스〈/FL〉가 있을 때, 간혹 지방층에 깊이 위치한 결절이 나타나는 상태. ⇒ 규범 표기는 미확정이다.

류마티스^관절염 (←rheumatismus關節炎)[ ] 〔명구〕《의학》〈여성 일반〉〈부인(여성)-근골격계 및 정형외과 질환〉여성에게 많이 발생하는 전신 질환. 주로 결합 조직을 침범한다. 관절염이 주요 임상 증상이며, 특히 손과 발에 나타나고 보통 만성으로 진행하여 변형과 불구에 이른다. ⇒ 규범 표기는 '류머티즘 관절염'이다.

류머티즘 심장막염 (rheumatismus心臟膜炎)[ ] 〔명구〕《의학》〈소아 아동〉〈심장 질환〉급성 류머티즘열에 동반되는 심장막염. 어린이가 사슬알균에 감염된 후에 심장염과 함께 잘 나타난다.

류머티즘-열 (rheumatism熱)[류머티즘녈] 〔명〕《의학》〈소아 아동〉〈알레르기〉 용혈성 연쇄 구균의 감염으로 특정 소질을 가진 어린아이에게 일어나는 세균 알레르기 질환. 고열·상기도염(上氣道炎)·관절통 따위를 일으키고, 환자 가운데 반수는 심장염을 일으키며 가끔 심장 판막증도 일으킨다.

리보 기억 법칙(ribot記憶法則)[ ] 명구 《의학》〈노인 일반〉〈노인-퇴행성 뇌 질환 및 신경계 질환〉진행성 치매에서 최근의 기억은 소실되는 반면에 오래되고 먼 기억은 잘 보존되는 경향이 있다는 법칙. 〈유〉리보트 기억 법칙

림프구 사이질 폐렴(lymph球사이質肺炎)[ ] 명구 《의학》〈소아 아동〉〈폐렴〉림프구가 허파의 사이질에 침윤되는 폐렴. 후기에는 섬유화를 동반한다. 림프종이나 종종 후천 면역 결핍 증후군에서 발생하며, 특히 소아에게 발생한다. 〈유〉림프구 간질 폐렴

ㄹ

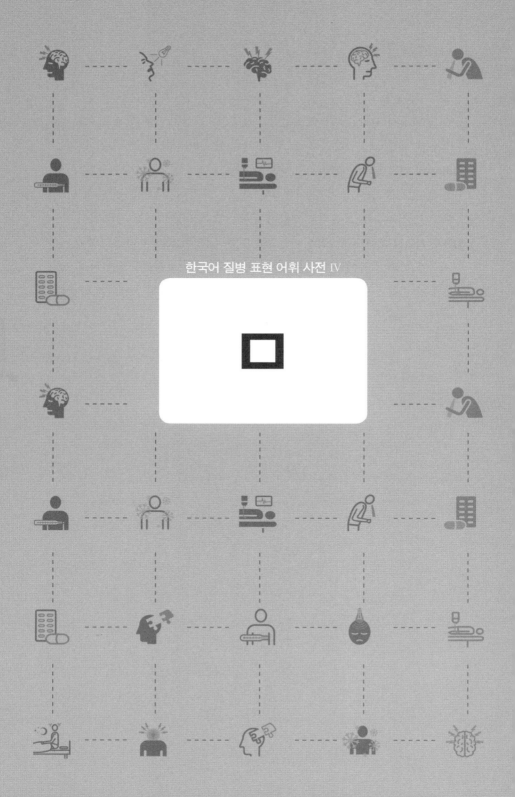

한국어 질병 표현 어휘 사전 IV

마마 (媽媽)[마:마]阅〈소아 아동〉〈소아 피부병-천연두〉'천연두'를 일상적으로 이르는 말. ¶마마를 앓았는지 얼굴이 얽었다.

마마-꽃 (媽媽꽃)[마:마꼳]阅〈소아 아동〉〈소아 피부병-천연두〉천연두를 앓을 때 살갗에 부스럼처럼 불긋불긋하게 돋는 것. ¶마마꽃이 돋아나다.

마마-딱지 (媽媽딱지)[마:마딱찌]阅〈소아 아동〉〈소아 피부병-천연두〉천연두를 앓은 자리에 말라붙은 딱지. ¶그는 얼굴이 온통 마마딱지로 덮여 있다.

마마-떡 (媽媽떡)[마:마떡]阅《민속》〈소아 아동〉〈소아 피부병-천연두〉천연두를 앓을 때에 마마꽃이 잘 피라고 해 먹는 떡. 흰무리떡(켜 없이 만든 시루떡)에 소금을 치지 않고 붉은팥을 넣어 만든다.

마마^바이러스 (媽媽virus)[ ]阅구《보건 일반》〈소아 아동〉〈소아 피부병-천연두〉우두, 점액종, 천연두 따위를 일으키는 병원성 바이러스를 통틀어 이르는 말. 열과 직사광선에 약하며 건조에 강하다.

마마-병 (媽媽餠)[마:마병]阅《민속》〈소아 아동〉〈소아 피부병-천연두〉천연두를 앓을 때에 마마꽃이 잘 피라고 해 먹는 떡. 흰무리떡(켜 없이 만든 시루떡)에 소금을 치지 않고 붉은팥을 넣어 만든다.

마마-하다 (媽媽하다)[마:마하다]閔〈소아 아동〉〈소아 피부병-천연두〉천연두를 앓다.

마맛-자국 (媽媽자국)[마:마짜국/마:맏짜국]阅〈소아 아동〉〈소아 피부병-천연두〉천연두를 앓고 난 후 딱지가 떨어진 자리에 생긴 얽은 자국. ¶마맛자국은 대단히 심하게 얽은 박(縛)에서부터 잠박(暫縛), 마(麻), 잠마(暫麻), 철(鐵) 등으로 구분했다.

마진 (痲疹)[마진]阅《의학》〈영유아/소아 아동〉〈소아 피부병-홍역〉'홍역'의 전 용어. ¶1668년, 1680년, 1690년 홍역이 전국에 창궐하자 홍역 치료에 나섰고, 수많은 환자를 치료했으며, 1696년 조선인 최초로 홍역 전문 치료 의서『마진편』을 저술하여 홍역 퇴치에 큰 공을 세웠다.

마진^백신 (痲疹vaccine)[ ]阅구《약학》〈소아 아동〉〈소아 피부병-홍역/피부병〉홍역을 예방하기 위한 백신. 예방 접종은 제1회에 불활성화(不活性化) 백신을 근육 또는 피부밑에, 제2회는 4~6주 후 약독(弱毒) 생균(生菌) 백신을 피부밑에 접종하는데, 주로 1~3세의 아이에게 행한다.〈유〉홍역백신

막^외^임신 (膜外妊娠)[ ]**명구**《의학》〈임부 산모〉〈부인(여성)-임신과 관련된 질환〉임신 기간 동안 태아가 양막과 융모막을 통과하여 자궁벽에 직접 접하고 있는 상태의 임신.

만간풍 (慢肝風)[만간풍]**명**《한의》〈영유아〉〈눈병〉갓난아이에게 생기는 눈병의 하나. 주로 태어난 지 한 달 이내에 생기며, 눈을 뜨지 못하거나 눈이 붓는다.

만기^산후^출혈 (滿期産後出血)[ ]**명구**《의학》〈임부 산모〉〈부인(여성)-출산 및 산후 관련 질환〉'출산 후 지연 출혈'의 전 용어.

만성 골반통증 (晚性骨盤痛症)[ ]**명구**〈여성 일반〉〈부인(여성)-부인과(산부인과) 질환〉이전부터, 3개월 또는 그 이상 지속하는 만성적인 불쾌한 하복부 또는 골반 내의 통증. ¶만성 골반 통증의 원인이 되는 골반울혈증후군에 대해 유성선병원 부인암센터 변승원 전문의의 도움말로 알아본다.

만성 질환 (慢性疾患)[ ]**명구**《의학》〈노인 일반〉〈노인-기타〉증상이 그다지 심하지는 아니하면서 오래 끌고 잘 낫지 아니하는 병을 통틀어 이르는 말.〈유〉만성병, 만성 질병

만성^기침 (慢性기침)[ ]**명구**《의학》〈청소년〉〈청소년-호흡기 및 알레르기 질환〉3주 이상 지속되는 기침. 후비루, 천식, 위 식도 역류 따위로 인해 발생한다.

만성^변비 (慢性便祕)[ ]**명구**《의학》〈여성 일반〉〈부인(여성)-소화기 질환〉배변 횟수의 감소나 배변 곤란 따위의 상태가 오랫동안 지속되는 병. ¶일반적으로 만성 변비는 섬유질 및 수분 섭취를 늘리고 적당한 운동을 계속하면 해결될 수 있다. / 어린이에게 인기 있는 음식인 햄버거나 피자가 비만뿐 아니라 만성 변비를 일으킬 수 있다는 주장이 나왔다.

만성^위축성^위염 (慢性萎縮性胃炎)[ ]**명구**《의학》〈여성 일반〉〈부인(여성)-소화기 질환〉점막의 비박화와 분비샘의 감소를 수반하는 만성 위염. 내시경으로 관찰하면 점막의 색조가 변화하고 있어 그 아래의 혈관이 보이며, 점막에서는 과다 형성, 장 표피의 성장과 같은 증상이 나타난다.

만성^피로^증후군 (慢性疲勞症候群)[ ]**명구**《의학》〈여성 일반/청소년〉〈부인(여성)-정신 건강 및 신경정신과 질환/청소년-기타 질환 및 건강 문제〉여러 요인으로 피로감이 6개월 이상 계속된 질환. 원인을 밝히지 못하는 경우가 대부분이며, 심한 스트레스, 불안, 우울증 또는 환경의 급격한 변화 등에 의해서 유발된다.

만출^진통 (娩出陣痛)[ ]**명구**《의학》〈임부 산모〉〈부인(여성)-출산 및 산후 관련 질환〉출산하는 과정에서 태아가 만출할 때 산모가 겪는 아픔. 발작 시간이 길며 강도도 강하고 이완기가 짧다.〈유〉배출-통(排出痛)「001」(동의어)

많은^수^임신 (많은數妊娠)[ ]**명구**《의학》〈임부 산모〉〈부인(여성)-임신과 관련된 질환〉태아가 셋 이상인 임신.

말초 동맥 질환 (末梢動脈疾患)[ ]**명구**《의학》〈여성 일반〉〈부인(여성)-심혈관계 질환〉상하지 동맥, 하행대동맥 및 장골동맥에 발생하는 죽상 동맥경화성 질환이다.

망령 (妄靈)[망ː녕]**명**《의학》〈노인 일반〉〈노인-퇴행성 뇌질환 및 신경계 질환〉늙거나 정신이 흐려서 말이나 행동이 정상을 벗어남. 또는 그런 상태.〈유〉노광(老狂), 노망(老妄) ¶망령이 나다. / 저 노인네가 망령이 들어도 단단히 들었군. / 주인어른처럼 정정하신 어른이 겨우 일흔에 망령을 부리실 리가 있겠습니까?

망막색소변성증 (網膜色素變性症)[ ]**명구**《의학》〈영유아/소아 아동〉〈눈병〉망막세포에 색소가 끼고 망막이 변성하여 일어나는 유전적인 눈병. 유아 때에는 아무런 이상을 느끼지 못하다가 사춘기 무렵이 되면 야맹증이 나타나고, 계속 진행되어 심하여지면 눈이 멀게 된다.

매독(梅毒)[매독][명]《의학》〈영유아/성인 일반〉〈성병〉매독 스피로헤타라는 나선균(螺旋菌)에 의하여 감염되는 성병. 태아기에 감염되는 선천적인 경우와 성행위로 인하여 옮는 후천적인 경우가 있는데, 제1기에는 음부에 궤양이 생기고, 제2기에는 피부에 발진이 생기며, 제3기에는 피부와 장기(臟器)에 고무종이 생기고, 제4기에는 신경 계통이 손상된다.〈유〉담04 ¶~매독에 걸리다.

매독 간경화증(梅毒肝硬化症)[ ][명구]《의학》〈영유아〉〈간 질환〉선천성 매독 또는 삼차 매독에 의해 발생하는 간경화.

매독-균(梅毒菌)[매독균][명]《생명》〈기타 공통〉〈성병〉매독의 병원체.〈유〉트레포네마 팔리덤 ¶매독에 감염되었을 때 적절한 치료를 받으면 몸속의 매독균이 모두 없어집니다.

매독^스피로헤타(梅毒spirochaeta)[ ][명구]《보건 일반》〈기타 공통〉〈성병〉매독을 일으키는 병원균. 8~14개의 가느다란 나선으로 된 미생물이다. ¶처음에는 매독 스피로헤타(spirochaeta pallida)로 명명했다가 나중에 매독 트레포네마로 부르게 되었다.

매맛( )[매맏][명]〈기타〉〈통증 일반〉매를 맞아 아픈 느낌. ¶너 이놈, 어디 매맛 좀 볼래? / 매맛이 어떠냐?

매스껍다( )[매스껍따][형]〈기타〉〈통증 일반〉(속이) 역겨운 냄새나 흔들림 따위로 먹은 것이 되넘어올 듯이 거북하거나 울렁거리는 느낌이 있다.〈참〉메스껍다 ¶뱃멀미가 나서 속이 매스껍다.

매슥거리다( )[매슥꺼리다][동]〈기타〉〈통증 일반〉(속이) 먹은 것을 토할 것처럼 자꾸 울렁거리다.〈유〉매슥대다, 매슥매슥하다 〈참〉메슥거리다

매슥대다( )[매슥때다][동]〈기타〉〈통증 일반〉(속이) 먹은 것을 토할 것처럼 자꾸 울렁거리다.〈유〉매슥거리다, 매슥매슥하다 〈참〉메슥대다 ¶아직도 속이 매슥대는 걸 보니 숙취가 덜 풀린 모양이다.

매슥매슥하다( )[매승매스카다][동]〈기타〉〈통증 일반〉(속이) 먹은 것을 토할

것처럼 자꾸 울렁거리다. 〈유〉매슥거리다, 매슥대다 〈참〉메슥메슥하다 ¶
속이 매슥매슥하고 몸이 차가워진 것을 보니 체한 모양이로구나.

매시근하다 ( )[매시근하다]**형**〈기타〉〈통증 일반〉(사람이) 몸에 기운이 없고
나른하다. ¶몸살이 나서 온몸이 매시근했다.

맥맥하다 ( )[맹매카다]**형**〈기타〉〈통증 일반〉(코가) 막혀서 숨쉬기가 힘들고
갑갑하다. ¶감기에 걸려서 코가 맥맥하고 머리가 띵하다.

맥없다 (脈없다)[매겁따]**형**〈기타〉〈통증 일반〉(사람이나 사물이) 기운이 없
다. 〈유〉따분하다, 느른하다 ¶아침 일찍 나갔다가 저녁 늦게야 돌아오곤 하
는 그녀는 피곤한 탓인지 항상 맥없는 모습이었다.

머리앓이 ( )[머리아리]**명**〈기타〉〈통증 일반〉머리가 아픈 증세. 〈유〉두통

먹기^공포증 (먹기恐怖症)[ ]**명구**《심리》〈여성 일반〉〈부인(여성)-소화기 질
환〉먹는 것에 대하여 공포를 느끼는 병적 증상. ¶아이들이 채소를 먹기 싫
어하는 이유로는 낯선 것에 대한 공포증 즉, 네오포비아를 꼽는다.

먹기^장애 (먹기障礙)[ ]**명구**《의학》〈여성 일반/영유아/청소년〉〈부인(여성)-
소화기 질환/섭식 장애〉먹는 행위와 관련된 다양한 장애 가운데 하나. 신경
성 식욕 부진, 폭식, 무분별 탐식증, 영아의 되새김 장애 따위가 있다. 〈유〉
먹는^장애(먹는障礙)「001」

먹는^장애 (먹는障礙)[ ]**명구**《의학》〈여성 일반/영유아/청소년〉〈부인(여성)-
소화기 질환/섭식 장애〉먹는 행위와 관련된 다양한 장애 가운데 하나. 신경
성 식욕 부진, 폭식, 무분별 탐식증, 영아의 되새김 장애 따위가 있다. 〈유〉
먹기^장애(먹기障礙)「001」 ¶먹는 장애를 극복하는 것은 쉬운 것이 아닙니
다. 다만 먹는 장애가 병원처럼 닦아지는 길이 있음을 알고 있다면 사람들
은 좀 더 나은 삶을 만들 수 있게 됩니다 먹는 장애를 극복하기 위해서는 인
생의 일부인 식사를 다루는 방법과 신체 이미지에 대한 느낌을 잘 이해하고
존중하는 것이 필요합니다

먹먹하다 ( )[멍머카다]**형**〈기타〉〈통증 일반〉(귀가) 막힌 듯이 소리가 잘 들리

지 않다. ¶시끄럽던 기계음이 일시에 멈추자 귀가 먹먹했다.

먹토 (먹吐) [먹토] 명〈여성 일반〉〈부인(여성)-소화기 질환〉체중 조절을 목적
으로 음식물을 먹은 뒤에 억지로 토하는 행위를 이르는 말. ¶무조건 절식을
하거나 식욕 억제제를 복용한다면 먹토는 해결되지 못하고 폭식증은 오히
려 더욱 심해질 수 있다. / ㅇ 씨가 처음 먹토를 한 건 열여섯 살이 되던 해였
다. / 특히 다이어트의 부작용이 가장 큰 문제가 되는데 대표적으로 폭식,
먹토, 거식증 등과 같은 섭식 장애가 있다.

멍하다 ( ) [멍하다] 형〈기타〉〈통증 일반〉(귀가) 잘 들리지 않는 느낌이 있
다. ¶나는 대포 소리를 듣고 귀가 멍했다.

메디케어 (medicare) [메디케어] 명《경제》〈노인 일반〉〈노인-기타〉미국의 65
세 이상 노인과 장애자를 대상으로 하는 공공 의료 보험 제도. 미국 연방 정
부가 재원을 조달한다.

메스껍다 ( ) [메스껍따] 형〈기타〉〈통증 일반〉(사람의 속이) 구역질이 날 것처
럼 울렁이는 느낌이 있다. 〈유〉구역나다(嘔逆나다), 욕지기나다, 구역질나
다(嘔逆질나다) 〈참〉매스껍다 ¶나는 밀가루 음식만 보면 속이 메스껍다. /
어머니는 버스를 오래 타고 오셔서 속이 메스껍다고 말씀하셨다.

메슥거리다 ( ) [메슥꺼리다] 형〈기타〉〈통증 일반〉(속이) 토할 것처럼 자꾸 심
하게 울렁거리다. 〈유〉메슥대다, 메슥메슥하다 ¶오랫동안 차를 탔더니 속
이 메슥거리고 머리가 아팠다.

메슥대다 ( ) [메슥때다] 동〈기타〉〈통증 일반〉(속이) 토할 것처럼 자꾸 심하게
울렁거리다. 〈유〉메슥거리다, 메슥메슥하다 〈참〉매슥대다 ¶오랫동안 배
를 타고 있었더니 속이 메슥대어서 견딜 수가 없었다.

메슥메슥하다 ( ) [메슥메스카다] 동〈기타〉〈통증 일반〉(속이) 토할 것처럼 자
꾸 심하게 울렁거리다. 〈유〉메슥거리다, 메슥대다 〈참〉매슥매슥하다 ¶점
심 먹은 게 안 좋았는지 아까부터 속이 메슥메슥하다.

면역 노화 (免疫老化) [ ] 명구《의학》〈노인 일반〉〈노인-기타〉면역 시스템의 상

당 부분이 의미 없이 채워져 새로운 면역이 생기기 어려워지는 노화 상태.

면역^임신^검사 (免疫妊娠檢査)[ ]**명구**《의학》〈임부 산모〉〈부인(여성)-임신과 관련된 질환〉혈장이나 소변에서 생식샘 자극 호르몬의 증가를 확인하는 검사. 라텍스 입자 응집법, 혈구 응집 억제법, 방사선 면역 측정법, 방사선 수용체 분석법 및 효소 면역 측정법과 같은 면역 기법이 포함된다.

명절 증후군 (名節症候群)[ ]**명구**《심리》〈여성 일반〉명절을 보내는 동안 심신의 피로와 스트레스 따위를 느끼는 증상. 과도한 집안일과 가족 간의 갈등이 주원인이다. ¶주부들이 명절 증후군에서 벗어나는 길은 휴식이 제일이다. / 이번 대회는 ○○○이 주부들의 명절 증후군 해소를 위해 마련한 이벤트로 설 연휴가 끝나는 20일부터 내달 8일까지 3주 동안 진행된다.

모공^각화증 (毛孔角化症)[ ]**명구**《의학》〈청소년〉〈청소년-피부 및 모발 질환〉검은 가시와 같은 마개로 인하여 털집이 막히는 질환. 각질 덩어리 속에 포함된 무수히 많은 솜털로 구성되어 있으며 코, 얼굴, 팔, 가슴, 배 등의 피부에 침범한다.

모리악 증후군 (mauriac症候群)[ ]**명구**《의학》〈소아 아동〉〈당뇨〉인슐린 의존형 소아 당뇨병의 한 유형. 간 비대, 성장 장애, 복부 비만, 성 발육 지연 따위의 증상이 나타난다. ¶어린이가 만성적으로 심각한 인슐린 부족을 겪게되면, 당뇨병성 왜소증으로도 알려져 있는 '모리악 증후군'에 걸릴 수 있다. / 모리악 증후군을 앓는 어린이 당뇨병 환자는 성장 속도가 감소하여 키가작으며, 사춘기가 지연될 뿐만 아니라 창백하고 두꺼운 피부를 가지며 간이비대해짐에 따라 배가 불룩 나오게 된다.

모세^기관지염 (毛細氣管支炎)[ ]**명구**《의학》〈기타 공통〉〈감기-몸살, 세기관지염〉기관지의 가장 끝부분에서 일어나는 염증. 흔히 감기가 직접적인 원인이 되지만 설사나 구토를 하면서 생기기도 한다. 심한 기침, 호흡 곤란의증상이 나타난다.

모야모야-병 (moyamoya病)[모야모야뼝]**명**《의학》〈소아 아동/성인 일반〉〈뇌

졸중〉특별한 이유 없이 내경동맥의 끝부분이 좁아지거나 막히고, 그 부근
의 혈관이 담배 연기가 모락모락 올라가는 모양으로 나타나는 이상 증상.
10세 이하의 소아나 30대의 성인에게 주로 발병하는데 뇌출혈이 흔하며, 두
통, 의식 장애 증상과 출혈 부위에 따른 부분적 신경 장애가 생길 수 있다. ¶
모야모야병을 앓고 있는 일곱 살 ○○○는 맘대로 울거나 짜증을 낼 수도 없
다. 울면 몸에 마비 증상이 찾아와 영구적으로 지속될 수도 있기 때문이다.
/ 원인을 알 수 없이 혈관이 점점 막히는 모야모야병이 어린이 뇌혈관 질환
에서 많이 발견된다. / 뇌동맥류가 노인에게 호발된다면 뇌동정맥 기형과
모야모야병은 원래부터 젊은 사람에게 흔한 뇌졸중이다.

모체^난산 (母體難産) [ ] **명구** 《의학》〈임부 산모〉〈부인(여성)-출산 및 산후 관
련 질환〉산모의 이상이나 신체적 문제로 인한 난산.

목앓이 ( ) [모가리] **명** 《의학》〈기타〉〈통증 일반〉후두에 생기는 염증. 목이 쉬
고 아프며 가래가 나온다.〈유〉후두염

몸이 무겁다 ( ) [ ] **형구** 〈기타〉〈통증 일반〉힘이 빠져서 몸을 움직이기 힘들
다. ¶쌓인 피로로 몸이 무겁다. / 무거운 몸이 더욱 무거워 쓰고 눕는 일이
많았다. 이게 시어머니는 못마땅했다.

몸통^비만증 (몸통肥滿症) [ ] **명구** 《의학》〈여성 일반〉〈부인(여성)-내분비 및 대
사 질환〉지방의 축적 부위가 주로 몸통에 치우쳐 팔다리는 가늘지만 몸통
은 뚱뚱한 체형으로 나타나는 증상.〈유〉중심성^비만(中心性肥滿)「001」
(〈유〉)

몽고-증 (蒙古症) [몽고쯩] **명** 《의학》〈영유아〉〈신생아_추가〉'다운 증후군'의
전 용어.

몽글거리다 ( ) [몽글거리다] **동** 〈기타〉〈통증 일반〉(사람의 속이) 먹은 것이 약
간 잘 삭지 않아 가슴에 뭉치어 있는 듯한 느낌이 자꾸 들다.〈유〉몽글대
다 〈참〉몽클거리다, 뭉글거리다

몽글대다 ( ) [몽글대다] **동** 〈기타〉〈통증 일반〉(사람의 속이) 먹은 것이 약간 잘

삭지 않아 가슴에 뭉치어 있는 듯한 느낌이 자꾸 들다.〈유〉몽글거리다〈참〉몽클대다, 뭉글대다

몽글하다( )[몽글하다]휑〈기타〉〈통증 일반〉(사람의 속이) 먹은 것이 약간 잘 삭지 않아 뭉치어 있는 듯한 느낌이 있다.〈참〉몽클하다, 뭉글하다 ¶점심을 급하게 먹었더니 소화가 안되어 속이 몽글하다.

몽두두(蒙頭痘)[몽두두]閔《한의》〈소아 아동〉〈소아 피부병-천연두〉천연두의 발진이 몸에는 적게 돋고, 머리에는 많이 돋는 증상.

몽클거리다( )[몽클거리다]동〈기타〉〈통증 일반〉(사람의 속이) 먹은 것이 약간 잘 삭지 않아 가슴에 몹시 뭉치어 있는 듯한 느낌이 자꾸 들다.〈유〉몽클대다〈참〉몽글거리다, 뭉클거리다 ¶나는 저녁을 너무 과하게 먹었는지 속이 몽클거려서 쉽게 잠이 들 수가 없었다.

몽클대다( )[몽클대다]동〈기타〉〈통증 일반〉(사람의 속이) 먹은 것이 약간 잘 삭지 않아 가슴에 몹시 뭉치어 있는 듯한 느낌이 자꾸 들다.〈유〉몽클거리다〈참〉몽글대다, 뭉클대다 ¶점심을 급하게 먹었더니 가슴이 몽클대고 배에 가스가 찬다.

몽클하다( )[몽클하다]휑〈기타〉〈통증 일반〉(사람의 속이) 먹은 것이 약간 잘 삭지 않아 몹시 뭉치어 있는 듯한 느낌이 있다.〈유〉몽글하다, 뭉클하다 ¶점심으로 먹은 삼계탕이 체했는지 가슴이 몽클해 죽겠어.

무긴장^변비(無緊張便祕)[ ][명구]《의학》〈여성 일반〉〈부인(여성)-소화기 질환〉대장의 긴장도가 낮아져서 생기는 변비 증상. 배변을 가끔 참음으로써 생기는 경우가 많고, 젊은 여성에게 많다. 대장의 긴장이 감퇴되면 내용물의 이동이 느려지고 변의 수분이 적어져서 배변 반사를 둔하게 한다.〈유〉무긴장성^변비(無緊張性便祕)「001」(동의어)

무긴장성^변비(無緊張性便祕)[ ][명구]《의학》〈여성 일반〉〈부인(여성)-소화기 질환〉대장의 긴장도가 낮아져서 생기는 변비 증상. 배변을 가끔 참음으로써 생기는 경우가 많고, 젊은 여성에게 많다. 대장의 긴장이 감퇴되면 내용

물의 이동이 느려지고 변의 수분이 적어져서 배변 반사를 둔하게 한다. 〈유〉무긴장^변비(無緊張便祕)「001」(동의어)

무두 완전 무심장체(無頭完全無心臟體)[ ]**명구**《의학》〈영유아〉〈심장 질환〉머리 부분이 없는 완전 무심장체. 머리와 심장이 없이 불완전하게 형성된 쌍둥이 태아를 가리킨다. ¶심장이 없는 쌍둥이는 봐왔지만, 머리와 심장이 모두 없는 무두 완전 무심장체 쌍둥이는 처음 본다.

무두질( )[무:두질]**명**〈기타〉〈통증 일반〉몹시 배가 고프거나 속병이 나서 속이 쓰리고 아픈 경우를 비유적으로 이르는 말. ¶속은 때 없이 무두질을 해 쌓고. 어느새 또 밤눈까지 어두워 갖고….

무두질하다( )[무:두질하다]**동**〈기타〉〈통증 일반〉(무엇이 배 속을) 쓰리고 아프게 하다. ¶좌절과 절망은 그의 몸을 계속 무두질해 결국 폐인의 몸이 되어 갔다.

무럽다( )[무럽따]**형**〈기타〉〈통증 일반〉(사람이나 신체 일부가) 벼룩, 모기 따위의 물것에 물려서 가렵다. ¶모기한테 물려 무러워 죽겠다.

무력-증(無力症)[무력쯩]**명**《의학》〈노인 일반〉〈노인-정신 건강 및 신경정신과 질환〉나이가 들거나 병에 걸리거나 하여 온몸에 기운이 없고 힘을 쓰지 못하게 되는 증상. ¶무력증에 빠지다. / 원장 자신이 과거에 심한 무력증에 걸려 가지고 고통을 겪어 본 분이어서 아주 열심이세요.

무력증^인격^장애(無力症人格障礙)[ ]**명구**《의학》〈여성 일반〉〈부인(여성)-정신 건강 및 신경정신과 질환〉에너지 수준이 낮고, 쉽게 피로를 느끼며, 즐거움을 느끼지 못하고, 열정이 부족하고 신체 감정적 스트레스에 과민한 인격 형태. 〈유〉무력증^인격(無力症人格)「001」(동의어)

무릎 관절통(무릎關節痛)[ ]**명구**《의학》〈기타〉〈통증 일반〉무릎의 뼈마디가 쑤시면서 몹시 아픈 증세. ¶중년 이후 무릎 관절통을 일으키는 가장 흔한 원인은 퇴행성 관절염(일명 골관절염)이며, 그다음은 반월상 연골 손상, 류머티스 관절염, 감염성 관절염, 통풍 등이다.

무릎^관절염(무릎關節炎)〔 〕**명구**《의학》〈여성 일반〉〈부인(여성)-근골격계 및 정형외과 질환〉무릎 관절에 생긴 염증.〈유〉슬관절-염(膝關節炎)「001」 (〈유〉)

무배란과^관련된^여성^불임증(無排卵과關聯된女性不妊症)〔 〕**명구**《의학》〈임부 산모〉〈부인(여성)-기타 임신 및 출산 관련 문제〉배란이 되지 않아 임신이 불가능한 증상. 뇌하수체로부터 황체 형성 호르몬이 방출되지 않거나 지연되어 나타난다.

무배란성^월경(無排卵性月經)〔 〕**명구**《의학》〈여성 일반〉〈부인(여성)-부인과(산부인과) 질환〉'무배란 월경'의 전 용어. ¶여성의 체온 변화는 배란의 영향을 크게 받기 때문에, '배란성 월경'과 '무배란성 월경'을 구분하는 중요한 척도가 된다.

무배란^월경(無排卵月經)〔 〕**명구**《의학》〈여성 일반〉〈부인(여성)-부인과(산부인과) 질환〉배란은 되지 않고 월경만 있는 경우를 이르는 말. 불임의 원인 가운데 하나로 꼽히고 있지만, 초경부터 몇 년간 또는 폐경 전 몇 년간에 생리적으로 나타날 수 있는 현상이다. ¶일시적인 증상이라면 걱정할 필요가 없지만 지속된다면 '무배란 월경'을 의심해 볼 수 있다.

무배란증(無排卵症)〔 〕**명**〈여성 일반〉〈부인(여성)-부인과(산부인과) 질환〉황체가 만들어지지 않으며, 프로게스테론 호르몬 생성이 저하되며 무저항성 에스트로겐이 보이게 됩니다. 이는 자궁 내막이 과도하게 형성하게 하여 보다 불규칙적인 질내혈이 발생하고 자궁 출혈이 발생하기도 한다. ¶무배란증으로 인해 황체가 만들어지지 않아 프로게스테론 호르몬의 생성이 저하되어 자궁내막이 과도하게 형성되면서 비이상적인 자궁 출혈이 발생할 수 있었다.

무-사마귀( )〔무사마귀〕**명**《의학》〈소아 아동〉〈전염병일반〉살가죽에 밥알만하게 돋은 군살. 주로 어린아이에게 많으며 전염된다. ¶바늘을 뽑아낼 때마다 엄지손가락 사이에 돋은 하얀 무사마귀가 보송하게 솟아올라 보이곤

한다.

무식욕-증(無食慾症)[무시굑쯩]명《의학》〈여성 일반〉〈부인(여성)-소화기 질환〉시상 하부에 있는 공복 중추의 기능 저하 혹은 포만 중추의 기능 항진으로 인하여 식욕이 없는 상태.〈유〉식욕^상실(食慾喪失)「001」¶어릴 때부터 무식욕증으로 고생을 많이했어요

무-심장(無心臟)[무심장]명《수의》〈영유아〉〈심장 질환〉포유류 일란성 쌍생아에서 두 개체의 혈관이 공통의 태반에 연결되어, 혈액 교류가 일어나면서 둘 사이의 혈액 순환에 불균형이 생겼을 경우에 혈액 공급이 불충분한 개체 쪽에 일어나는 심장의 축소 또는 기형 현상. ¶무심장 기형은 초음파 검사에서 심장의 완전한 결손이나 흔적적인 발육과 함께 기형 태아의 몸의 일부분의 결손이나 흔적적인 발육, 피부와 피하 조직의 심한 부종 등의 소견을 보인다.

무심장 쌍태아(無心臟雙胎兒)[ ]명구《의학》〈영유아〉〈심장 질환〉일란성 쌍태 중 한쪽 개체의 발육이 현저하게 나쁘고 심장이 없거나 흔적만 있는 태아. ¶무심장 쌍태아의 경골(tibia)의 길이는 26주 이후로 35주까지 3.6cm로 변하지 않았고 연부 조직의 부종이 동반되어 있었으며 연부 조직을 포함한 대퇴부의 직경은 약 4cm이었고 추적 검사에서 거의 변화가 없었다.

무심장-증(無心腸症)[무심장쯩]명《의학》〈영유아〉〈심장 질환〉발생 과정의 장애로 선천적으로 심장이 형성되지 않은 기형.〈유〉무심-증(無心症), 심장 없음증 ¶우리 형은 무심장증으로 태어났다고 한다.

무심-증(無心症)[무심쯩]명《의학》〈영유아〉〈심장 질환〉발생 과정의 장애로 선천적으로 심장이 형성되지 않은 기형.〈유〉무심장-증(無心腸症), 심장 없음증 ¶어른들이 우리 마을에 무심증 아이가 태어났다고 한다.

무-월경(無月經)[무월경]명《의학》〈여성 일반/청소년〉〈부인(여성)-부인과(산부인과) 질환/청소년-생식기 및 성 건강 관련 질환〉월경이 있어야 할 연령의 여성에게 월경이 없는 상태. 임신 동안에는 생리적인 것이지만 그렇지

않은 경우에는 불임의 원인이 되는 병이다. ¶구조나 기능의 이상이 발생하면 무월경이 생길 수 있다.

무월경^젖분비^과다^증후군(無月經젖分泌過多症候群)[ ] **명구**《의학》〈여성 일반〉〈부인(여성)-부인과(산부인과) 질환〉내분비 또는 뇌하수체 종양에 의한 비생리적인 젖분비.

무유방-증(無乳房症)[무유방쯩] **명**《의학》〈여성 일반〉〈부인(여성)-유방 질환〉정상적으로 있어야 할 유방이 없는 것.〈유〉무-유방(無乳房)「001」(동의어), 유방^없음증(乳房없음症)「001」(〈유〉)

무좀( )[무좀] **명**《의학》〈노인 일반/청소년〉〈노인-피부 질환/청소년-피부 및 모발 질환〉백선균이나 효모균이 손바닥이나 발바닥, 특히 발가락 사이에 많이 침입하여 생기는 전염 피부병. 물집이 잡히고 부스럼이 돋으며 피부 껍질이 벗어지기도 하고 몹시 가려운 것이 특징인데, 봄부터 여름까지 심하고 겨울에는 다소 약하다. ¶무좀에 걸리다. / 무좀이 심하다. / 발바닥이 무좀으로 근질거린다.

무지근하다( )[무지근하다] **형**〈기타〉〈통증 일반〉머리가 띵하고 무겁거나 가슴, 팔다리 따위가 무엇에 눌리는 듯이 무겁다.〈준〉무직하다 ¶어제 온종일 혼자 큰물이 휩쓸어 버린 둑에서 돌을 들어 올렸더니 팔다리가 무지근하고 허리가 뻑적지근하여 아무 일도 하고 싶지가 않았다.

무직하다( )[무지카다] **형**〈기타〉〈통증 일반〉(몸의 일부가) 띵하고 무엇에 눌린 것처럼 몸이 무겁다.〈본〉무지근하다 ¶진희는 아이를 안은 한쪽 팔이 무직하니 아파 왔으나 내색하지 않았다.

무치아-증(無齒牙症)[무치아쯩] **명**《의학》〈영유아〉〈치통〉선천적으로 일부 또는 모든 치아가 결여되는 증상.

무통(無痛)[무통] **명**〈기타〉〈통증 일반〉아픔이 없음. ¶그는 치과에서 무통 치료를 해 준다는 말에 두려움을 없앨 수 있었다.

무통법(無痛法)[무통뻡] **명**《의학》〈기타〉〈통증 일반〉수술이나 기타 치료를 할 때 아프지 아니하게 처치하는 방법.

무통약(無痛藥)[무통냑]**명**《약학》〈기타〉〈통증 일반〉수술이나 기타 치료를
할 때 환자가 통증을 느끼지 아니하도록 쓰는 약. 마취 약 따위가 있다.

묵지근하다( )[묵찌근하다]**형**〈기타〉〈통증 일반〉'무지근하다'의 경남 방언.

물뇌-증(물腦症)[물뢰쯩/물뤠쯩]**명**《의학》〈영유아〉〈신생아_추가〉뇌실이나
거미막밑 공간에 수액이 지나치게 많이 괴어 그 부분이 확대된 상태. 어린
아이의 경우 머리의 둘레가 커지고 지능이나 운동 발달이 늦어지며 호흡 곤
란, 전신 경련, 의식 장애가 일어나기도 한다.

물-사마귀( )[물사마귀]**명**《의학》〈소아 아동〉〈전염병일반〉살가죽에 밥알만
하게 돋은 군살. 주로 어린아이에게 많으며 전염된다. ¶물사마귀가 생기
다.눈 주변에 물사마귀가 났다.입술 옆에 커다란 물사마귀, 불그레한 얼굴
에는 땀이 흐르고 있다.

묽은^변(묽은便)[ ]**명구**〈영유아〉〈신생아_추가〉아기가 기저귀에 변을 봤을
대 대변에 수분량이 많아 기저귀에 거의 흡수되는 변의 형태. 바이러스나
세균 감염으로 인해 치료가 필요한 경우도 있지만 때로는 온도 변화, 새로
운 이유식 재료 추가 등 사소한 이유로도 일시적인 설사를 할 수 있다.

뭇-임신(뭇妊娠)[무딤신]**명**《의학》〈임부 산모〉〈부인(여성)-임신과 관련된
질환〉자궁 내에 둘 이상의 배아가 존재하는 상태. 자연 상태에서 쌍둥이를
임신할 확률은 1/94 정도이지만 임신 촉진제를 투여한 산모의 경우 쌍둥이
를 임신할 확률은 20%에 이른다.

뭉글거리다( )[뭉글거리다]**동**〈기타〉〈통증 일반〉(사람의 속이) 먹은 것이 잘
삭지 않아 가슴에 뭉치어 있는 듯한 느낌이 자꾸 들다.〈유〉뭉글대다〈참〉
뭉클거리다, 몽글거리다 ¶밥을 급하게 먹었더니 속이 뭉글거린다.

뭉글하다( )[뭉글하다]**형**〈기타〉〈통증 일반〉(사람의 속이) 먹은 것이 잘 삭지
않아 가슴에 뭉치어 있는 듯한 느낌이 있다. ¶밥을 먹자마자 버스를 탔더니
속이 뭉글하다.

뭉클거리다 ( )[뭉클거리다]〔동〕〈기타〉〈통증 일반〉(사람의 속이) 먹은 것이 잘
삭지 않아 가슴에 몹시 뭉치어 있는 듯한 느낌이 자꾸 들다. 〈유〉뭉클대
다 〈참〉뭉글거리다, 몽클거리다 ¶오랜만에 과식을 해서 속이 놀랐는지 뭉
클거리고 영 입맛이 없네.

뭉클대다 ( )[뭉클대다]〔동〕〈기타〉〈통증 일반〉(사람의 속이) 먹은 것이 잘 삭지
않아 가슴에 몹시 뭉치어 있는 듯한 느낌이 자꾸 들다. 〈유〉뭉클거리
다 〈참〉뭉글대다, 몽클대다

뭉클하다 ( )[뭉클하다]〔형〕〈기타〉〈통증 일반〉(사람의 속이) 먹은 것이 잘 삭지
않아 가슴이 몹시 뭉치어 있는 듯한 느낌이 있다. 〈참〉뭉글하다, 몽클하
다 ¶저녁 먹은 것이 아직 뭉클한 채 남아 있다.

미란성^위염 (糜爛性胃炎)[ ] 〔명구〕《의학》〈여성 일반〉〈부인(여성)-소화기 질
환〉위 근육층의 관통 없이 압력이나 마찰로 벗겨지는 것 같은 옅은 궤양의
위염.〈유〉까진^위염(까진胃炎),미란^위염(糜爛胃炎) ¶속이 쓰리고 아플
때 위내시경을 해 보면 종종 미란성 위염으로 판정된다. / 스트레스에 많이
노출되는 현대인들은 소화기계 질병으로 역류성 식도염이나 미란성 위염
을 가진 경우가 많았다.

미란^위염 (糜爛胃炎)[ ] 〔명구〕《의학》〈여성 일반〉〈부인(여성)-소화기 질환〉위
근육층의 관통 없이 압력이나 마찰로 벗겨지는 것 같은 옅은 궤양의 위
염.〈유〉까진^위염(까진胃炎),미란성^위염(糜爛性胃炎)

미릉골통 (眉稜骨痛)[미릉골통]〔명〕《한의》〈기타〉〈통증 일반〉두통의 하나. 눈
위의 눈썹이 난 부위가 아픈 증상이다. ¶스트레스로 인한 어지럼증은 화병
처럼 가슴이 답답하고 눈썹 주변이 지끈지끈 아픈 미릉골통을 수반하게 된
다.

미분화 암 (未分化癌)[ ] 〔명구〕《의학》〈노인 일반〉〈노인-암(종양) 관련 질환〉아
직 분화되지 않은 암. 호발 연령은 65세 이상으로 남자가 약간 많다. 진단
당시 수술이 불가능한 경우가 많으며 갑자기 커지는 종괴와 국수 압박 증상

을 수반한다. 림프절 전이와 원격 전이가 매우 흔하며 진단과 치료 과정 중
에서도 계속 진행되어 진단일로부터 평균 6개월 이내에 사망하는 예후가
불량한 암이다. ¶미분화 암은 예후가 아주 좋지 않아 진단 후 수개월 내에
사망한다.

미세^여드름집 (微細여드름집)[ ] 명구 《의학》〈여성 일반〉〈부인(여성)-피부 및
모발 질환〉여드름의 모체가 되는 여드름집의 초기 상태인 매우 작은 병
터.〈유〉미세^면포(微細面皰)「001」(동의어)

미숙아 망막증 (未熟兒網膜症)[ ] 명구 《의학》〈영유아〉〈신생아_추가〉호흡 장
애가 있는 미숙아가 보육기 안에서 산소 공급을 받을 때 발생하기 쉬운 망
막의 질환. 산소의 농도가 짙어서 생기는 망막의 이상으로 약시(弱視)나 실
명 등 시력 장애를 나타낸다.

미숙아^망막^병증 (未熟兒網膜病症)[ ] 명구 《의학》〈영유아〉〈눈병/신생아_추
가〉보육기 안에서 산소 치유를 받은 미숙아에게 발생하기 쉬운 망막의 병.
미숙한 망막 혈관이 동맥피 산소 농도의 상승에 이상한 반응을 보여 약시가
되거나 실명하는 따위의 시력 장애를 나타낸다.

미식거리다 ( )[미식꺼리다] 동 〈기타〉〈통증 일반〉메슥거리다'의 비표준어

미식대다 ( )[미식때다] 동 〈기타〉〈통증 일반〉메슥대다'의 비표준어

미식미식하다 ( )[미싱미시카다] 동 〈기타〉〈통증 일반〉메슥메슥하다'의 비표
준어.

미약^진통 (微弱陣痛)[ ] 명구 《의학》〈임부 산모〉〈부인(여성)-출산 및 산후 관
련 질환〉출산 시 자궁의 수축과 이완이 충분히 되지 않아 아이가 나오지 못
하고 있는 상태. ¶미약 진통일 경우 자는 동안 진통을 느끼지 못하기도 하
는데, 잠이 큰 도움이 될 수 있다.

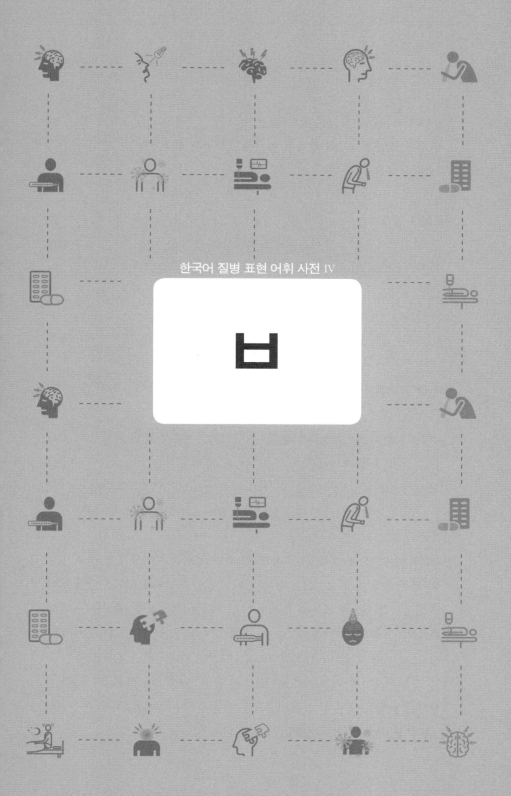

한국어 질병 표현 어휘 사전 IV

ㅂ

바깥^치핵(바깥痔核)[ ]**명구**《의학》〈여성 일반〉〈부인(여성)-소화기 질환〉'바깥 항문 조임근' 바깥쪽에 혹을 형성하는 확장된 정맥.〈유〉외-치핵(外痔核)「001」(동의어)

바람머리( )[바람머리]**명**〈기타〉〈통증 일반〉바람만 불면 머리가 아픈 증세.

바르비탈^중독(barbital中毒)[ ]**명구**《의학》〈영유아/소아 아동〉〈소아 피부병-홍역〉진정제의 일종인 바르비탈을 복용하여 생긴 중독. 홍역이나 성홍열과 비슷한 발진이 전신에 나타나고 입안과 바깥 생식 기관의 점막이 짓무르며 발열, 권태감, 림프샘 부종과 함께 골수 장애, 간 장애, 신장 장애 따위가 함께 나타나기도 한다.

반란(斑爛)[발란]**명**《한의》〈소아 아동〉〈소아 피부병-천연두〉천연두가 곪아 터져서 문드러짐.

반란-하다(斑爛하다)[발란하다]**동**《한의》〈소아 아동〉〈소아 피부병-천연두〉천연두가 곪아 터져서 문드러지다.

반사성 요실금(反射性尿失禁)[ ]**명구**《의학》〈노인 일반〉〈노인-퇴행성 뇌 질환 및 신경계 질환〉배뇨근 반사의 항진으로 의지와 상관없이 소변이 저절로 나오는 현상.〈유〉반사 실금, 반사 요실금, 반사성 실금 ¶뇌척수수막류, 척추 손상 등으로 인한 반사성 요실금은 방광에 소변이 조금이라도 차면 수축 작용이 일어나 소변이 나온다.

반사회적^인격^장애(反社會的人格障礙)[ ]**명구**《심리》〈여성 일반〉〈부인(여성)-정신 건강 및 신경정신과 질환〉죄의식 없이 타인의 권리와 안전을 해치고 반사회적 행동을 일삼는 것을 특징으로 하는 인격 장애. 증상은 15세 이전에 이미 나타나며 만성적이다. 사회 적응의 여러 면에서 문제가 발생하는데, 초기 아동기에는 반복적인 거짓말, 도둑질, 싸움, 무단 결석을 하는 등의 모습을 보이며, 사춘기에 접어들면서 음주, 불법 약물 사용, 비정상적인 성적 행동 등을 보인다. 이런 모습들은 성인기까지 지속된다.〈유〉반사회성^인격^장애(反社會性人格障礙)「001」(동의어)

반심장-증(半心腸症)[반:심장쯩]圐《의학》〈영유아〉〈심장 질환〉선천적인 심장 기형의 하나. 심장의 네 개의 방 가운데 두 개만 있다. 〈유〉반쪽 심장증 ¶는 반심장증이라 격한 운동을 하면 안 된다.

반응^위염(反應胃炎)[ ]圐구《의학》〈여성 일반〉〈부인(여성)-소화기 질환〉화학 물질이나 생체 내에서 존재하는 물질이 위장 내에 접촉할 경우에 발생하는 위장염의 일종. 대표적으로 약물, 술, 담즙에 의하여 유발되며 이 경우 염증은 있다고 하더라도 극미하다. 〈유〉반응^위병증(反應胃病症)

반쪽 심장증(半쪽心臟症)[ ]圐구《의학》〈영유아〉〈심장 질환〉선천적인 심장 기형의 하나. 심장의 네 개의 방 가운데 두 개만 있다. 〈유〉반심장-증(半心腸症) ¶오빠와 나는 모두 반쪽 심장증으로 태어났다.

발반(發斑)[발반]圐《한의》〈영유아/소아 아동〉〈소아 피부병-홍역/피부병〉천연두·홍역 따위의 병을 앓을 때에, 열이 몹시 나서 피부에 발긋발긋하게 부스럼이 돋음. 또는 그 부스럼. ¶이튿날 아침 현류의 몸에는 틀림없는 성홍열 발반이 발갛게 솟아올랐다.

발반-되다(發斑되다)[발반되다/발반뒈다]圐《한의》〈영유아/소아 아동〉〈소아 피부병-홍역/피부병〉천연두·홍역 따위의 병을 앓을 때에, 열이 몹시 나서 피부에 발긋발긋하게 부스럼이 돋다. ¶천연두가 발반되다.

발반-하다(發斑하다)[발반하다]圐《한의》〈영유아/소아 아동〉〈소아 피부병-홍역/피부병〉천연두·홍역 따위의 병을 앓을 때에, 열이 몹시 나서 피부에 발긋발긋하게 부스럼이 돋아나다. ¶두증(痘症)이 발반하다.

발작 기침(發作기침)[ ]圐《의학》〈영유아/소아 아동〉〈폐렴〉백일해·폐렴 따위의 증상으로 나타나는 기침. 주체하지 못할 정도로 심하다.

발작^혈색소뇨(發作血色素尿)[ ]圐구《의학》〈소아 아동〉〈아동병〉혈관 내에 용혈이 갑자기 심하게 일어나서 헤모글로빈이 그대로 콩팥에서 오줌으로 배설되는 병. 3~4세 되는 어린아이가 잘 걸리는 병으로, 추위를 만나면 갑자기 요통·두통이 일어나고 권태감·구토·오한 따위의 증상을 보이며, 검붉은 색의 오줌을 눈다.

발진성^전염병(發疹性傳染病)[ ] **명구**《의학》〈소아 아동〉〈전염병일반〉'발진
전염병'의 전 용어. ¶홍역은 발진성 전염병과 함께 '마진', '창진'이라고도 불
렀다.

발진^전염병(發疹傳染病)[ ] **명구**《의학》〈소아 아동〉〈소아 피부병-천연두/피
부병〉발진을 일으키는 전염병. 바이러스 감염에 의한 천연두·풍진, 세균
감염에 의한 장티푸스 따위가 이에 속한다.

발^통풍(발痛風)[ ] **명구**《의학》〈여성 일반〉〈부인(여성)-내분비 및 대사 질
환〉통풍 환자의 발에 나타나는 심한 통증. 주로 엄지발가락에서 나타난다.

방갑상선 기능 저하증(傍甲狀腺機能低下症)[ ] **명구**《의학》〈여성 일반〉〈부인
(여성)-내분비 및 대사 질환〉'부갑상샘 기능 저하증'의 북한어.

방갑상선 기능 항진증(傍甲狀腺機能亢進症)[ ] **명구**《의학》〈여성 일반〉〈부인
(여성)-내분비 및 대사 질환〉'부갑상샘 기능 항진증'의 북한어.

방광-류(膀胱瘤)[방광뉴] **명**《의학》〈여성 일반〉〈부인(여성)-부인과(산부인
과) 질환〉방광이 질이나 질 구멍으로 빠져나온 상태. 주로 나이가 많고, 아
이를 많이 낳은 여자에게 생긴다.〈유〉방광^탈출(膀胱脫出)「001」(동의어),
방광^탈출증(膀胱脫出症)「001」(〈유〉) ¶요실금 수술 시 방광류 혹은 직장류
수술을 동시에 하면 삭감 당하는 사례가 늘면서 산부인과 의사들이 반발하
고 있다.

방광암(膀胱癌)[방광암] **명**《의학》〈노인 일반〉〈노인-암(종양) 관련 질환〉방
광 점막에 생기는 암. 소변이 잘 나오지 않고 소변에 피가 섞이기도 한다. 40
세 이상의 남성에게 발병할 확률이 높고 아닐린계의 염료를 다루는 직업에
종사하는 사람이나 담배를 많이 피우는 사람이 걸리기 쉽다. ¶김 박사는 방
광암에 걸린 환자의 복부에 개구를 만들어 소변을 체외 기구로 배설할 수
있게 하였다.

방어 기전(防禦機轉)[ ] **명구**《생명》〈노인 일반〉〈노인-기타〉미생물의 침입을

방어하는 과정의 원리. 면역 반응의 경우에 선천 면역과 적응 면역 기전이 작용한다.

배 간질(배癎疾)[ ] **명구**《의학》〈소아 아동〉〈위장병〉간질과 유사한 방식으로 발작성 복통이 발생하는 병. 자율 신경 발작으로서 뇌파의 이상을 보이며, 주로 어린이에게 발생한다. 항경련제를 쓰면 증상이 좋아진다.

배꼽-염(배꼽 炎)[배꼽념]**명**〈영유아〉〈신생아_추가〉배꼽 주위나 안쪽에 균이 감염되어 생기는 염증 중 하나. 배꼽 주위가 붉거나, 노란색 진물이 나오는 경우가 있으며, 배꼽 주변이 붓고 열이 날 수도 있다. 면역력이 약한 신생아는 배꼽염이 전신감염으로 진행될 가능성이 있다.

배꼽-육아종(배꼽 肉芽腫)[배꼽뉴가종]**명**〈영유아〉〈신생아_추가〉탯줄이 떨어지고 나면 남은 조직이 아물면서 검게 변하는 것이 일반적이나, 아물지 않고 자꾸 자라면서 생기는 조직. 신생아 시기에 가장 흔하게 나타나는 배꼽 문제로, 아기가 아프거나 불편함을 느끼지는 않는다. 육아종 조직은 분홍색을 띠고 진물이 나오는데, 지속되면 감염이 생길 수 있다.

배꼽-탈장(배꼽 脫腸)[배꼽탈짱]**명**〈영유아〉〈신생아_추가〉배꼽을 감싼 근육이 유난히 약하거나 탯줄이 떨어진 후 배꼽이 완전히 닫히지 않아 장의 일부가 배꼽 주위로 튀어나오는 현상. 이른둥이의 경우 발생 빈도가 더 높다. 대부분 돌 전후로 자연스럽게 들어가나, 만약 튀어나온 정도가 너무 심하거나 만 4세 이후에도 호전되지 않는다면 수술이 필요할 수 있다.

배변^훈련(排便訓練)[ ] **명구**〈영유아〉〈신생아_추가〉어린아이가 대소변을 가릴 수 있도록 하는 훈련. 의학적으로 대변 가리기는 평균 29개월, 소변 가리기는 평균 32개월에 가능하다. 배변 훈련의 완성 시기는 개인차가 크기에 발달 상황에 따라 시기를 정하면 된다. ¶또 혼자 세수하고 옷 갈아입기, 배변 훈련 등을 좀 더 일찍 시키는 등 지난 30년 사이에 어머니들의 자녀 양육 태도에 뚜렷한 변화가 생기고 있음이 양쪽 연령층의 주부 각 300명씩을 대상으로 한 조사에서 밝혀졌다. / 9세 이하는 배변 훈련이 안 돼 변을 참다가 변비로 이어지는 경우가 많다.

배송(拜送)[배:송]**명**《민속》〈소아 아동〉〈소아 피부병-천연두〉천연두를 앓은 뒤 13일 만에 천연두의 신(神)인 호구별성을 떠나보내는 일.

배송-굿(拜送굿)[배:송굳]**명**《민속》〈소아 아동〉〈소아 피부병-천연두〉천연두를 앓은 뒤 13일 만에 천연두의 신(神)인 호구별성을 떠나보내는 굿. 12일째 되는 날 저녁부터 시작한다. ¶두창과 마진 등의 전염병은 극존칭인 '마마'로 불렸고, 백성들은 마마신이 다시는 돌아오지 말라며 '배송(拜送)굿'을 했다.

배송-마(拜送馬)[배:송마]**명**《민속》〈소아 아동〉〈소아 피부병-천연두〉싸리를 서로 어긋나게 엮어 짜서 만든 말. 배송굿을 할 때, 천연두의 두신(痘神)을 태워 보내는 의식에 쓴다. 〈유〉싸리말 ¶상마제란 마부가 무당의 명에 따라 배송마(拜送馬)를 싸 가지고 문밖으로 나가 먼 쪽에 있는 나뭇가지에 걸어 놓는 것을 말하며, 식문제는 시루 속에 감금하였던 식문(천연두에 걸려 죽은 사람의 영혼)을 놓아주고 이미 만들어 두었던 팥죽을 바구니와 함께 버리는 것을 말한다. 마지막 호귀본풀이는 호귀(두신의 별칭)의 유래 및 그 여정(旅程)을 담은 〈호귀노정기(胡鬼路程記)〉를 읽는 것을 말한다.

배송-하다(拜送하다)[배:송하다]**동**《민속》〈소아 아동〉〈소아 피부병-천연두〉천연두를 앓은 뒤 13일 만에 천연두의 신(神)인 호구별성을 떠나보내다. 〈유〉싸리말(을) 태우다.

배앓이( )[배아리]**명**〈기타〉〈통증 일반〉배를 앓는 병. 또는 배에 탈이 나서 아픔을 느끼는 일. 〈유〉복통 ¶배앓이는 음식물이 상하기 쉬운 여름철에 흔하다. / 사기그릇을 깨듯 난장질을 치며 쑤셔 대는 배앓이로 금세 눈앞이 캄캄했다. / 잠자던 아이가 배앓이를 하고 구역질을 하면서 쉴 새 없이 설사를 했다.

배통(背痛)[배:통]**명**《한의》〈기타〉〈통증 일반〉가슴막염, 폐결핵 따위로 등이 심하게 아픈 증상. 폐에 병이 생기면 숨이 차고 기침이 나며 기(氣)가 치밀어 오르고 어깨와 등이 아프며 땀이 난다. 또 사기(邪氣, 병이 나게 하는 나쁜 기)가 신(腎, 신장)에 있으면 어깨와 등과 목이 아프다.

백날^기침(百날기침)[ ] **명구** 《의학》〈영유아/소아 아동〉〈전염병일반/폐렴〉경련성의 기침을 일으키는 어린이의 급성 전염병. 3~6세의 어린이들이 잘 걸리며 특히 겨울부터 봄에 걸쳐 유행하는 전염성이 강한 병으로, 병에 걸리면 경과가 백 일 가까이 걸린다. 오래되면 끈끈하고 반투명한 가래가 나오며 기관지염·폐렴 따위를 일으키기 쉬우나, 한번 걸리면 일생 면역이 된다.〈유〉백일해, 백일기침 ¶어린이들의 백날 기침은 마치 숨이 막히는 듯한 고통을 느끼면서 쿨룩쿨룩 하고 기침을 계속한 다음 히어 하고 숨을 들이쉰다. / 이 백날기침은 봄과 여름에 잘 발병하며 지금은 시기에 관계없이 산발적으로 발병하고 있습니다.

백내장(白內障)[뱅내장] **명** 《의학》〈노인 일반〉〈노인-감각 기관 관련 질환(안과, 이비인후과)〉수정체가 회백색으로 흐려져서 시력이 떨어지는 질병. 노화로 발병하는 경우가 가장 많으나 상처를 입거나 당뇨병을 앓아서 발병하기도 한다.〈참〉녹내장(綠內障) ¶백내장은 대표적인 노인성 안구 질환으로 사회가 점차 고령화되면서 수술 수요가 늘었습니다.

백면-사(白面痧)[뱅면사] **명** 《한의》〈영유아/소아 아동〉〈소아 피부병-홍역/피부병〉홍역 따위로 발진이 돋을 때 얼굴이나 코 주위에만 발진이 나타나지 않는 증상.

백반-증(白斑症)[백빤쯩] **명** 《의학》〈청소년〉〈청소년-피부 및 모발 질환〉피부의 한 부분에 멜라닌 색소가 없어져 흰색 반점이 생기는 병.〈유〉백반(白斑)

백색^소음(白色騷音)[ ] **명구** 《물리》〈영유아〉〈신생아_추가〉영에서 무한대까지의 주파수 성분이 같은 세기로 골고루 다 분포되어 있는 소음. 출력이 무한대이므로 실제로는 존재하지 않는다. 백색 소음은 아기의 울음을 그치는 효과가 있다. 신생아에게 물 흐르는 소리, 비닐 소리 등을 들려주면 편안함

ㅂ

을 느낄 수 있는데, 이는 엄마 배 속에서 들었던 소리와 비슷하기 때문이다. 50dB을 넘지 않도록 주의하여야 한다.〈유〉가우스 잡음, 백색 잡음, 화이트 노이즈

백세-창(百世瘡)[백쎄창]**명**〈소아 아동〉〈소아 피부병-천연두〉'천연두'를 사람이라면 누구든지 죽기 전에 한 번은 치르게 되는 병이라는 뜻으로 이르는 말.¶홍역과 더불어 사람이면 누구나 백 살이 되기 전에 반드시 꼭 한 번은 걸리는 병이라 하여 백세창(百世瘡)으로 불렸던 제1종 법정 전염병이었던 천연두를 아시나요?

백일-기침(百日기침)[배길기침]**명**《의학》〈영유아/소아 아동〉〈전염병일반/폐렴〉경련성의 기침을 일으키는 어린이의 급성 전염병. 3~6세의 어린이들이 잘 걸리며 특히 겨울부터 봄에 걸쳐 유행하는 전염성이 강한 병으로, 병에 걸리면 경과가 백 일 가까이 걸린다. 오래되면 끈끈하고 반투명한 가래가 나오며 기관지염·폐렴 따위를 일으키기 쉬우나, 한번 걸리면 일생 면역이 된다.〈유〉백일해, 백날 기침¶백일기침이라고 부르는 백일해는 주로 7세 미만의 어린이가 잘 걸리는 전염병이다. / 백일기침은 신생아일수록 많이 걸리는데 어른들도 어린이로부터 감염이 될 우려가 있으므로 가족 중 기침병에 걸려 있는 어린이는 특별한 주의가 필요하다.

백일-해(百日咳)[배길해]**명**《의학》〈영유아/소아 아동/청소년〉〈전염병일반/폐렴/청소년-감염병 및 전염병〉경련성의 기침을 일으키는 어린이의 급성 전염병. 3~6세의 어린이들이 잘 걸리며 특히 겨울부터 봄에 걸쳐 유행하는 전염성이 강한 병으로, 병에 걸리면 경과가 백 일 가까이 걸린다. 오래되면 끈끈하고 반투명한 가래가 나오며 기관지염·폐렴 따위를 일으키기 쉬우나, 한번 걸리면 일생 면역이 된다.〈유〉백일기침, 백날 기침, 박해, 돈창, 효중¶백일해는 '100일 동안 기침이 지속된다'는 의미로 영유아 감염 시 무기폐 및 무호흡이나 기관지 폐렴 등의 호흡기계 합병증을 유발할 수 있으며, 가족 내 전염성이 매우 높다. / 그럼에도 매년 800여만 명의 어린이들이 홍

역, 백일해, 파상풍, 소아마비, 설사병 등 5가지의 질병으로 목숨을 잃고 있다고 보고서는 밝혔다.

백해구통(百骸俱痛)[배캐구통-]圐〈기타〉〈통증 일반〉온몸이 아프지 않은 곳이 없이 다 아픔.

백해구통하다(百骸俱痛하다)[배캐구통하다]閾〈기타〉〈통증 일반〉온몸이 아프지 않은 곳이 없이 다 아프다.

백혈구^감소증(白血球減少症)[ ]圐구《의학》〈영유아/소아 아동〉〈소아 피부병-홍역/감기-몸살, 세기관지염〉백혈구의 수가 정상보다 적어지는 증상. 홍역, 풍진, 유행성 감기 따위를 앓거나 장티푸스에 걸린 초기, 또는 방사선을 비춘 뒤에 나타나는 증상이다. ¶이외에 용혈(적혈구가 파괴돼 헤모글로빈이 혈장으로 방출되는 현상)이 심해져 원인 미상의 황달 수치 증가로 인해 병원을 찾거나, 백혈구 감소증이 동반되는 경우도 있다.

백혈구^증다증(白血球增多症)[ ]圐구《의학》〈기타 공통〉〈전염병일반〉백혈구의 수가 정상보다 많아지는 증상. 폐렴이나 성홍열, 각종 전염병, 중독, 악성 종양 따위에서 볼 수 있다. ¶백광재 진료과장은 또 "현재는 피검사에서 백혈구 증다증을 확인하는 것과 동시에, 복부 초음파나 복부 전산화 단층 촬영(CT)으로 정확히 진단하여 불필요한 수술을 피할 수 있다."고 덧붙였다.

벅적지근하다( )[벅쩍찌근하다]閾〈기타〉〈통증 일반〉몸이 뻐근하게 아픈 느낌이 있다. ¶어제 체육 시간에 오래달리기를 해서 다리가 벅적지근하다.

범하수체기능저하증(汎腦下垂體機能低下症)[ ]圐구〈여성 일반〉〈부인(여성)-여성 호르몬 및 폐경 관련 질환〉뇌하수체 전엽에서 분비되는 호르몬들이 모두 부족해지는 질병으로 ¶범하수체기능저하증을 가진 환자에서 임신 및 성공적인 분만은 드물다.

베체트-병(behçet病)[베체트뼝]圐《의학》〈여성 일반〉〈부인(여성)-감각 기관(면역 및 자가 면역)〉입안염, 음부 궤양, 포도막염, 홍채염 또는 여러 가지 발진을 일으키는 만성 질환. 튀르키예의 피부과 전문의 베체트(Behçet, H.)가 처음 보고한 병으로, 실명률이 높다.〈유〉베체트^증후군(Behçet症候群)「001」(동의어)

벤조다이아제핀계 약물(benzodiazepine系藥物)[ ]⟮명구⟯《심리》〈여성 일반〉〈부인(여성)-정신 건강 및 신경정신과 질환〉신경안정제 또는 수면제로 알려져 있는 임신부와 수유부에게 빈번하게 처방되는 약물이다. 수면 장애, 불안증, 경련, 근 경련 등이 있을 때 주로 처방된다.

벼락 두통(벼락頭痛)[ ]⟮명구⟯《의학》〈기타〉〈통증 일반〉질병으로 인해 갑자기 발생하는 매우 심한 두통. ¶평소와 다른 매우 큰 두통이 갑자기 발생하는 '벼락 두통'이 나타난다면, 뇌동맥류 때문에 나타나는 증상일 수 있다.

변두통(邊頭痛)[변두통-]⟮명⟯《한의》〈기타〉〈통증 일반〉'편두통'을 한방에서 이르는 말.〈유〉변두-풍(邊頭風)

변비(便祕)[변비]⟮명⟯《의학》〈여성 일반/청소년〉〈부인(여성)-소화기 질환/청소년-소화기 질환〉대변이 대장 속에 오래 머물러 있고, 잘 누어지지 아니하는 병.〈유〉변비-증(便祕症)「001」(동의어) ¶변비가 심하다. / 변비가 있다.

변비-약(便祕藥)[변비약]⟮명⟯《약학》〈여성 일반〉〈부인(여성)-소화기 질환〉대변이 잘 나오지 않거나 배변이 드물 때 쓰는 약. ¶방광염 약은 다른 변비약과 함께 먹으면 안 됩니다. 변비약과 방광염 약은 모두 설사를 유발할 수 있습니다.

변비-증(便祕症)[변비쯩]⟮명⟯《의학》〈여성 일반〉〈부인(여성)-소화기 질환〉대변이 대장 속에 오래 머물러 있고, 잘 누어지지 아니하는 병.〈유〉변비(便祕)「001」(동의어) ¶변비증이 생겨서 화장실에 들어가면 보통 20~30분은 걸린다.

변비^치료제(便祕治療劑)[ ]⟮명구⟯《약학》〈여성 일반〉〈부인(여성)-소화기 질환〉변비를 치료하는 데 사용되는 약제. ¶변비 치료제로 허가받은 ○○○는 하루에 한 번 복용하는 경구용 제제다. / 각종 미디어에서는 변비 치료제를 소개하는 가운데, 변비 환자들은 여전한 것이 실상이다.

변비-통(便祕痛)[변비통]명〈여성 일반〉〈부인(여성)-소화기 질환〉대변이 대장 속에 오래 머물러 있어 굳어져 잘 누어지지 않아 생기는 통증. ¶음악을 들으면서 집안일을 하면 두통, 생리통, 변비통의 완화 효과가 뚜렷하다./근육통, 두통, 요통, 변비통, 관절염 등은 감기처럼 평생에 걸쳐 고통을 주는 주범들이다.

변통(便痛)[변통]명《한의》〈기타〉〈통증 일반〉대변을 볼 때 통증이 있는 증상. ¶그래서 너나없이 상습 변비증세에 걸리기 쉬운데 변비에 걸린 사람들에게는 특히 섬유질은 단순히 변통을 도울 뿐만 아니라, 장 속의 독소를 흡수하여 배설시키는 신비한 역할까지 한다고 한다.

변형^근치^유방^절제술(變形根治乳房切除術)[ ]명구《의학》〈여성 일반〉〈부인(여성)-유방 질환〉젖꼭지와 유방 피부를 포함하여 유방 전체와 겨드랑이의 림프절은 모두 절제하지만 큰가슴근은 보존하는 수술 방법. 유방암을 치료하는 수술 방법 가운데 하나이다.〈유〉보존^근치^유방^절제술(保存根治乳房切除術)「001」(동의어)

별성(別星)[별썽]명《민속》〈소아 아동〉〈소아 피부병-천연두〉집집마다 찾아다니며 천연두를 앓게 한다는 여신. 강남(중국)에서 특별한 사명을 띠고 주기적으로 찾아온다고 한다.

병원 내 감염(病院內感染)[ ]명구《의학》〈노인 일반〉〈노인-기타〉입원하기 전에는 감염이 없었으며, 잠복기를 감안할 때 입원 후에 발생한 감염. 환자와 환자 사이 또는 환자와 의료 종사자 사이에서 발생한다.

병적^무월경(病的無月經)[ ]명구《의학》〈여성 일반〉〈부인(여성)-부인과(산부인과) 질환〉호르몬 기관의 병적 상태와 같은 신체적 이상에 의하여 발생하는 무월경. ¶병적 무월경이 아닌 생리적인 무월경 상태에서 임신 확인을 위해 내원한 경우 산전진찰의 범주로 볼 수 없다.

병통(病痛)[병:통]명〈기타〉〈통증 일반〉병으로 인한 아픔. ¶포교승의 말로가 6신통(六神通) 대신 6병통(六病通)이 된다는 말, 다시 새겨 보며 여섯 가지 병통을 모두 다 지니고 병원에서 아니, 길거리에서 쓰러진다 해도 포교 승답게 살다 가리라고 다짐해 본다.

병환(病患)[병ː환]**명**〈기타〉〈질병 일반〉병의 높임말. ¶어머님의 병환을 고치다. / 할머니께서 병환에 걸리셨다. / 어머니가 병환으로 누웠으니 오라고 한 편지도 아주 거짓은 아니었다.

보깨다( )[보깨다]**동**〈기타〉〈통증 일반〉먹은 것이 소화가 잘 안되어 속이 답답하고 거북하게 느껴지다. ¶어제저녁 내내 속이 보깨어 혼났다. / "괜찮습니다. 아침에 무어 좀 먹은 것이 보깨는 듯합니다." 하고 얼른 변명을 한다.

보대끼다( )[보대끼다]**동**〈기타〉〈통증 일반〉(사람이) 탈이 나서 배 속이 몹시 쓰리거나 울렁울렁하다. ¶속이 보대껴 식사를 못 했다. / 먹은 것이 체했는지 보대껴.

보두(寶痘)[보ː두]**명**《한의》〈소아 아동〉〈소아 피부병-천연두〉천연두를 앓을 때 발진이 내돋기 시작함. 또는 그 발진.

보두-하다(寶痘하다)[보ː두하다]**동**《한의》〈소아 아동〉〈소아 피부병-천연두〉천연두를 앓을 때 발진이 내돋기 시작하다.

보존^근치^유방^절제술(保存根治乳房切除術)[ ]**명구**《의학》〈여성 일반〉〈부인(여성)-유방 질환〉젖꼭지와 유방 피부를 포함하여 유방 전체와 겨드랑이의 림프절은 모두 절제하지만 큰가슴근은 보존하는 수술 방법. 유방암을 치료하는 수술 방법 가운데 하나이다.〈유〉변형^근치^유방^절제술(變形根治乳房切除術)「001」(동의어)

보통^루푸스(普通lupous)[ ]**명구**《의학》〈여성 일반〉〈부인(여성)-감각 기관(면역 및 자가 면역)〉코 언저리에 많이 생기는 결핵성 피부염. 황적색이나 홍갈색의 발진으로 시작된다.

복강^임신(腹腔妊娠)[ ]**명구**《의학》〈임부 산모〉〈부인(여성)-임신과 관련된 질환〉'복강'에서 태아가 발육하는 '자궁 외 임신'.〈유〉배안^임신(배안妊娠)

「001」(〈유〉) ¶복강 임신의 원인, 이해와 예방을 위한 중요한 지침. 임신은 대부분의 경우 자궁 내에서 발생하지만, 드물게 복강 임신이라는 예외적인 상황이 발생할 수 있다.

복당^임신^기간(腹當妊娠期間)[ ] 〔**명구**〕《농업》〈임부 산모〉〈부인(여성)-임신과 관련된 질환〉돼지 따위 가축의 평균 임신 기간을 기간별 누계로 산출한 것. 모돈(母豚)의 연간 번식 회전율을 산출할 때 직접적인 요소가 된다.

복막^안^임신(腹膜안妊娠)[ ] 〔**명구**〕《의학》〈임부 산모〉〈부인(여성)-임신과 관련된 질환〉수정란이 복막 위에 착상(着床)하여 발육하는 비정상적인 임신. 때때로 임신 말기까지 지속하여 아이를 낳는 수도 있다.〈유〉복막^임신(腹膜妊娠)「001」(동의어)

복막^임신(腹膜妊娠)[ ] 〔**명구**〕《의학》〈임부 산모〉〈부인(여성)-임신과 관련된 질환〉수정란이 복막 위에 착상(着床)하여 발육하는 비정상적인 임신. 때때로 임신 말기까지 지속하여 아이를 낳는 수도 있다.〈유〉복막^안^임신(腹膜안妊娠)「001」(동의어)

복부^비만(腹部肥滿)[ ] 〔**명구**〕《의학》〈여성 일반〉〈부인(여성)-내분비 및 대사 질환〉복부 부위에 과도한 지방이 축적되어 복부가 불룩해진 상태. 잘못된 식생활과 무절제한 생활, 과도한 스트레스, 운동 부족 따위로 기초 대사량이 저하되어 있는 중년의 직장 남성에게서 주로 나타난다. ¶자꾸만 뱃살이 늘어나면 복부비만으로 이어질 수 있다.

복압성^요실금(腹壓性尿失禁)[ ] 〔**명구**〕《의학》〈여성 일반〉〈부인(여성)-부인과 (산부인과) 질환〉기침, 재채기, 줄넘기 등으로 인하여 복부의 압력이 높아짐으로써, 의지와 상관없이 오줌이 새는 현상. 조임근 기전이 불완전하기 때문에 일어난다.〈유〉긴장성^요실금(緊張性尿失禁)「001」(동의어), 복압^오줌새기(腹壓오줌새기)「001」(동의어), 복압^요실금(腹壓尿失禁)「001」(동의어), 스트레스^요실금(stress尿失禁)「001」(동의어), 스트레스성^요실금(stress性尿失禁)「001」(동의어)

복압^요실금(腹壓尿失禁)[ ]〔명구〕《의학》〈여성 일반〉〈부인(여성)-부인과(산부인과) 질환〉기침, 재채기, 줄넘기 등으로 인하여 복부의 압력이 높아짐으로써, 의지와 상관없이 오줌이 새는 현상. 조임근 기전이 불완전하기 때문에 일어난다.〈유〉긴장성^요실금(緊張性尿失禁)「001」(동의어), 복압^오줌새기(腹壓오줌새기)「001」(동의어), 복압성^요실금(腹壓性尿失禁)「001」(동의어), 스트레스^요실금(stress尿失禁)「001」(동의어), 스트레스성^요실금(stress性尿失禁)「001」(동의어)

복통(腹痛)[복통]〔명〕〈기타〉〈통증 일반〉복부에 일어나는 통증을 통틀어 이르는 말.〈유〉배앓이 ¶복통이 심해서 움직일 수가 없다. / 무얼 잘못 먹었는지 갑자기 복통이 일어났다.

복합^자궁^내막^과다^형성(複合子宮內膜過多形成)[ ]〔명구〕《의학》〈여성 일반〉〈부인(여성)-부인과(산부인과) 질환〉자궁 내막이 비정형 세포가 없으면서 샘종과 같이 증식하는 상태. 단순 증식이나 암의 위험성이 있는 비정형 증식과는 구별된다.

본태 고혈압(本態高血壓)[ ]〔명구〕《의학》〈노인 일반〉〈노인-심혈관계 질환〉원인이 명확하지 않은 고혈압증. 고혈압 환자의 70~80%를 차지하는데, 유전 경향이 강하며, 식염 섭취량이 많은 지역에 환자 발생의 빈도가 높은 것으로 알려져 있다. ¶고혈압의 원인은 본태 고혈압과 이차 고혈압으로 나눌 수 있습니다.

본태성 고혈압증(本態性高血壓症)[ ]〔명구〕《의학》〈노인 일반〉〈노인-심혈관계 질환〉'본태 고혈압'의 전 용어. ¶최대 혈압이 150이상 최소 혈압이 90이상일 경우는 고혈압으로 신 질환 또는 바세도우병, 내분비 질환 등에 의해 2차성과 원인 불명의 본태성 고혈압증으로 분류된다.

본태^월경통(本態月經痛)[ ]〔명구〕《의학》〈여성 일반〉〈부인(여성)-부인과(산부인과) 질환〉명확한 원인 없이 일어나는 월경 동통.

부갑상샘^기능^저하증(副甲狀샘機能低下症)[ ]〔명구〕《의학》〈여성 일반〉〈부인

(여성)-내분비 및 대사 질환〉혈액 속의 부갑상샘 호르몬이 부족하여 생기는 병.〈유〉부갑상샘^저하증(副甲狀샘低下症)「001」(동의어)

부갑상샘^기능^항진증(副甲狀샘機能亢進症)[ ]〔**명구**〕《의학》〈여성 일반〉〈부인 (여성)-내분비 및 대사 질환〉부갑상샘의 기능이 항진하는 병.〈유〉부갑상샘 ^항진증(副甲狀샘亢進症)「001」(동의어)

부다듯하다( )[부다드타다]〔**형**〕〈기타〉〈통증 일반〉(사람이나 그 몸이) 열이 나 서 매우 뜨겁다. ¶감기가 들어서 몸이 부다듯하고 여기저기가 쑤신다.

부대끼다( )[부대끼다]〔**동**〕〈기타〉〈통증 일반〉(사람이) 배 속이 크게 불편하여 쓰리거나 울렁울렁하다. ¶낮에 음식을 잘못 먹었는지 속이 부대껴서 하루 종일 혼났다.

부분^출생^유산(部分出生流産)[ ]〔**명구**〕《의학》〈임부 산모〉〈부인(여성)-기타 임신 및 출산 관련 문제〉임신 2기나 3기에 태아가 살아 있는 상태로 출산하 지 못하도록 유산을 하는 일. 비의료 용어이다.

부식^위염(腐蝕胃炎)[ ]〔**명구**〕《의학》〈여성 일반〉〈부인(여성)-소화기 질환〉부 식성 화학 물질을 복용한 후 발생한 급성 위염. 위 점막에 손상이 발생하며 심하면 위벽 전체에 염증을 유발한다.〈유〉화학^위염(化學胃炎)

부위^명시되지^않은^자궁^내막증(部位明示되지않은子宮內膜症)[ ]〔**명구**〕《의 학》〈여성 일반〉〈부인(여성)-부인과(산부인과) 질환〉자궁 내막을 구성하는 선 조직과 버팀질이 자궁이 아닌 다른 부위, 즉 정해진 위치가 아닌 불분명 한 부위의 조직에서 발육하고 증식하는 일.

부정맥(不整脈)[부정맥]〔**명**〕《의학》〈청소년〉〈청소년-심혈관계 질환〉불규칙 적으로 뛰는 맥박. 심장의 이상으로 일어나는 것과 호흡의 영향으로 생리적 으로 일어나는 것이 있다.

부정^자궁^출혈(不定子宮出血)[ ]〔**명구**〕《의학》〈여성 일반〉〈부인(여성)-부인과 (산부인과) 질환〉월경과는 관계없이 자궁에서 피가 나오는 병. 출혈이 주기 적으로 있지 않고 때때로 있으며, 7일 이상 계속된다. ¶디에노게스트

ㅂ

(dienogest)는 부정 자궁 출혈, 체중 증가, 두통 등의 부작용을 야기할 수 있다.

분노＾발작 (憤怒發作)[ ]〔명구〕《의학》〈소아 아동〉〈우울증〉신경질이 있는 아이에게서 볼 수 있는 경련. 웃거나 울거나 하는 흥분 상태에 있을 때, 내쉬는 숨만 있고 들이마시는 숨이 없어 얼굴이 창백해지며 갑자기 숨이 꽉 막히는 증상이 일어나고, 심한 경우에는 질식하는 경우도 있다.

분만＾유도 (分娩誘導)[ ]〔명구〕《의학》〈임부 산모〉〈부인(여성)-출산 및 산후 관련 질환〉약물을 사용하는 따위의 인위적인 처치로 분만을 촉진하는 일. ¶분만 유도는 임신부가 아기 분만을 위해 병원 또는 분만 센터에 제시간에 도착할 수 있음을 의미합니다.

분만＾유도제 (分娩誘導劑)[ ]〔명구〕《생명》〈임부 산모〉〈부인(여성)-출산 및 산후 관련 질환〉분만을 촉진하는 호르몬 제제의 하나. 대표적으로 옥시토신이 있다. ¶분만 유도제의 공급이 일부 중단돼 예비 엄마들이 불안해하고 있다면서, 분만 유도제는 환자 진료에 필요하지만 경제성이 낮아 수급이 원활하지 않은 문제가 있다고 짚었는데요.

분만＾후＾고혈압 (分娩後高血壓)[ ]〔명구〕《의학》〈여성 일반〉〈부인(여성)-심혈관계 질환〉분만이 끝난 직후에 생기는 고혈압.

분만＾후＾신경증 (分娩後神經症)[ ]〔명구〕《의학》〈여성 일반〉〈부인(여성)-정신건강 및 신경정신과 질환〉분만 후에 일시적으로 '기질성 뇌 증후군'과 비슷한 증상을 보이는 정신증. 분만 후 수일에서 2~3주 내에 발병하며, 심한 경우 자살이나 영아 살해의 위험성이 높다. '유병률'은 0.1~0.2% 정도이며, 특히 초산이거나 정신 장애의 가족력이나 과거력 따위가 있는 경우에 더 높다. 〈유〉산후＾신경증

분만＾후＾우울＾기분 (分娩後憂鬱氣分)[ ]〔명구〕《의학》〈여성 일반〉〈부인(여성)-정신 건강 및 신경정신과 질환〉분만 후 3~6일 이내에 흔히 일어날 수 있는 비교적 가볍고 일시적인 우울 증상. 2주 이내의 기간 동안 쉽게 슬퍼하며 눈물을 흘리는 양상을 보이며, 여성의 85%가 경험한다. 〈유〉산후＾우울, 산

후^우울^기분

분만^후^우울증 (分娩後憂鬱症) [ ] **명구** 《의학》〈여성 일반〉〈부인(여성)-정신 건강 및 신경정신과 질환〉분만 후에 생기는 우울 증상. 슬프고 침울한 기분, 식욕 상실과 체중 감소, 불면과 악몽, 무기력과 피로, 두통이 자주 보인다. 분만 후 첫 주에 시작되어 2주 이내에 대부분 정상으로 돌아오지만, 드물게는 몇 달 동안 지속되기도 한다. 〈유〉산후^우울증, 산후^울증 ¶마인드 스팀을 이용한 분만 후 우울증 실증 연구의 중간 결과를 발표했다.

분만^후^정신병 (分娩後精神病) [ ] **명구** 《의학》〈여성 일반〉〈부인(여성)-정신 건강 및 신경정신과 질환〉분만 후 여성에게 생기는, 우울증을 동반하는 급성 정신 장애.

분열^인격^장애 (分裂人格障礙) [ ] **명구** 《의학》〈여성 일반〉〈부인(여성)-정신 건강 및 신경정신과 질환〉대인 관계나 사회 활동에 대한 욕구가 없고 비현실적인 상상을 하는 인격 장애.

분통 (憤痛) [분통] **명** 〈기타〉〈통증 일반〉몹시 분하여 마음이 쓰리고 아픔. 또는 그런 마음. ¶분통이 터지다. / 분통을 삭이다. / 분통을 터뜨리다.

분통스럽다 (憤痛스럽다) [분통스럽따] **형** 〈기타〉〈통증 일반〉몹시 분하여 마음이 쓰리고 아픈 데가 있다. ¶내 비록 뜻이 있어도 그 무리들을 다스려 바른 바 도리를 가르쳐 보려 해도 가진 힘 없음이 오직 분통스러울 따름이다. / 자신들의 농토를 동척에 빼앗기고 만 것도 억울한 판에 이주 온 일본인의 소작인이 되었다는 사실이 더욱 분통스러웠다.

불가피^유산 (不可避流産) [ ] **명구** 《의학》〈임부 산모〉〈부인(여성)-기타 임신 및 출산 관련 문제〉태아가 생존 능력을 갖기 전에 심한 질 출혈이나 자궁 수축으로 양막이 찢어져 파수되고 자궁목이 확장되어 일어나는 유산. ¶불가피 유산이 발생하면 자궁수축이 동반되어 곧 수태물이 배출되기 시작하나, 완전 배출까지 상당한 시간이 걸리는 경우에는 자궁 내 감염이 발생할 수도 있다.

불감-증(不感症)[불감쯩]图《의학》〈여성 일반〉〈부인(여성)-여성 호르몬 및 폐경 관련 질환〉성교할 때에 쾌감을 느끼지 못하는 증상. 성병 따위의 병이 원인이 되기도 하고 악취·죄악감·임신 공포 따위가 원인이 되기도 하는데, 남자보다는 여자에게 더 많다.〈유〉냉감-증(冷感症)「001」, 무쾌감-증(無快感症)「001」, 성교^무욕증(性交無欲症)「001」, 성적^무쾌감증(性的無快感症)「001」〈참〉감각^상실(感覺喪失)「001」, 감각^소실(感覺消失)「001」, 감각^탈실(感覺脫失)「001」¶질이완증은 질염 발생률을 높이고 요실금 증상과 연관될 수 있으며, 불감증과도 이어져 성생활 또는 자신감에 영향을 미칠 수 있다. / 주로 폐경기 여성에게 많이 보이는 불감증은 질 이완과 함께 호르몬 변화, 질 건조, 혈류 감소 등이 원인으로 작용한다.

불면-병(不眠病)[불면뼝]图《의학》〈여성 일반〉〈부인(여성)-정신 건강 및 신경정신과 질환〉밤에 잠을 자지 못하는 증상. 신경증, 우울증, 조현병 따위의 경우에 나타나며 그 외에도 몸의 상태가 나쁘거나 흥분하였을 때에 생긴다.〈유〉불면증¶어느날 갑자기 부엔디아의 집에 맡겨진 먼 친척 아이가 불면병이 걸렸다는 것을 알게 된다.

불면-증(不眠症)[불면쯩]图《의학》〈여성 일반/청소년〉〈부인(여성)-정신 건강 및 신경정신과 질환/청소년-정신 건강 및 신경정신과 질환〉밤에 잠을 자지 못하는 증상. 신경증, 우울증, 조현병 따위의 경우에 나타나며 그 외에도 몸의 상태가 나쁘거나 흥분하였을 때에 생긴다.〈유〉불면병¶불면증 환자. / 불면증에 걸리다. / 불면증으로 고생하다.

불안^신경증(不安神經症)[ ]图구《심리》〈여성 일반〉〈부인(여성)-정신 건강 및 신경정신과 질환〉만성적인 불안감이나 급격한 불안 발작 따위가 주된 증상인 신경증. 심장 박동이나 호흡이 중지될지도 모른다든가 가슴이 답답한 느낌과 같은 신경증적 불안을 수반한다.¶신경쇠약으로 평소에 불안과 우울감이 자주 있던 사람들이 갱년기가 되면 우울증과 불안신경증이 심해지는 경우가 많다.

불안^인격^장애 (不安人格障礙) [ ] **명구** 《의학》〈여성 일반〉〈부인(여성)-정신 건강 및 신경정신과 질환〉불안과 회피 행동이 지배적으로 나타나는 정신 장애. 심장이 심하게 뛰거나 식은땀을 흘리고 실신, 호흡 곤란 따위의 증상을 동반한다.

불안^장애 (不安障礙) [ ] **명구** 《의학》〈여성 일반〉〈부인(여성)-정신 건강 및 신경정신과 질환〉비정상적으로 심한 불안과 걱정이 지속적으로 나타나는 증상. 눈가 떨림, 심장 박동 증가, 가슴 두근거림, 소화 장애, 복통, 얼굴 화끈거림 따위와 같은 신체적 증상도 나타난다. ¶불안 장애의 원인을 제거하고 불안 장애 환자를 신속하게 치료하는 체계를 갖춰야 건강한 사회가 될 수 있다. / 불안 장애의 증상이 나타나면 육체적인 증상에 대해서 더 불안함을 느끼므로 종합적인 검사를 충분히 시행하여 신체 질환이 실제로 없는가를 확인하여야 한다.

불안-증 (不安症) [부란쯩] **명** 《심리》〈여성 일반/청소년〉〈부인(여성)-정신 건강 및 신경정신과 질환/청소년-정신 건강 및 신경정신과 질환〉타당한 이유 없이 저절로 근심스럽고 초조해지고 무섭기까지 한 병적 증상. 일부 신경증, 우울증, 조현병 따위에서 나타난다. ¶에이엠(AM)이나 카세트테이프로 음악을 들려주면 단박 에프엠(FM)이 아니라는 걸 알고 심한 불안증이나 발광 상태에 빠진다.

불임 (不妊/不姙) [부림] **명** 《의학》〈임부 산모〉〈부인(여성)-기타 임신 및 출산 관련 문제〉임신을 하지 못함. 또는 그런 상태. 〈참〉가임(可妊/可姙)「003」(기타), 난임(難妊/難姙)「001」(기타), 피임(避妊/避姙)「002」(기타) ¶불임 치료. 불임 여성.

불임^검사 (不妊檢査) [ ] **명구** 《의학》〈임부 산모〉〈부인(여성)-기타 임신 및 출산 관련 문제〉배란·수정·착상 따위와 같은 일련의 생식 과정에 대한 검사를 통틀어 이르는 말. ¶폐경 후 여자는 불임 검사를 통해 불임의 원인을 파악하고 수습책을 모색하는 것이 중요합니다.

불임-성(不妊性)[부림썽]**명**《의학》〈임부 산모〉〈부인(여성)-기타 임신 및 출산 관련 문제〉임신을 하지 못하는 성질. ¶불임성을 극복하다.

불임^수술(不妊手術)[ ]**명구**《의학》〈임부 산모〉〈부인(여성)-기타 임신 및 출산 관련 문제〉인공적으로 임신하지 않도록 만드는 수술. 남성의 경우는 정관 절제, 여성의 경우는 자궁관을 묶거나 잘라 내는 방법이 있다. ¶여러 연구에서도 불임 수술을 받은 여성들이 더 높은 삶의 만족도를 보고한다는 사실이 알려졌습니다.

불임-술(不妊術)[부림술]**명**《의학》〈임부 산모〉〈부인(여성)-기타 임신 및 출산 관련 문제〉정관 수술, 부분 난관 절제술, 거세 따위에 의하여 수정이나 생식을 하지 못하도록 하는 행위 또는 과정.

불임^약(不妊藥)[ ]**명구**《약학》〈임부 산모〉〈부인(여성)-기타 임신 및 출산 관련 문제〉인위적으로 임신을 막기 위하여 쓰는 약.〈유〉피임-약(避妊藥)「001」(〈유〉) ¶연구 팀은 불임 약 사용 증가와 결혼을 천천히 하고 아이를 늦게 낳는 추세에 의해 이 같은 저체중 아동 출산율이 증가했다고 밝혔다./ 지난 회 방송 말미에서 OOO은 OO대비(大妃)의 분노로 강제로 불임 약까지 먹어야 하는 상황에 처했다.

불임-증(不妊症)[부림쯩]**명**《의학》〈임부 산모〉〈부인(여성)-기타 임신 및 출산 관련 문제〉임신을 못 하는 병적 증상. 결혼하여 정상적인 부부 생활을 하나 삼 년이 지나도록 임신하지 못하는 경우를 이른다. 한 번도 임신되지 않는 원발성 불임증과 임신하였던 여성이 다시 임신하지 못하는 속발성 불임증이 있다.〈유〉생식^불능(生殖不能)「001」(동의어)〈참〉번식^불능증(繁殖不能症)「001」(기타), 불육-증(不育症)「001」(기타) ¶월경 주기에 따라 병변에 국소적인 출혈, 염증 반응이 생겨 결국 섬유화, 유착 등이 발생하고, 이로 인한 통증과 불임증 등이 생깁니다.

불임-하다(不妊하다/不姙하다)[부림하다]**동**《의학》〈임부 산모〉〈부인(여성)-기타 임신 및 출산 관련 문제〉임신을 하지 못하다.

붓다( )[붇:따]⟨동⟩〈기타〉〈통증 일반〉살가죽이나 어떤 기관이 부풀어 오르다. ¶얼굴이 붓다. / 병으로 간이 붓다. / 절제한 부위에 암이 재발할 때 나타나는 증세는 절제한 쪽의 팔이 붓고 통증이 오는 것이다.

브이에스디(VSD)[브이에스디]⟨명⟩《의학》〈영유아〉〈심장 질환〉심실을 좌우로 나누고 있는 사이막의 선천적 결손. 흔히 대동맥 허파 동맥 사이막이 심실 사이의 구멍을 닫지 못해 생긴다.〈유〉심실 사이막 결손, 심실중격 결손(心室中隔缺損

비가역적 요실금(非可逆的尿失禁)[ ][명구]〈노인 일반〉〈노인-신장 및 비뇨기계 질환〉요실금이 치료 불가능한 상태로 발생하는 일.〈유〉영구적 요실금

비감(痺疳/脾疳)[비:감]⟨명⟩《한의》〈소아 아동〉〈위장병〉어린아이에게 생기는 소화 기관 질환.〈유〉식감

비늘-증(비늘症)[비늘쯩]⟨명⟩《의학》〈소아 아동/영유아〉〈피부병〉피부가 건조하여 고기비늘 모양으로 갈라지고 각질 증식이 일어나는 피부병. 유전성 과다 각화증의 하나로 보통 비늘증과 선천 비늘증으로 나눈다.

비대^여드름(肥大여드름)[ ][명구]《의학》〈여성 일반〉〈부인(여성)-피부 및 모발 질환〉나으면서 비대된 흉터를 남기는 여드름.

비대^위염(肥大胃炎)[ ][명구]《의학》〈여성 일반〉〈부인(여성)-소화기 질환〉만성적으로 위장 점막이 증식하여 위장의 벽이 두터워지는, 위염의 한 종류.

비대^유방염(肥大乳房炎)[ ][명구]《의학》〈여성 일반〉〈부인(여성)-유방 질환〉유방샘의 현저한 비대를 동반하는 유방의 만성 염증.

비만(肥滿)[비:만]⟨명⟩〈여성 일반/청소년〉〈부인(여성)-내분비 및 대사 질환/청소년-성장 및 발달 관련 질환〉살이 쪄서 몸이 뚱뚱함. ¶비만 아동. / 비만을 치료하다. / 매년 전 세계에서 비만으로 인해 발생하는 사망자는 280만 명에 달한다.

비만-녀(肥滿女)[비:만녀]⟨명⟩〈여성 일반〉〈부인(여성)-내분비 및 대사 질환〉살이 쪄서 몸이 뚱뚱한 여자. ¶영화에서 비만녀를 다뤄 소외된 이들의 부족

한 1%를 채워 줬다는 호평을 받기도 했다. / 두 번째 이야기에는 고속 도로 한복판에서 무단 횡단을 하는 의족남과 비만녀가 등장한다.

비만-병(肥滿病)[비 : 만뼝]**명**〈여성 일반〉〈부인(여성)-내분비 및 대사 질환〉 지나치게 살이 찌고 몸이 뚱뚱해져서 생기는 병. ¶설탕이 들어간 과자와 사탕 등을 선전하는 수천 개의 광고가 미국 어린이들의 비만병을 확산시키고 있다는 연구 결과를 계기로 어린이들을 상대로 한 광고를 규제해야 한다는 목소리가 높아지고 있다. / 살찐 사람들이 기하급수적으로 늘어나면서 당뇨와 고혈압 같은 비만병도 뒤따라 증가했다.

비만성^지방증(肥滿性脂肪症)[ ]**명구**《의학》〈여성 일반〉〈부인(여성)-내분비 및 대사 질환〉몸 안에 지방이 증가한 상태.〈유〉지방^증가증(脂肪增加症) 「001」(동의어)

비만-증(肥滿症)[비 : 만쯩]**명**《의학》〈여성 일반〉〈부인(여성)-내분비 및 대사 질환〉몸에 지방이 지나치게 많이 축적된 상태.

비만^치료제(肥滿治療劑)[ ]**명구**《약학》〈여성 일반〉〈부인(여성)-내분비 및 대사 질환〉비만 증상을 개선하기 위해 사용하는 약물.〈유〉비만^약(肥滿藥) 「001」(동의어), 살빠-짐^약(살빠-짐藥)「001」(동의어)

비상^피임약(非常避妊藥)[ ]**명구**《약학》〈여성 일반〉〈부인(여성)-부인과(산부인과) 질환〉성관계를 가진 후에 임신을 피하기 위해 먹는 약. 자궁벽을 탈락시켜 난자와 정자가 만나 수정된 수정란이 자궁벽에 착상하지 못하도록 한다.〈유〉사후^피임약(事後避妊藥)「001」(동의어) ¶'○○○'는 전날 밤 '무방비' 상태로 성관계를 한 여성들을 위한 비상 피임약이다.

비알코올성^지방간(非alcohol性脂肪肝)[ ]**명구**《의학》〈여성 일반〉〈부인(여성)-소화기 질환〉알코올 섭취나 간염 없이 나타나는 지방간.

비영비영하다( )[비영비영하다]**형**〈기타〉〈통증 일반〉(사람이) 병으로 몹시 야위어 기운이 없다. ¶비영비영하던 몸이 빠르게 회복되었다.

비-인두(鼻咽頭)[비 : 인두]**명**《의학》〈소아 아동〉〈전염병일반〉코안에서 좌우

의 들숨이 만나는 공간. 오물, 세균이 붙어 염증을 일으키기 쉽다. 〈유〉코인두

비주기성 유방통 (非週期性乳房痛) [ ] **명구** 〈여성 일반〉〈부인(여성)-유방 질환〉 통증이 생리 주기와 관련 없이 나타나며 40대 중반 여성에 호발하는 것으로 알려져 있다. 이 경우 통증은 유방 자체에 질환이 있거나, 유방 가까이 있는 주위 장기(폐, 심장, 식도, 갈비뼈관절, 경추, 피부 등)에 이상이 있을 때 발생할 수 있다. 통증의 특징은 유방의 특정 부위에 국한되어 나타나며 대개 '따갑다, 찌릿 찌릿 쑤신다'고 호소하며 짧으면 몇 분 길게는 며칠간 지속되기도 한다.

비타민 디 결핍증 (vitaminD缺乏症) [ ] **명** 《의학》 〈소아 아동/기타〉〈폐렴〉비타민 디의 부족으로 생기는 증상을 통틀어 이르는 말. 비타민 디는 뼈와 이에 칼슘이 가라앉는 것을 돕는데, 이것이 부족하면 어린이들은 키가 잘 자라지 못하고 팔다리가 휘며 설사증·기관지염·폐렴 따위에 잘 걸리고, 어른들은 뼈가 부러지기 쉽다.

비타민 에이 결핍증 (vitaminA缺乏症) [ ] **명** 《의학》 〈소아 아동〉〈폐렴〉비타민 에이가 모자라 시력이 약하여지는 증상. 결막과 각막에 염증 궤양이 생기기 쉽고, 어린이들은 잘 자라지 못하고 기관지염·폐렴·깔때기염에 걸린다.

비타민^결핍증 (vitamin缺乏症) [ ] **명구** 《의학》 〈청소년〉〈청소년-기타 질환 및 건강 문제〉비타민을 충분히 섭취하지 못하여 일어나는 모든 질병을 통틀어 이르는 말. 야맹증, 각기, 괴혈병, 구루병 따위가 있다. 〈유〉저비타민증

비통1 (鼻痛) [비ː통] **명** 《한의》 〈기타〉〈통증 일반〉감기 때문에 코가 막히고 아픈 병.

비통2 (臂痛) [비ː통] **명** 《한의》 〈기타〉〈통증 일반〉팔이 저리거나 아픈 증상.

비통하다 (悲痛하다) [비ː통하다] **형** 〈기타〉〈통증 일반〉몹시 슬퍼서 마음이 아프다. ¶비통한 심정. / 비통한 얼굴. / 아버지는 비통한 목소리로 할머니의 운명을 사람들에게 알렸다.

비형 간염 (B型肝炎) [ ] **명구** 《의학》 〈영유아/소아 아동/성인 일반〉〈간 질환〉에

이치비 바이러스의 감염에 의한 간염. 성인은 성교나 수혈을 통해서 감염되고 일과성 감염의 경과를 거치지만, 신생아나 소아는 지속적으로 감염되는 일이 많다. 〈유〉수혈 간염, 혈청 간염 ¶B형 간염은 B형 간염 바이러스에 인체의 간이 감염되어 발생하는 질병입니다. / 사실 예전 건강 검진에서도 비형간염 항체가 없다고 나왔었는데, 그냥 그냥 세월이 훌쩍 지나버렸네요.

비형^헤모필루스^인플루엔자 (B型haemophilus influenza) [ ] 명구 《보건 일반》〈영유아〉〈감기-몸살, 세기관지염〉1세 이하의 영아나 백신을 맞지 않은 5세 이하 어린이에게 뇌 수막염과 폐렴, 세균 혈증, 화농성 관절염, 후두개염 따위를 일으키는 그람 음성균.

비형^헤모필루스^인플루엔자^백신 (b型haemophilus influenza vaccine) [ ] 명구 《약학》〈영유아〉〈감기-몸살, 세기관지염〉비형 헤모필루스 인플루엔자에 대한 백신. 이 백신을 주사하면 1~5세 사이의 유병률이 현저히 낮아진다.

비활성화^백신 (非活性化vaccine) [ ] 명구 《약학》〈기타 공통〉〈일본 뇌염〉가열하거나 포르말린 따위로 약품 처리 하여 면역 능력은 없어지지 않게 하면서, 병을 일으키는 독소는 없앤 백신. 일본 뇌염, 소아마비 따위의 백신이 이에 속한다. 〈유〉사멸 백신(死滅vaccine) ¶생백신(활성화 백신)을 맞으셨는지, 사백신(비활성화 백신)을 맞으셨는지 모르겠네요.

비후성^위염 (肥厚性胃炎) [ ] 명구 《의학》〈여성 일반〉〈부인(여성)-소화기 질환〉위 점막에 있는 많은 주름들이 비정상적으로 굵어지는 흔하지 않은 위염.

빈뇨 (頻尿) [빈뇨] 명 《의학》〈노인 일반〉〈노인-암(종양) 관련 질환〉하루의 배뇨량에는 거의 변화가 없으나, 배뇨 횟수가 많아지는 증상. 하루에 소변을 10회 또는 그 이상 보며, 방광이나 요도 뒷부분의 염증, 당뇨병, 콩팥 굳음증 따위가 원인이다. ¶전립선암은 초기에는 증상이 없으나 어느 정도 진행되면 각종 배뇨 문제(야뇨, 빈뇨, 주저뇨) 등이 발생한다.

빈^둥지^증후군(빈둥지症候群)[ ]명구《심리》〈여성 일반〉〈부인(여성)-정신
건강 및 신경정신과 질환〉자녀들이 성장하여 독립하여 집을 떠나면서 부모
가 공허감, 정체성 회의, 우울감 등을 갖게 되는 심리적 현상. 마치 새끼들
이 떠나고 텅 빈 둥지에 남겨진 어미 새처럼, 자녀들이 없는 빈집에서 느껴
지는 허전함과 외로움, 이후의 삶에 대한 불안감 등이 복합적으로 작용하여
정신적 위기에 빠지는 증상을 말한다.〈유〉공소^증후군(空巢症候群)「001」
(동의어), 빈^둥우리^증후군(빈둥우리症候群)「001」(〈유〉)¶중년기 이전부
터 부부 관계 회복을 위한 예비 교육에 참여해 중년기에 겪는 빈 둥지 증후
군을 극복해야 한다. / 자녀들이 결혼하여 집을 떠나면서 빈 둥지 증후군이
나타나기도 한다. / 자녀들이 독립해 가정을 떠나는 순간, 빈 둥지 증후군으
로 인해 슬픔과 공허함을 느끼는 부모들이 많다. / 조 과장은 최근 자녀들을
다 키우고 빈 둥지 증후군에 빠졌다고 털어놓았다.

빈발^월경(頻發月經)[ ]명구《의학》〈여성 일반〉〈부인(여성)-부인과(산부인
과) 질환〉보통 월경 주기보다 빨라 빈도가 자주 돌아오는 월경. 비정상적이
며 대개 주기가 21일 이내이다.〈유〉다발^월경(多發月經)「001」(동의어), 잦
은^월경(잦은月經)「001」(동의어)¶조기 폐경인지는 혈액 검사를 통해 확인
이 가능합니다만, 조기폐경이 아니어도 빈발 월경은 나타날 수 있다.

빈속 통증(빈속痛症)[ ]명구《의학》〈기타〉〈통증 일반〉배 속이 비었을 때 배의
윗부분, 특히 유문 부위에 느껴지는 통증. 식후 3~6시간이 지나서 오며 샘
창자 궤양, 위염, 쓸개염 따위가 생겼을 때 많이 나타나는 증상이다.

빈창자의^크론병(빈창자의Crohn病)[ ]명구《의학》〈여성 일반〉〈부인(여성)-감
각 기관(면역 및 자가 면역)〉크론병이 빈창자를 침범하여 일어나는 원인 미
상의 만성 장염. 장벽 전체에 염증이 있고 장벽이 두꺼워지며, 장의 폐쇄나
궤양, 천공이 관찰될 수 있다.〈유〉국한성^창자염(局限性창자炎)「001」(동의
어), 빈창자^크론병(빈창자Crohn病)「001」(동의어)

빈창자^크론병(빈창자crohn病)[ ]명구《의학》〈여성 일반〉〈부인(여성)-감각

기관(면역 및 자가 면역)〉크론병이 빈창자를 침범하여 일어나는 원인 미상의 만성 장염. 장벽 전체에 염증이 있고 장벽이 두꺼워지며, 장의 폐쇄나 궤양, 천공이 관찰될 수 있다.〈유〉국한성^창자염(局限性창자炎)「001」(동의어), 빈창자의^크론병(빈창자의Crohn病)「001」(동의어)

빈혈(貧血)[빈혈]**명**《의학》〈청소년〉〈청소년-기타 질환 및 건강 문제〉혈액 속의 적혈구 또는 헤모글로빈이 정상값 이하로 감소한 상태. 철분이나 비타민의 결핍·조혈 기관의 질환·실혈(失血)과 같은 여러 가지 원인으로 일어나며, 안색이 나빠지고 두통·귀울림·현기증·두근거림·권태 따위의 증상을 보인다.

빠개지다( )[빠개지다]**동**〈기타〉〈통증 일반〉(작고 단단한 물건이) 두 쪽으로 갈라지다.〈참〉뻐개지다 ¶머리가 빠개질 것처럼 아프다.

빠근하다( )[빠근하다]**형**〈기타〉〈통증 일반〉(사람이나 몸, 근육 따위가) 몹시 피로하여 몸을 놀리기가 조금 거북하고 무지근하다.〈참〉뻐근하다 ¶몸이 빠근하여 오늘은 좀 일찍 들어갈게요. / 잠을 제대로 못 자서 목이 빠근하다.

빡작지근하다( )[빡짝찌근하다]**형**〈기타〉〈통증 일반〉몸의 한 부분이 빠근하게 아픈 느낌이 있다.〈참〉뻑적지근하다 ¶가슴이 빡작지근하다. / 온몸이 빡작지근하다. / 감기가 걸렸는지 목구멍이 빡작지근하게 아프다.

뻐개지다( )[뻐개지다]**동**〈기타〉〈통증 일반〉(단단한 물건이) 두 쪽으로 갈라지다.〈참〉빠개지다 ¶사람들은 모두 말이 없었고 나는 너무나 벅찬 감동으로 해서 가슴이 뻐개지는 것 같았다. / 저 은가락지 낀 손으로 백년가약주잔을 들어 줄 때 장덕순의 가슴이 뻐개지지 않겠는가.

뻐근하다( )[뻐근하다]**형**〈기타〉〈통증 일반〉(몸이) 피로나 몸살 따위로 근육이 뭉치거나 결려서 움직이기에 둔하다.〈참〉빠근하다 ¶너무 많이 걸은 탓인지 다리가 뻐근하다. / 종일 논에서 김을 매어 허리가 뻐근하다.

뻑적지근하다( )[뻑쩍찌근하다]**형**〈기타〉〈통증 일반〉(몸이) 조금 뻐근하고 거북한 느낌이 있다. 〈유〉뻑지근하다 〈참〉빠작지근하다 ¶온몸이 뻑적지근하다. / 오랫동안 컴퓨터를 했더니 어깨가 뻑적지근했다.

뼛골(이) 아프다 ( )[ ] 형구 〈기타〉〈통증 일반〉(사람이) 뼛속까지 아플 정도로 고통스럽다 ¶뼛골이 아프도록 고생하여 자식들을 길러 놓았더니, 저 혼자 큰 줄 안다.

뽀개지다 ( )[뽀개지다] 동 〈기타〉〈통증 일반〉'빠개지다'의 전라 방언.

한국어 질병 표현 어휘 사전 IV

ㅅ

사람 면역 결핍 바이러스 (사람免疫缺乏virus)[ ] 명구《보건 일반》〈노인 일반〉〈노인-기타〉에이즈를 발생시키는 바이러스. 티(T) 면역 세포를 공격하여 인체의 면역력이 결핍되게 만든다.〈유〉에이치아이브이(HIV), 인간 면역 결핍 바이러스, 인체 면역 결핍 바이러스

사물거리다 ( )[사물거리다] 동〈기타〉〈통증 일반〉(몸이나 몸의 일부가) 살갗에 작은 벌레 따위가 기어가는 것처럼 간질간질하다.〈유〉사물대다, 사물사물하다 〈참〉스멀거리다 ¶시냇물에 발을 담그고 있으니 발목이 사물거리는 것을 느낄 수 있었다.

사물대다 ( )[사물사물하다] 동〈기타〉〈통증 일반〉(몸이나 몸의 일부가) 살갗에 작은 벌레 따위가 기어가는 것처럼 간질간질하다.〈유〉사물거리다, 사물사물하다 〈참〉스멀대다 ¶명수는 사물대는 냇물을 철벅철벅 밟으며 마음을 달랬다.

사물사물하다 ( )[사물사물하다] 동〈기타〉〈통증 일반〉(몸이나 몸의 일부가) 살갗에 작은 벌레 따위가 기어가는 것처럼 간질간질하다.〈유〉사물거리다, 사물대다 ¶그 아이와 부딪치는 순간 어깨가 사물사물하는 느낌이 났다.

사산 (死産)[사:산] 명《의학》〈임부 산모〉〈부인(여성)-기타 임신 및 출산 관련 문제〉임신한 지 4개월 이상 지난 후 이미 죽은 태아를 분만하는 일.〈참〉유산(流産)「004」(기타) ¶시암2리 이태성 이장은 사람 피해뿐만 아니라 키우고 있는 가축이 유산(遺産)이나 사산(死産)되는 등 대남 확성기 피해로 인한 가축 피해도 발생하고 있다고 하소연했다.

사이^뜬^과다^월경 (사이뜬過多月經)[ ] 명구《의학》〈여성 일반〉〈부인(여성)-부인과(산부인과) 질환〉월경의 양이 많고, 월경이 35일에서 6개월에 한 번 정도로 정상보다 드물게 일어나는 증상.〈유〉희발^과다^월경증(稀發過多月經症)「001」(동의어)

사이질 형질 세포 폐렴 (interstitial plasma cell pneumonia)[ ] 명구《의학》〈영유아〉〈폐렴〉유아 또는 면역 체계가 손상된 사람에게서 발생하는 폐렴.〈유〉

폐포자충중

사이질성^유방염 (사이質性乳房炎) [ ] 〔**명구**〕《의학》〈여성 일반〉〈부인(여성)-유방 질환〉유방의 결체 조직에 발생하는 염증.

사이질^위염 (사이質胃炎) [ ] 〔**명구**〕《의학》〈여성 일반〉〈부인(여성)-소화기 질환〉점막밑 조직과 근육 막에 침투하는 위염의 한 종류. 〈유〉간질^위염(間質胃炎)

사이질^유방염 (사이質乳房炎) [ ] 〔**명구**〕《의학》〈여성 일반〉〈부인(여성)-유방 질환〉유선 결합 조직의 염증.

사이질^임신 (사이質妊娠) [ ] 〔**명구**〕《의학》〈임부 산모〉〈부인(여성)-임신과 관련된 질환〉자궁벽 내의 난관부에 형성된 자궁 외 임신.

사이토메갈로-바이러스 (cytomegalovirus) [사이토메갈로바이러스] 〔**명**〕《생명》〈영유아〉〈전염병일반〉사람, 원숭이, 설치 동물을 감염시키며 핵내 봉입체를 가진 독특한 거대 세포를 생성하는 디엔에이(DNA) 바이러스. 영유아에게 감염되면 치명적일 수 있다. 〈유〉거대 세포 바이러스

사이토메갈로바이러스^망막염 (cytomegalovirus網膜炎) [ ] 〔**명구**〕《의학》〈영유아〉〈전염병일반〉사이토메갈로바이러스 감염에 의한 망막 염증. 사이토메갈로바이러스는 인체 감염을 빈번히 유발하며 선천성 기형의 가장 흔한 원인 바이러스이다.

사전^피임약 (事前避妊藥) [ ] 〔**명구**〕《약학》〈여성 일반〉〈부인(여성)-부인과(산부인과) 질환〉성관계를 가지기 전에 임신을 피하기 위해 먹는 약. 경구 피임약이 이에 속한다. ¶그러나 전문가들은 ○○○이 사전 피임약처럼 일반 의약품으로 전환될 경우 수요가 급증할 것으로 보고 있다. / 학회 측에 따르면 평균적으로 우리나라 여성의 사전 피임약의 복용률(2010년 기준)은 2.8%인데 반해 응급 피임약의 복용률은 2배인 약 5.6%에 달한다.

사지통 (四肢痛) [사:지통] 〔**명**〕《한의》〈기타〉〈통증 일반〉팔다리가 쑤시고 아픈 병. ¶성장통이란 성장기에 있는 아이가 원인 불명의 사지통을 호소할 때 흔

히 사용하는 용어다.

사춘기^불임 (思春期不妊)[ ] 명구《생명》〈임부 산모〉〈부인(여성)-기타 임신 및 출산 관련 문제〉초경 이후 다년간 임신하기 어려운 상태. 고등 영장류의 암 컷에서 볼 수 있으며, 사람의 경우도 확인되었다. ¶사춘기 불임은 교미 가 능기간을 연장시키는, 이적 개체로는 유리한 생리 조건이다.

사회적^적응^장애 (社會的適應障礙)[ ] 명구《의학》〈여성 일반〉〈부인(여성)-정 신 건강 및 신경정신과 질환〉명백한 정신 장애가 없이, 사회적 환경에 잘 적 응하지 못하는 상태.

사후^피임약 (事後避妊藥)[ ] 명구《약학》〈여성 일반〉〈부인(여성)-부인과(산부 인과) 질환〉성관계를 가진 후에 임신을 피하기 위해 먹는 약. 자궁벽을 탈 락시켜 난자와 정자가 만나 수정된 수정란이 자궁벽에 착상하지 못하도록 한다.〈유〉비상^피임약(非常避妊藥)「001」(동의어) ¶제약 회사가 수입을 추 진하고 있는 사후 피임약이 조기 낙태와 성 문란 풍조를 조장할 우려가 있 어 논란이 일 조짐이다. / 보통 사후 피임약을 복용해도 약 20~30%는 임신 이 되므로 약 복용 후 2주 후에는 임신 테스트를 꼭 해 보길 권장합니다./ 해 마다 처방이 큰 폭으로 늘어나고 있는 사후 피임약을 일반 의약품으로 전환 해 달라는 목소리가 커지고 있다.

산욕기^유방염 (産褥期乳房炎)[ ] 명구《의학》〈여성 일반〉〈부인(여성)-유방 질 환〉산욕기 후반에 나타나는 화농성 유방염.〈유〉산후기^유방염(産後期乳 房炎)「001」(동의어)

산욕기^정신병 (産褥期精神病)[ ] 명구《의학》〈여성 일반〉〈부인(여성)-정신 건 강 및 신경정신과 질환〉임신 중 또는 분만 후에 일어나는 정신병적 상 태.〈유〉산후^정신병

산육-하다 (産育하다)[사:뉴카다] 동 〈여성 일반〉〈부인(여성)-부인과(산부인 과) 질환〉아이를 낳아서 기르다. ¶자녀를 산육하다.

산적 (疝癪)[산:적] 명《한의》〈기타〉〈통증 일반〉가슴이나 배가 쑤시고 아픈 병.

산통1(疝痛)[산통][명]《의학》〈기타〉〈통증 일반〉'급경련통'의 전 용어. 위·장·방광·자궁 등의 복부의 강(腔)을 갖는 장기나, 담도·신우(腎盂)·요관 등 관상(管狀)을 이루는 장기의 벽으로 되어있는 평활관(平滑管)의 경련때문에 수분에서 수 시간의 간격을 두고 주기적으로 반복하는 복통. 통증의 강도는 심하고 당기는 듯하고 찌르는 듯한 통증과 작열감(灼熱減)이다. 통증은 대체로 그의 장기의 위치에 일치하지만 일정한 방향으로 방사(放散)하는 일도 있다. ¶자극성 완하제는 산통을 유발하므로 사용에 주의를 요한다. / 모든 장의 연동 운동 항진제는 복부 산통과 심한 설사를 일으킬 수 있다.

산통2(産痛)[산:통][명]《의학》〈기타〉〈통증 일반〉해산할 때에, 짧은 간격을 두고 주기적으로 반복되는 배의 통증. 분만을 위하여 자궁이 불수의적(不隨意的)으로 수축함으로써 일어난다. 〈유〉진통(陣痛) ¶그녀가 태어나던 날, 아버지는 어머니의 산통 후 지친 모습에서 지치지 않는 그리움을 보았다.

산후 심장 근육 병증(産後心臟筋肉病症)[ ][명구]《의학》〈임부 산모〉〈심장 질환〉아이를 낳은 뒤 이레부터 석 달이 지나 울혈성 심장 기능 상실을 일으키는, 원인을 알 수 없는 심장 근육의 질병. 좌심 기능 부족 증상을 나타내며 며칠 안에 중증 심장 기능 상실로 될 수 있다.

산후 진통(産後陣痛)[ ][명구]《의학》〈임부 산모/기타〉〈부인(여성)-출산 및 산후 관련 질환/통증 일반〉아이를 낳은 이후의 자궁 수축에 의한 진통. 시간이 갈수록 점차 없어진다. 〈유〉산후-통(産後痛)

산후경풍(産後痙風)[산:후경풍][명]《한의》〈임부 산모〉〈부인(여성)-출산 및 산후 관련 질환〉해산한 후에 온몸에 경련이 일어나는 병. 등이 뻣뻣하여지며 뒤로 젖혀지고 숨을 쉬는 게 금방이라도 끊어질 것 같으며, 발작이 자주 일어난다.

산후기^감염(産後期感染)[ ][명구]《의학》〈임부 산모〉〈부인(여성)-출산 및 산후 관련 질환〉분만 후에 산도의 상처를 통하여 산모에게 감염이 일어나 고열이 발생하는 상태. 임상적으로 분만 직후 24시간을 제외하고 산후 10일 동안 1일 4회 이상 체온을 측정하여, 그 가운데 2일간 계속하여 38도를 넘을 경우로 정의한다.

산후기-열(産後期熱)[산:후기열][명]《의학》〈임부 산모〉〈부인(여성)-출산 및 산후 관련 질환〉분만 24시간 후 또는 산후 10일 이내에 산후 패혈증으로 발생하는 열.

산후기^유방염(産後期乳房炎)[ ][명구]《의학》〈임부 산모〉〈부인(여성)-출산 및 산후 관련 질환〉산욕기 후반에 나타나는 화농성 유방염.〈유〉산욕기^유방염(産褥期乳房炎)「001」(동의어) ¶이상 증상이 있다면 산후기 유방염의 가능성이 있으므로 의사의 지도를 받아야 한다.

산후기^자간(産後期子癎)[ ][명구]《의학》〈임부 산모〉〈부인(여성)-출산 및 산후 관련 질환〉아이를 낳은 직후에 나타나는 간질.

산후기^정신병(産後期精神病)[ ][명구]《의학》〈여성 일반〉〈부인(여성)-정신 건강 및 신경정신과 질환〉아이를 출산한 후 산모에게 나타나는 우울증 따위의 정신 장애. 출산 충격, 육체적 변화 및 호르몬 변화 따위가 원인이다.

산후^뇌하수체^괴사(産後腦下垂體壞死)[ ][명구]《의학》〈임부 산모〉〈부인(여성)-출산 및 산후 관련 질환〉분만하는 동안 심한 출혈로 저혈압이 생겨 그로 인한 허혈 때문에 생기는 뇌하수체의 괴사. 쉬한 증후군 증상이 나타난다.

산후-더침(産後더침)[산:후더침][명]〈임부 산모〉〈부인(여성)-출산 및 산후 관련 질환〉아이를 낳은 뒤에 조리를 제대로 하지 못하여 생기는 여러 가지 병.〈유〉산후-별증(産後別症)「001」(동의어), 산후-병(産後病)「001」(동의어), 산후-증(産後症)「001」(동의어), 후-더침(後더침)「001」(동의어) ¶정 첨지의 마누라가 노산으로 해산하고 산후더침으로 죽은 까닭에 홀로되어….

산후^무월경(産後無月經)[ ][명구]《의학》〈임부 산모〉〈부인(여성)-출산 및 산후 관련 질환〉출산 후에 발생하는 영구적 무월경.

산후-발(産後發)[산:후발][명]《의학》〈임부 산모〉〈부인(여성)-출산 및 산후

人

관련 질환〉아이를 낳은 뒤에 한기(寒氣)가 들어 떨고 식은땀을 흘리며 앓는
병. 〈유〉사내-바람「001」(동의어), 산후-바람(産後바람)「001」(동의어), 산후-
이슬(産後이슬)「001」(동의어), 산후-풍(産後風)「001」(동의어), 산후^발한(産
後發寒)「001」(동의어) ¶이모는 곧잘, 전아의 어머니가 병신이 된 것은 산후
발보다도 시어머니와 큰시누이 등쌀 때문일 것이라고 비치곤 하였다.

산후^발한(産後發寒)[ ]圄구《의학》〈임부 산모〉〈부인(여성)-출산 및 산후 관
련 질환〉아이를 낳은 뒤에 한기(寒氣)가 들어 떨고 식은땀을 흘리며 앓는
병. 〈유〉사내-바람「001」(동의어), 산후-바람(産後바람)「001」(동의어), 산후-
발(産後發)「001」(동의어), 산후-이슬(産後이슬)「001」(동의어), 산후-풍(産後
風)「001」(동의어) ¶산후 발한은 시간이 지나면 자연스럽게 좋아지지만 너
무 심하거나 불편함이 크다면 전문가의 도움을 받는 것도 좋은 방법이에요.

산후-별증(産後別症)[산:후별쯩]圄〈임부 산모〉〈부인(여성)-출산 및 산후 관
련 질환〉아이를 낳은 뒤에 조리를 제대로 하지 못하여 생기는 여러 가지
병. 〈유〉산후-더침(産後더침)「001」(동의어), 산후-병(産後病)「001」(동의어),
산후-증(産後症)「001」(동의어), 후-더침(後더침)「001」(동의어) ¶그해에 아
내는 산후별증이 생긴 데다가 잘 먹지도 못하기 때문에 그만 간난이와 함께
죽어 버렸다.

산후-병(産後病)[산:후뼝]圄〈임부 산모〉〈부인(여성)-출산 및 산후 관련 질
환〉아이를 낳은 뒤에 조리를 제대로 하지 못하여 생기는 여러 가지 병. 〈유〉
산후-더침(産後더침)「001」(동의어), 산후-별증(産後別症)「001」(동의어), 산
후-증(産後症)「001」(동의어), 후-더침(後더침)「001」(동의어) ¶산후병의 증
상을 완화하기 위해 충분한 휴식과 균형 잡힌 식사가 필요하다.

산후^복통(産後腹痛)[ ]圄구《의학》〈임부 산모〉〈부인(여성)-출산 및 산후 관
련 질환〉아이를 낳은 후, 복부에 일어나는 모든 통증을 이르는 말. ¶몰약은
통경(通經)진통제로서 여성의 생리통, 무월경, 산후 복통을 치료한다.

산후삼급(産後三急)[산:후삼급]圄《한의》〈임부 산모〉〈부인(여성)-출산 및

산후 관련 질환〉해산한 후에 올 수 있는 구토, 식은땀, 설사를 통틀어 이르
는 말. 이 세 가지 증상이 함께 나타나면 매우 위급하므로 삼급(三急)이라
한다. ¶한의학에서는 산후에 나타나는 여러 증상 중에서도 구토, 도한, 설
사를 '산후삼급(産後三急)'이라 하여 가장 위급한 증상으로 보고 있다.

산후삼병 (産後三病)[산:후삼병]**명**《한의》〈임부 산모〉〈부인 (여성)-출산 및
산후 관련 질환〉출산을 하면서 피와 땀을 많이 흘려 출산한 뒤에 걸리기 쉬
운 세 가지 병. 경련·현기증·대변 곤란을 이른다. ¶산후 변비에 대해 한의
학은 예로부터 산후삼병(産後三病) 중 하나로 지정하여 해당 증상을 치료해
왔다.

산후^신경증 (産後神經症)[ ]**명구**《의학》〈여성 일반〉〈부인 (여성)-정신 건강 및
신경정신과 질환〉산후에 일시적으로 기질성 뇌 증후군과 비슷한 증상을 보
이는 정신증. 산후 수일에서 2~3주 내에 발병하며, 심한 경우 자살이나 영
아 살해의 위험성이 높다. 유병률은 0.1~0.2% 정도이며, 특히 초산이거나
정신 장애의 가족력이나 과거력 따위가 있는 경우에 더 높다.〈유〉분만^후^
신경증

산후^심근증 (産後心筋症)[ ]**명구**《의학》〈임부 산모〉〈부인 (여성)-출산 및 산후
관련 질환〉'산후 심장 근육 병증'의 전 용어. ¶드물게 출산 전후에 원인 미
상의 심부전이 발생하는 산후 심근증도 있다.

산후^심장^근육^병증 (産後心臟筋肉病症)[ ]**명구**《의학》〈임부 산모〉〈부인 (여
성)-출산 및 산후 관련 질환〉아이를 낳은 뒤 이레부터 석 달이 지나 울혈성
심장 기능 상실을 일으키는, 원인을 알 수 없는 심장 근육의 질병. 좌심 기
능 부족 증상을 나타내며 며칠 안에 중증 심장 기능 상실로 될 수 있다.

산후-열 (産後熱)[산:후열]**명**《의학》〈임부 산모〉〈부인 (여성)-출산 및 산후
관련 질환〉분만할 때에 생긴 생식기 속의 상처에 연쇄상 구균 따위가 침입
하여 생기는 병. 산후 10일 내에 발병하여 보통 38℃ 이상의 고열이 2일 이
상 계속된다.〈유〉산욕-열(産褥熱)「001」(동의어) ¶수술 후 아내는 산후열이

한 차례 오는 등 회복 상태를 알리려 했지만, 남편은 그녀의 문자 메시지에
답장을 하지 않았다.

산후^오로^이상(産後惡露異常)[ ] **명구**《의학》〈임부 산모〉〈부인(여성)-출산
및 산후 관련 질환〉출산 후 10일이 지나도 검붉은 오로가 계속 나오거나 출
혈량이 많은 현상. 늘어났던 자궁이 산후에 원래대로 돌아오면서 안에 고인
피와 난막 찌꺼기가 밖으로 나오게 되는데, 이런 분비물이 비정상적으로 많
이 분비되는 것을 이른다.〈유〉산후^질^분비물^이상(産後膣分泌物異常)
「001」(동의어)

산후^우울(産後憂鬱)[ ] **명구**《의학》〈여성 일반〉〈부인(여성)-정신 건강 및 신
경정신과 질환〉산후 3~6일 이내에 흔히 일어날 수 있는 비교적 가볍고 일
시적인 우울 증상. 2주 이내의 기간 동안 쉽게 슬퍼하며 눈물을 흘리는 양
상을 보이며, 여성의 85%가 경험한다.〈유〉분만^후^우울^기분, 산후^우울
^기분

산후^우울^기분(産後憂鬱氣分)[ ] **명구**《의학》〈여성 일반〉〈부인(여성)-정신
건강 및 신경정신과 질환〉산후 3~6일 이내에 흔히 일어날 수 있는 비교적
가볍고 일시적인 우울 증상. 2주 이내의 기간 동안 쉽게 슬퍼하며 눈물을
흘리는 양상을 보이며, 여성의 85%가 경험한다.〈유〉분만^후^우울^기분,
분만^후^우울^기분, 산후^우울

산후^우울증(産後憂鬱症)[ ] **명구**《의학》〈여성 일반〉〈부인(여성)-정신 건강 및
신경정신과 질환〉산후에 생기는 우울 증상. 슬프고 침울한 기분, 식욕 상실
과 체중 감소, 불면과 악몽, 무기력과 피로, 두통이 자주 보인다. 산후 첫 주에
시작되어 2주 이내에 대부분 정상으로 돌아오지만, 드물게는 몇 달 동안 지
속되기도 한다.〈유〉분만^후^우울증, 산후^울증 ¶산후 우울증을 치료하기
위해서는 사람들을 자주 만나며 어머니로서의 긍정적인 사고, 주변 사람들
의 배려와 관심이 필요하다. / 가을이나 겨울에 출산을 한 여성이 봄에 출산
한 여성에 비해 산후 우울증을 겪게 될 가능성이 높다는 연구 결과가 나왔다.

산후^울증(産後鬱症)[ ] **명구**《의학》〈여성 일반〉〈부인(여성)-정신 건강 및 신경정신과 질환〉산후에 생기는 우울 증상. 슬프고 침울한 기분, 식욕 상실과 체중 감소, 불면과 악몽, 무기력과 피로, 두통이 자주 보인다. 산후 첫 주에 시작되어 2주 이내에 대부분 정상으로 돌아오지만, 드물게는 몇 달 동안 지속되기도 한다.〈유〉분만^후^우울증, 산후^우울증 ¶전문가들은 출산한 여성들의 약 10~20%가 이같은 산후 울증을 겪고 있는 것으로 추산하고 있습니다. / 예전에 우울증으로 치료를 받으셨다 하셨는데, 우울증 치료의 과거력이 있으면 산후 울증이 발생할 확률이 24퍼센트 높아집니다.

산후^유방염(産後乳房炎)[ ] **명구**《의학》〈임부 산모〉〈부인(여성)-출산 및 산후 관련 질환〉산후기의 후반에 일어나고 대개 고름이 생기는 유방염. ¶모유 수유를 하는 여성들의 경우, 이를 수유성 유방염 또는 산후 유방염이라고 부르며 모유가 유방 안에서 정체되어 세균 감염을 일으킬 가능성이 있다.

산후-이슬(産後이슬)[산:후이슬] **명**《의학》〈임부 산모〉〈부인(여성)-출산 및 산후 관련 질환〉아이를 낳은 뒤에 한기(寒氣)가 들어 떨고 식은땀을 흘리며 앓는 병.〈유〉사내-바람「001」(동의어), 산후-바람(産後바람)「001」(동의어), 산후-발(産後發)「001」(동의어), 산후-풍(産後風)「001」(동의어), 산후^발한(産後發寒)「001」(동의어)

산후^정신병(産後精神病)[ ] **명구**《의학》〈여성 일반〉〈부인(여성)-정신 건강 및 신경정신과 질환〉임신 중 또는 분만 후에 일어나는 정신병적 상태.〈유〉산욕기^정신병 ¶또 산후 우울증은 산후 정신병으로 악화될 수 있어 산욕기 때부터 체계적인 관리가 필요한 것으로 나타났다.

산후-증(産後症)[산:후쯩] **명**〈임부 산모〉〈부인(여성)-출산 및 산후 관련 질환〉아이를 낳은 뒤에 조리를 제대로 하지 못하여 생기는 여러 가지 병.〈유〉산후-더침(産後더침)「001」(동의어), 산후-별증(産後別症)「001」(동의어), 산후-병(産後病)「001」(동의어), 후-더침(後더침)「001」(동의어) ¶임신기와 산후에 몸조리를 잘해서 산후증을 미리 막아야 한다.

산후^진통(産後陣痛)[ ]〔**명구**〕《의학》〈임부 산모〉〈부인(여성)-출산 및 산후 관련 질환〉아이를 낳은 이후의 자궁 수축에 의한 진통. 시간이 갈수록 점차 없어진다.〈유〉산후-통(産後痛)「001」(〈유〉)

산후^질^분비물(産後膣分泌物)[ ]〔**명구**〕《의학》〈임부 산모〉〈부인(여성)-출산 및 산후 관련 질환〉해산 후 음문(陰門)에서 흐르는 액체. 주로 혈액, 점액 및 자궁 속막 조직 따위가 섞여 나오는데 일반적으로 3주일 정도면 깨끗해진다.〈유〉오로(惡露)「008」(동의어), 이슬「006」(동의어) ¶출산 직후 출혈은 병원에서 신속히 처치하는 편이지만 이후에는 출혈이 있더라도 오로(산후 질 분비물)와 구분하기 어려워 치료 적기를 놓치기 쉬우므로 각별히 유의해야 한다.

산후^질^분비물^과다(産後膣分泌物過多)[ ]〔**명구**〕《의학》〈임부 산모〉〈부인(여성)-출산 및 산후 관련 질환〉분만 후 오로가 비정상적으로 대량 배출되는 상태.

산후^질^분비물^이상(産後膣分泌物異常)[ ]〔**명구**〕《의학》〈임부 산모〉〈부인(여성)-출산 및 산후 관련 질환〉출산 후 10일이 지나도 검붉은 오로가 계속 나오거나 출혈량이 많은 현상. 늘어났던 자궁이 산후에 원래대로 돌아오면서 안에 고인 피와 난막 찌꺼기가 밖으로 나오게 되는데, 이런 분비물이 비정상적으로 많이 분비되는 것을 이른다.〈유〉산후^오로^이상(産後惡露異常)「001」(동의어)

산후^질^분비물^자궁(産後膣分泌物子宮)[ ]〔**명구**〕《의학》〈임부 산모〉〈부인(여성)-출산 및 산후 관련 질환〉자궁 내에 산후 분비물이 잔존하는 상태.

산후^질^분비물^자궁염(産後膣分泌物子宮炎)[ ]〔**명구**〕《의학》〈임부 산모〉〈부인(여성)-출산 및 산후 관련 질환〉출산 후에 자궁에 생기는 자궁근염.

산후^출혈(産後出血)[ ]〔**명구**〕《의학》〈임부 산모〉〈부인(여성)-출산 및 산후 관련 질환〉아이를 낳은 뒤에 자궁에 발생하는 이상 출혈. 태반 박리 때나 자궁의 수축이 나쁜 경우에 일어난다. ¶이전에는 산후 출혈이 발생하면 응급

자궁적출술을 시행했지만, 이제는 영상의학과와의 24시간 협진이 가능해
져 자궁동맥 색전술을 통해 자궁을 보존하며 산후 출혈을 치료할 수 있게
된 것이다.

산후탈(産後탈)[산:후탈]**명**〈임부 산모〉〈부인(여성)-출산 및 산후 관련 질환〉
'산후더침'의 북한어. ¶병에 걸린 아버지가 세상을 하직했고 그에 연이어
아버지를 모시고 혼자 살다시피 했던 젊은 안해도 산후탈로 숨이 지고 자기
의 피를 받은 갓난아이도 죽고 말았다는 소식을 받았다.

산후^탈모(産後脫毛)[ ]**명구**《의학》〈임부 산모〉〈부인(여성)-출산 및 산후 관
련 질환〉출산 후에 생기는 탈모. 주로 출산으로 인한 스트레스, 영양 결핍,
내분비 질환 따위에 의하여 일시적으로 발생한다. ¶실제로 본원에서 치료
받는 여성 환자 가운데 산후 탈모가 영구적인 탈모 현상으로 이어진 분들이
적지 않음을 볼 수 있다. / 산후 탈모를 예방하기 위해서는 올바른 생활 수
칙을 지키는 것도 중요하다.

산후-통(産後痛)[산:후통-]**명**《의학》〈임부 산모〉〈부인(여성)-출산 및 산후
관련 질환〉해산한 다음에 이삼일 동안 가끔 오는 진통. 임신으로 커진 자궁
이 줄어들면서 생긴다.〈유〉산후^진통(産後陣痛)「001」(〈유〉), 후-진통(後陣
痛)「001」(동의어) ¶일상생활이 불편할 정도로 산후통이 있다면 치료받는
것이 좋다. / 어머니는 둘째를 낳고 산후통에 시달렸다. / 일상생활이 불편
할 정도로 산후통이 있다면 치료받는 것이 좋다.

산후^패혈증(産後敗血症)[ ]**명구**《의학》〈임부 산모〉〈부인(여성)-출산 및 산후
관련 질환〉분만 시에 산도 및 자궁의 손상으로 병원균이 침입하여 생긴 염
증으로 나타나는 패혈증. 대부분 산후 10일 이내에 일어난다.〈유〉산욕^패
혈증(産褥敗血症)「001」(동의어), 산욕기^패혈증(産褥期敗血症)「001」(동의
어), 산욕성^패혈증(産褥性敗血症)「001」(동의어) ¶영국 일간《더선》은 두
아이를 건강하게 출산하고 나서 산후 패혈증에 걸린 후 기적적으로 목숨은
구했지만 대신 두 다리와 왼손, 오른손 손가락 일부를 절단해야 했던 그의

사연을 소개했다.

산후-풍 (産後風)[산ː후풍]〖명〗《의학》〈임부 산모〉〈부인(여성)-출산 및 산후 관련 질환〉아이를 낳은 뒤에 한기(寒氣)가 들어 떨고 식은땀을 흘리며 앓는 병.〈유〉사내-바람「001」(동의어), 산후-바람(産後바람)「001」(동의어), 산후-발(産後發)「001」(동의어), 산후-이슬(産後이슬)「001」(동의어), 산후^발한(産後發寒)「001」(동의어) ¶산후풍을 앓다./ 엄마는 그때 순이를 낳고 조리를 제대로 하질 못해, 산후풍에 걸려 죽을 고생을 한 것이다.

산후^혈붕 (産後血崩)[ ]〖명구〗《의학》〈임부 산모〉〈부인(여성)-출산 및 산후 관련 질환〉출산 후에 자궁에서 갑자기 많은 양의 출혈이 있는 증상. ¶산후혈붕에 좋은 약용식물

산후^혈전증 (産後血栓症)[ ]〖명구〗《의학》〈임부 산모〉〈부인(여성)-출산 및 산후 관련 질환〉아이를 낳고 난 후에, 산모에서 발생하는 혈전증. ¶『동의보감』에 "호박은 성분이 고르고 맛이 달며, 오장을 편하게 하고, 독이 없으며, 눈을 밝게 하고 산후 혈전증을 낫게 하며, 혼백을 밝게 한다."라고 기록되어 있다.

살림병 (살림病)[살림뼝]〖명〗〈여성 일반〉쉴 틈 없이 바쁜 가사일로 인해 생기는 질병. ¶손목 터널 증후군은 원래 살림병, 주부병으로 불릴 만큼 가사 및 육아를 하는 여성에게서 가장 많이 나타났다.

살몸살 ( )[살몸살]〖명〗《의학》〈기타〉〈통증 일반〉근육이 쑤시고 아픈 증상.〈유〉견인증(牽引症), 근육통(筋肉痛), 근육통증(筋肉痛症), 근통(筋痛)

살살 ( )[살살]〖부〗〈기타〉〈통증 일반〉배가 조금씩 쓰리며 아픈 모양.〈참〉슬슬, 쌀쌀 ¶아랫배가 살살 아프다. / 여태까지는 꾸르륵거리기만 하던 배가 살살 아파 오기 시작했다.

삼두-음 (三豆飮)[삼두음]〖명〗〈소아 아동〉〈소아 피부병-천연두〉녹두, 팥, 검정콩을 같은 분량으로 합하여 물을 붓고 감초나 댓잎을 조금 넣고 끓인 물. 천연두를 치르는 아이에게 약으로 쓰는데, 여름에 차 대신 먹기도 한다. ¶『동

의보감』에서는 적소두·흑두·녹두라는 세 가지 콩으로 만든 한약인 삼두음
(三豆飮)을 처방하라 하고, 정약용이 쓴 『마과회통(麻科會通)』이라는 의서
에는 사람의 똥에 달걀을 섞어 먹거나 두더지를 달여 즙으로 먹으라는 처방
이 나온다.

삼중^음성^유방암 (三重陰性乳房癌)[ ] **명구** 《의학》〈여성 일반〉〈부인(여성)-유
방 질환〉전이성 유방암의 하나. 에스트로겐 수용체, 프로게스테론 수용체,
사람 표피 성장 인자 수용체 2가 모두 없으며, 호르몬 치료나 표적 치료가
효과적이지 않아 치료가 어렵다.〈유〉티엔비시(TNBC)「001」(동의어) ¶한편
삼중 음성 유방암은 전체 유방암 환자의 약 15%를 차지하는 것으로 보고되
고 있으며 불량한 예후를 보이는 것으로 알려져 있다. / 삼중 음성 유방암은
세 가지 수용체의 발현이 모두 음성 상태인 난치성 암종으로 손꼽힌다.

삼차 신경통 (三叉神經痛)[ ] **명구** 《의학》〈기타〉〈통증 일반〉삼차 신경의 분포
영역에 생기는 통증 발작. 얼굴 한쪽이 심하게 아프며 후두부나 어깨까지
아플 수도 있는데 중년 이후의 여성에게 많다. 원인은 분명하지 않으나, 뇌
줄기에 발생한 종양이나 뇌동맥 자루가 원인일 가능성이 있고, 다발 경화증
의 증상으로 나타날 수도 있으며 뇌 바닥 세동맥의 동맥 경화증이 원인이
되는 경우도 있다. ¶삼차 신경통은 그 통증의 정도가 비주기적으로 강하게
나타나, 정상적인 삶을 영위하는 데 지장을 줄 정도이며 바른 치료를 받지
않을 경우 만성적 질환으로 이어질 가능성이 높아, 삶의 질 회복을 위해서
는 반드시 근본치료를 받아야 할 질환이다.

삽통 (澁痛)[삽통] **명** 《한의》〈기타〉〈통증 일반〉1.눈병이 났을 때 눈알이 깔깔
하면서 아픈 증상. 2.오줌이 잘 나오지 아니하면서 아픈 증상.

상상^임신 (想像妊娠)[ ] **명구** 《의학》〈임부 산모〉〈부인(여성)-임신과 관련된
질환〉임신을 몹시 원하는 여성이 실제로 임신한 것이 아닌데도 입덧이나
태동과 같은 임신 증상을 나타내는 일.〈유〉가-임신(假妊娠)「001」(동의어),
거짓^임신(거짓妊娠)「001」(동의어)〈참〉임신^망상(妊娠妄想)「001」(기타) ¶

상상 임신은 실제로 임신하지 않았음에도 불구하고 월경의 중단과 함께 자궁 확장, 월경 기간의 휴지, 입덧, 젖의 분비와 같은 임신의 징후가 나타나며 그 원인으로는 심리적 상태, 복부 종양 형성, 호르몬 이상이 있다.

상세^불명의^먹기^장애 (詳細不明의먹기障礙) [ ] 〔명구〕《의학》〈여성 일반〉〈부인(여성)-소화기 질환〉식사 행동의 여러 장애 가운데 어느 하나와 관계되는 상세 불명의 장애. 신경성 식욕 부진, 폭식증, 이식증, 반추 장애 따위가 이에 포함된다. 〈유〉상세^불명의^섭식^장애(詳細不明의攝食障礙)「001」, 상세^불명의^식사^장애(詳細不明의食事障礙)「001」

상세^불명의^무월경 (詳細不明의無月經) [ ] 〔명구〕《의학》〈여성 일반〉〈부인(여성)-부인과(산부인과) 질환〉불명확한 원인에 의해 월경이 없거나 비정상적으로 중단된 상태. ¶A씨는 낙태 수술을 했음에도 국민건강보험공단에 요양급여를 청구할 목적으로 진료 기록부에는 병명을 '상세 불명의 무월경'으로 거짓 작성했고 163명의 산모를 자신이 진료했음에도 진료 의사에 다른 의사의 이름을 적기도 했다.

상세^불명의^섭식^장애 (詳細不明의攝食障礙) [ ] 〔명구〕《의학》〈여성 일반〉〈부인(여성)-소화기 질환〉식사 행동의 여러 장애 가운데 어느 하나와 관계되는 상세 불명의 장애. 신경성 식욕 부진, 폭식증, 이식증, 반추 장애 따위가 이에 포함된다. 〈유〉상세^불명의^먹기^장애(詳細不明의먹기障礙)「001」, 상세^불명의^식사^장애(詳細不明의食事障礙)「001」

상세^불명의^식사^장애 (詳細不明의食事障礙) [ ] 〔명구〕《의학》〈여성 일반〉〈부인(여성)-소화기 질환〉식사 행동의 여러 장애 가운데 어느 하나와 관계되는 상세 불명의 장애. 신경성 식욕 부진, 폭식증, 이식증, 반추 장애 따위가 이에 포함된다. 〈유〉상세^불명의^먹기^장애(詳細不明의먹기障礙)「001」,상세^불명의^섭식^장애(詳細不明의攝食障礙)「001」

상세^불명의^알츠하이머병 (詳細不明의Alzheimer病) [ ] 〔명구〕《의학》〈여성 일반〉〈부인(여성)-정신 건강 및 신경정신과 질환〉원인을 알 수 없는 진행성·

퇴행성의 만성 인지 장애. 전체 치매 가운데 60% 이상을 차지하며, 일반적으로는 65세 이상에서 발병한다.

상세^불명의^유사^건선 (詳細不明의類似乾癬)[ ]〔**명구**〕《의학》〈여성 일반〉〈부인(여성)-피부 및 모발 질환〉원인을 알 수 없는, 건선과 비슷한 피부병.

상세^불명의^쿠싱^증후군 (詳細不明의Cushing症候群)[ ]〔**명구**〕《의학》〈여성 일반〉〈부인(여성)-내분비 및 대사 질환〉불특정적인 원인에 의해 부신 피질의 기능이 항진되어 코르티솔이 과도하게 분비되어 생기는 병. 일반적으로 뇌하수체에 종양 따위가 생겨 부신 겉질 자극 호르몬이 지나치게 많이 분비되거나 부신 피질에 종양이 생겨 피질 세포가 과도하게 증식하여 발병한다. 비만, 저신장 및 고혈압 따위가 나타난다.

상습^변비 (常習便秘)[ ]〔**명구**〕《의학》〈여성 일반〉〈부인(여성)-소화기 질환〉창자에 특별한 병이 없는데도 반복적으로 일어나는 변비. 어린이에게는 모유 부족·당분 부족 따위로, 성인에게는 운동 부족·대변 억제 따위로 인하여 생긴다. 신경과민인 사람에게서 많이 볼 수 있다. 〈유〉습관^변비(習慣便祕)「001」(동의어), 습관성^변비(習慣性便祕)「001」(동의어) ¶배변하고 싶은 생각이 났을 때 이를 억제하는 행동을 습관적으로 반복하게 되면 그 결과로 변의를 상실하게 되고 상습 변비가 된다.

상습성^변비 (常習性便祕)[ ]〔**명구**〕《의학》〈여성 일반〉〈부인(여성)-소화기 질환〉'상습 변비'의 전 용어. ¶주부에게 상습성 변비가 많은 것도 아침 식사 후 연동운동을 활발하게 활용하지 못해서 그런 것이다.

상승^작용 (相乘作用)[ ]〔**명구**〕《의학》〈영유아〉〈신생아_추가〉여러 요인이 함께 겹쳐 작용하여 하나씩 작용할 때보다 더 크게 효과를 나타내는 현상. 해열제를 두 가지 이상 섞어 쓰는 경우 따위에서 나타난다. 〈유〉협동 작용

상열-하한 (上熱下寒)[상: 열하한]〔**명**〕《한의》〈여성 일반〉〈부인(여성)-내분비 및 대사 질환〉음양의 기가 서로 조화를 이루지 못하여 몸의 윗부분은 열이 나서 덥고 아랫부분은 차가운 병. ¶탈모 환자들을 살펴보면 상열하한 증상

을 겪는 경우가 많다.

상통하다(傷痛하다)[상통하다]⟨혱⟩⟨기타⟩⟨통증 일반⟩마음이 몹시 괴롭고 아 프다.

새근거리다( )[새근거리다]⟨동⟩⟨기타⟩⟨통증 일반⟩(팔다리나 뼈마디가) 자꾸 조 금 시리고 쑤시다.⟨유⟩새근대다, 새근새근하다 ⟨참⟩새큰거리다, 시근거리 다 ¶평소에 하지 않던 운동을 좀 했더니 금세 팔다리가 새근거렸다.

새근대다( )[새근대다]⟨동⟩⟨기타⟩⟨통증 일반⟩(팔다리나 뼈마디가) 자꾸 조금 시리고 쑤시다.⟨유⟩새근거리다, 새근새근하다 ⟨참⟩새큰대다, 시근대다 ¶ 영수는 다친 손목이 새근대서 타자를 칠 수가 없다.

새근새근하다( )[새근새근하다]⟨혱⟩⟨기타⟩⟨통증 일반⟩(팔다리나 뼈마디가) 자 꾸 조금 시리고 쑤시는 상태에 있다.⟨유⟩새근거리다, 새근대다 ⟨참⟩새큰 새큰하다, 시근시근하다 ¶나이가 드니 다리가 새근새근하다.

새근하다( )[새근하다]⟨혱⟩⟨기타⟩⟨통증 일반⟩(팔다리나 뼈마디가) 조금 시리고 쑤시는 듯하다.⟨참⟩새큰하다, 시근하다 ¶윤희는 걸레질을 한 시간이 넘도 록 했더니 무릎이 새근했다.

새큰거리다( )[새큰거리다]⟨동⟩⟨기타⟩⟨통증 일반⟩(뼈마디가) 조금 쑤시고 저 린 느낌이 자꾸 나다.⟨유⟩새큰대다, 새큰새큰하다 ⟨참⟩새근거리다, 시큰 거리다 ¶그의 목소리에 새큰거리는 발목도 욱신거리는 머리도 까맣게 잊 고, 급한 마음에 신발도 신지 않은 채 맨발로 뜰로 내려섰습니다.

새큰대다( )[새큰대다]⟨동⟩⟨기타⟩⟨통증 일반⟩(뼈마디가) 조금 쑤시고 저린 느 낌이 자꾸 나다.⟨유⟩새큰거리다, 새큰새큰하다 ⟨참⟩새근대다, 시큰대다 ¶ 달리기를 하다가 삔 발목이 자꾸 새큰댔다.

새큰새큰하다( )[새큰새큰하다]⟨동⟩⟨기타⟩⟨통증 일반⟩(신체의 일부나 뼈마디 가) 조금 쑤시고 저린 느낌이 자꾸 나다.⟨유⟩새큰거리다, 새큰대다 ⟨참⟩새 근새근하다, 시큰시큰하다 ¶침을 맞으니까 새큰새큰한 느낌이 다리와 발 목으로 전달되었다.

새큰하다 ( )[새큰하다]⬚〈기타〉〈통증 일반〉(신체의 일부나 뼈마디가) 조금
쑤시고 저린 느낌이 있다. 〈참〉시큰하다, 새근하다 ¶한의원에서 침을 맞았
더니 손목의 새큰한 느낌이 사라졌다. / 다친 발목이 새큰하다.

색소성^피부^건조증 (色素性皮膚乾燥症)[ ]⬚《의학》〈여성 일반〉〈부인(여
성)-피부 및 모발 질환〉자외선에 대한 방어 기구가 선천적으로 결여되어 햇
빛을 받으면 피부에 색소 모반, 건조증과 같은 노인성 변화를 비롯한 갖가
지 변화가 일어나는 유전병. 피부암이 생길 위험성이 크다. 〈유〉색소^피부^
건조증(色素皮膚乾燥症)「001」(동의어), 색소^피부^마름증(色素皮膚마름症)
「001」(동의어)

색소^피부^건조증 (色素皮膚乾燥症)[ ]⬚《의학》〈소아 아동/여성 일반〉〈피
부병/부인(여성)-피부 및 모발 질환〉자외선에 대한 방어 기구가 선천적으
로 결여되어 햇빛을 받으면 피부에 색소 모반, 건조증과 같은 노인성 변화
를 비롯한 갖가지 변화가 일어나는 유전병. 피부암이 생길 위험성이 크
다. 〈유〉색소^피부^마름증(色素皮膚마름症)「001」(동의어), 색소성^피부^건
조증(色素性皮膚乾燥症)「001」(동의어)

생리^불순 (生理不順)[ ]⬚《의학》〈여성 일반/청소년〉〈부인(여성)-부인과
(산부인과) 질환/청소년-생식기 및 성 건강 관련 질환〉월경이 순조롭지 않
은 부인병. 월경의 주기가 일정하지 않거나 정상적인 주기 일수를 벗어나는
경우와 출혈량이 고르지 않은 경우가 있다. 〈유〉월경^불순(月經不順)「001」
(동의어), 월경^이상(月經異常)「001」(동의어), 월경^장애(月經障礙)「001」(동
의어) ¶생리 주기가 21일 미만이거나 35일 이상이면 생리불순을 겪고 있다
고 봐야 한다.

생리적^무월경 (生理的無月經)[ ]⬚《의학》〈여성 일반〉〈부인(여성)-부인과
(산부인과) 질환〉젖을 먹이는 기간이나, 임신 또는 다른 환경의 영향으로
일시적으로 월경이 없는 상태. ¶임신이 되면 월경이 중지되므로 정상적인
임신 기간 동안 여성은 생리적 무월경 상태가 된다.

ㅅ

생리적^황달(生理的黃疸)[ ]〔명구〕《의학》〈영유아〉〈신생아_추가〉'생리 황달'의 전 용어.〈유〉신생아 황달

생리-통(生理痛)[생니통]〔명〕《의학》〈여성 일반/기타〉〈부인(여성)-부인과(산부인과) 질환/통증 일반〉월경 때 하복부, 자궁 따위에 생기는 통증.〈유〉경통(經痛)「002」(〈유〉), 경통-증(經痛症)「001」(〈유〉), 월경-통(月經痛)「001」(동의어) ¶가임기 여성의 80% 이상은 매달 생리통을 겪는다.

생리^황달(生理黃疸)[ ]〔명구〕《의학》〈영유아〉〈신생아_추가〉생후 2일에서 5일 되는 갓난아이에게 발생하여 몇 주 후 없어지는 용혈 황달. 주로 얼굴과 몸통에 나타나며 오줌이나 똥에는 이상이 없는 생리적인 황달로, 출생 전후에 일어나는 환경 변화에 대한 적응 현상이라고 할 수 있다.〈유〉신생아 황달, 생리적 황달

생물학적 반감기(生物學的半減期)[ ]〔명구〕《생명》〈노인 일반〉〈노인-기타〉생물체 안의 특정한 부분에 존재하는 방사성 동위 원소의 양이 대사(代謝)나 배출에 의하여서 반으로 줄어드는 데 걸리는 시간.

생물학적^임신^진단법(生物學的妊娠診斷法)[ ]〔명구〕《의학》〈임부 산모〉〈부인(여성)-임신과 관련된 질환〉임신부의 혈청이나 소변을 동물에 주사해 임신을 조기에 확실하게 진단하는 방법.〈FL〉존데크·아슈하임〈/FL〉반응이 기본적인 방법이지만 그 후 프리드먼(Friedman) 반응, 마이니니(Mainini) 임신 시험 및〈FL〉호그벤〈/FL〉시험 따위가 행해지고 있다.

생배( )[생배]〔명〕〈기타〉〈통증 일반〉아무런 이유없이 갑자기 아픈 배.

생배앓다(생배앓다)[생배알타]〔동〕〈기타〉〈통증 일반〉(사람이) 아무 까닭 없이 배가 아프다.

생배앓이(生배앓이)[생비아리]〔명〕〈기타〉〈통증 일반〉아무런 이유 없이 갑자기 앓는 배앓이.

생손앓이(生손앓이)[생소나리]〔명〕〈기타〉〈통증 일반〉손가락 끝에 종기가 나서 곪는 병.〈유〉생인손 ¶엄마는 아버지를 죽게 한 병이 대처의 양의사에게

만 보일 수 있었으면 생손앓이처럼 쉽게 째고 도려내고 꿰맬 수 있는 병이라는 걸 알고 있었다.

생활^습관병(生活習慣病)[ ] **명구** 《의학》〈성인 일반〉운동 습관, 식습관, 음주, 흡연 따위의 생활 습관에 영향을 받아 생기는 병. ¶실제 최근 당뇨병 급증의 주된 원인은 과식·운동 부족으로 인한 비만 탓이다. 그래서 당뇨병은 '생활 습관병'으로 불리기도 한다. / 청소년, 유년층에까지 고혈압, 당뇨병 등 생활 습관병이 나타나 사회적으로도 문제가 되고 있다.

샤우딘(Schaudinn, Fritz)[샤우딘] **명** 《인명》〈기타 공통〉〈성병〉독일의 동물학자(1871~1906). 병원성 원충류의 연구와 매독 병원체 발견에 업적을 남겼다.

서물서물하다( )[서물서물하다] **동** 〈기타〉〈통증 일반〉(몸이나 몸의 일부가) 살갗에 벌레 따위가 기어가는 것처럼 근질근질한 느낌이 들다. ¶정호는 알레르기 때문에 복숭아만 먹으면 온몸이 서물서물한다.

선천 기관지 확장증(先天氣管支擴張症)[ ] **명구** 《의학》〈영유아〉〈만성 하기도질환〉선천적으로 기관지가 비가역적인 확장을 보이는 질환.

선천 심장병(先天心臟病)[ ] **명구** 《의학》〈영유아〉〈심장 질환〉태아 때의 발육불량, 모체로부터의 감염, 또는 유전적 요인으로 생기는 심장의 구조적 이상에서 오는 병. 심장 판막의 협착증, 폐쇄 기능 부족 따위의 형태 이상과 심방과 심실 사이의 사이막에 구멍이 뚫려 있는 사이막 결손증, 허파 동맥이 협착되어 산소 부족으로 손톱·발톱이 보라색이 되는 청색증 따위가 있다.〈유〉선천적 심장병(先天的心臟病) ¶심장병으로 오는 흉통은 드물지만 선천 심장병으로 수술했거나 가와사키병에서는 주의를 요합니다.

선천^갑상샘^기능^저하증(先天甲狀샘機能低下症)[ ] **명구** 《의학》〈영유아〉〈신생아_추가〉태어나면서부터 갑상샘 호르몬이 부족하여 지능 저하, 성장 장애 따위를 일으키는 질환. 치료가 늦어지면 갑상샘 호르몬 분비 기능을 회복할 수 없다.〈유〉선천성 갑상샘 저하증

ㅅ

선천^거대^결장증 (先天巨大結腸症)〔 〕**명구**《의학》〈영유아〉〈신생아_추가〉선천적으로 결장이 확장되고 비대해지는 병. 직장과 직장 위쪽 장의 근육층 신경얼기 내 신경절 세포가 없거나 그 수가 현저히 감소되어 생긴다. 극심한 변비, 복부 팽만, 구토 따위의 증상이 나타난다.〈유〉선천 거대 결장, 선천 거대 잘록창자, 선천 큰결장증, 선천성 거대 결장

선천^거대^잘록창자 (先天巨大잘록창자)〔 〕**명구**《의학》〈영유아〉〈신생아_추가〉선천적으로 결장이 확장되고 비대해지는 병. 직장과 직장 위쪽 장의 근육층 신경얼기 내 신경절 세포가 없거나 그 수가 현저히 감소되어 생긴다. 극심한 변비, 복부 팽만, 구토 따위의 증상이 나타난다.〈유〉선천 거대 결장, 선천 거대 결장증, 선천 큰결장증, 선천성 거대 결장

선천^날문^경련^수축 (先天날門痙攣收縮)〔 〕**명구**《의학》〈영유아〉〈위염/위장병〉태어나면서부터 위의 날문부 근육이 두꺼워져서 연축이 일어나기 때문에 날문의 내강이 좁아져 위의 내용물이 통과하기 어려운 병. 생후 2주일 무렵부터 젖을 먹을 때마다 토하고 위가 확장하거나 변비가 생기기도 하고 탈수와 영양실조가 심해진다.

선천^매독 (先天梅毒)〔 〕**명구**《의학》〈영유아〉〈성병〉매독에 걸린 여성이 임신한 경우, 태아가 어머니의 배 속에서 매독에 감염되는 것. 또는 그런 감염 경로를 가진 매독. 임신 5개월 이후에 감염되어 생후 1~2개월쯤 지나면 증상을 나타낸다. ¶선천 매독으로 진단된 신생아의 역학 조사를 진행하려고 하는데 산모의 매독 질환 관련하여 확인해야 할 사항은 무엇인가요?

선천^면역 (先天免疫)〔 〕**명구**《의학》〈소아 아동〉〈소아 피부병-홍역〉모체로부터 선천적으로 받은 면역. 이것 때문에 생후 6개월까지 신생아는 천연두나 홍역에 잘 걸리지 않는다. ¶다국적 제약사들은 선천 면역 체계를 활성화하기 위해 여러 경로를 표적으로 연구개발을 진행 중이다.

선천^물뇌증 (先天물腦症)〔 〕**명구**《의학》〈영유아〉〈신생아_추가〉신생아에게 생기는 물뇌증. 부모가 매독에 걸렸거나 만성 알코올 의존증 상태일 때 또

는 임신 중에 모체가 급성 전염병에 걸렸을 때에 생긴다.

선천^백내장(先天白內障)〔 〕⟨명구⟩《의학》〈소아 아동〉〈소아 피부병-풍진〉태어나면서부터 신생아의 수정체가 뿌옇게 흐려져 있는 증상. 임신 초기 풍진 따위의 질병이 원인이 되어 태아에게 생기는 이상 증상이다. ¶선천 백내장은 육안으로 확인할 수 있는 경우도 있다. 아이의 동공 안쪽이 회색이나 하얗게 보인다면 선천 백내장을 의심할 수 있다.

선천^비늘증(先天비늘症)〔 〕⟨명구⟩《의학》〈영유아〉〈피부병〉태어날 때 온몸이 양피지 모양의 막으로 덮여 있다가 물고기 비늘 모양의 껍질이 피부에 더덕더덕 붙게 되는 과다 각화증. 상염색체를 통해 열성 유전을 하는 보기 드문 병으로, 혈족 결혼을 한 가계에 나타나기 쉽다.⟨참⟩인비늘(人비늘)

선천성 심장병(先天性心臟病)〔 〕⟨명구⟩《의학》〈영유아〉〈심장 질환〉'선천 심장병'의 전 용어.⟨유⟩선천적 심장병(先天的心臟病) ¶선천성 심장병이란 심장에 배냇병을 가지고 태어나는 것을 말하는데, 보통 1천 명에 6~8명꼴이다. / 국내 의료진이 체중이 2.8kg에 불과한 신생아 선천성 심장병 환자의 무수혈 수술에 성공했다.

선천성^갑상샘^저하증(先天性甲狀샘低下症)〔 〕⟨명구⟩《의학》〈영유아〉〈신생아_추가〉태어나면서부터 갑상샘 호르몬이 부족하여 지능 저하, 성장 장애 따위를 일으키는 질환. 치료가 늦어지면 갑상샘 호르몬 분비 기능을 회복할 수 없다.⟨유⟩선천 갑상샘 기능 저하증, 크레틴병

선천성^갑상선^기능^저하증(先天性甲狀腺機能低下症)〔 〕⟨명구⟩《의학》〈영유아〉〈신생아_추가〉'선천성 갑상샘 저하증'의 전 용어.

선천성^거대^결장증(先天性巨大結腸症)〔 〕⟨명구⟩《의학》〈영유아/소아 아동〉〈신생아_추가〉'거대 큰창자증'의 전 용어.

선천성^뇌수종(先天性腦水腫)〔 〕⟨명구⟩《의학》〈영유아〉〈신생아_추가〉신생아에게 생기는 물뇌증. 부모가 매독에 걸렸거나 만성 알코올 의존증 상태일 때 또는 임신 중에 모체가 급성 전염병에 걸렸을 때에 생긴다.⟨유⟩선천 물뇌증

선천성^대사이상^검사(先天性代謝異常檢査)[ ]〔명구〕〈영유아〉〈전염병-추가〉선천성 대사 이상을 소량의 혈액을 이용하여 미리 발견할 수 있는 검사. 다만 선별 검사 특성상 검사결과가 정상인데 양성으로 나오는 경우의 비율이 높기 때문에, 혈액 검사를 통해 여러 번 재검사를 진행한다.

선천성^매독(先天性梅毒)[ ]〔명구〕《의학》〈영유아〉〈성병〉'선천 매독'의 전 용어. ¶선천성 매독은 최근 미국에서 훨씬 더 흔해졌습니다.

선천성^부신^과형성(先天性副腎過形成)[ ]〔명구〕《의학》〈영유아〉〈신생아_추가〉부신과 생식선의 스테로이드 호르몬이 부족해지는 열성 유전 질환. 유전적으로 남성이지만 성호르몬을 생산할 능력이 없어 여성의 외부 생식기를 갖게 된다.

선천성^심장병(先天性心臟病)[ ]〔명구〕《의학》〈청소년〉〈청소년-심혈관계 질환〉태아 때의 발육 불량, 모체로부터의 감염, 또는 유전적 요인으로 생기는 심장의 구조적 이상에서 오는 병. 심장 판막의 협착증, 폐쇄 기능 부족 따위의 형태 이상과 심방과 심실 사이의 사이막에 구멍이 뚫려 있는 사이막 결손증, 허파 동맥이 협착되어 산소 부족으로 손톱·발톱이 보라색이 되는 청색증 따위가 있다.

선천성^어린성(先天性魚鱗性)[ ]〔명구〕《의학》〈영유아〉〈피부병〉태어나면서부터 몸의 피부가 단단하게 굳어 째어져 있는 체질. 유전적으로 열성이다.

선천성^풍진^증후군(先天性風疹症候群)[ ]〔명구〕《의학》〈임부 산모〉〈소아 피부병-풍진〉'선천 풍진 증후군'의 전 용어. ¶풍진은 임신부에게 노출될 경우 신생아에게 청각장애, 심장기형, 소뇌증 등 선천성 풍진 증후군이 발생할 수 있어 임신 전 예방접종이 필요하다.

선천^큰결장증(先天큰結腸症)[ ]〔명구〕《의학》〈영유아〉〈신생아_추가〉선천적으로 결장이 확장되고 비대해지는 병. 직장과 직장 위쪽 장의 근육층 신경얼기 내 신경절 세포가 없거나 그 수가 현저히 감소되어 생긴다. 극심한 변비, 복부 팽만, 구토 따위의 증상이 나타난다.〈유〉선천 거대 결장, 선천 거

대 결장증, 선천 거대 잘록창자, 선천성 거대 결장

선천^풍진^증후군(先天風疹症候群)[ ] **명구** 《의학》〈임부 산모〉〈소아 피부병-풍진〉임신부가 임신 초기에 풍진을 앓아 태아가 감염되어 기형아를 낳는 일. 심장 기형, 눈의 이상, 청각 장애, 중추 신경 계통의 이상이 있는 아이나 몸무게가 지나치게 작은 아이를 낳기도 하고 사산하기도 한다. ¶임신 초기 임산부가 풍진에 걸리게 되면 태아의 90%에서 이 선천 풍진 증후군이 나타나게 된다고 합니다.

선택^유산(選擇流産)[ ] **명구** 《의학》〈임부 산모〉〈부인(여성)-기타 임신 및 출산 관련 문제〉태아의 결함 가능성 때문에 시행하는 유산. ¶염색체 이상으로 13주 차에 지옥 같던 유도 분만 선택 유산으로 아기 보내주고 3주 가까이 돼 가는데요.

설앓이( )[서라리] **명** 〈기타〉〈통증 일반〉가볍게 앓는 병.

설암(舌癌)[서람] **명** 《의학》〈노인 일반〉〈노인-암(종양) 관련 질환〉충치의 자극, 흡연, 혀의 만성 궤양 따위로 인해 발생하는 암종(癌腫). 혀의 점막 상피나 점막선,또는 혀 표면이나 내면에 생기며, 40세 이상의 남자에게서 많이 볼 수 있다.〈유〉혀암 ¶설암은 구강암 중에 가장 많은 것으로 대부분 노년층에 많이 발생하게 되지만 20대에도 종종 발생하는 경우가 있습니다.

설통(舌痛)[설통] **명** 《한의》〈기타〉〈통증 일반〉여러 가지 원인으로 혀가 아픈 증상. ¶설통의 증상은 혀가 저리거나 따끔거리고, 매운 느낌, 화끈거림 등 다양하게 나타난다.

섬망(譫妄)[섬망] **명** 《의학》〈노인 일반〉〈노인-정신 건강 및 신경정신과 질환〉외계(外界)에 대한 의식이 흐리고 착각과 망상을 일으키며 헛소리나 잠꼬대, 또는 알아들을 수 없는 말을 하며, 몹시 흥분했다가 불안해하기도 하고 비애(悲哀)나 고민에 빠지기도 하면서 마침내 마비를 일으키는 의식 장애. 만성 알코올 의존증, 모르핀 중독, 대사 장애 따위에서 볼 수 있다. ¶특히 그중에서도 치매(dementia), 우울증(depression), 섬망(delirium) 은 '3d증후군'이라 불리며 노년기 주요 정신 건강문제로 꼽힌다.

섬망 (譫妄)[섬망]명《의학》〈여성 일반〉〈부인(여성)-정신 건강 및 신경정신과 질환〉외계(外界)에 대한 의식이 흐리고 착각과 망상을 일으키며 헛소리나 잠꼬대, 또는 알아들을 수 없는 말을 하며, 몹시 흥분했다가 불안해하기도 하고 비애(悲哀)나 고민에 빠지기도 하면서 마침내 마비를 일으키는 의식 장애. 만성 알코올 의존증, 모르핀 중독, 대사 장애 따위에서 볼 수 있다.

섬유^선종 (纖維腺腫)[ ]명구《의학》〈여성 일반〉〈부인(여성)-유방 질환〉선 상피로부터 유래한 양성 종양. 증식성 섬유 모세포와 결합 조직 성분이 풍부한 버팀질을 함유한다. 흔히 유방 조직에 발생한다.〈유〉섬유^샘종(纖維샘腫)「001」(〈유〉)

섭모^여드름 (攝毛여드름)[ ]명구《의학》〈여성 일반〉〈부인(여성)-피부 및 모발 질환〉눈꺼풀의 개방부 주변에 있는 털집 구진과 고름 물집.

섭식^장애 (攝食障礙)[ ]명구《의학》〈여성 일반〉〈부인(여성)-소화기 질환〉과도한 식이 요법의 부작용 또는 여러 가지 생리적·정신적 원인으로 인하여 비정상적으로 음식을 섭취하는 증상. 거식증과 폭식증이 있다.〈유〉다이어트^장애(diet障礙)「001」¶섭식 장애는 주변 사람, 특히 부모에게서 많은 영향을 받는다./연예인이 되려는 청소년들이 일반 청소년에 비해 도전적이고 자존감도 높지만, 불확실한 미래로 인해 스트레스성 섭식 장애를 겪고 있어 대책이 필요하다는 주장이 제기됐다. / 엄마의 '감정적 섭식 습관'이 자녀의 섭식 장애를 일으킬 수 있다는 연구 결과가 나왔다.

성교-통 (性交痛)[성ː교통]명《의학》〈여성 일반〉〈부인(여성)-여성 호르몬 및 폐경 관련 질환〉성교를 할 때 생식기에 생기는 통증. ¶결혼 3년 차인 동창 ○○○은 남편과의 성관계 시 성교통으로 필자에게 전화로 상담을 요청했다. / 임신을 하기 위해 3년째 고군분투 중인 30대 후반 ○○○은 불임으로 인한 스트레스와 억지로 배란일을 맞춰 치르는 '거사'가 성욕을 앗아가다 보니 관계 시 자꾸 성교통이 생겨 치료를 받고 있다.

성교^통증(性交痛症)[ ]**명구**《의학》〈여성 일반〉〈부인(여성)-여성 호르몬 및 폐경 관련 질환〉성교 중이나 성교 후에 음순, 질 또는 골반에 발생하는 통증.〈유〉이상^성감증(異常性感症)「001」(동의어) ¶성교 통증을 겪는 여성들은 성생활 자체에 불안감과 높은 스트레스를 받기 때문에 이를 해결하기 위한 적절한 접근이 반드시 필요하다.

성두(成痘)[성두]**명**〈소아 아동〉〈소아 피부병-천연두〉천연두를 다 앓아서 나음.

성두-하다(成痘하다)[성두하다]**동**〈소아 아동〉〈소아 피부병-천연두〉천연두를 다 앓아서 낫다.

성병(性病)[성뼝]**명**《의학》〈청소년〉〈청소년-생식기 및 성 건강 관련 질환〉주로 불결한 성행위(性行爲)에 의하여 전염되는 병. 매독, 임질, 무른궤양, 클라미디아(chlamydia) 따위가 있다.〈유〉성 매개 감염병

성^불감증(性不感症)[ ]**명구**《의학》〈여성 일반〉〈부인(여성)-여성 호르몬 및 폐경 관련 질환〉성적으로 욕구는 있으나 성적 자극에도 불구하고 성관계에 따른 쾌감을 전혀 못 느끼는 증상. ¶성불감증을 일으키는 원인은 다양할 수 있다.

성욕^감퇴^혹은^소실(性慾減退或은消失)[ ]**명구**《의학》〈여성 일반〉〈부인(여성)-부인과(산부인과) 질환〉성적 욕망이 양적으로 감소되거나 소실된 상태.

성인-병(成人病)[성인뼝]**명**《의학》〈성인 일반〉〈노인-심혈관계 질환〉중년 이후에 문제 되는 병을 통틀어 이르는 말. 동맥 경화증, 고혈압, 악성 종양, 당뇨병, 백내장, 심근 경색, 폐 공기증, 뼈의 퇴행성 변화 따위가 있다. 명칭 '성인병'은 '노화로 인한 물질대사가 더뎌지기 시작하는 성인에게서 유병률과 사망율이 높다'는 의미에서 붙은 이름이며, 오늘날에는 오해를 피하고자 더 직관적인 명칭인 '생활 습관병'으로 고쳐 표현하는 것이 권장되고 있다. ¶30대 이후에는 지방질이 많은 음식을 피하고 적당한 운동을 하는 등 성인병 예방에 신경 써야 한다. / 나이가 들면 성인병을 조심해야 한다. / 이

웃 일본에선 성인병을 '생활 습관병'이라고 할 정도로 규칙적인 생활 습관은 건강의 기본이다.

성장-통(成長痛)[성장통]**명** 《의학》〈소아 아동/청소년/기타〉〈청소년-근골격계 및 정형외과 질환/통증 일반〉어린이나 청소년이 갑자기 성장하면서 생기는 통증. 주로 양쪽 무릎이나 발목, 허벅지나 정강이, 팔 따위에 생긴다. 4~10세 사이에 많이 나타나고, 1~2년이 지나면 대부분 통증이 사라진다. ¶아이는 성장통 때문인지 밤이면 다리가 아프다고 칭얼거렸다.

성장호르몬^결핍증(成長hormone 缺乏症)[ ]**명구** 《의학》〈청소년〉〈청소년-성장 및 발달 관련 질환〉뇌하수체에서 분비되는 여러가지 호르몬 중에서 성장호르몬의 분비가 부족하여 저신장, 성장 속도 감소 및 다양한 대사 이상을 보이는 질환

성조숙증(性早熟症)[성:조숙쯩]**명** 《의학》〈청소년〉〈청소년-성장 및 발달 관련 질환〉사춘기 발현의 한계인 9세가 되기 전에 성적(性的) 발달이 일어나는 증상.

성홍-열(猩紅熱)[성홍녈]**명** 《의학》〈영유아/소아 아동〉〈전염병〉용혈성(溶血性)의 연쇄상 구균에 의한 법정(法定) 급성 전염병의 하나. 흔히 가을부터 겨울 사이에 어린이에게 유행하는 병으로, 갑자기 고열이 나고 구토를 일으키며, 두통·인두통(咽頭痛)·사지통(四肢痛)·오한이 있고 얼굴이 짙은 다홍빛을 띠면서 피부에 발진이 나타나는데, 관절 류머티즘·가운데귀염·콩팥염을 일으키는 일이 있다. ¶브리지먼은 그 제자로, 어릴 때 성홍열을 앓아 시각과 청각을 잃었다.

세균성 질염( )[ ]**명구** 〈여성 일반〉〈부인(여성)-부인과(산부인과) 질환〉정상적으로 질 내에 살면서 질을 산성으로 유지하는 락토바실리(lactobacilli)라는 유산균이 없어지고, 대신 혐기성 세균이 증식하면서 발생하는 질 내 감염증이며, 가장 흔한 질염이다. ¶세균성 질염은 재발이 매우 잦을 뿐 아니라 방치할 경우 요도염, 방광염 등을 초래할 수 있다.

세동맥 콩팥 굳음증(細動脈콩팥굳음症)[ ]**명구**《의학》〈노인 일반〉〈노인-심혈관계 질환〉장기간 지속되는 고혈압으로 인하여 세동맥의 변화가 오고 이로 인하여 콩팥 세관의 변성 및 토리의 염증이 일어나는 질환. 점차 콩팥 기능 부족 증상이 나타난다. 양성형과 악성형이 있다.

세쌍둥이^임신(세雙둥이妊娠)[ ]**명구**《의학》〈임부 산모〉〈부인(여성)-임신과 관련된 질환〉한 태 안에 태아 셋을 밴 임신의 한 형태.

세장(洗腸)[세ː장]**명**《의학》〈소아 아동〉〈위장병〉어린아이의 위장병(胃腸病).〈유〉장세척, 장세정

세정강박(洗淨强迫)[ ]**명구**《심리》〈여성 일반〉〈부인(여성)-정신 건강 및 신경 정신과 질환〉손 씻기, 샤워, 칫솔질, 면도 등의 행위를 반복하거나, 차나 물건 청소를 하는 데 지나치게 몰두하여 마치 의식을 하는 것처럼 보이기도 하고 오염되었다고 생각되는 장소에 대한 지나친 회피 행동을 보이며 오염을 막기 위해 장갑, 보호 방법을 강구하는 행위이다. ¶대표적인 강박 행동으로는 청소 및 세정 강박, 확인 행동, 숫자 세기 및 정리정돈, 그리고 기타 반복적 의례 행위가 있다.

소관^내^섬유^선종(小管內纖維腺腫)[ ]**명구**《의학》〈여성 일반〉〈부인(여성)-유방 질환〉유방에서 나타나는 섬유 선종의 한 형태. 관을 압박하며 관 속으로 함입되는 섬유 조직의 결절로 구성되어 있다.

소관^주위^섬유^선종(小管周圍纖維腺腫)[ ]**명구**《의학》〈여성 일반〉〈부인(여성)-유방 질환〉유방에서 나타나는 섬유 선종의 한 형태. 다수의 작은 관이 동심원상의 섬유 조직에 의하여 둘러싸여 있다.

소두(小痘)[소ː두]**명**《한의》〈소아 아동〉〈소아 피부병-수두〉'수두01'를 한방에서 이르는 말.

소모-증(消耗症)[소모쯩]**명**《의학》〈영유아〉〈전염병일반〉극도의 영양 부족으로 몸이 허약하여지고 전염병에 대한 저항력이 약해지는 증상. 주로 생후 1년 동안 일어난다. 체조직(體組織)의 파괴가 일어나고, 식사량을 늘려도

체중은 증가하지 않고 오히려 더 감소되며 몹시 마른다. ¶비타민 D가 결핍
되면 전립샘염이나 질 소모증에 걸리기 쉽다.

소복통 (小腹痛) [소ː복통] **명** 《한의》〈기타〉〈통증 일반〉아랫배가 아픈 증
상. ¶『동의보감』에는 현호색의 효능 중 하나로 "심통(가슴앓이)과 소복통
(아랫배의 통증)을 신통하게 다스린다."고 했다.

소상 (少商) [소ː상] **명** 《한의》〈소아 아동〉〈만성 하기도 질환〉수태음폐경에
속한 혈. 엄지손가락 노뼈 쪽 손톱 뒤 모서리에서 1푼 뒤에 있는 우묵한 곳
으로, 편도염, 인후염, 귀밑샘염, 중혀, 어린이 경풍, 코피, 뇌내출혈 따위로
인한 의식 장애, 기침, 천식을 치료할 때 침을 놓는 자리이다.

소아 고혈압 (小兒高血壓) [ ] **명구** 〈소아 아동〉〈고혈압〉일과성인 것과 지속성인
것으로 분류된다. 전자의 원인으로서 급성신염, 혈관성 자반병, 두개 내압
항진 등이 많다. ¶내 아이가 소아 고혈압이라니 믿을 수 없었다.

소아 당뇨 (小兒糖尿) [ ] **명구** 《의학》〈소아 아동〉〈당뇨〉어린아이에게 나타나는
당뇨병. 보통 25세 이전에 갑자기 발생하는 극심한 진성 당뇨병으로 증상이
급격히 진행되어 살이 빠지고 케톤증에 걸리기 쉬우며, 식이 요법이나 경구
혈당 강하제로는 치료가 불가능하여 인슐린의 투여가 필요한 임상적 특징
을 보인다. 이와 같은 임상 증례는 소아에게서 많이 보이므로 소아 당뇨병
이라 부른다. ¶이처럼 청소년들의 신체 발육이 좋아지고 있는 것은 생활 수
준의 향상으로 학생들이 우선 잘 먹기 때문인 것으로 분석됐으나, 육류 및
단맛 위주의 식생활 패턴 변경과 운동 부족 등으로 비만이나 소아 당뇨 등
에 걸릴 가능성이 높은 것으로 지적됐다. / 요즘 국내에도 비만으로 인한 소
아 당뇨가 큰 문제로 부각되고 있다.

소아 성인병 (小兒成人病) [ ] **명구** 《의학》〈소아 아동〉〈고혈압〉잘못된 식습관과
운동 부족 등으로 인하여 어린아이에게서 나타나는 성인병. 고혈압, 비만,
당뇨병, 심근 경색 따위가 있다. ¶생활 수준의 향상과 더불어 나타난 이른
바 소아 성인병은 어른을 치료하는 것과는 달리 부모를 포함한 주위의 배려

와 심리 요법이 매우 중요하다고 전문가들은 입을 모으고 있다. / 또 운동을 하지 않다 보면 종종 지방이나 설탕이 든 음식을 지나치게 많이 먹어 소아 성인병을 불러일으킨다.

소아 천식(小兒喘息)[ ] **명구**《의학》〈소아 아동〉〈만성 하기도 질환〉어린아이의 기관지염과 천식의 합병증. 알레르기가 원인이 되어 생기는 것으로, 콧물과 기침이 나고 숨 쉴 때 목에서 가르랑거리는 소리가 난다. ¶기본적으로 소아 천식은 발생 기전 및 유발 인자 등에서 성인의 천식과 비슷하지만 진단 방법 및 예후에 있어서 차이가 난다.

소아-마비(小兒痲痹)[소:아마비] **명**《의학》〈소아 아동〉〈마비〉어린아이에게 많이 일어나는 운동 기능의 마비. 뇌성(腦性) 소아마비와 척수성(脊髓性) 소아마비가 있는데, 전자는 선천 또는 후천 뇌 장애로 인하여 일어나고, 후자는 폴리오바이러스에 의한 급성 감염증으로 일어난다. ¶소아마비를 진단하기 위해 의사는 다양한 방법과 절차를 사용합니다.

소아마비^백신( )[ ] **명구**〈소아 아동〉〈신생아_추가〉폴리오바이러스를 예방하는 백신. 폴리오바이러스에 감염되면 일부에서 척수염이 생겨 사지가 마비될 수 있으므로 반드시 접종해야 한다.

소아암(小兒癌)[소아암] **명**《의학》〈소아 아동〉〈암〉어린아이에게 많이 일어나는 암. 성인과 달리 상피 조직에 나타나지 않으며, 백혈병이 절반을 차지하고 그 밖에도 뇌종양, 신경 모세포종 따위가 있다. ¶소아암은 성인 암과 달라 건강 검진이나 위내시경 등을 통해 사전에 미리 발견해 예방할 수 있는 방법이 거의 없다.

소아^진행^마비(小兒進行痲痹)[ ] **명구**《의학》〈소아 아동〉〈마비〉선천적으로 모체에서 감염된 매독 때문에 15세 무렵에 증상이 나타나는 진행 마비. 기억력이 없어지고 손이 떨리며 말을 못 하게 된다.

소아^천식(小兒喘息)[ ] **명구**《의학》〈청소년〉〈청소년-호흡기 및 알레르기 질환〉어린아이의 기관지염과 천식의 합병증. 알레르기가 원인이 되어 생기는 것으로, 콧물과 기침이 나고 숨 쉴 때 목에서 가르랑거리는 소리가 난다.

소열-제(消熱劑)[소열쩨]**명**《약학》〈영유아〉〈신생아_추가〉체온 조절 중추 (中樞)에 작용하여 병적으로 높아진 체온을 정상으로 내리게 하는 약. 안티 피린, 아세트아닐라이드, 아스피린, 페나세틴 따위가 있다.〈유〉해열제

소유두-증(小乳頭症)[소:유두쯩]**명**《의학》〈여성 일반〉〈부인(여성)-유방 질 환〉유두의 크기가 정상보다 작은 증상.〈유〉소-유두(小乳頭)「001」(동의어), 작은유두-증(작은乳頭症)「001」(동의어), 작은젖꼭지-증(작은젖꼭지症) 「001」(〈유〉)

소유방-증(小乳房症)[소:유방쯩]**명**《의학》〈여성 일반〉〈부인(여성)-유방 질 환〉유방이 작은 증상.〈유〉작은유방-증(작은乳房症)「001」(동의어)¶후천적 인 사고나 치료후에 소유방증이 생길 수 있다.

소화^불량(消化不良)[ ]**명구**《의학》〈청소년〉〈청소년-소화기 질환〉먹은 음식 을 위나 창자에서 잘 받아들이지 못하여 영양분을 흡수하지 못하는 증상.¶ 소화불량은 흔한 질환 중 하나이지만, 만성적으로 나타나면 큰 스트레스로 다가온다.

속눈썹^여드름( )[ ]**명구**《의학》〈여성 일반〉〈부인(여성)-피부 및 모발 질환〉 눈꺼풀의 개방 변연부에 생긴 털집 구진과 고름집.

속발 쓸개관 간경화증(續發쓸개管肝硬化症)[ ]**명구**《의학》〈영유아〉〈간 질환〉 선천적 폐쇄 또는 협착으로 인한 만성 담즙 폐쇄로 인한 간경변.

속발^무월경(續發無月經)[ ]**명구**《의학》〈여성 일반〉〈부인(여성)-부인과(산부 인과) 질환〉사춘기에 월경이 나타났다가 그 이후에 없어지는 증상.〈유〉속 발성^무월경(續發性無月經)「001」(동의어)¶속발 무월경의 가장 흔한 원인 으로는 다낭성 난소 증후군이 있다.

속발성^무월경(續發性無月經)[ ]**명구**《의학》〈여성 일반〉〈부인(여성)-부인과 (산부인과) 질환〉사춘기에 월경이 나타났다가 그 이후에 없어지는 증 상.〈유〉속발^무월경(續發無月經)「001」(동의어)¶월경을 하던 여성이 6개

월 이상 월경이 없는 경우에는 속발성 무월경으로 산부인과를 찾아야 한다.

속발성^부갑상샘^기능^항진증 (續發性副甲狀샘機能亢進症)[ ] **명구**《의학》〈여성 일반〉〈부인(여성)-내분비 및 대사 질환〉부갑상샘의 외부에 원인이 있어 생기는 질환. 주로 만성 신부전증에 의해 일어날 수 있다.

속발성^월경통 (續發性月經痛)[ ] **명구**《의학》〈여성 일반〉〈부인(여성)-부인과 (산부인과) 질환〉초경 후 수년이 지나서 나타나는 월경통. 자궁 내 장치의 사용, 골반 염증 질환, 자궁 내막증, 자궁 근종 따위와 관련이 있다.〈유〉속 발^월경통(續發月經痛)「001」(동의어), 이차^월경통(二次月經痛)「001」(동의 어) ¶원발성의 경우보다 속발성월경통일 때에 발생 연령이 다소 높은 경향 을 보인다.

속발^월경통 (續發月經痛)[ ] **명구**《의학》〈여성 일반〉〈부인(여성)-부인과(산부 인과) 질환〉초경 후 수년이 지나서 나타나는 월경통. 자궁 내 장치의 사용, 골반 염증 질환, 자궁 내막증, 자궁 근종 따위와 관련이 있다.〈유〉속발성^ 월경통(續發性月經痛)「001」(동의어), 이차^월경통(二次月經痛)「001」(동의 어) ¶속발 월경통은 골반 내에 있는 특정 질환에 의해 유발되며 주로 성인 여성에게서 발생했다.

속앓이 ( )[소가리] **명**〈기타〉〈통증 일반〉속이 아픈 병. 또는 속에 병이 생겨 아파하는 일. ¶인절미 사 오라는 말은 엄마의 속앓이가 가라앉았다는 것을 뜻했다. 몸이 나으면 엄마는 언제나 인절미를 먹었다.

속앓이하다 ( )[소가리하다] **동**〈기타〉〈통증 일반〉속에 병이 생겨 아파하다.

속이 넘어오다 ( )[ ] **동구**〈기타〉〈통증 일반〉(음식물이나 울음 따위가 목구멍으 로) 밖으로 나오다. ¶목구멍으로 신물이 넘어왔다. / 심한 뱃멀미로 인해 먹은 것이 모두 넘어왔다.

속이 뒤집히다 ( )[ ] **동구**〈기타〉〈통증 일반〉(사람이) 몹시 비위가 상하다. ¶영 수는 길가의 구토물을 보고는 속이 뒤집혔다.

속-치질 (속痔疾)[속:치질] **명**《의학》〈여성 일반〉〈부인(여성)-소화기 질환〉항

人

문 속에 생긴 치질.〈유〉암-치질(암痔疾)「001」(동의어)

손( )[손]몡〈소아 아동〉〈소아 피부병-천연두〉'천연두'를 일상적으로 이르는
말.

손-님( )[손님]몡〈소아 아동〉〈소아 피부병-천연두〉'천연두'를 일상적으로 높
여 이르는 말. ¶신라의 〈처용가〉에 나오는 '역신'이 천연두와 관련 있다는
설도 있다. 그 위력이 상당했는지, 상단 문서에서도 서술했지만, 민간에서
는 천연두를 '손님' 등의 존칭으로 부르며 '배송굿'을 벌여 천연두 귀신'님'이
얼른 나가기를 빌었을 정도.

손님-마마(손님媽媽)[손님마마]몡〈소아 아동〉〈소아 피부병-천연두〉'천연두'
를 일상적으로 매우 높여 이르는 말. ¶여느 병도 아닌 손님마마라, 서로 왕
래하고 참견하는 것도 꺼리는 이웃에게 자꾸 매달린다는 것도 못할 노릇이
었다.

손님마마-하다(손님媽媽하다)[손님마마하다]동〈소아 아동〉〈소아 피부병-천
연두〉천연두를 앓다.

손님-탈( )[손님탈]몡《민속》〈소아 아동〉〈소아 피부병-천연두〉오광대놀음
에서, 천연두 수호신으로 나오는 탈. ¶가운데 사진은 통영 오광대놀이 손님
탈이다.

손님-하다( )[손님하다]동〈소아 아동〉〈소아 피부병-천연두〉천연두를 앓다.

손목굴^증후군(손목窟症候群)[ ]몡구《의학》〈청소년〉〈청소년-근골격계 및 정
형외과 질환〉손목을 통과하고 있는 뼈 언저리 부분이 아프고 저림으로 말
미암아 한꺼번에 나타나는 여러 가지 병적 증상.〈유〉손목 터널 증후군

손목 터널 증후군(손목tunnel症候群)[ ]몡구《의학》〈여성 일반/기타〉〈부인(여
성)-근골격계 및 정형외과 질환/통증 일반〉손바닥과 손목의 연결 부위인 신
경이 눌려 손목에 통증을 느끼는 증상. 컴퓨터를 많이 사용하거나 빨래, 설
거지, 청소 따위의 반복적인 일을 많이 하는 사무직이나 주부에게 흔히 발
생한다.〈유〉마우스 증후군(mouse症候群), 손목굴^증후군(손목窟症候群)

「001」(동의어), 수근관^증후군(手根管症候群)「002」(동의어), 팔목^터널^증후군(팔목tunnel症候群)「002」(동의어) ¶손목 터널 증후군으로 손가락이나 손목이 저리거나 아프면 아령 들기, 팔 굽혀 펴기 등 손목에 무리하게 힘이 들어가는 운동은 피해야 한다. / 손목 터널 증후군은 마우스를 장시간 반복 사용 할 때 발생하는 질병으로 직장인들의 손목 건강을 위협하는 대표적인 직장인 증후군이다.

손발톱^곰팡이병 (손발톱곰팡잇病)[ ] 명구《의학》〈여성 일반〉〈부인(여성)-피부 및 모발 질환〉진균이 손톱이나 발톱에 침입하여 손발톱이 거칠어지고 더러워지며 때로 흰색의 점이 생기는 병.〈유〉손발톱^곰팡이증(손발톱곰팡이症)「001」(동의어), 손발톱^진균증(손발톱眞菌症)「001」(동의어)

손발톱밑^고름집 ( )[ ] 명구《의학》〈여성 일반〉〈부인(여성)-피부 및 모발 질환〉보통 손톱이나 발톱의 밑으로 확산되는 고름집. 손발톱 주위염에 의하여 발생한다.〈유〉조갑하^농양(爪甲下膿瘍)「001」(〈유〉)

손발톱진균증 (손발톱眞菌症)[ ] 명구《의학》〈노인 일반〉〈노인-피부 질환〉진균이 손톱이나 발톱에 침입하여 손발톱이 거칠어지고 더러워지며 때로 흰색의 점이 생기는 병.〈유〉손발톱 곰팡이증, 손발톱 곰팡이병 ¶손발톱이 두꺼워지며 하얗게 되고, 잘 부스러지는 증상은 손발톱 진균증의 대표적인 증상들입니다.

손상 (損傷)[손상] 명〈노인 일반〉〈노인-기타〉병이 들거나 다침. ¶뇌에 손상을 입다. / 전란 중에 질병이 만연하여 인명의 손상이 많았다.

솔다 ( )[솔다] 형〈기타〉〈통증 일반〉('귀'와 함께 쓰여) 시끄러운 소리나 귀찮은 말을 자꾸 들어서 귀가 아프다. ¶그 말은 귀가 솔도록 들었다. / 근처 어느 본산(本山) 갈린 주지의 논평이 귀가 솔 지경이다.

쇼그렌^증후군 (sjögren症候群)[ ] 명구《의학》〈여성 일반/청소년〉〈부인(여성)-감각 기관(면역 및 자가 면역)/청소년-면역 및 자가 면역 질환〉온몸의 외분비 기능을 담당하는 샘 조직이 장애를 받는 병. 주로 눈물샘, 침샘이 침해당

ㅅ

하는 것으로, 단독으로 발병하기보다는 아교질병 따위에 합병하여 나타나는 일이 많다. 스웨덴의 안과 의사 셰그렌이 보고하였다. ⇒ 규범 표기는 '셰그렌 증후군'이다.

수근관 증후군(手根管症候群)[ ] 명구 《의학》〈기타〉〈통증 일반〉손목을 통과하고 있는 뼈 언저리 부분이 아프고 저림으로 말미암아 한꺼번에 나타나는 여러 가지 병적 증상.〈유〉마우스 증후군(mouse症候群), 손목 터널 증후군(손목tunnel症候群) ¶집 안에서 주부들이 걸레, 빨래 등을 자주 쥐어짜다 보면 손목에 상당한 무리가 가해져 손 저림증, 즉 수근관 증후군에 시달리는 일이 흔하며 컴퓨터나 타자기를 계속 사용할 경우에도 손목을 수평으로 유지해야 하므로 손목 인대에 무리가 간다. / 이러한 손 저림은 대개 손목 부위의 인대가 두꺼워져 신경을 눌러 증상이 나타나는데 '수근관 증후군'인 경우가 대부분이다.

수두(水痘)[수두] 명 《의학》〈소아 아동/청소년〉〈소아 피부병-수두/청소년-감염병 및 전염병〉어린아이의 피부에 붉고 둥근 발진이 났다가 얼마 뒤에 작은 물집으로 변하는 바이러스 전염병. ¶수두(水痘, chickenpox, varicella)는 수두대상포진바이러스(varicella zoster virus)가 원인으로 생기는 피부 질환이다.

수두^대상^포진(水痘帶狀疱疹)[ ] 명구 《의학》〈여성 일반〉〈부인(여성)-피부 및 모발 질환〉수두 및 대상 포진을 일으키는 바이러스에 의한 감염. 척수 신경절에 잠복해 있다가 면역 기능이 떨어지면 재활성화되어 나타난다. 통증과 함께 신경을 따라 물집이 생긴다.

수두^면역^글로불린(水痘免疫globulin)[ ] 명구 《의학》〈소아 아동〉〈소아 피부병-수두〉어린이의 수두를 예방하기 위해 먹는 약인 글로불린. 띠 헤르페스에 걸린 성인의 회복기 혈청에서 분리·정제하고 건조하여 만든다. ¶수두 면역 글로불린은 수두 노출이 있는 고위험 개인을 위해 시장에 출시되었고, 미국에서 판매되는 현재 면역 글로불린에 대한 추가 수정(further revision)

을 거쳤습니다.

수두^백신(水痘 vaccine)[ ] 〔**명구**〕〈영유아〉〈신생아_추가〉수두대상포진바이러스를 예방하는 백신. 의료 기관에서는 12~15개월 사이에 1차 접종을 권고하며, 3개월 간격을 두고 2차 접종이 가능하다.

수막^구균(髓膜球菌)[ ] 〔**명구**〕《보건 일반》〈소아 아동〉〈전염병일반〉사람의 비인두에서만 발견되는 세균. 수막 알균 수막염과 수막 알균 혈증의 원인균이다.

수막구균 백신(髓膜球菌 vaccine)[ ] 〔**명구**〕〈영유아〉〈신생아_추가〉수막 구균을 예방하는 백신. 수막 구균 감염증은 매우 드물게 발생하나 발병하면 심각한 후유증을 유발할 수 있으므로 주치의와 상의하여 접종을 고려해야 한다.

수막^구균^감염증(髓膜球菌感染症)[ ] 〔**명구**〕《의학》〈소아 아동〉〈전염병일반〉수막염균에 의한 감염증. 수막염균은 유행성 수막염의 주된 기염균이며, 수막염균성 균혈증을 일으킨다.

수막^구균성^뇌^수막염(髓膜球菌性腦髓膜炎)[ ] 〔**명구**〕《의학》〈소아 아동〉〈전염병일반〉수막 구균에 의해 발생하는 뇌 수막염. 〈유〉수막 구균 감염증 ¶최근 치사율이 높은 수막 구균성 뇌 수막염이 수도권을 중심으로 전국으로 번지면서 환자가 숨지는 사례까지. / 신학기 시작 이후 확산될 수 있는 '수막 구균성 뇌 수막염'을 비롯한 침습성 수막 구균 감염에 대해 주의가 요청되고 있다.

수막^구균^예방^접종(髓膜球菌豫防接種)[ ] 〔**명구**〕《보건 일반》〈소아 아동〉〈전염병일반〉수막 구균에 대한 예방 접종. 국가 예방 접종에 포함되지 않으며, 수막 구균에 감염될 위험이 높은 대상자에게 권장한다. ¶하지만 이번 식약청 승인에 따라 국내에서도 일반 병의원에서 수막 구균 예방 접종이 가능해졌다. / 태백시 드림 스타트는 오늘(7일)부터 오는 23일까지 드림 스타트 아동 16명을 대상으로 수막 구균 예방 접종을 실시한다고 밝혔다.

수막염균(髓膜炎菌)[수망념균]〔**명**〕《보건 일반》〈소아 아동〉〈전염병일반〉유행 뇌척수막염의 병원체. 홀씨와 편모(鞭毛)가 없는 호기성이나 그람 음성

(Gram陰性)의 쌍알균으로, 저항이나 증식력은 약하며, 건강한 사람의 코나 인두에도 존재하는 수가 있다. 〈유〉뇌척수막염균

수막염균에서의^수막염(髓膜炎菌에서의髓膜炎)[ ]**명구**《의학》〈소아 아동/성인 일반〉〈전염병일반〉수막염균에 의한 급성 감염. 소아와 젊은 성인이 주로 감염되며 열, 두통, 눈부심, 구토, 목 경축, 경련, 혼수 따위의 증상이 나타난다.

수면^무호흡^증후군(睡眠無呼吸症候群)[ ]**명구**《의학》〈청소년〉〈청소년-정신 건강 및 신경정신과 질환〉수면 중에 입과 코의 공기의 흐름이 동시에 10초 이상 정지하는 발작이 하룻밤 사이에 수십 번 일어나는 병적 증상. 잠을 자다 돌연사를 하는 원인이 된다.

수면^장애(睡眠障礙)[ ]**명구**《의학》〈청소년〉〈청소년-정신 건강 및 신경정신과 질환〉수면과 관련된 장애 증상을 통칭하는 말. 잠을 깊게 자지 못하거나 잠들지 못하는 증상 또는 수면 시간이 너무 길어 일상생활에 지장을 주는 상태를 말한다. 신체 장애, 정신적 스트레스, 과다 수면 따위가 원인이다. ¶1년 전 가벼운 수면 장애와 우울증으로 정신과 치료를 받은 기록이 문제가 됐다.

수슬-수슬( )[수슬수슬]**부**〈소아 아동〉〈소아 피부병-천연두〉천연두나 헌데 따위가 딱지가 붙을 정도로 조금 마른 모양.

수슬수슬-하다( )[수슬수슬하다]**형**〈소아 아동〉〈소아 피부병-천연두〉천연두나 헌데 따위가 딱지가 붙을 정도로 조금 마르다.

수압(收壓)[수압]**명**《한의》〈소아 아동〉〈소아 피부병-천연두〉천연두를 앓을 때에 고름집의 고름이 흡수되면서 말라 생기는 딱지.

수엽(收靨)[수엽]**명**《한의》〈소아 아동〉〈소아 피부병-천연두〉천연두를 앓을 때에 고름집의 고름이 흡수되면서 말라 생기는 딱지. ¶증상으로는 초열(初熱), 출두(出痘), 기창(起脹), 관농(貫膿), 수엽(收靨), 낙가(落痂) 등의 단계가 3일씩 차례대로 진행되는 독특한 경과를 보였다.

수유성^무월경 (授乳性無月經) [ ] 〔명구〕《의학》〈여성 일반〉〈부인(여성)-부인과 (산부인과) 질환〉모유를 수유하는 동안 생리적으로 월경이 억제되는 현상. 〈유〉젖분비^무월경(젖分泌無月經)「001」(동의어) ¶뉴질랜드 여성에서의 수유성 무월경에 관한 연구.

수족구-병 (手足口病) [수족꾸병] 〔명〕《의학》〈소아 아동/청소년〉〈소아 피부병-풍진/청소년-감염병 및 전염병〉주로 소아의 손, 발, 입속에 작은 수포가 생기는 감염병. 경중이지만 감염력이 높으며 주로 여름철에 발병한다. ¶수족구병을 앓다. 수족구병에 걸리다. 수두와 수족구병은 대표적인 유행성 질환이다.

수축기^잡음 (收縮期雜音) [수축끼자븜] 〔명구〕《의학》〈영유아〉〈고혈압/심장 질환〉심장의 심실이 수축할 때 생기는 잡음. 흔히 심장 판막증이나 선천 심장병이 있을 때 생기며 때로는 고혈압, 심장 근육 질병(心臟筋肉疾病), 빈혈, 갑상샘 기능 항진증 따위가 있을 때에도 들리는데 유연하고 부드러운 잡음은 기능적인 것이고, 거칠고 조잡하며 센 것은 기질적인 변화이다.

수통스럽다 (羞痛스럽다) [수통스럽따] 〔형〕〈기타〉〈통증 일반〉부끄럽고 가슴 아픈 데가 있다. ¶그는 남에게 구걸을 해야 하는 자신의 처지가 한없이 수통스러웠다. / 몰골사납고 수통스러운 꼴이 나고 안 나는 게 형님께 달렸으니 생각해 하시우.

수통하다 (羞痛하다) [수통하다] 〔형〕〈기타〉〈통증 일반〉부끄럽고 가슴 아프다.

수포-창 (水疱瘡) [수포창] 〔명〕《한의》〈소아 아동〉〈소아 피부병-수두〉'수두01'를 한방에서 이르는 말. ¶혈액질환 면역 혈소판 감소증에 사용되며 피부와 점막에 물집이 일어나는 병인 수포창(水疱瘡) 환자에게 효능이 있는 것으로 나타났다.

수혈 간염 (輸血肝炎) [ ] 〔명구〕《의학》〈영유아/소아 아동/성인 일반〉〈간염/간 질환〉에이치비 바이러스의 감염에 의한 간염. 성인은 성교나 수혈을 통해서 감염되고 일과성 감염의 경과를 거치지만, 신생아나 소아는 지속적으로 감염되는 일이 많다. 〈유〉비형 간염(B型肝炎) ¶수혈 간염(수혈을 받은 후 간의 염증)은 1969년에 기술되었지만 C형 간염은 1989년이 되어서야 처음 으로 확인되었습니다.

수화 (水花)[수화]**명**《한의》〈소아 아동〉〈소아 피부병-수두〉'수두01'를 한방 에서 이르는 말.

숨이 가쁘다 ( )[ ]**형구**〈기타〉〈통증 일반〉숨이 몹시 차다. ¶그가 숨을 가쁘게 쉬면서 말을 이어 나갔다. / 폐 한쪽을 들어낸 소령은 침대에서 내려서는 것 만으로도 숨이 가빠서 네댓 번은 쉬어야 된다.

숨통이 막히다 ( )[ ]**동구**〈기타〉〈통증 일반〉숨을 쉴 수 없을 정도로 답답함을 느끼다. 〈유〉숨이 막히다 ¶숨을 쉬려면 숨통이 꽉꽉 막히는 것 같고, 가슴 이 짓눌리는 듯이 갑갑해서 견딜 수가 없었다.

스멀거리다 ( )[스멀거리다]**동**〈기타〉〈통증 일반〉(몸이나 몸의 일부가) 살갗에 벌레 따위가 기어가는 것처럼 근질근질하다. 〈유〉스멀대다, 스멀스멀하 다 〈참〉사물거리다 ¶흐르는 땀방울들로 그의 가슴팍이 스멀거렸다. / 풀 밭을 걷는데 그녀는 다리가 왠지 모르게 스멀거려 불쾌했다.

스멀대다 ( )[스멀대다]**동**〈기타〉〈통증 일반〉(몸이나 몸의 일부가) 살갗에 벌 레 따위가 기어가는 것처럼 근질근질하다. 〈유〉스멀거리다, 스멀스멀하 다 〈참〉사물대다 ¶옷 속에 벌레가 들어갔는지 등이 자꾸 스멀대었다.

스멀스멀하다 ( )[스멀스멀하다]**동**〈기타〉〈통증 일반〉(몸이나 몸의 일부가) 살 갗에 벌레 따위가 기어가는 것처럼 근질근질하다. 〈유〉스멀거리다, 스멀대 다 〈참〉서물서물하다, 사물사물하다 ¶그 영화는 사람을 깜짝 놀래지는 않 지만 온몸이 스멀스멀하는 공포감을 준다.

스물스물하다 ( )[스물스물하다]**동**〈기타〉〈통증 일반〉스멀스멀하다'의 비표 준어.

스테로이드^호르몬 (steroid hormone)[ ]**명구**《화학》〈영유아〉〈신생아_추가〉 화학 구조에서 스테로이드 핵을 갖는 호르몬. 남성 호르몬, 여성 호르몬, 부신 겉질 호르몬 따위가 여기에 속한다.

스트레스성^요실금 (stress性尿失禁)[ ]〔명구〕《의학》〈여성 일반〉〈부인(여성)-부인과(산부인과) 질환〉기침, 재채기, 줄넘기 등으로 인하여 복부의 압력이 높아짐으로써, 의지와 상관없이 오줌이 새는 현상. 조임근 기전이 불완전하기 때문에 일어난다. 〈유〉긴장성^요실금(緊張性尿失禁)「001」(동의어), 복압^오줌새기(腹壓오줌새기)「001」(동의어), 복압^요실금(腹壓尿失禁)「001」(동의어), 복압성^요실금(腹壓性尿失禁)「001」(동의어), 스트레스^요실금(stress尿失禁)「001」(동의어)

스트레스^요실금 (stress尿失禁)[ ]〔명구〕《의학》〈여성 일반〉〈부인(여성)-부인과(산부인과) 질환〉기침, 재채기, 줄넘기 등으로 인하여 복부의 압력이 높아짐으로써, 의지와 상관없이 오줌이 새는 현상. 조임근 기전이 불완전하기 때문에 일어난다. 〈유〉긴장성^요실금(緊張性尿失禁)「001」(동의어), 복압^오줌새기(腹壓오줌새기)「001」(동의어), 복압^요실금(腹壓尿失禁)「001」(동의어), 복압성^요실금(腹壓性尿失禁)「001」(동의어), 스트레스성^요실금(stress性尿失禁)「001」(동의어) ¶스트레스 요실금은 일상생활 중 웃거나 재채기 같이 방광에 갑작스러운 압력이 가해졌을 때 소변이 무의식적으로 새는 상태를 말한다.

스트레스^위염 (stress胃炎)[ ]〔명구〕《의학》〈여성 일반〉〈부인(여성)-소화기 질환〉스트레스에 의하여 발생하는 위의 염증. 심한 화상이나 외상, 여러 기관의 심한 질병이 있을 경우 위 점막의 출혈을 동반한 위염이 잘 발생한다.

스피로헤타 (spirochaeta)[스피로헤타]〔명〕〈기타 공통〉〈성병〉'매독균'을 일상적으로 이르는 말. ¶항생제는 스피로헤타 감염과 싸우는 데 효과적이지만 항생제의 선택과 치료는 특정 감염 및 개인 요인에 따라 다를 수 있습니다.

슬슬 ( )[슬슬]〔부〕〈기타〉〈통증 일반〉배가 조금 쓰리면서 아픈 모양. 〈참〉살살, 쌀쌀 ¶저녁 먹은 것이 잘못 되었는지 슬슬 배가 아파 오기 시작했다.

습관^변비 (習慣便祕)[ ]〔명구〕《의학》〈여성 일반〉〈부인(여성)-소화기 질환〉창자에 특별한 병이 없는데도 반복적으로 일어나는 변비. 어린이에게는 모유 부족·당분 부족 따위로, 성인에게는 운동 부족·대변 억제 따위로 인하여 생긴다. 신경과민인 사람에게서 많이 볼 수 있다.〈유〉상습^변비(常習便秘)「001」(동의어), 습관성^변비(習慣性便祕)「001」(동의어)

습관성^변비 (習慣性便祕) [ ] **명구**《의학》〈여성 일반〉〈부인(여성)-소화기 질환〉창자에 특별한 병이 없는데도 반복적으로 일어나는 변비. 어린이에게는 모유 부족·당분 부족 따위로, 성인에게는 운동 부족·대변 억제 따위로 인하여 생긴다. 신경과민인 사람에게서 많이 볼 수 있다.〈유〉상습^변비(常習便秘)「001」(동의어), 습관^변비(習慣便祕)「001」(동의어)

습관성^유산 (習慣性流産) [ ] **명구**《의학》〈임부 산모〉〈부인(여성)-기타 임신 및 출산 관련 문제〉3회 이상 연속하여 비슷한 발육 시기에 사망하거나 미성숙한 태아를 자연히 만출하는 일. ¶습관성 유산은 연속적으로 발생하는 3회 이상의 유산을 말하며, 약 1%의 여성에서 발생한다고 알려져 있다.

습관성^유산자 (習慣性流産者) [ ] **명구**《의학》〈임부 산모〉〈부인(여성)-기타 임신 및 출산 관련 문제〉세 번 이상 연속하여 비슷한 시기에 유산을 되풀이한 여성. 임신 초기의 유산은 그 원인이 주로 염색체 이상, 모체 분비 기능 부전, 자궁 기형, 과로·중노동·불안 상태·불면 등의 부적절한 생활에 있고, 임신 중기의 유산은 경관 무력증, 진구 경관 열상 등에 그 원인이 있다. ¶국민건강보험공단의 통계에 따르면 국내 전체 임산부의 20%가 유산을 경험한 적이 있고, 그중 3명 가운데 1명은 습관성 유산자였다.

습관^유산 (習慣流産) [ ] **명구**《의학》〈임부 산모〉〈부인(여성)-기타 임신 및 출산 관련 문제〉동일한 발육 시기에 죽거나 미성숙한 태아를 3회 이상 연속으로 낳는 일. ¶유산이 반복되면서 습관 유산이 이어진다면 자궁 내막에 큰 손상을 줄 수 있다.

습열 요통 (濕熱腰痛) [ ] **명구**《한의》〈기타〉〈통증 일반〉습열로 인한 요통. 허리 부위에 열이 있고 아프다. ¶기름진 음식을 자주 먹으면 순환과 소화 능력이 떨어져 여름철 덥고 습한 기운이 몸 안에 정체되게 되는데, 이는 습열 요통의 원인이 된다.

습요통(濕腰痛)[슴뇨통] 圐《한의》〈기타〉〈통증 일반〉축축하거나 찬 곳에 오래 앉아 있을 때 생기는 요통. 허리가 무겁고 아프며 차다. 날이 흐리거나 습할 때 증세가 더 심해지고 오줌이 잦다. ¶습요통은 특히 장마철에 주로 통증이 심해지고 비가 오려면 허리가 더 아파진다고 호소하는 경우에 해당한다.

습진(濕疹)[습찐] 圐《의학》〈청소년〉〈청소년-피부 및 모발 질환〉여러 가지 자극물로 인하여 피부에 일어나는 염증. 벌겋게 붓거나 우툴두툴하게 부르트고, 물집이나 딱지가 생기거나 피부가 꺼칠해지는 것과 같은 여러 가지 증상이 나타나며 가려움을 동반하는 것이 특징이다.

시근거리다( )[시근거리다] 圄〈기타〉〈통증 일반〉(사람이나 신체의 일부분이) 뼈마디 따위가 조금 심하게 자꾸 시리고 쑤시다.〈유〉시근대다, 시근시근하다 〈참〉시큰거리다, 새근거리다 ¶그는 허리가 아프고 발목이 시근거리는 것을 참고 마지막 순서까지 진행하였다.

시근대다( )[시근대다] 圄〈기타〉〈통증 일반〉(사람이나 신체의 일부분이) 뼈마디 따위가 조금 심하게 자꾸 시리고 쑤시다.〈유〉시근거리다, 시근시근하다 〈참〉시큰대다, 새근대다 ¶온몸의 뼈마디가 시근댄다.

시근시근하다( )[시근시근하다] 圄〈기타〉〈통증 일반〉관절 따위가 신 느낌이 들다. ¶이제는 나이가 들었는지 팔다리가 시근시근하기 시작한다.

시근하다( )[시근하다] 圀〈기타〉〈통증 일반〉(사람이나 신체의 일부분이) 뼈마디 따위가 조금 저리고 시다.〈참〉시큰하다, 새근하다

시다1( )[시다] 圀〈기타〉〈통증 일반〉관절 따위가 삐었을 때처럼 거북하게 저리다. ¶어금니가 시다. / 그녀는 어깨가 쑤신다, 가슴이 결린다, 발목이 시다, 늘 불평이었다.

시다2( )[시다] 圀〈기타〉〈통증 일반〉(눈이) 강한 빛을 받아 슴벅슴벅 찔리는

듯하다. ¶햇살이 비쳐 눈이 시다. / 지갑을 찾다가 눈이 시어 눈을 감았다.

시리다 ( )[시리다]휑〈기타〉〈통증 일반〉(몸의 한 부분이) 차가운 것에 닿아서
춥고 얼얼하다. ¶양말을 두 켤레나 신었는데도 발가락이 시렸다. / 바람이
어찌나 찬지 코끝이 시려서 가만히 서 있을 수가 없었다.

시상^하부^무월경 (視床下部無月經)[ ]명구《의학》〈여성 일반〉〈부인(여성)-부
인과(산부인과) 질환〉뇌하수체 전엽에 대한 시상 하부의 자극이 부족하여
발생한 이차적 무월경. ¶시상 하부 무월경이 계속되니까 넘 힘들다.

시큰거리다 ( )[시큰거리다]동〈기타〉〈통증 일반〉(팔다리나 뼈마디가) 심하게
자꾸 시리고 쑤시다. 〈유〉시큰대다 〈참〉시근거리다, 새큰거리다 ¶테니스
를 너무 오래 쳤더니 손목이 시큰거린다. / 이빨 부러진 곳이 욱신거리기도
하고 시큰거리기도 해.

시큰대다 ( )[시큰대다]동〈기타〉〈통증 일반〉(팔다리나 뼈마디가) 심하게 자꾸
시리고 쑤시다. 〈유〉시큰거리다 〈참〉시근대다, 새큰대다 ¶피아노 앞에 앉
은 아이는 이유 없이 시큰대는 손목을 어루만지며 침을 삼켰다.

시큰시큰하다 ( )[시큰시큰하다]휑〈기타〉〈통증 일반〉(팔다리나 뼈마디가) 심
하게 자꾸 시리고 쑤시는 느낌이 있다. 〈참〉시근시근하다, 새큰새큰하다 ¶
다리가 시큰시큰해서 더 이상 걷지 못하겠다. / 학교에 가서도 층층대를 오
르내리려면, 다리가 무겁고 무릎이 시큰시큰하여서 매우 괴로웠다.

시큰하다 ( )[시큰하다]휑〈기타〉〈통증 일반〉(팔다리나 뼈마디가) 조금 시리고
쑤신 느낌이 있다. 〈참〉시근하다, 새큰하다 ¶너무 오래 앉아 있었더니 허리
가 시큰하며 아프다./무르팍이 시큰했다.

시통 (始痛)[시:통]명《한의》〈소아 아동/기타〉〈소아 피부병-천연두/전염병/
통증 일반〉천연두를 앓을 때, 발진이 돋기 전에 나타나는 통증. 열이 오르
거나 두통 따위의 증세가 있다. ¶약록에는 본편에 시통(始痛)에 쓰이는 투
사전(透邪煎), 시귀음(柴歸飮), 청열투기탕(淸熱透肌湯)으로부터 통치방으
로 쓰이는 가미소독음, 양영탕, 소반화진탕에 이르기까지 252방이 실려 있

고 이어 마진제중에 쓰이는 방풍통성산, 화반탕, 현삼승마탕을 비롯해 소풍
산, 갈근귤피탕, 누로탕에 이르기까지 23방을 더해, 마진 치료에 응용할 수
있는 처방 도합 272방을 수재하고 있다.

시한증후군(Sheehan症候群)[ ] 명구《의학》〈여성 일반〉〈부인(여성)-여성 호르
몬 및 폐경 관련 질환〉아이를 낳은 뒤 뇌하수체에 괴사가 생겨 뇌하수체의
기능이 저하되는 증후군. ⇒ 규범 표기는 미확정이다.

식감(食疳)[식깜] 명《한의》〈소아 아동〉〈위장병〉어린아이에게 생기는 소화
기관 질환.〈유〉비감

식도암(食道癌)[식또암] 명《의학》〈노인 일반〉〈노인-암(종양) 관련 질환〉식
도에 발생하는 악성 종양. 목에 무엇이 자꾸 걸리는 듯한 느낌이나 압박감
따위의 증상으로 시작하여 식도가 좁아지고 음식물을 삼키기가 어려워지
는데, 보통 50~70세의 남자에게 많다. ¶식도암은 주로 50~60대의 남자에게
서 많이 발생하며, 술, 담배와 밀접한 관련이 있습니다.

식문(瘜門)[싱문] 명《민속》〈소아 아동〉〈소아 피부병-천연두〉천연두로 죽은
사람의 영혼.

식사성^무월경(食事性無月經)[ ] 명구《의학》〈여성 일반〉〈부인(여성)-부인과
(산부인과) 질환〉심한 체중 감소나 체중 과다로 인하여 발생하는 무월경.

식사^장애(食事障礙)[ ] 명구《의학》〈여성 일반〉〈부인(여성)-소화기 질환〉음
식을 기피하거나 폭식을 하는 등 식사를 정상적으로 하지 못하는 상태. ¶채
식하는 10대는 식사 장애 환자가 되거나 자살할 위험이 크다는 조사 결과가
나왔다./식사 장애란 자신이 살이 쪘다는 스트레스로 인해 식사 후 죄책감
이나 구토하고 싶은 충동을 느끼며, 음식에 집착하거나 폭식하는 증상이다.

식심통(食心痛)[식씸통] 명《한의》〈기타〉〈통증 일반〉음식을 먹고 탈이 나서
가슴과 배가 그득하며 아픈 증상. 생것이나 차가운 음식을 과음·과식하여
생긴다.

식욕(食慾)[시곡] 명〈여성 일반〉〈부인(여성)-소화기 질환〉음식을 먹고 싶어

하는 욕망. 〈유〉구미(口味)「002」, 밥-맛「002」, 식미(食味)「002」, 식사(食思)
「004」, 입-맛「001」〈참〉수면-욕(睡眠欲)「001」, 음욕(淫慾)「001」¶식욕 감퇴./
식욕이 나다. / 식욕이 왕성하다. /식욕을 느끼다./식욕을 잃다. /식욕이 없
다. / 더위를 먹으면 식욕도 떨어지고 병도 잘 난다는데…. / 그는 한동안 수
통을 입에 댄 채 식욕과 자존심 사이의 무시무시한 싸움을 치러야 했다. /
김소영은 왕성한 식욕으로 두부 한 모를 눈 깜짝할 사이에 먹어 치우고 동
태찌개를 곁들여 밥을 먹기 시작했다. / 들몰댁은 숟가락을 들지 않고 벽에
등을 기댔다. 허리가 접힐 만큼 허기를 느꼈지만 식욕은 전혀 없었다. / 나
는 오랜만에 식욕을 느끼며 나도 모르게 소리가 나도록 침을 꿀꺽 삼켰다.

식욕 과다(食慾過多)[ ]｜명구｜《의학》〈기타 공통〉〈당뇨〉비정상적으로 허기를
느끼거나, 이전에 비하여 눈에 띄게 식욕이 늘어난 상태. 당뇨병, 갑상샘 항
진증, 위장관(胃腸管)의 기생충 감염이나 폭식증이 있는 환자에게서 나타
나는 경우가 있다. 〈유〉식욕 과잉(食慾過剩)¶물론 식욕이 과다하다고 병
원을 찾는 경우는 소아 비만일 정도지만, 아이의 다른 질환이나 증상을 진
료하다 보면 식욕 과다인 경우가 많이 보인다는 것이죠.

식욕^감퇴약(食慾減退藥)[ ]｜명구｜《약학》〈여성 일반〉〈부인(여성)-소화기 질
환〉비만증의 개선에 이용하는 약물. 갑상샘말(甲狀腺末)이나 디니트로페
놀과 같은 대사 항진 약 따위가 이용된다. ¶식욕 감퇴 약(토파맥스스프링클
캡슐)을 썼고 그 약이 별 효과가 없다고 말한 지 석 달이 지나서야 새 약을
썼다.

식욕^감퇴제(食慾減退劑)[ ]｜명구｜《약학》〈여성 일반〉〈부인(여성)-소화기 질
환〉식욕이나 공복감을 저하시키는 향정신성 의약품의 일종. 중독성이 강하
며 오남용하면 중추 신경계를 자극하여 공황 상태, 공격적인 행동, 환각, 경
련, 혼수, 호흡 저하 따위를 일으키며, 심하면 사망에까지 이를 수 있다. ¶
1996년 미국 식품의약국(FDA) 승인을 받았던 펜플루라민은 대표적인 식욕
감퇴제였지만 심장 질환 발생률이 증가하면서 사용이 금지됐다. 또 다른 비

만 치료제인 시부트라민도 1997년 FDA의 승인을 받았지만 심혈관계 이상 등의 부작용 때문에 판매가 중단됐다.

식욕^결핍(食慾缺乏)[ ]**명구**《의학》〈여성 일반〉〈부인(여성)-소화기 질환〉음식을 먹고 싶어 하는 욕망이 줄어듦. 또는 그런 증상.〈유〉식욕^부진(食慾不振)「001」¶그 질병은 혀와 입천장에 궤양이 나타나게 하고 식욕 결핍으로 이어진다.

식욕^과다(食慾過多)[ ]**명구**《의학》〈여성 일반〉〈부인(여성)-소화기 질환〉비정상적으로 허기를 느끼거나, 이전에 비하여 눈에 띄게 식욕이 늘어난 상태. 당뇨병, 갑상샘 항진증, 위장관(胃腸管)의 기생충 감염이나 폭식증이 있는 환자에게서 나타나는 경우가 있다.〈유〉식욕^과잉(食慾過剩)「001」¶천식약 먹고 있는 노경견…. 비정상적 식욕 과다, 쿠싱 증후군 증상일까요?

식욕^과다증(食慾過多症)[ ][ ]**명구**《의학》〈여성 일반〉〈부인(여성)-소화기 질환〉식욕이 비정상적으로 증가된 상태. ¶음식 먹기를 거부하는 거식증과 가능하지 않은 체형을 만들기 위한 집착에서 비롯된 식욕 과다증(bigorexia)은 같은 유전적 기원을 갖는 것으로 나타났다.

식욕^과잉(食慾過剩)[ ]**명구**《의학》〈여성 일반〉〈부인(여성)-소화기 질환〉비정상적으로 허기를 느끼거나, 이전에 비하여 눈에 띄게 식욕이 늘어난 상태. 당뇨병, 갑상샘 항진증, 위장관(胃腸管)의 기생충 감염이나 폭식증이 있는 환자에게서 나타나는 경우가 있다.〈유〉식욕^과다(食慾過多)「001」¶항구토제 마로피턴트 부작용 중 식욕 과잉도 있을까요?

식욕^도착(食慾倒錯)[ ]**명구**《의학》〈여성 일반〉〈부인(여성)-소화기 질환〉특이하거나 이상한 음식물에 대한 비정상적이고 병적인 갈망을 동반한 식욕.

식욕^부진(食慾不振)[ ]**명구**《의학》〈여성 일반〉〈부인(여성)-소화기 질환〉음식을 먹고 싶어 하는 욕망이 줄어듦. 또는 그런 증상.〈유〉식욕^결핍(食慾缺乏)「001」¶은혜는 요즘 식욕 부진으로 통 먹으려 들지 않는다. / 그녀는 수태를 한 뒤부터 잦은 입덧과 식욕 부진으로 고생을 했다.

ㅅ

식욕^상실 (食慾喪失) [ ] **명구** 《의학》〈여성 일반〉〈부인(여성)-소화기 질환〉'시상 하부'에 있는 공복 중추의 기능 저하 또는 포만 중추의 기능 항진으로 인하여 식욕이 없는 상태. 〈유〉무식욕-증(無食慾症)「001」 ¶식욕 상실이 일상인의 전반적인 웰빙에 미치는 영향은 상당할 수 있으며 체중 감소, 허약 그리고 피로로 이어질 수 있습니다.

식욕^억제 (食慾抑制) [ ] **명구** 《의학》〈여성 일반〉〈부인(여성)-소화기 질환〉음식을 먹고 싶어 하는 욕구를 억제하는 일. ¶식욕 억제 성분의 약물을 복용해 체중을 감량하는 방법도 있다. / 특히 식욕 억제 성분이 함유된 제품은 영양적 불균형을 초래해 오히려 건강을 해친다.

식욕^억제^물질 (食慾抑制物質) [ ] **명구** 《의학》〈여성 일반〉〈부인(여성)-소화기 질환〉음식을 먹고 싶어 하는 욕구를 줄이거나 없애 주는 물질.

식욕^유발^효과 (食慾誘發效果) [ ] **명구** 《보건 일반》〈여성 일반〉〈부인(여성)-소화기 질환〉약물, 호르몬 또는 화합물 따위가 식욕을 일으키거나 증가시키는 효과.

식욕^이상 (食慾異常) [ ] **명구** 《의학》〈여성 일반〉〈부인(여성)-소화기 질환〉식욕이 지나치게 생기거나 없어지는 병적 현상. 다식증, 탐식증 따위의 식욕 증진과 퇴식증(退食症), 식욕 부진 따위의 식욕 감퇴가 있다.

식이^장애 (食餌障礙) [ ] **명구** 《심리》〈여성 일반〉〈부인(여성)-소화기 질환〉음식을 섭취하는 것과 관련한 심리적 이상 현상이나 병적 증세. 거식증, 폭식증 따위가 있다. ¶거식증 또는 폭식증 등 식이 장애로 고통받는 10대 후반~20대 초반의 젊은이 12명이 캠프를 떠났다. / 이번에 선보인 동영상은 성장기 청소년의 건강을 해치는 인터넷 중독, 우울증, 물질 남용, 척추 측만증, 식이 장애와 관련해 진단, 증세, 치료 및 예방에 대한 정보를 제공한다.

식적 요통 (食積腰痛) [ ] **명구** 《한의》〈기타〉〈통증 일반〉먹은 음식이 잘 소화되지 않고 위장에 체기가 있어 허리가 아픈 증상. ¶식적 요통을 피하려면 술자리에서 자극적이고 기름진 음식을 피해야 합니다.

식-중독(食中毒)[식쭝독]**명**《보건 일반》〈청소년〉〈청소년-감염병 및 전염병〉음식물 가운데 함유된 유독 물질의 섭취로 생기는 급성 소화 기관 병. 설사·복통·구토 따위의 증상이 나타나며 피부에 발진이 생기기도 하는데, 원인은 음식물의 부패에 기인하는 것이 대부분이나, 익지 않은 과일을 먹거나 음식을 지나치게 먹는 것도 원인이 될 수 있다. ¶식중독을 일으키다.

신경 모세포종(神經母細胞腫)[ ]**명구**《의학》〈영유아〉〈암〉신경 모세포에서 발생하는 악성 종양. 5세 이하의 어린이에게 생기며 복부의 교감 신경이나 부신, 후복막 따위에서 발생하는데, 전이(轉移)가 빠른 것이 특징이다. 〈유〉신경아세포종 ¶신경 모세포종은 드물지만 1년 미만의 어린이에게 가장 많이 발생하는 악성 종양이다.

신경성^무식욕증(神經性無食慾症)[ ]**명구**《의학》〈여성 일반〉〈부인(여성)-소화기 질환〉'신경성 식욕 부진'의 전 용어. ¶미국의 '신경성 무식욕증(거식증)과 이와 관련된 장애 전국 연합'의 자료를 보면, 미국인 3천만 명이 살아가는 동안 먹는 문제 장애를 겪으며 해마다 대략 1만명이 숨진다.

신경성^병적^과식(神經性病的過食)[ ] **명구**《의학》〈여성 일반〉〈부인(여성)-소화기 질환〉매우 짧은 시간 동안 다량의 음식을 통제할 수 없이 빠르게 섭취한 후에 몸무게 증가를 막기 위하여 의도적으로 구토하거나 설사제, 이뇨제를 복용하기도 하고 굶거나 과도한 운동을 하기도 하는 폭식. 죄책감, 우울감, 자기혐오 따위가 동반되기도 한다. 〈유〉신경성^식욕^항진증(神經性食慾亢進症)「001」 ¶신경성 폭식증 환자 4년 새 40.9% 증가… 절반이 20대 여성

신경성^식욕^항진증(神經性食慾亢進症)[ ]**명구**《의학》〈여성 일반〉〈부인(여성)-소화기 질환〉매우 짧은 시간 동안 다량의 음식을 통제할 수 없이 빠르게 섭취한 후에 몸무게 증가를 막기 위하여 의도적으로 구토하거나 설사제, 이뇨제를 복용하기도 하고 굶거나 과도한 운동을 하기도 하는 폭식. 죄책감, 우울감, 자기혐오 따위가 동반되기도 한다. 〈유〉신경성^병적^과식(神經性病的過食)「001」

ㅅ

신경-얼기(神經얼기)[신경얼기]명《의학》〈영유아〉〈신생아_추가〉신경 섬유가 서로 섞여서 그물처럼 이루어진 것.〈유〉신경-총

신경절^세포(神經節細胞)[ ]명구《의학》〈영유아〉〈신생아_추가〉망막에서 수용하는 외계의 광 패턴을 변환하여 뇌에 보내는 망막의 출력 세포.

신경통(神經痛)[신경통]명《의학》〈기타〉〈통증 일반〉말초 신경이 자극을 받아 일어나는 통증...

신경-얼기(神經얼기)[신경얼기]명《의학》〈영유아〉〈신생아_추가〉신경 섬유가 서로 섞여서 그물처럼 이루어진 것.〈유〉신경-총

신경절^세포(神經節細胞)[ ]명구《의학》〈영유아〉〈신생아_추가〉망막에서 수용하는 외계의 광 패턴을 변환하여 뇌에 보내는 망막의 출력 세포.

신경통(神經痛)[신경통]명《의학》〈기타〉〈통증 일반〉말초 신경이 자극을 받아 일어나는 통증. 아픈 부위가 한 개의 말초 신경의 지배 영역에 일치하고, 예리하면서 격심한 아픔이 발작적으로 일어나 짧게 지속되다 멈추기를 되풀이한다. 통증이 없는 상태에서도 해당 말초 신경 부위를 누르면 통증이 유발되는 특징이 있다. 원인이 뚜렷한 증후 신경통과 특정한 원인이 없는 특발 신경통으로 나눈다. ¶영검하게도 미리 알고 쿡쿡 쑤시기 시작하는 외할머니의 신경통과 함께 역시 그것은 오래지 않아 비가 내릴 거라는 징조였다.

신물이 넘어오다( )[ ]동구〈기타〉〈통증 일반〉음식에 체하거나 과식하였을 때 트림과 함께 위에서 목으로 넘어오는 시척지근한 액체가 목구멍 밖으로 나오다. ¶저녁을 급히 먹었더니 소화가 되지 않고 자꾸 신물이 넘어오는구나.

신부전(腎不全)[신:부전]명《의학》〈노인 일반〉〈노인-신장 및 비뇨기계 질환〉콩팥의 기능이 제대로 되지 않아 노폐물이 혈액에 축적되는 상태.〈유〉신장 기능 부족, 콩팥 기능 부족, 콩팥 기능 상실 ¶매우 다양한 원인에 의해 심부전이 초래될 수 있는데, 심장 혈관(관상 동맥) 질환(예, 심근 경색 등)이 2/3 정도로 가장 흔한 원인이고, 심장 근육(심근) 질환(예, 원인 미상이거나 유전적 원인인 심근병증, 바이러스 감염 등의 심근염 등), 고혈압, 판막 질환 등이 주요 원인이다.

신산통(腎疝痛)[신:산통]명《의학》〈기타〉〈통증 일반〉'콩팥 급통증(콩팥急通症)'의 이전 말. 결석이 신장에 위치해 발생하는 통증. ¶신산통은 허리 깊숙한 곳에서 시작되어 허리 옆으로 퍼지게 되며 여성은 통증이 방광 쪽으로 이어지거나 남성은 고환을 향해 밑으로 퍼질 수 있다.

신생아 그르렁거림(新生兒 그르렁거림)[ ]명구〈영유아〉〈신생아_추가〉폐가 아

니라 코와 후두에서 나는 아이의 숨소리. 소리가 커 가슴에서 울리는 것처럼 느껴진다.

신생아 당뇨병(新生兒糖尿病)[ ]〔명구〕《의학》〈영유아〉〈당뇨〉신생아에게서 고혈당, 탈수, 영양실조, 다뇨, 발열 따위의 당뇨병과 비슷한 증상을 보이는 질환. 저출생 체중아에게 많다. 생후 1~6주에 발견되고 수 주에서 수개월의 경과로 자연 치유가 된다. ¶지금까지 생후 6개월 이전에 발생하는 당뇨병은 신생아 당뇨병(neonatal diabetes)으로 췌장의 인슐린 생산 베타 세포에 영향을 미치는 유전자 변이에 의해서만 발생하는 것으로 알려져 왔다.

신생아 쌕쌕거림(新生兒 쌕쌕거림)[ ]〔명구〕〈영유아〉〈신생아_추가〉폐가 아니라 코와 후두에서 나는 아이의 숨소리.

신생아 여드름(新生兒 여드름)[ ]〔명구〕〈영유아〉〈신생아_추가〉생후 3주 후부터 얼굴과 목 주변에 서서히 벌겋게 올라오는 종기. 피지샘으로 분비되는 호르몬 변화로 인해 생긴다고 알려져 있다. 남자아이에게 더 잘 발생하며 가렵지 않고 수주 이내에 없어진다.

신생아 지속성 폐고혈압증(新生兒持續性肺高血壓症)[ ]〔명구〕〈영유아〉〈고혈압〉아기가 출생하여 태아에서 신생아로 넘어가는 과정에서 폐혈관의 저항이 감소되지 않고 지속적으로 상승되어 있음으로 인해 폐동맥압이 체동맥압과 같거나 더 높아 생겨나는 질환군을 일컫는 말.

신생아 청력검사(新生兒聽力檢查)[ ]〔명구〕〈영유아〉〈신생아_추가〉생후 1개월 이내에 귀가 들리는 정도를 재는 검사. 어느 한쪽 귀라도 재검 판정이 나오면 생후 3개월 이내에 이비인후과에서 난청 확진 검사를 실시한다.

신생아 탈모(新生兒脫毛)[ ]〔명구〕〈영유아〉〈신생아_추가〉신생아가 출생 후 급격한 호르몬 변화로 인해 머리카락이 빠지는 현상. 신생아 때 머리숱이 많았던 아기일수록 더 많이 진행된다. 영아기 때의 머리카락 빠짐이 성인기 탈모로 이어지지는 않는다.

신생아 폐렴(新生兒肺炎)[ ]〔명구〕《의학》〈영유아〉〈폐렴〉갓난아이가 걸리는 폐렴. 모태 안에서 감염되는 선천 폐렴과 출생 후의 감염으로 나누어지며 호흡수 증가, 청색증, 신음 따위의 증상을 보이는데 중증인 경우가 많다.

신생아 호흡(新生兒呼吸)[ ] 〔명구〕〈영유아〉〈신생아_추가〉분당 35~60회로 빠르고 얕게 하는 신생아의 호흡. 건강한 신생아이더라도 호흡을 조절하는 뇌의 영역과 폐가 미숙해 일시적으로 호흡이 불규칙할 수 있다.

신생아^고름눈물눈(新生兒고름눈물눈)[ ] 〔명구〕《의학》〈영유아〉〈눈병/신생아_추가〉출산 때나 출산 직후에 임균(淋菌)의 감염으로 일어나는 갓난아이의 급성 결막염. 눈꺼풀과 눈알의 두 결막이 몹시 충혈되고 부풀어 오르는 동시에 다량의 고름이 나오는데, 악화되면 눈이 멀기도 한다.〈유〉신생아농루안

신생아^고빌리루빈^혈증(新生兒高bilirubin血症)[ ] 〔명구〕《의학》〈영유아〉〈신생아_추가〉생후 수 주 동안 혈청 빌리루빈이 증가되어 있는 증상. 신생아 황달이 나타나며, 생리적 현상일 수도 있고 혈중 빌리루빈이 독성 수치에 이르는 병적인 상태일 수도 있다.

신생아^농루안(新生兒膿漏眼)[ ] 〔명구〕《의학》〈영유아〉〈눈병/신생아_추가〉출산 때나 출산 직후에 임균(淋菌)의 감염으로 일어나는 갓난아이의 급성 결막염. 눈꺼풀과 눈알의 두 결막이 몹시 충혈되고 부풀어 오르는 동시에 다량의 고름이 나오는데, 악화되면 눈이 멀기도 한다.〈유〉신생아고름눈물눈

신생아^뒷통수^탈모증(新生兒뒤통수脫毛症)[ ] 〔명구〕《의학》〈영유아〉〈신생아_추가〉여러 형태의 침구에 의하여 신생아의 뒤통수 두피가 마찰되고 악화되어 발생하는 생리적 모발 소실.〈유〉신생아 후두 탈모증

신생아^부종(新生兒浮腫)[ ] 〔명구〕《의학》〈영유아〉〈신생아_추가〉생후 며칠 된 갓난아이에게 일어나는 부종. 갓난아이의 간 기능이 미숙한 데서 오는 저단백혈이 원인인 것으로 알려지고 있다.

신생아^일과성^열(新生兒一過性熱)[ ] 〔명구〕《의학》〈영유아〉〈신생아_추가〉갓난아이에게 첫 며칠 동안 일시적으로 나타나는 열.〈유〉탈수열

신생아^중증^황달(新生兒重症黃疸)[ ]**명구**《의학》〈영유아〉〈신생아_추가〉신생아에서 볼 수 있는 용혈성의 중증 황달. 보통 아르에이치 인자에 대한 항아르에이치 응집소의 생산에 의하여 나타나며 교환 수혈로 예방할 수 있다.

신생아^칼슘^경직(新生兒calcium硬直)[ ]**명구**《의학》〈영유아〉〈신생아_추가〉갓난아이가 일으키는 팔다리의 경련이나 발작 증상. 출생 후의 칼슘 저하가 원인인데, 주로 인공영양아에게 나타난다.

신생아^호흡^장애^증후군(新生兒呼吸障礙症候群)[ ]**명구**《의학》〈영유아〉〈신생아_추가〉출생 직후에 폐가 지속적으로 팽창하지 못하고 쭈그러들어 호흡 곤란을 나타내는 질환. 정상 폐포의 내면에 존재하는 표면 활성 물질이 없기 때문에 생긴다.〈유〉신생아 호흡 곤란 증후군, 신생아의 호흡 곤란

신생아^황달(新生兒黃疸)[ ]**명구**《의학》〈영유아〉〈신생아_추가〉생후 2일에서 5일 되는 갓난아이에게 발생하여 몇 주 후 없어지는 용혈 황달. 주로 얼굴과 몸통에 나타나며 오줌이나 똥에는 이상이 없는 생리적인 황달로, 출생 전후에 일어나는 환경 변화에 대한 적응 현상이라고 할 수 있다.〈유〉생리적 황달, 생리 황달

신장^결석(腎臟結石)[ ]**명구**《의학》〈청소년〉〈청소년-신장 및 비뇨기 질환〉콩팥에 오줌 속의 염류의 결정 또는 결석이 생기는 질환. 발작성의 복통이 때때로 일어나며 혈뇨와 돌을 배설하게 되는데, 육식을 잘하는 노인에게는 요산 염석(尿酸鹽石)이, 채식을 하는 어린아이에게는 수산 염석(蓚酸鹽石)이 흔히 발생한다.

신장결석(腎臟結石)[ ]**명구**《의학》〈노인 일반〉〈노인-신장 및 비뇨기계 질환〉신장에 오줌 속의 염류의 결정 또는 결석이 생기는 질환. 발작성의 복통이 때때로 일어나며 혈뇨와 돌을 배설하게 되는데, 육식을 잘하는 노인에게는 요산 염석(尿酸鹽石)이, 채식을 하는 어린아이에게는 수산 염석(蓚酸鹽石)이 흔히 발생한다.〈유〉결석 신증, 신결석, 신장 결석증, 콩팥돌증 ¶땀을 많이 흘려 수분이 손실되었을 때, 수분을 제대로 보충하지 않으면 신장 결석

이 생길 위험이 크다.

신전 (囟塡)[신전] **명**《한의》〈소아 아동〉〈두통〉어린아이의 정수리가 붓는 병. 경련이나 열이 있는 경우에 생긴다.

신허 요통 (腎虛腰痛)[ ] **명구**《한의》〈기타〉〈통증 일반〉신장의 기능이 쇠약하거나 과도한 성교로 인하여 허리가 아픈 증세. ¶아침에 허리 통증이 더 심해지거나 오래 서 있을 때 통증이 나타났다면 신허 요통을 의심해 봐야 한다.

실질^각막염 (實質角膜炎)[ ] **명구**《의학》〈영유아〉〈성병〉선천 매독 등으로 각막에 염증이 생겨 시야가 흐려지는 병.

실질성^유방염 (實質性乳房炎)[ ] **명구**《의학》〈여성 일반〉〈부인(여성)-유방 질환〉유방의 분비 조직에 생기는 염증.〈유〉실질^유방염(實質乳房炎)「001」(동의어)

실질^유방염 (實質乳房炎)[ ] **명구**《의학》〈여성 일반〉〈부인(여성)-유방 질환〉유방의 분비 조직에 생기는 염증.〈유〉실질성^유방염(實質性乳房炎)「001」(동의어)

심기허 (心氣虛)[ ] **명구**〈소아 아동〉〈심장 질환〉심기(心氣)가 모손(耗損)되어 생기는 병증. 나이 들어 장기(臟氣)가 노쇠해져 땀을 많이 흘리거나, 사기(邪氣)가 심하거나, 마음을 지나치게 써서 심기가 모손되어 생기며, 소아의 경우는 태원(胎元)이 부족하거나 병을 앓은 후에 몸이 허약하여 발생한다. 가슴이 두근거리고, 호흡이 짧아지는데 활동을 하면 더욱 짧아지며, 저절로 땀이 나고, 가슴이 답답하여 편안하지 않거나 아프며, 얼굴색이 하얗게 되고, 몸이 피곤하고 힘이 빠지며, 설질(舌質)이 멀겋고, 설체(舌體)가 살지고 연약하며, 설태(舌苔)가 희고, 맥이 허(虛)한 따위의 증상이 나타난다.〈유〉심양허(心陽虛) ¶엔진의 출력부족을 심기허(心氣虛), 심양허(心陽虛)라고 하는데 숨이 가쁘고, 조금만 움직여도 숨이 차고 쉽게 피로를 느끼는 경우이다.

심방 (心房)[심방]**명**《의학》〈기타 공통〉〈심장 질환〉심장에 있는 네 개의 방 가운데 위쪽에 있는 좌우의 두 개.〈유〉염통-방 ¶일반적으로 사람은 심방보다 심실이 더 크다.

심방 사이막 (心房사이膜)[ ] **명구**《의학》〈기타 공통〉〈심장 질환〉좌우 심방을 나누는 벽.〈유〉심방-중격(心房中隔

심방 사이막 결손증 (心房사이膜缺損症)[ ] **명구**《의학》〈영유아〉〈심장 질환〉좌우 심방 사이의 벽에 구멍이 뚫려 피가 서로 통하는 선천성 심장병. 숨이 차고 헐떡거리는 증상을 보인다.〈유〉심방중격결손증(心房中隔缺損症 ¶심실 사이막에 구멍이 나면 심실사이막 결손, 심방 사이막에 구멍이 나면 심방 사이막 결손입니다.

심방-중격 (心房中隔)[심방중격]**명**《의학》〈기타 공통〉〈심장 질환〉좌우 심방을 나누는 벽.〈유〉심방사이막 ¶심방 중격에 구멍이 있는 선천성 심장 질환으로 결손의 크기는 다양하게 보입니다.

심방중격 결손증 (心房中隔缺損症)[ ] **명구**《의학》〈영유아〉〈심장 질환〉좌우 심방 사이의 벽에 구멍이 뚫려 피가 서로 통하는 선천성 심장병. 숨이 차고 헐떡거리는 증상을 보인다.〈유〉심방사이막결손증 ¶선천성 심장병의 약 10%를 차지하는 심방중격 결손증은 심부전증, 폐고혈압, 부정맥이나 뇌경색까지 일으키기 때문에 대부분의 경우 구멍을 막는 치료를 받아야 한다.

심복통 (心腹痛)[심복통]**명**《한의》〈기타〉〈통증 일반〉근심 따위로 인하여 명치 아래와 배가 동시에 아픈 증상. ¶각총(산마늘)은 비위를 따뜻하게 하며, 건위작용 및 해독작용이 있어 심복통에 쓰인다.

심실 (心室)[심실]**명**《의학》〈기타 공통〉〈심장 질환〉심장의 네.방 가운데 아래쪽에 있는 두꺼운 벽을 가진 좌우의 두 개.〈유〉염통-집 ¶심장이 수축하면 심실의 혈액이 압력을 받는다. / 심장은 좌우 심방과 좌우 심실, 총 4개의 방으로 구성되어 있다. / 최고 혈압은 수축기의 심실 및 동맥계의 가장 높은 압력을 말한다.

ㅅ

심실 사이막(心室사이膜)[ ]**명구**《의학》〈기타 공통〉〈심장 질환〉심실을 좌우로 나누고 있는 사이의 벽.〈유〉심실-중격(心室中隔)

심실 사이막 결손(心室사이막缺損)[ ]**명구**《의학》〈영유아〉〈심장 질환〉심실을 좌우로 나누고 있는 사이막의 선천적 결손. 흔히 대동맥 허파 동맥 사이막이 심실 사이의 구멍을 닫지 못해 생긴다.〈유〉브이에스디(VSD), 심실중격 결손(心室中隔缺損) ¶심실 사이막 결손은 선천 심장 질환 중 발병률이 가장 높다.

심실 사이막 결손증(心室사이膜缺損症)[ ]**명구**《의학》〈영유아〉〈심장 질환〉좌우 심실 사이의 벽에 구멍이 뚫린 선천성 심장병. 엑스선 검사를 통하여 오른심실의 비대 확장을 볼 수 있으며 구멍이 크면 심장 기능 부족에 이른다.〈유〉심실중격 결손증(心室中隔缺損症)

심실-중격(心室中隔)[심실중격]**명**《의학》〈기타 공통〉〈심장 질환〉심실을 좌우로 나누고 있는 사이의 벽.〈유〉심실 사이막

심실중격 결손증(心室中隔缺損症)[ ]**명구**《의학》〈영유아〉〈심장 질환〉좌우 심실 사이의 벽에 구멍이 뚫린 선천성 심장병. 엑스선 검사를 통하여 오른심실의 비대 확장을 볼 수 있으며 구멍이 크면 심장 기능 부족에 이른다.〈유〉심실사이막결손증 ¶심실 중격 결손은 선천성 심장병 중 가장 흔한 기형으로 전체 선천성 심장병의 25~30%에 달하는 흔한 병이다.

심장 결여증(心臟缺如症)[ ]**명구**《의학》〈영유아〉〈심장 질환〉선천적으로 심장이 없는 기형. 대개 일란성 쌍둥이나 결합 쌍둥이 가운데 하나에서 일어난다. ¶내 쌍둥이 동생은 심장 결여증이다.

심장 기형(心臟畸形)[ ]**명구**《의학》〈영유아〉〈심장 질환〉심장의 발생 단계에서 여러 가지 장애가 생겨서 발생하는 기형. 발생 빈도는 약 0.5% 정도로, 주로 심실중격 이상, 심방중격 결손, 동맥관 개존, 대혈관 전위, 대동맥 협착, 폐동맥 협착 따위가 발생하며, 대부분은 원인이 밝혀지지 않았다. ¶심장 기형이 심하면 성장이 느리고 병에 감염되기 쉽다. / ○○○ 심장 혈관

병원에 입원한 이들은 소아 심장과 ○○○ 교수에게 검사와 진료를 받고 심혈관외과 ○○○ 교수로부터 심장 기형 수술을 받았다. / 기형은 크게 선천성 기형과 후천성 기형으로 나눌 수 있습니다. 선천성 기형은 우리가 흔히 알고 있는, 태어나면서부터 눈으로 보이는 이상을 가지고 있는 것입니다. 신경관 파열이라든지 심장 기형 같은 심각한 것부터 구순열(일명 언청이) 같은 현대 의학으로 치료 가능한 것도 있습니다.

심장 내 심전도(心臟內心電圖)[ ] **명구** 《의학》〈영유아〉〈심장 질환〉심장강 속에 전극을 넣어 기록한 심전도. 심장의 활동 전위가 미세하게 변화하는 것까지 알 수 있으며, 선천 심장병을 진단하는 데에 쓰인다. ¶직경 2mm 정도의 가는 여러 개의 줄(전극 도자, electrode catheter)을 정맥이나 동맥을 통해 심장 안에 넣으면 심장 내 전기의 활동과 흐름 등을 알 수 있어 심장 내 심전도를 얻을 수 있는 검사입니다.

심장 내 잡음(心臟內雜音)[ ] **명구** 《의학》〈영유아〉〈심장 질환〉심장에 있는 심장 속막, 판막, 혈관 벽 따위에 선천 이상이나 염증이 있을 때 나는 소리. 피의 흐름에 소용돌이가 생겨 혈관 벽이 진동하여 이러한 잡음이 나게 된다. ¶이번 새 음반의 타이틀 곡 '하트머머(heart mur-mur)'는 갓 태어난 신생아들에게서 들리는 심장 내 잡음을 뜻하며 성인으로 성장하면 심장 박동이 느려지며 자연스럽게 들리지 않는 심장 소리이다.

심장 내막 섬유 탄력 섬유증(心臟內膜纖維彈力纖維症)[ ] **명구** 《의학》〈영유아〉〈심장 질환〉좌심실 벽의 심내막이 섬유 조직과 탄성 조직에 의해 두꺼워지는 선천성 질환. 심장 판막의 비후 및 기형이 생기며 심장 기능 상실로 진행할 수 있다.〈유〉심내막 탄력 섬유증(心內膜彈力纖維症), 심장 속막 탄력 섬유증(心臟속膜彈力纖維症

심장 독성 근육 용해(心臟毒性筋肉溶解)[ ] **명구** 《의학》〈노인 일반〉〈노인-심혈관계 질환〉몸에 열과 여러 가지 감염이 있을 때 생기는 심장 연화증, 또는 심장 근육의 퇴행성 변화.〈유〉관-동맥(冠動脈), 관상동맥(冠狀動脈)

심장 동맥 샛길 (心臟動脈 샛길)[ ] 명구 《의학》〈영유아〉〈심장 질환〉심장 동맥
과 심장 오른쪽 또는 폐동맥 사이에 비정상적인 교통이 있는 선천 기형.

심장 딴곳증 (心臟딴곳症)[ ] 명구 《의학》〈영유아〉〈심장 질환〉심장이 선천적으
로 가슴의 바깥 같은 비정상적인 위치에 존재하는 증상. 발생 과정 중에 복
장뼈를 만드는 양쪽의 중배엽 띠가 서로 융합하지 못하여 생긴 틈새를 통하
여 심장이 몸 밖으로 나와 존재하게 되고, 대개 출생 후 며칠 내로 사망한
다. 〈유〉심장 이소증(心臟異所症), 심장 전위(心臟轉位 ¶미국 펜실베이니아
주의 '심장 딴곳증(ectopia cordis)'이란 희귀 질환을 앓고 있는 라이언 마퀴
스(3)가 그 주인공이다.

심장 발생 (心臟發生)[ ] 명구 《의학》〈영유아〉〈심장 질환〉태아에게 있는 심장
조직이 발달하는 일. 초기에 태아 혈관계가 먼저 나타나고 일련의 발생 과
정을 거친 후 심장이 형성된다.

심장 비대 (心臟肥大)[ ] 명구 《의학》〈영유아/기타〉〈고혈압〉심장에 지나치게
부담이 가서 심장 근육이 두꺼워지고 심장이 커진 상태. 선천성 심장 기형,
심장 판막증, 고혈압증 따위의 각종 심장 질환에 의한 것과 운동선수나 육
체노동자에게 나타나는 건강한 것이 있다. ¶심장 비대는 어떤 원인 질환이
나 심장 자체의 보상 작용의 현상이므로 심실이 견딜 수 없을 정도로 압력
이 초과되면 심부전이 초래됩니다.

심장 속막 탄력 섬유증 (心臟속膜彈力纖維症)[ ] 명구 《의학》〈영유아〉〈심장 질
환〉좌심실 벽의 심장 속막이 섬유 조직과 탄성 조직에 의해 두꺼워지는 선
천성 질환. 심장 판막의 비후 및 기형이 생기며 심장 기능 상실로 진행할 수
있다. 〈유〉심내막 탄력 섬유증(心內膜彈力纖維症), 심장 내막 섬유 탄력 섬
유증(心臟內膜纖維彈力纖維症)

심장 얼굴 증후군 (心臟얼굴症候群)[ ] 명구 《의학》〈영유아〉〈심장 질환〉특정한
선천적 심장병이 동반되어 일시적 또는 지속적으로 한쪽 얼굴의 아래쪽이
부분적으로 마비되는 증상.

심장 없음증 (心臟없음症) [ ] **명구** 《의학》 〈영유아〉 〈심장 질환〉 발생 과정의 장
애로 선천적으로 심장이 형성되지 않은 기형. 〈유〉무심-증(無心症), 무심장-
증(無心腸症)

심장 외 잡음 (心臟外雜音) [ ] **명구** 《의학》 〈영유아〉 〈심장 질환〉 심장막 또는 심
장 주위의 조직에 선천 이상이나 염증이 있을 때 나는 소리.

심장 이소증 (心臟異所症) [ ] **명구** 《의학》 〈영유아〉 〈심장 질환〉 심장이 선천적으
로 가슴의 바깥 같은 비정상적인 위치에 존재하는 증상. 발생 과정 중에 복
장뼈를 만드는 양쪽의 중배엽 띠가 서로 융합하지 못하여 생긴 틈새를 통하
여 심장이 몸 밖으로 나와 존재하게 되고, 대개 출생 후 며칠 내로 사망한
다. 〈유〉심장 딴곳증, 심장 전위(心臟轉位)

심장 전위 (心臟轉位) [ ] **명구** 《의학》 〈영유아〉 〈심장 질환〉 심장이 선천적으로
가슴의 바깥 같은 비정상적인 위치에 존재하는 증상. 발생 과정 중에 복장
뼈를 만드는 양쪽의 중배엽 띠가 서로 융합하지 못하여 생긴 틈새를 통하여
심장이 몸 밖으로 나와 존재하게 되고, 대개 출생 후 며칠 내로 사망한
다. 〈유〉심장 딴곳증, 심장 이소증(心臟異所症)

심장 탈출 (心臟脫出) [ ] **명구** 《의학》 〈영유아〉 〈심장 질환〉 심장의 전부 또는 일
부가 가슴 공간 밖으로 나온 선천 기형.

심장통 (心臟痛) [심장통] **명** 《의학》 〈기타〉 〈통증 일반〉 복장뼈 아래쪽의 심장
부위에 일어나는 통증. 심장 동맥의 기능 부족으로 일어나거나 신경성 이상
감각이 원인이 되어 일어난다. ¶혈액 순환을 개선하면 요통이나 심장통뿐
만 아니라 당뇨병성 신경통 치료에도 도움이 된다.

심장^판막증 (心臟瓣膜症) [ ] **명구** 《의학》 〈청소년〉 〈청소년-심혈관계 질환〉 심
장 판막의 기능에 이상이 생겨 일어나는 병. 맥박이 빠르고 불규칙하게 되
는데, 호흡이 곤란하고 피로를 느끼며 붓는 증상이 나타난다. 〈참〉심장속막
염

심통하다 (心痛하다) [심통하다] **형** 〈기타〉 〈통증 일반〉 마음이 아프다. ¶심통

한 표정. / 심통한 모친의 모습을 보자 나 또한 마음이 아파 왔다.

심폐소생술 금지 (心肺蘇生術禁止)[ ] **명구**《의학》〈노인 일반〉〈노인-기타〉환자
가 심정지나 호흡 정지를 겪었을 때 심폐 소생술(CPR)이나 응급 처치를 시
행하지 않도록 하는 의학적 지시. 〈유〉디엔알(DNR)

심하통 (心下痛)[심하통]**명**《한의》〈기타〉〈통증 일반〉'위통'을 한방에서 이르
는 말. 〈유〉위완통(胃脘痛) ¶소설 『동의보감』에는 허준이 스승 유의태가 심
하통(心下痛)으로 죽자 유의태의 위를 수술하는 것으로 그려진다.

싸리-말 ( )[싸리말]**명**《민속》〈소아 아동〉〈소아 피부병-천연두〉싸리를 서로
어긋나게 엮어 짜서 만든 말. 배송굿을 하면서 천연두의 두신(痘神)을 태워
보내는 의식을 할 때 쓴다.

싸하다 ( )[싸하다]**형**〈기타〉〈통증 일반〉혀나 목구멍 또는 코에 자극을 받아
아린 듯한 느낌이 있다. ¶코가 싸하다. / 하품을 하고 난 뒤처럼 콧속이 싸
하게 쓰리면서 눈물이 징 솟아올랐다.

쌀쌀 ( )[쌀쌀]**부**〈기타〉〈통증 일반〉배가 조금씩 쓰리며 아픈 모양. '살살'보다
센 느낌을 준다. 〈참〉살살, 슬슬 ¶난 종일 물을 부었더니만 배탈이 났는지
어째 쌀쌀 아랫배가 아파 오네.

쌍둥이^임신 (雙둥이妊娠)[ ] **명구**《의학》〈임부 산모〉〈부인(여성)-임신과 관련
된 질환〉한 태 안에 태아 둘을 밴 임신의 한 형태. 〈유〉쌍태^임신「01」

쌍태^임신 (雙胎妊娠)[ ] **명구**《의학》〈임부 산모〉〈부인(여성)-임신과 관련된
질환〉한 태 안에 태아 둘을 밴 임신의 한 형태. 〈유〉쌍둥이^임신「01」

쏙쏙 ( )[쏙쏙]**부**〈기타〉〈통증 일반〉자꾸 쑤시듯이 아픈 모양. ¶뼈끝마다 쏙
쏙 쑤신다. / 몸살인지 온몸이 바늘로 쏙쏙 찌르듯이 아프다. / 무섭게 여윈
그 얼굴을 대할 때에 어린 이 몸의 가슴은 바늘로 쏙쏙 찌르는 듯하였나이
다.

쑤시다 ( )[쑤시다]**동**〈기타〉〈통증 일반〉신체의 일부분이 바늘로 찌르는 것처
럼 아픈 느낌이 들다. ¶머리가 지끈지끈 쑤시다. / 잇몸이 붓고 쑤신다. / 사

지가 쑤셔 댄다.

쒜( )[쒜:]〔감〕〈기타〉〈통증 감탄〉어린아이가 다쳐서 아파할 때 다친 곳을 만지며 위로할 때 내는 소리.〈참〉쒜쒜

쒜쒜( )[쒜:쒜:]〔감〕〈기타〉〈통증 감탄〉어린아이가 다쳐서 아파할 때 다친 곳을 만지며 위로할 때 내는 소리.〈참〉쒜 ¶쒜쒜, 안 아프지?

쓰라리다( )[쓰라리다]〔동〕〈기타〉〈통증 일반〉상처가 쓰리고 아리다. ¶며칠을 굶었더니 속이 쓰라리다. / 부르튼 발이 쓰라려서 걷기가 힘들다.

쓰리다( )[쓰리다]〔형〕〈기타〉〈통증 일반〉1.(몸이) 쑤시는 것처럼 아프다. 2.(배속이) 몹시 시장하거나 과음하여 쓸어내리듯 아프다. ¶뜨거운 모래가 허벅지에 닿아서 살갗이 몹시 쓰리고 아팠다. / 이미 실밥까지 뽑아낸 다 아문 상처는 새살이 빨갛게 돋아나서 조금만 스쳐도 불에 덴 듯이 쓰리고 아프다. / 하루 종일 굶었더니 속이 너무 쓰리네. / 어제 빈속에 술을 너무 많이 마셨나 봐. 속이 쓰려.

쓸다( )[쓸다]〔동〕〈기타〉〈통증 감탄〉(아픈 데를 낫게 하려고) 가볍게 쓰다듬거나 문지르다. ¶저녁에 배가 아프다고 하니 할머니께서 손으로 배를 쓸어 주셨다.

씀벅씀벅하다( )[씀벅씀버카다]〔동〕〈기타〉〈통증 일반〉눈이나 살 속이 찌르듯이 잇따라 시근시근하다.

씨뿌림^얼굴^좁쌀^루푸스(씨뿌림얼굴좁쌀lupus)[ ]〔명구〕《의학》〈여성 일반〉〈부인(여성)-감각 기관(면역 및 자가 면역)〉조직학적으로 결핵과 유사한 모양의 육아종을 보이는 피부병. 얼굴에 좁쌀을 뿌린 것과 같이 작은 여드름 모양으로 솟은 병터가 다수 나타난다. ⇒ 규범 표기는 미확정이다.〈유〉자연^치유^얼굴^특발^육아종(自然治癒얼굴特發肉芽腫)「001」(동의어)

씨형^간염(C型肝炎)[ ]〔명구〕《의학》〈청소년〉〈청소년-감염병 및 전염병〉씨형(C型) 간염 바이러스(HCV)로 인해 발생되며 주로 간에 영향을 주는 감염병이다.

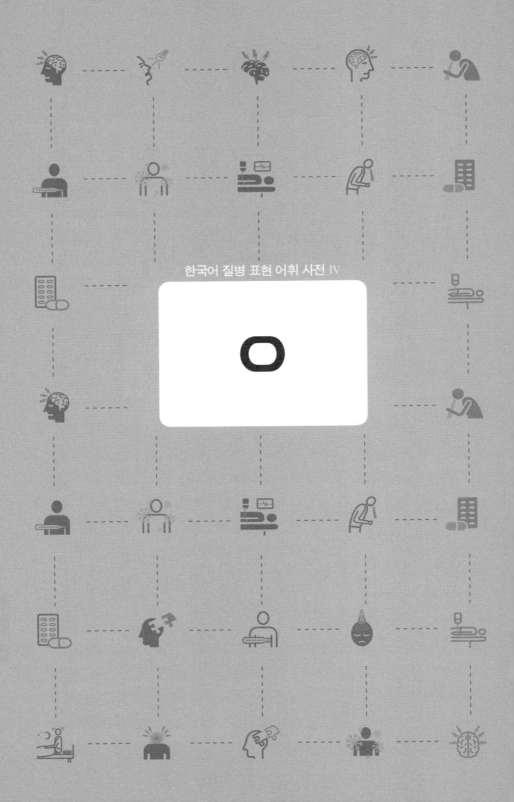

한국어 질병 표현 어휘 사전 Ⅳ

ㅇ

아 ( )[아:]⟨감⟩〈기타〉〈통증 감탄〉(치과에서) 환자들의 입을 벌리라는 뜻으로 의사나 간호사가 내는 소리. ¶자, 아~ 입을 좀 벌려 봐요.

아급성 돌봄 (亞急性돌봄)[ ]⟨명구⟩《간호》〈노인 일반〉〈노인-기타〉급성과 만성의 중간 성질의 질병을 지닌 환자를 돌보는 일.

아급성 해면 모양 뇌 병증 (亞急性海面模樣腦病症)[ ]⟨명구⟩《의학》〈노인 일반〉〈노인-퇴행성 뇌 질환 및 신경계 질환〉40~50대에 증상이 나타나서 인격 파괴와 치매가 빠르게 진행되는 병. 떨림, 경련, 마비 따위의 신경 계통 운동 장애가 따르고 1년 안에 죽는 일이 많다. 독일의 크로이츠펠트와 야코프가 보고하였다. 〈유〉크로이츠펠트·야코프병

아급성^피부^홍반^루푸스 (亞急性皮膚紅斑lupus)[ ]⟨명구⟩《의학》〈여성 일반〉〈부인(여성)-감각 기관(면역 및 자가 면역)〉몸의 상부나 얼굴에 발생하는 원인이 불분명한 붉은 핵의 홍반. ⇒ 규범 표기는 미확정이다.

아담-창 (鵝啗瘡)[아담창]⟨명⟩《한의》〈소아 아동/여성 주부/영유아〉〈피부병/신생아_추가〉태아 때 받은 독기로 갓난아이 때부터 피부에 생기는 부스럼.

아득하다 ( )[아드카다]⟨형⟩〈기타〉〈통증 일반〉(정신이) 갑자기 어지럽고 흐리멍덩하다. 〈참〉어뜩하다 ¶덜컹거리는 기차 안에서 멍하니 앉아 있자니 꿈이라도 꾸는 듯이 정신이 아득하였다.

아뜩아뜩하다 ( )[아뜨가뜨카다]⟨형⟩〈기타〉〈통증 일반〉(정신 따위가) 있다가 없다가 하여 자꾸 조금씩 매우 어지럽거나 까무러칠 듯하다. ¶산을 내려오는데 갑자기 앞이 캄캄해지더니 정신이 아뜩아뜩했어요. / 나는 눈앞이 아뜩아뜩하여 그대로 바닥에 주저앉아 버렸다.

아뜩하다 ( )[아뜨카다]⟨형⟩〈기타〉〈통증 일반〉(눈앞이나 정신이) 갑자기 캄캄해지거나 어지러워 까무러칠 듯하다. 〈참〉아득하다, 어뜩하다 ¶나는 갑자기 현기증이 일어나며 눈앞이 아뜩하였다. / 노인은 정신이 아뜩하고 속이 느글거려 땅바닥에 주저앉고 말았다.

아르르하다 ( )[아르르하다]⟨형⟩〈기타〉〈통증 일반〉(혀끝이) 매운 음식 따위를

먹어 알알하고 쏘는 느낌이 있다. ¶멋모르고 입속에 집어넣은 청양고추 때
문에 혀끝이 아르르하다. / 기름에 덴 손가락이 아직도 아르르하다.

아르엔에이˄바이러스(RNA virus)[ ]**명구**《보건 일반》〈영유아/기타〉〈전염병일
반〉유전 물질로 아르엔에이를 가지고 있는 바이러스. 유전자 속에서 아르
엔에이만으로 단백질을 합성하며, 인플루엔자, 소아마비의 바이러스 따위
가 속한다.

아리다 ( )[아리다]**형**〈기타〉〈통증 일반〉1. 혀끝을 찌를 듯이 알알한 느낌이
있다.2. 상처나 살갗 따위가 찌르는 듯이 아프다. ¶마늘을 깨물었더니 혀가
아리다. / 불에 덴 상처가 아리다.

아리딸딸하다 ( )[아리딸딸하다]**형**〈기타〉〈통증 일반〉(머리가) 어떤 것에 부
딪쳐서 약간 울리고 어지럽다. ¶그는 집에 오는 길에 축구공에 맞아 머리가
아리딸딸하였다.

아리아리하다 ( )[아리아리하다]**형**〈기타〉〈통증 일반〉(사람이 신체 부위가) 계
속해서 약간 아픈 느낌이 있다. ¶동생에게 꼬집힌 데가 아직도 아리아리하
다.

아릿아릿하다 ( )[아리다리타다]**형**〈기타〉〈통증 일반〉(신체 부위나 상처가) 찌
르는 듯이 조금씩 아픈 느낌이 있다.〈참〉어릿어릿하다

아릿하다 ( )[아리타다]**형**〈기타〉〈통증 일반〉(혀나 코가) 조금 알알한 느낌이
있다.〈참〉어릿하다 ¶혀끝이 아릿하다. / 그의 말을 듣고 있던 나는 코가 아
릿하면서 눈물이 핑 돌았다.

아야 ( )[아야]**감**〈기타〉〈통증 감탄〉갑자기 아픔을 느낄 때 내는 소리. ¶아야,
살살 좀 때리세요.

아야하다 ( )[아야하다]**동**〈기타〉〈통증 감탄〉(유아나 아동들이) 아픔을 느끼
다. 또는 아픔을 느끼게 하다. ¶애고 우리 귀여운 아기, 아야했어요.

아유 ( )[아유]**감**〈기타〉〈통증 감탄〉아프거나 힘들거나 놀라거나 원통하거나
기막힐 때 내는 소리. 〈유〉아이고, 아이 ¶아유, 머리야.

아으 ( )[아으]깝〈기타〉〈통증 감탄〉정신적으로나 육체적으로 심하게 아플 때
나오는 소리. ¶아으, 머리가 아파 못 견디겠다.

아이 ( )[아이]깝〈기타〉〈통증 감탄〉아프거나 힘들거나 놀라거나 원통하거나
기막힐 때 내는 소리.〈유〉아이고, 아유

아이고 ( )[아이고]깝〈기타〉〈통증 감탄〉아프거나 힘들거나 놀라거나 원통하
거나 기막힐 때 내는 소리.〈유〉아유, 아이 ¶아이고, 배야.

아이젠멩거 증후군 (Eisenmenger症候群)[ ]명구《의학》〈영유아〉〈고혈압〉심실
사이막 결손이 원인이 되어 생기는 선천 심장 질환. 폐 고혈압증이 일어나
고 호흡 곤란, 가슴 두근거림, 청색증 따위의 증상이 나타난다.〈유〉복합 아
이젠멩거(複合Eisenmenger), 복합 아이젠멩거 증상(複合Eisenmenger症狀),
복합 아이젠멩거 증후군(複合Eisenmenger症候群 ¶아이젠멩거 증후군 여성,
출산 성공.

아이코 ( )[아이코]깝〈기타〉〈통증 감탄〉아프거나 힘들거나 놀라거나 원통하
거나 기막힐 때 내는 소리. '아이고'보다 거센 느낌을 준다.〈큰〉아이쿠 ¶아
이코, 팔이야.

아질아질하다 ( )[아질아질하다]형〈기타〉〈통증 일반〉(눈앞이나 정신이) 자꾸
조금 어지럽고 아득하다.〈참〉어질어질하다, 아찔아찔하다

아질하다 ( )[아질하다]형〈기타〉〈통증 일반〉(눈앞이나 정신이) 갑자기 어지
럽고 조금 아뜩하다.〈참〉어질하다, 아찔하다 ¶그녀는 머리가 아질해 주저
앉고 말았다. / 자리에서 갑자기 일어난 나는 머리가 아질함을 느꼈다.

아찔아찔하다 ( )[아찔아찔하다]형〈기타〉〈통증 일반〉(눈앞이나 정신이) 자꾸
어지럽고 아득하다.〈참〉아질아질하다, 어찔어찔하다

아찔하다 ( )[아찔하다]형〈기타〉〈통증 일반〉(눈앞이나 정신이) 갑자기 어지
럽고 아뜩하다.〈참〉어찔하다 ¶갑자기 눈앞이 아찔하면서 심한 현기증이
났다. / 사고를 당할 뻔했던 그때를 생각하면 지금도 아찔하다.

아토피 (atopy)[아토피]명《의학》〈영유아/소아 아동〉〈알레르기〉어린아이의

팔꿈치나 오금의 피부가 두꺼워지면서 까칠까칠해지고 몹시 가려운 증상을 나타내는 만성 피부염. 유아기에는 얼굴, 머리에 습진성 병변이 생기고 심하게 가렵다. 〈유〉아토피 피부염 ¶유아용 아토피 화장품.

아토피 습진 (atopy濕疹) [ ] 명구 《의학》〈영유아/소아 아동〉〈알레르기/피부 및 모발 질환〉유전성 피부 질환. 주로 영아기나 유아기에 처음 발생하여 사춘기 이후에 저절로 낫는데, 종종 성인이 되어도 지속되는 경우도 있다. 〈유〉아토피성 습진 ¶아토피 습진 증상으로 인해 피부가 가렵고 붉어지는 일이 잦다.

아토피 피부염 (atopy皮膚炎) [ ] 명구 《의학》〈영유아/소아 아동〉〈알레르기/청소년-피부 및 모발 질환〉어린아이의 팔꿈치나 오금의 피부가 두꺼워지면서 까칠까칠해지고 몹시 가려운 증상을 나타내는 만성 피부염. 유아기에는 얼굴, 머리에 습진성 병변이 생기고 심하게 가렵다. 〈유〉아토피

아하다 ( ) [아:하다] 동 〈기타〉〈통증 감탄〉(치과에서 의사나 간호사가) 환자들에게 입을 벌리라는 뜻으로 '아'라는 소리를 내다. ¶자, 학생 아해 보세요.

안구 심장 반사 (眼球心臟反射) [ ] 명구 《의학》〈소아 아동〉〈심장 질환〉눈알을 누르거나 눈 밖 근육을 당기는 것과 연관되는 맥박의 감소. 어린이들에게서 특히 민감하게 나타나며, 비수축 심장 정지를 야기할 수 있다. 〈유〉눈 심장 반사, 눈알 심장 반사

안드로겐^탈모증 (androgen脫毛症) [ ] 명구 《의학》〈여성 일반〉〈부인(여성)-여성 호르몬 및 폐경 관련 질환〉성인에서 머리카락의 밀도가 점차 감소하여 억센 털이 솜털로 변하며 소실되는 탈모증. 대개 가족력으로 사춘기 이후 털집이 안드로겐의 영향을 받아 일어난다. 〈유〉안드로겐성^탈모증 (androgen性脫毛症) 「001」(동의어) ¶흡연 및 음주를 하는 환자에서 하지 않는 환자에 비해 안드로겐 탈모증이 더 악화되어 있는 것을 확인했다.

안면통 (顔面痛) [안면통-] 명 《의학》〈기타〉〈통증 일반〉삼차 신경의 분포 영역에 생기는 통증 발작. 얼굴 한쪽이 심하게 아프며 후두부나 어깨까지 아플

수도 있는데 중년 이후의 여성에게 많다. 원인은 분명하지 않으나, 뇌줄기에 발생한 종양이나 뇌동맥 자루가 원인일 가능성이 있고, 다발 경화증의 증상으로 나타날 수도 있으며 뇌 바닥 세동맥의 동맥 경화증이 원인이 되는 경우도 있다. 〈유〉삼차신경통(三叉神經痛), 얼굴신경통(얼굴神經痛)

안면^홍조(顔面紅潮)[ ] **명구**《의학》〈여성 일반〉〈부인(여성)-여성 호르몬 및 폐경 관련 질환/부인(여성)-피부 및 모발 질환〉얼굴, 목, 머리, 가슴의 피부가 갑자기 붉게 변하면서 열감이 나타나고 전신으로 퍼져 나가는 증상. 〈유〉안면^홍조증(顔面紅潮症)「001」(동의어) ¶폐경기 1, 2년 차 동안 85%의 여성이 안면 홍조를 경험한다고 한다.

안면^홍조증(顔面紅潮症)[ ] **명구**《의학》〈여성 일반〉〈부인(여성)-여성 호르몬 및 폐경 관련 질환/부인(여성)-피부 및 모발 질환〉얼굴, 목, 머리, 가슴의 피부가 갑자기 붉게 변하면서 열감이 나타나고 전신으로 퍼져 나가는 증상. 〈유〉안면^홍조(顔面紅潮)「001」(동의어) ¶안면 홍조증은 선천적으로 피부가 약하고 흰 사람에게 발생하며 후천적으로는 자극이 심한 연고나 스테로이드제 연고를 자주 발라 생기는 경우도 있다. / 가을철에 안면 홍조증이 심해지는 것은 갑작스레 일교차가 커지기 때문에 주근깨와 같은 색소 질환과 더불어 안면 홍조증 등의 증상이 자주 발생하기 마련이다.

알근하다( )[알근하다]**형**〈기타〉〈통증 일반〉(음식이나 그 맛이) 매워서 입안이 조금 알알하다. 〈참〉얼큰하다, 알큰하다, 얼근하다 ¶이 집 매운탕은 맛이 알근한 것이 독특한 맛이 난다.

알딸딸하다( )[알딸딸하다]**형**〈기타〉〈통증 일반〉(머리가) 어떤 것에 부딪쳐서 약간 울리고 어지럽다. 〈본〉아리딸딸하다 〈참〉얼떨떨하다

알레르기 습진(Allergie濕疹)[ ] **명구**《의학》〈여성 일반〉〈부인(여성)-피부 및 모발 질환〉알레르기 반응에 의한 반, 구진, 혹은 잔물집 발진.

알레르기 행진(Allergie行進)[ ] **명구**《보건 일반》〈영유아/청소년〉〈알레르기〉개인의 알레르기 질환이 연령에 따라 형태를 달리하며 행진하듯 나타나는

현상. 일반적으로 영아기에 아토피 피부염과 식품 알레르기, 학령(學齡) 전기에 천식, 학령기에 알레르기 비염이 나타난다.

알레르기^코염 (Allergie코炎)[ ] 명구 《의학》〈청소년〉〈청소년-호흡기 및 알레르기 질환〉먼지, 꽃가루 따위의 항원에 대한 알레르기 반응으로 코점막에 생기는 염증. 재채기, 콧물이 쉴 새 없이 나서 감기에 걸린 것 같은 상태가 된다. 흔히 천식이나 두드러기와 함께 일어나는 경우가 많다. 〈유〉알레르기성비염

알^수^없는^딴곳^임신 (알수없는딴곳妊娠)[ ] 명구 《의학》〈임부 산모〉〈부인(여성)-임신과 관련된 질환〉확인되지 않은 이유로 인해 수정란이 정상적인 위치인 자궁 몸통의 내강에 착상되지 않고 다른 곳에 착상되는 현상. 즉 난소에서 나온 난자를 자궁까지 운반하는 난관, 난자를 생산하는 난소, 자궁을 지지하는 여러 인대, 복강, 자궁의 입구에 해당하는 자궁 경부 등에 착상되는 임신이다.

알스트램 증후군 (Alström症候群)[ ] 명구 《의학》〈소아 아동〉〈당뇨〉눈떨림과 중심 시야 소실이 있는 망막 변성. 소아 비만과 관계가 있다. 감각 신경 난청과 당뇨병이 대개 10세 이후에 일어난다. 보통 염색체 열성 유전이다.

알싸하다 ( )[알싸하다] 형 〈기타〉〈통증 일반〉(음식이나 그 맛, 냄새가) 맵거나 독해서 콧속이나 혀끝이 아리고 쏘는 느낌이 있다. ¶입안이 알싸하다.

알알하다 ( )[아랄하다] 형 〈기타〉〈통증 일반〉(몸의 일부가) 상처가 나거나 하여 꽤 아린 느낌이 있다. 〈참〉얼얼하다 ¶매 맞은 자리가 알알하다.

알짝지근하다 ( )[알짝찌근하다] 형 〈기타〉〈통증 일반〉(살이) 따끔따끔 찌르는 듯이 아프다. 〈참〉알찌근하다, 얼쩍지근하다 ¶몸살이 났는지 살가죽이 알짝지근하다.

알찌근하다 ( )[알찌근하다] 형 〈기타〉〈통증 일반〉(살이) 따끔따끔 찌르는 듯이 아프다. 〈참〉알짝지근하다, 얼찌근하다 ¶계단에서 넘어지면서 짚은 손이 알찌근했다.

알츠하이머 질환(alzheimer疾患)[ ] 명구《의학》〈노인 일반〉〈노인-퇴행성 뇌 질환 및 신경계 질환〉원인을 알 수 없는 뚜렷한 뇌 위축으로 기억력과 지남 력이 감퇴하는 병. 노인성 치매와 거의 같은 뜻. ¶앉아 있는 시간을 25% 줄 이면 전 세계에서 약 100만 건의 알츠하이머 질환을 예방할 수 있는 것으로 예측된다

알츠하이머 치매(alzheimer癡呆)[ ] 명구《의학》〈노인 일반〉〈노인-퇴행성 뇌 질환 및 신경계 질환〉치매 증상을 나타내는 점진적인 퇴행성 뇌 질환. 이는 가장 흔한 퇴행성 뇌 질환으로 전체 치매의 70%에 달한다. 기억력 장애, 혼 동, 공간 지각력 장애, 지남력 장애, 이름 못 대기 등의 언어 기능 장애, 계산 능력 저하, 판단력의 와해로 발현되는 치매 증상을 보이며, 망상과 환각도 일 어남. 통상 증상 발병은 중년 이후에 시작되며, 5~10년 후에 걸쳐 사망에 이 름. ¶레켐비를 처방하기 위한 알츠하이머 치매 표준 진단법으로는 PET-CT 촬영과 뇌척수액(CSF) 진단이 유일하다. / 전체 치매의 60% 이상을 차지하는 알츠하이머 치매의 전 단계가 '알츠하이머병에 의한 MCI'라고 볼 수 있다.

알츠하이머병(Alzheimer病)[알츠하이머뼝]명《의학》〈노인 일반〉〈노인-퇴행 성 뇌 질환 및 신경계 질환〉원인을 알 수 없는 뚜렷한 뇌 위축으로 기억력과 지남력이 감퇴하는 병. 노인성 치매와 거의 같은 뜻으로 씀. ¶올해 85번째 생일을 맞이한 레이건은 기억세포가 파괴되는 알츠하이머병으로 자신이 8 년간 대통령을 지낸 사실조차 기억하지 못한다. 하루에 한 번 마시면 기억 력을 높여줘 알츠하이머병을 예방할 수 있는 밀크쉐이크가 조만간 개발될 것으로 보인다.

알츠하이머-병(Alzheimer病)[알츠하이머뼝]명《의학》〈여성 일반〉〈부인(여 성)-정신 건강 및 신경정신과 질환〉원인을 알 수 없는 뚜렷한 뇌 위축으로 기억력과 지남력이 감퇴하는 병. 노인성 치매와 거의 같은 뜻으로 쓴 다.〈유〉알츠하이머(Alzheimer)「001」(동의어), 알츠하이머^질환(Alzheimer 疾患)「001」(동의어)

알칼리^역류^위염 (alkali逆流胃炎)[ ] 명구 《의학》〈여성 일반〉〈부인(여성)-소화기 질환〉내용물이 창자에서 위장으로 거꾸로 넘어오면서 발생하는 만성 염증. 위 절제술을 시행한 경우에 잘 발생한다.

알코올성^지방간 (alcohol性脂肪肝)[ ] 명구 《의학》〈여성 일반〉〈부인(여성)-소화기 질환〉간에 중성 지방이 비정상적으로 많이 축적되는 질환. 알코올을 습관적으로 장기간 섭취하여 나타난다. 알코올은 대사 과정에서 지방의 합성을 늘리고 간세포로 지방이 이동하는 양을 늘려 간에 중성 지방이 많이 쌓이도록 한다.

압통 (壓痛)[압통] 명 〈기타〉〈통증 일반〉피부를 세게 눌렀을 때에 느끼는 아픔. ¶나무 기둥에 깔린 인부가 압통을 참지 못해 비명을 질렀다.

압통점 (壓痛點)[압통쩜] 명 《의학》〈기타〉〈통증 일반〉피부를 눌렀을 때에 아픔을 특히 강하게 느끼는 부위. 신경이 갈라지거나 깊은 층에서 얕은 층으로 나타나는 곳에 있는데, 특정 지점의 비정상적인 아픔은 특정 병과 관계가 있으므로 진단의 한 방법이 된다. ¶그는 압통점과 기맥에 수지침을 놓았다.

앞 발 습진 (앞발濕疹)[ ] 명구 《의학》〈소아 아동〉〈알레르기〉발바닥의 앞부분에 피부염이 주로 발생하는 질환. 어린아이에게 많으며, 피부 표면이 건조해지는 증상 따위가 나타난다. 양말이나 신발과의 마찰, 땀 축적과 관련이 있는 것으로 알려져 있다.〈유〉마른 발바닥 피부염, 아토피 겨울발

애고 ( )[애고] 감 〈기타〉〈통증 감탄〉'아이고'의 준말.〈큰〉에구

애고고 ( )[애고고] 감 〈기타〉〈통증 감탄〉'애고'를 잇따라 내는 소리. ¶애고고, 머리야.

애리다 ( )[애리다] 형 〈기타〉〈통증 일반〉'아리다'의 방언(강원, 경상, 전라, 평안, 중국 길림성, 중국 요령성, 중국 흑룡강성)

애완동물-병 (愛玩動物病)[애ː완동물뼝] 명 《의학》〈기타 공통〉〈전염병일반〉애완동물을 통하여 사람에게 전염하여 생기는 병을 통틀어 이르는 말. 앵무

병, 톡소포자충증 따위가 있다.

애통하다1(哀痛하다)[애통하다][동]〈기타〉〈통증 일반〉슬퍼하고 가슴 아파하
다. ¶한이 많은 생애, 사연이 복잡했던 영결식, 애통하는 혈육 하나 없는 망
자를 실은 상여는 고개를 넘어간다.

애통하다2(哀痛하다)[애통하다][형]〈기타〉〈통증 일반〉슬프고 가슴 아프다. ¶
부모는 자식의 죽음이 애통하여 한없이 눈물만 흘릴 뿐이었다. / 꽃다운 나
이에 세상을 하직하니 애통한 일이다. / 댁의 아드님 최상묵 일등병은 지난
이 월 이십육 일, 적과의 치열한 야간 전투 중 눈부신 전과를 올리고, 애통
하게도 전사했습니다.

야간통(夜間痛)[야:간통][명]《의학》〈기타〉〈통증 일반〉밤에 잠들어 있을 때
에만 일어나는 통증. ¶오십견의 경우에는 저녁에 통증이 심해지는 야간통
이 발생해 수면 장애가 일어나기도 한다.

야뇨증(夜尿症)[야:뇨쯩][명]《의학》〈청소년〉〈청소년-신장 및 비뇨기 질환〉
밤에 자다가 무의식중에 오줌을 자주 싸는 증상.

약독^생백신(弱毒生vaccine)[ ][명구]《약학》〈영유아/소아 아동〉〈소아 피부병-
홍역〉독이 약한 생균 또는 생바이러스를 쓰는 백신. 생균을 쓰는 비시지
(BCG) 백신과 생바이러스를 쓰는 우두, 홍역 따위의 백신이 있다. ¶병원성
을 약화시킨 약독화한 생백신인 수두 백신은 접종 후 대상 포진을 일으킬
수 있지만 미접종자가 수두에 걸려 대상 포진으로 이환되는 경우보다 증상
이 경미한 것으로 알려졌다.

약물^남용(藥物濫用)[ ][명구]《의학》〈청소년〉〈청소년-기타 질환 및 건강 문
제〉감정, 인식, 행동 따위에 인위적인 변화를 일으키기 위해 향정신성 약물
을 비의학적 방법으로 사용하는 일.

약물^쿠싱^증후군(藥物Cushing症候群)[ ][명구]《의학》〈여성 일반〉〈부인(여
성)-내분비 및 대사 질환〉강력한 글루코코르티코이드를 만성적으로 다량
투여하여 생긴 쿠싱 증후군의 일부 징후와 증상.

양궐(陽厥)[양궐]**명**《한의》〈기타〉〈통증 일반〉1. 궐증의 하나. 몸에 열이 난 뒤에 몸 안에 열이 막히고 팔다리가 차가워진다. 2. 예전에, 지나치게 심한 자극을 받았을 때 성을 내면서 발광하는 증상을 이르던 말.〈유〉열궐

양독(陽毒)[양독]**명**《한의》〈영유아/소아 아동〉〈소아 피부병-홍역〉「1」어린 아이에게 나타나는 열병의 하나. 관절이 붓고 아프며 열이 나면서 얼굴 및 그 밖의 부위에 홍역 때보다 굵은 두드러기가 돋는다. 「2」'성홍열'을 한방에 서 이르는 말.

양독-발반(陽毒發斑)[양독빨반]**명**《한의》〈영유아/소아 아동〉〈소아 피부병-홍역〉어린아이에게 나타나는 열병의 하나. 관절이 붓고 아프며 열이 나면 서 얼굴 및 그 밖의 부위에 홍역 때보다 굵은 두드러기가 돋는다. ¶어느 날 은 다른 소양인 사내가 상한병에 걸린 이후 꿩고기탕을 먹고 나서 온몸의 피부에 양독발반(陽毒發斑)이 피어올랐다.

양두(羊痘)[양두]**명**《수의》〈소아 아동〉〈소아 피부병-천연두〉면양(緬羊)의 천연두.

양막^외^임신(羊膜外妊娠)[ ]**명구**《의학》〈임부 산모〉〈부인(여성)-임신과 관 련된 질환〉융모막은 보존되나 양막이 파열되고 오그라든 상태에서 한 임 신. ¶양막 외 임신의 진단은 임신 1분기와 2분기의 산전 초음파 검사를 통 해 양수 내에 파열된 양막을 관찰함으로써 이루어지게 되며 출생 후 조직학 적 검사가 도움이 되기도 한다.

양매-창(楊梅瘡)[양매창]**명**《한의》〈기타 공통〉〈성병〉'매독'을 한방에서 이 르는 말. ¶한의서에는 쇠비름을 마치현이라고 해서 종기 치질 사마귀 곤충 독 양매창(매독) 구충 이질 등 치료 효과와 함께 다양한 효능이 기록되어 있 습니다.

양성 전립샘 비대증(陽性前立샘肥大症)[ ]**명구**《의학》〈노인 일반〉〈노인-신장 및 비뇨기계 질환〉나이가 들면서 전립샘의 샘과 버팀질 성분이 과다하게 증식하여 전립샘이 커지는 증상. 일반적으로 50대에 잘 발생하며, 암으로는

진행되지 않는다. ¶양성 전립샘 비대증은 40대 이후부터 서서히 시작해 60대에는 60~70%, 70대 이상에서는 거의 모든 남성에서 나타날 정도로 매우 흔한 질환으로 2021년 기준으로 5년 전보다 13.6% 증가했다.

얕은^위염 (얕은胃炎) [ ] **명구** 《의학》〈여성 일반〉〈부인(여성)-소화기 질환〉위 점막의 표층 부근에만 국한하여 일어나는 염증.〈유〉표재성^위염(表在性胃炎)

어깨^난산 (어깨難産) [ ] **명구** 《의학》〈임부 산모〉〈부인(여성)-출산 및 산후 관련 질환〉분만할 때 태아의 머리가 이미 밖으로 나온 뒤 태아의 어깨가 산모의 두덩뼈에 걸려 더 이상 밖으로 나오지 못하는 난산.〈유〉어깨탓^난산(어깨탓難産)「001」(동의어) ¶9주인데 아가가 머리는 보통 크기인데 복부 둘레가 커서 어깨 난산이 있을 수도 있다.

어깨탓^난산 (어깨탓難産) [ ] **명구** 《의학》〈임부 산모〉〈부인(여성)-출산 및 산후 관련 질환〉분만할 때 태아의 머리가 이미 밖으로 나온 뒤 태아의 어깨가 산모의 두덩뼈에 걸려 더 이상 밖으로 나오지 못하는 난산.〈유〉어깨^난산(어깨難産)「001」(동의어) ¶산모는 임신 중 고혈압성 질환의 확률이 높아지고 태아는 큰몸증으로 인한 어깨탓 난산 쇄골 골절, 팔 신경얼기 손상 등의 위험이 증가한다.

어깨통 (어깨痛) [어깨통] **명** 《의학》〈기타〉〈통증 일반〉목덜미로부터 어깨에 걸쳐 일어나는 근육통을 통틀어 이르는 말. 피로가 주된 원인이며 대개 어깨에 둔한 통증이 있다. ¶밤중 욱신거리는 어깨통 때문에 잠을 설치고 팔을 들어 올릴 때 일정 각도와 동작에서 통증이 나타난다.

어득어득하다 ( ) [어드어드카다] **형** 〈기타〉〈통증 일반〉(정신이) 희미해지면서 자꾸 어지럽거나 까무러칠 듯하다.〈참〉어뜩어뜩하다, 아득아득하다

어득하다 ( ) [어드카다] **형** 〈기타〉〈통증 일반〉(정신이) 갑자기 매우 어지럽고 흐리멍덩하다. ¶친한 친구의 부고에 정신이 어득하니 아무 생각이 나지 않았다.

어뜩어뜩하다 ( )[어뜨거뜨카다]톙〈기타〉〈통증 일반〉(정신이) 희미해지면서
자꾸 매우 어지럽거나 까무러칠 듯하다. 〈참〉어득어득하다, 아뜩아뜩하
다 ¶의식은 회복했지만 아직도 눈앞은 어뜩어뜩하였다.

어뜩하다 ( )[어뜨카다]톙〈기타〉〈통증 일반〉(눈앞이나 정신이) 갑자기 몹시
어지러워 까무러칠 듯하다. 〈참〉아뜩하다 ¶웅이는 축구를 하다가 상대 선
수와 부딪치는 순간 정신이 어뜩하며 그대로 쓰러지고 말았다.

어리바리하다 ( )[어리바리하다]톙〈기타〉〈통증 일반〉(사람이) 정신이 또렷하
지 못하거나 기운이 없어 몸을 제대로 놀리지 못하다.

어릿어릿하다 ( )[어리더리타다]톙〈기타〉〈통증 일반〉(신체 부위나 상처가) 찌
르는 듯이 몹시 아프거나 쓰린 느낌이 있다. 〈참〉아릿아릿하다 ¶무리를 했
더니 허리가 어릿어릿하게 쑤신다.

어릿하다 ( )[어리타다]톙〈기타〉〈통증 일반〉(혀나 혀끝이) 몹시 쓰리고 따가
운 느낌이 있다. ¶가지를 날로 먹으니 혀끝이 어릿하다.

어유 ( )[어유]감〈기타〉〈통증 감탄〉몹시 아프거나 힘들거나 놀라거나 원통하
거나 기막힐 때 내는 소리. 〈유〉아유, 어이구 ¶어유, 배야.

어이 ( )[어이]감〈기타〉〈통증 감탄〉몹시 아프거나 힘들거나 놀라거나 원통하
거나 기막힐 때 내는 소리. 〈작〉아이 〈참〉어이구

어이구 ( )[어이구]감〈기타〉〈통증 감탄〉몹시 아프거나 힘들거나 놀라거나 원
통하거나 기막힐 때 내는 소리. 〈유〉어유, 어이. ¶어이구, 다리야. / 어이구,
허리 아파.

어이쿠 ( )[어이쿠]감〈기타〉〈통증 감탄〉몹시 아프거나 힘들거나 놀라거나 원
통하거나 기막힐 때 내는 소리. '어이구'보다 거센 느낌을 준다. ¶어이쿠, 배
야, 어이쿠, 배야, 나 죽소!

어지럽다 ( )[어지럽다]톙〈기타〉〈통증 일반〉몸을 제대로 가눌 수 없이 정신이
흐리고 얼떨떨하다. ¶아버지가 돌아가셨다는 소식을 듣자 갑자기 머리가
어지러워서 몸을 가눌 수가 없었다. / 그는 몹시 어지러운 듯 비틀거렸다.

어질어질하다 ( )[어질어질하다]휑〈기타〉〈통증 일반〉자꾸 또는 매우 정신이
아득하고 어지럽다. ¶허기 때문에 머리가 어질어질하다. / 그게 이것 같고
이게 그것 같아서, 제자리에 서서 맴을 돈 것처럼 어질어질했다.

어질하다 ( )[어질하다]휑〈기타〉〈통증 일반〉(사람이) 갑자기 정신이 아득하
고 어지럽다.〈참〉아찔하다 ¶뙤약볕 아래서 한 시간째 훈련을 받으려니까
머리가 어질하여 금방이라도 쓰러질 것 같다.

어찔어찔하다 ( )[어찔어찔하다]휑〈기타〉〈통증 일반〉(눈앞이나 정신이) 자꾸
몹시 희미해지고 어지럽다.〈참〉어질어질하다, 아찔아찔하다 ¶고층 빌딩
에서 아래를 내려다보니 머리가 어찔어찔하다. / 어린 시절 마당에서 빙글
빙글 맴돌았을 때처럼 머리가 어찔어찔하고 배 속까지 메슥메슥했다.

어찔하다 ( )[어찔하다]휑〈기타〉〈통증 일반〉(눈앞이나 정신이) 갑자기 쓰러
질 듯이 어지럽다.〈참〉어질하다, 아찔하다 ¶술을 너무 많이 마셨는지 머리
가 어찔하고 앉은 자리가 휘휘 둘리는 것 같았다. / 갑작스러운 부모님의 사
고 소식에 그녀는 정신이 어찔할 정도로 충격을 받았다.

어혈 요통(瘀血腰痛)[ ]명구《한의》〈기타〉〈통증 일반〉외상(外傷)으로 인하여
또는 산후(産後)에 허리에 어혈이 생겨서 나타나는 요통(腰痛). ¶어혈 요통
은 밤에 통증이 심해지는 것이 특징이다.

어혈통(瘀血痛)[어ː혈통]명《한의》〈기타〉〈통증 일반〉어혈이 진 부위가 아
픈 증상. ¶교통사고나 사다리에서 떨어지는 등 타박에 의한 내상으로 생기
는 어혈통은 처음에는 통증을 느끼지 못하다가도 시간이 지나면서 서서히
몸이 무겁거나 통증을 느끼게 된다.

억제대(抑制帶)[억쩨대]명《의학》〈노인 일반〉〈노인-기타〉환자를 억제할 때
사용하는 끈 같은 것. 억제하는 부위에 따라 길이, 폭, 재질 따위가 다르다.

얼굴통(얼굴痛)[얼굴통]명《의학》〈기타〉〈통증 일반〉삼차 신경의 분포 영역
에 생기는 통증 발작. 얼굴 한쪽이 심하게 아프며 후두부나 어깨까지 아플
수도 있는데 중년 이후의 여성에게 많다. 원인은 분명하지 않으나, 뇌줄기

에 발생한 종양이나 뇌동맥 자루가 원인일 가능성이 있고, 다발 경화증의 증상으로 나타날 수도 있으며 뇌 바닥 세동맥의 동맥 경화증이 원인이 되는 경우도 있다. 〈유〉삼차신경통(三叉神經痛), 안면통(顔面痛)

얼떨떨하다(   )[얼떨떨하다]형〈기타〉〈통증 일반〉(머리가) 속이 울리고 아프다. 〈유〉얼떨하다, 떨떨하다 〈본〉어리떨떨하다 〈참〉알딸딸하다 ¶술을 몇 잔 연거푸 마셨더니 머리가 얼떨떨하다. / 기둥에 머리를 부딪친 후로 영주는 계속 머리가 얼떨떨했다.

얼얼하다(   )[어럴하다]형〈기타〉〈통증 일반〉1.(몸의 일부가) 상처가 나거나 하여 몹시 아리다.2.(입안이나 혀가) 몹시 맵거나 독한 것이 닿아 아리고 쏘는 느낌이 있다. 〈참〉알알하다 ¶맞은 뺨이 아직도 얼얼하다. / 냉면이 얼마나 매운지 혀가 다 얼얼하다.

얼쩍지근하다(   )[얼쩍찌근하다]형〈기타〉〈통증 일반〉(살이) 얼얼하게 아프다. 〈유〉얼찌근하다 〈참〉알짝지근하다 ¶영희에게 맞은 뺨이 아직도 얼쩍지근했다.

얼찌근하다(   )[얼찌근하다]형〈기타〉〈통증 일반〉(살이) 얼얼하게 아프다. 〈유〉얼쩍지근하다 〈참〉알찌근하다 ¶영이는 얼음판 위에서 넘어져 얼찌근한 엉덩이를 매만지며 걸음을 재촉했다.

에구(   )[에구]감〈기타〉〈통증 감탄〉'어이구'의 준말. 〈작〉애고 ¶에구, 왜 이리 허리가 아플까, 비가 오려나?

에구구(   )[에구구]감〈기타〉〈통증 감탄〉'에구'를 잇따라 내는 소리. 〈작〉애고고 ¶에구구, 다리야. 더는 못 가겠다.

에구에구(   )[에구에구]감〈기타〉〈통증 감탄〉어디가 몹시 아프거나, 몸이 힘들 때 하는 소리. ¶에구에구 다리야.

에다(   )[에다]동〈기타〉〈통증 일반〉(사람이 무엇을) 칼 따위로 도려내듯 베다. 〈참〉(피동) 에이다 ¶살을 에는 듯한 강추위가 연일 계속되고 있습니다. / 급하게 밥을 먹다가 그만 혀끝을 살짝 에는 듯이 물었다.

에이다 ( )[에이다]⬤〈기타〉〈통증 일반〉(사람이나 사물이 날카로운 연장 따위에) 도려내듯 베이다. '에다'의 피동사.〈참〉(능동) 에다 ¶추위에 살이 에일 것 같다.

에이형 간염 (a型肝炎)[ ]**명구**《의학》〈소아 아동〉〈간 질환〉에이형(A型) 간염 바이러스의 경구 감염으로 일어나는 간염. 늦은 여름에 4~10세의 어린이에게 감염되며, 15~30일의 잠복기를 거쳐 식욕 부진, 발열, 황달, 간 비대, 복통 따위의 증상을 보인다. 집단적으로 발병하는 일도 있다.〈유〉유행성 간염 ¶에이형간염은 특히 집단 감염으로 이어지기 쉬운 특징을 가지고 있는데요. /급성 a형 간염은 간염 바이러스의 한 종류인 A형 간염 바이러스(hepatitis A virus. HAV)에 감염되어 발생하는 급성 간염의 한 종류입니다.

에쿠 ( )[에쿠]**감**〈기타〉〈통증 감탄〉몹시 아프거나 놀랄 때 나오는 소리. '에꾸'보다 거센 느낌을 준다.

에피칸투스 (epicantus)[ ]**명**《의학》〈노인 일반〉〈노인-감각 기관 관련 질환(안과, 이비인후과)〉눈꺼풀이 처져서 눈구석이나 눈가를 덮고 콧날 쪽에 닿는 주름. 아시아 사람들에게 나타나고 유럽인들에게는 드물다. ¶전문 용어로는 에피칸투스 또는 몽고주름이라고도 한다.

여드름 ( )[여드름]**명**〈청소년〉〈청소년-피부 및 모발 질환〉주로 사춘기에, 얼굴에 도톨도톨하게 나는 검붉고 작은 종기. 털구멍이나 피지샘이 막혀서 생기며 등이나 팔에 나기도 한다. ¶여드름을 짜다.

여드름 흉터 ( )[ ]**명구**〈여성 일반〉〈부인(여성)-피부 및 모발 질환〉여드름이 났던 피부에 생기는 흉터. ¶여드름 치료는 조기에 시작하는 것이 여드름 흉터를 남기지 않고 예방하는 가장 현명한 방법이다. / 한편 여드름 흉터는 세균이나 모낭충이 원인인 증상이다.

여드름-약 (여드름藥)[여드름냑]**명**《약학》〈여성 일반〉〈부인(여성)-피부 및 모발 질환〉여드름을 치료하기 위해 먹거나 바르는 약.

여드름^연고 (여드름軟膏)[ ]**명구**《약학》〈여성 일반〉〈부인(여성)-피부 및 모발 질환〉여드름을 치료하기 위해 바르는 연고. 여드름 균을 죽이는 항생제 연고로는 클린다마이신 포스페이트를 주성분으로 하는 연고가 많이 사용된다.

여드름-염 (여드름炎) [여드름념] **몡**《의학》〈여성 일반〉〈부인(여성)-피부 및 모발 질환〉여드름으로 인하여 생긴 염증. 〈유〉 여드름-진(여드름疹)「001」 (〈유〉)

여드름^장미증 (여드름薔薇症) [ ] **몡구**《의학》〈여성 일반〉〈부인(여성)-피부 및 모발 질환〉뺨, 코, 턱, 이마, 눈꺼풀의 만성 염증으로 발생하는 얼굴 피부병. 여드름 같은 발진이 생기거나 얼굴이 붉어진다.

여드름-진 (여드름疹) [여드름진] **몡**《의학》〈여성 일반〉〈부인(여성)-피부 및 모발 질환〉얼굴에 발생하는 구진 괴사 결핵 발진. 〈유〉 여드름-염(여드름炎) 「001」(〈유〉)

여드름^치료제 (여드름治療劑) [ ] **몡구**《약학》〈여성 일반〉〈부인(여성)-피부 및 모발 질환〉여드름을 치료하는 데 사용되는 약제. ¶우리나라 임산부 100명 중 3명이 태아 기형을 유발하는 '이소트레티노인' 성분의 먹는 여드름 치료제를 복용한 경험이 있는 등 위험성이 큰 제제로 지속적인 관리가 필요할 것으로 보인다./ 널리 사용되는 여드름 치료제가 피부 내 세균 균형을 변화시키는 것으로 나타났다.

여드름^흉터종 (여드름흉터腫) [ ] **몡구**《의학》〈여성 일반〉〈부인(여성)-피부 및 모발 질환〉여드름의 흉터 부위에 발생하며 조직이 증식한 종양.

여러 아이 임신 (여러아이妊娠) [ ] **몡구**《의학》〈임부 산모〉〈부인(여성)-임신과 관련된 질환〉'다태 임신'의 북한어.

여성^불임 (女性不妊) [ ] **몡구**《의학》〈임부 산모〉〈부인(여성)-기타 임신 및 출산 관련 문제〉여성의 성 기관에 형태적·기능적 이상이 있어 임신할 수 없는 상태. ¶여성 불임의 가장 흔한 원인 중 하나는 배란 장애입니다.

여성^불임증 (女性不妊症) [ ] **몡구**《의학》〈임부 산모〉〈부인(여성)-기타 임신 및 출산 관련 문제〉여성에게 원인이 있는 불임증. 약 1년간 피임하지 않고 정상적인 부부 관계를 하는데도 임신이 되지 않는 상태 가운데 그 원인이 여성에게 있는 경우를 말한다. 〈참〉남성^불임증(男性不妊症)「001」(대립어) ¶ 여성 불임증과 습관성 유산 문제를 해결하기 위해서는 원인을 정확히 파악하고, 이에 맞는 종합적인 치료 계획을 수립하는 것이 중요합니다.

여성성욕감퇴장애(女性性慾減退障礙)[ ]**명구**〈여성 일반〉〈부인(여성)-부인과(산부인과) 질환〉여성이 성적 흥미, 각성 장애이고 최소 6개월 이상 흥미 또는 각성이 없거나 상당히 감소한 상태이다. ¶성욕 감퇴 장애 여성 환자가 성행위 45분 전 대퇴부에 자가 주사하면 억제력을 줄이고 신경계를 흥분시키는 등 주요 뇌 수용체의 반응을 활발하게 한다.

여성형^비만(女性形肥滿)[ ]**명구**《의학》〈여성 일반〉〈부인(여성)-내분비 및 대사 질환〉주로 넓적다리, 볼기 부위에 조롱박 모양의 지방 과잉을 보이는 비만. ¶지방의 분포는 크게 남성형 비만과 여성형 비만으로 나눠서 볼 수 있다.

여성형^탈모증(女性型脫毛症)[ ]**명구**《의학》〈여성 일반〉〈부인(여성)-여성 호르몬 및 폐경 관련 질환〉여성에게서 흔히 관찰되는 탈모증. 전체적으로 모발이 소실되고 머리칼이 가늘어진다. 탈모는 '두정부'에 주로 국한되고 이마와 관자의 모발선은 유지된다. 〈유〉여성^탈모(女性脫毛)「001」(동의어), 여성^탈모증(女性脫毛症)「001」(동의어) ¶다양한 환경적 요인들이 여성형 탈모증 악화에 영향을 준다고 알려져 익히 알려진 건강한 생활 습관을 유지하는 것이 중요하다.

여포 암(濾胞癌)[ ]**명구**《의학》〈노인 일반〉〈노인-암(종양) 관련 질환〉소포에 생기는 암. 갑상선암의 10%를 차지하며 40세 이상의 중년 여성에서 잘 발생한다. 주변 림프절 전이 빈도는 낮으나 혈관을 따라 전이를 잘하며 주로 뼈, 간, 폐 등에 전이된다. 10년 생존율은 70~90%이다. ¶유두 암과 여포 암은 암세포의 성장 속도가 매우 느리고 전이가 된 경우라도 완치가 가능하기 때문에 치료 성적은 다른 암에 비해 월등히 높다.

여할하다 (如割하다)[여할하다]ᄒᆼ《기타》〈통증 일반〉벤 것같이 아프다.

역병-신 (疫病神)[역뼝신]ᄆᆼ《민속》〈소아 아동〉〈소아 피부병-천연두〉천연두를 맡았다는 신. ¶진짜로 뭔가 일이 터지면 주인공이 숨겨서 이렇게 된 거라 주변이 착각하고 주인공은 이걸 바로잡지 않으니 걸어 다니는 역병신 취급 당하기 일쑤.

역신 (疫神)[역씬]ᄆᆼ《한의》〈소아 아동〉〈소아 피부병-천연두〉'천연두'를 한방에서 이르는 말. ¶역신이 들다.

역질 (疫疾)[역찔]ᄆᆼ《한의》〈소아 아동〉〈소아 피부병-천연두〉'천연두'를 한방에서 이르는 말. ¶역질이 창궐하다. 지난 계묘년의 역질에 겹친 기근 때에는 수만 명이 죽었다 한다.

역질 흑함(黑陷) 되듯 한다 ( )[ ]ᄉᆑᆨ담《소아 아동〉〈소아 피부병-천연두〉'두창'의 화독이 너무 강해서 밖으로 나오지 못하고 안으로 함몰하여 검은색으로 변하여 잠복하게 되는 상황에 어떤 일에 불길한 징조가 나타나는 데에 비유하여 이르는 말.

역환 (疫患)[여콴]ᄆᆼ《한의》〈소아 아동〉〈소아 피부병-천연두〉'천연두'를 한방에서 이르는 말. ¶늦더위가 더욱 심한데 기체(氣體)가 어떠하며, 또 궁중(宮中)의 역환(疫患)이 어떠한지 모르겠습니다.

연관통 (聯關痛)[연관통]ᄆᆼ《의학》〈기타〉〈통증 일반〉특정한 내장 질환이 있을 때 신체의 일정한 피부 부위에 투사되어 느껴지는 통증. 이자염일 때 좌측 흉부의 피부에 통증을 느끼거나 요석이 있을 때 샅굴 부위에 통증을 느낀다.

연극성^인격^장애 (演劇性人格障礙)[ ]ᄆᆼ구《심리》〈여성 일반〉〈부인(여성)-정신 건강 및 신경정신과 질환〉연기를 하는 것처럼 감정을 과장되게 표현하여 주변 사람들의 관심을 끌려고 하는 인격 장애. 〈유〉연극성^성격^장애(演劇性性格障礙)「001」(동의어) ¶연극성 인격 장애에서는 자신이 관심의 초점이 되느냐 안 되느냐에 따라 행동 양상이 달라진다. / 김 씨는 우울증과 연극성 인격 장애를 앓고 있었다.

연축^월경통 (攣縮月經痛)[ ] **명구** 《의학》〈여성 일반〉〈부인(여성)-부인과(산부인과) 질환〉자궁의 통증성 수축을 동반하는 월경통.

연하 곤란 (嚥下困難)[ ] **명구** 《의학》〈노인 일반〉〈노인-감각 기관 관련 질환(안과, 이비인후과)〉음식물을 삼키기 어려운 증상. 목이나 식도에 병변이 있을 때 나타나고 중추적으로는 뇌종양의 경우에도 볼 수 있다. 〈유〉삼킴곤란, 삼킴 장애, 연하장애 ¶성대 마비일 때 가장 흔한 증상은 음성 변화지만 연하 곤란, 천명(쌕쌕거림) 등의 증상을 겪기도 한다.

연하 장애 (嚥下障礙)[ ] **명구** 《의학》〈노인 일반〉〈노인-감각 기관 관련 질환(안과, 이비인후과)〉음식물을 삼키기 어려운 증상. 목이나 식도에 병변이 있을 때 나타나고 중추적으로는 뇌종양의 경우에도 볼 수 있다. 〈유〉삼킴곤란, 삼킴 장애, 연하 곤란 ¶이들이 겪는 어려움을 '연하 장애' 또는 '삼킴 장애'라고 하는데 음식을 삼킬 때 사례가 자주 발생하거나, 목에 음식물이 걸리는 느낌이 든다면 의심해 볼 수 있다.

열^감기 (熱感氣)[ ] **명구** 《의학》〈영유아/소아 아동〉〈감기-몸살, 세기관지염〉열이 나는 증상의 감기. ¶따라서 아이의 온몸에 열이 나고 짜증을 내며 칭얼댄다면 열 감기를 의심해 봐야 한다. / 한편, ○○○가 앓은 뇌 수막염은 뇌의 수막에 생기는 염증을 말하며 초기 증상이 열 감기와 비슷하다.

열궐 (熱厥)[열궐] **명** 《한의》〈기타〉〈통증 일반〉궐증의 하나. 몸에 열이 난 뒤에 몸 안에 열이 막히고 팔다리가 차가워진다. 〈유〉양궐01

열궐 두통 (熱厥頭痛)[ ] **명구** 《한의》〈기타〉〈통증 일반〉머리가 아프고 번열이 나고 몹시 추운 겨울이라도 찬바람만 좋아하고 찬바람을 쐬면 아픈 것이 잠깐 동안 멎었다가도 따뜻한 곳에 가거나 불을 보면 다시 아픈 증상.

열-꽃 (熱꽃)[열꼳] **명** 〈영유아/소아 아동〉〈소아 피부병-홍역/피부병〉홍역·수두 따위를 앓을 때, 피부의 여기저기에 돋아나는 붉은 점. ¶어린 몸에 뜨거운 열꽃이 피어 사나흘 동안 이승 반, 저승 반 하다가 그때를 무사히 넘기면…. / 아침 무렵만 해도 안면 부위에만 머물러 있던 열꽃이 점차 아래쪽으로 번지더니 인제는 불티를 뒤집어쓴 듯 숫제 전신이 빨긋빨긋했다.

열복통 (熱腹痛)[열복통]**명**《한의》〈기타〉〈통증 일반〉배 속에 열이 몰려 갑자기 배가 아팠다 멎었다 하는 병. ¶열복통은 배를 만지면 뜨겁고 손이 닿으면 통증이 더욱 심해지는 특징이 있다.

열사흘-부스럼 ( )[열싸흘부스럼]**명**〈소아 아동〉〈소아 피부병-천연두〉'천연두'를 일상적으로 이르는 말.

열사흘부스럼을 앓느냐 ( )[ ]**속담**〈소아 아동〉〈소아 피부병-천연두〉망령된 말을 많이 하는 사람을 놀림조로 이르는 말.

열통 (熱痛)[열통]**명**《한의》〈기타〉〈통증 일반〉열을 동반하는 통증. 또는 열로 인한 통증.

염증 반응 (炎症反應)[ ]**명구**《의학》〈노인 일반〉〈노인-기타〉병원체, 자극 물질 또는 손상된 세포에 대한 면역 반응. 염증 반응은 손상을 유발하는 인자를 제거하고 치유 과정을 시작하는 생체 보호 기전이다.

영구적 요실금 (永久的尿失禁)[ ]**명구**〈노인 일반〉〈노인-신장 및 비뇨기계 질환〉요실금이 영구적으로 나타나는 일.〈유〉비가역적 요실금

영아 간염 (嬰兒肝炎)[ ]**명구**《의학》〈영유아〉〈간 질환〉생후 1~2개월 사이에 발생하는 유아기 초기의 간염.

영아 복강병 (嬰兒腹腔病)[ ]**명구**《의학》〈영유아〉〈위장병〉생후 9개월 이전의 영아에서 보이는 글루텐 민감 소장병. 급성 발병, 설사, 복통 및 성장 저해가 특징이다.

영아 습진 (嬰兒濕疹)[ ]**명구**《의학》〈영유아〉〈알레르기〉영아에게 나타나는 습진. 임상 양상은 주원인 및 기전에 따라 다르다.

영아^갑작스러운^사망^증후군 (嬰兒갑작스러운死亡症候群)[ ]**명구**《의학》〈영유아〉〈신생아_추가〉한 살 이하의 건강한 아이가 아무런 조짐이나 원인 없

이 잠자는 동안에 갑작스럽게 죽는 것. 사망 당시의 상황, 병력 검토, 부검을 해도 뚜렷한 이유를 찾아내기 어렵다.〈유〉영아급사증후군, 영아돌연사, 영아돌연사증후군

영아^급사^증후군(嬰兒急死症候群)[ ] 〔**명구**〕《의학》〈영유아〉〈신생아_추가〉한 살 이하의 건강한 아이가 아무런 조짐이나 원인 없이 잠자는 동안에 갑작스럽게 죽는 것. 사망 당시의 상황, 병력 검토, 부검을 해도 뚜렷한 이유를 찾아내기 어렵다.〈유〉영아갑작스러운사망증후군, 영아돌연사, 영아돌연사증후군

영아^돌연사^증후군(嬰兒突然死症候群)[ ] 〔**명구**〕《의학》〈영유아〉〈신생아_추가〉한 살 이하의 건강한 아이가 아무런 조짐이나 원인 없이 잠자는 동안에 갑작스럽게 죽는 것. 사망 당시의 상황, 병력 검토, 부검을 해도 뚜렷한 이유를 찾아내기 어렵다.〈유〉영아갑작스러운사망증후군, 영아급사증후군, 영아돌연사

영아^반마비(嬰兒半痲痹)[ ] 〔**명구**〕《의학》〈영유아〉〈마비〉유아가 갑자기 경련을 일으키며 의식 장애를 초래하여 몸의 한쪽이 마비되는 병을 통틀어 이르는 말. 동맥 폐색, 뇌염 따위가 원인이다.

영아^산통(嬰兒産痛)[ ] 〔**명구**〕《의학》〈영유아〉〈신생아_추가〉생후 4개월 미만의 신생아가 이유 없이 발작적으로 울고 보채는 증상. ¶영아 산통으로 우는 아기들은 다리를 위쪽으로 잡아당기고, 얼굴이 빨갛게 되고, 두 주먹을 꽉 쥐며 가끔 방귀를 뀌기도 한다. / 이때 엄마들은 감기뿐 아니라 소화기 면역력이 떨어진 아기들의 배앓이라 불리는 영아 산통에 특히 주의를 기울여야 한다.

영아^습진(嬰兒濕疹)[ ] 〔**명구**〕《의학》〈영유아〉〈신생아_추가〉영아에게 나타나는 습진. 임상 양상은 주원인 및 기전에 따라 다르다.

영아^연축(嬰兒攣縮)[ ] 〔**명구**〕《의학》〈영유아〉〈신생아_추가〉출생 후 3~12개월 정도의 영아에게 잘 일어나는 경련 수축. 영아 경련 수축뿐만 아니라 특징

적 뇌파, 발달 퇴행 따위가 나타난다. 〈유〉웨스트 증후군

영유아^건강^검진 (嬰幼兒健康檢診) [ ] **명구**《보건 일반》〈영유아〉〈신생아_추가〉생후 4개월부터 60개월까지의 영유아를 대상으로 몸의 건강 상태를 검사하는 의학적 진찰. 건강 검진은 6회, 구강 검진은 3회에 걸쳐서 한다. ¶영유아 시기의 건강을 바탕으로 이후 건강 백세를 실현하기 위해 국가에서는 영유아 건강 검진을 실시하고 있다. / 연령에 따라 영유아가 정상적으로 성장하는지를 평가하는 영유아 건강 검진에서 발달 장애 의심이 가는 저소득층 자녀에 대한 정밀 진단비 지원이 확대된다.

예방^접종 (豫防接種) [ ] **명구**《보건 일반》〈영유아〉〈신생아_추가〉감염병을 예방하기 위하여, 백신을 투여하여 면역성을 인공적으로 생기도록 하는 일. 종두·비시지 접종 따위가 있다. 〈유〉예방주사

예방^주사 (豫防注射) [ ] **명구**《보건 일반》〈영유아〉〈신생아_추가〉감염병을 예방하기 위하여 주사기로 항원을 체내에 주입하는 일. 〈유〉예방접종

오른쪽^근치^유방^절제 (오른쪽根治乳房切除) [ ] **명구**《의학》〈여성 일반〉〈부인(여성)-유방 질환〉유방 오른쪽 부분에 괴저나 종양, 유방염 따위가 생겼을 때, 병이 생긴 부위를 제거하는 일.

오스굿·슐라터-병 (Osgood-Schlatter病) [오스굳슐라터병] **명**《의학》〈청소년〉〈청소년-근골격계 및 정형외과 질환〉13~17세의 남자에게 많은, 무릎 아래 정강뼈 끝부분이 붓고 아픈 병. 정강뼈 거친면이 튀어나와 압통과 운동통을 느낀다. 〈유〉슬개건염, 정강뼈거친면뼈연골증

오십-견 (五十肩) [오:십견] **명**《의학》〈여성 일반/기타〉〈부인(여성)-근골격계 및 정형외과 질환/통증 일반〉어깨 관절의 윤활 주머니가 퇴행성 변화를 일으키면서 염증을 유발하는 질병. 주로 50대의 나이에 많이 발생하여 이렇게 불리며 통증이 심하다. 〈유〉유착성^관절낭염(癒着性關節囊炎)「001」¶나이 먹어서 생기는 어깨 통증은 오십견일 확률이 많다.

옥신거리다 ( ) [옥씬거리다] **동**〈기타〉〈통증 일반〉(머리나 상처가) 자꾸 조금씩

쑤시는 듯이 아파 오다.〈유〉옥신옥신하다, 옥신대다 ¶등산을 다녀온 뒤로 온몸이 옥신거린다.

옥신대다( )[옥씬대다]㉫〈기타〉〈통증 일반〉(머리나 상처가) 자꾸 조금씩 쑤시는 듯이 아파 오다.〈유〉옥신옥신하다, 옥신거리다 ¶감기에 걸렸는지 아무 이유 없이 머리가 옥신댄다.

옥신옥신하다( )[옥씨녹씬하다]㉫〈기타〉〈통증 일반〉(머리나 상처가) 자꾸 조금씩 쑤시는 듯이 아파 오다.〈유〉옥신거리다, 옥신대다 ¶주사 맞은 자리가 옥신옥신하다. / 감기 기운이 있는지 목이 칼칼하고 몸이 옥신옥신하다.

옥신옥신( )[옥씨녹씬]㈜〈기타〉〈통증 일반〉머리나 상처 따위가 자꾸 조금씩 쑤시는 듯이 아픈 느낌. ¶감기 몸살인지 온몸이 옥신옥신 아프다.

온귀(瘟鬼)[온귀]㈐《민속》〈소아 아동〉〈소아 피부병-천연두〉집집마다 찾아다니며 천연두를 앓게 한다는 여신. 강남(중국)에서 특별한 사명을 띠고 주기적으로 찾아온다고 한다. ¶온귀가 있는 곳에도 의당 살펴서 출입해야 한다.

완경(完經)[완경]㈐〈여성 일반〉〈부인(여성)-여성 호르몬 및 폐경 관련 질환〉여성의 폐경(閉經)을 완곡하게 이르는 말. ¶그런데 월경이 완전히 멈추는 현상을 '폐경'이 아닌 '완경'으로 부르자는 움직임이 활발해지고 있다. / 그리고 완경은 이제 더 이상 피 흘리지 말고 고생한 몸을 돌보며 휴식을 취하라는 조물주의 섭리로 받아들여야 한다.

완전^유산(完全流産)[ ]㈐㈕《의학》〈임부 산모〉〈부인(여성)-기타 임신 및 출산 관련 문제〉임신 기간 중에 자연적으로 수태의 산물이 모두 배출되는 것. ¶자궁 안에 있던 임신 조직이 완전히 나오는 것을 말하며 임신 5~6주에는 자연유산에서도 완전 유산이 적지 않습니다.

왕란-창(王爛瘡)[왕난창]㈐《한의》〈영유아〉〈피부병〉불에 덴 것처럼 물집이나 고름집이 생기는 어린아이의 피부병.

외상성^무월경(外傷性無月經)[ ]㈐㈕《의학》〈여성 일반〉〈부인(여성)-부인과

(산부인과) 질환〉상해나 질병으로 인하여 자궁 내막에 생긴 흉터나 자궁목
이 협착하여 발생하는 무월경.

외음부 전정염 증후군(外陰部 前庭炎 症候群)[ ]**명구**〈여성 일반〉〈부인(여성)-
부인과(산부인과) 질환〉성관계시 삽입되는 과정에서 심한 통증을 경험하거
나, 왕복 운동 시 남성의 회음부가 여성의 회음부에 닿을 때 통증을 호소한
다. 50세보다 젊은 여성 환자에게서 성교통의 가장 혼한 원인 중의 하나로
알려져 있다.

외음부암(外陰部癌)[외:음부암]**명**《의학》〈여성 일반〉〈부인(여성)-암(종양)
관련 질환〉여성 생식기의 외음부에서 발생하는 암으로 비교적 드문 암. ¶
영국의 한 40대 여성이 외음부암을 진단받은 사연이 공개됐다.

외-치핵(外痔核)[외:치핵/웨:치핵]**명**《의학》〈여성 일반〉〈부인(여성)-소화
기 질환〉바깥 항문 조임근 바깥쪽에 혹을 형성하는 확장된 정맥.〈유〉바깥^
치핵(바깥痔核)「001」(동의어)

요각통(腰脚痛)[요각통-]**명**《한의》〈기타〉〈통증 일반〉허리와 다리가 아픈 질
환을 말하며 크게 방광경(膀胱經)을 따라서 통증이 있는 경우와 담경(膽經)
을 따라서 통증이 오는 경우로 나뉜다.〈유〉요족통(腰足痛)

요과통(腰跨痛)[요과통-]**명**《한의》〈기타〉〈통증 일반〉허리의 통증이 양쪽 다
리까지 미치는 증상.〈유〉요수통(腰脽痛)

요관^월경통(尿管月經痛)[ ]**명구**《의학》〈여성 일반〉〈부인(여성)-부인과(산부
인과) 질환〉월경 때 일어나는 요관의 연축(攣縮)으로 인한 통증을 특징으로
하는 이차 월경통.

요로^감염(尿路感染)[ ]**명구**《의학》〈청소년〉〈청소년-신장 및 비뇨기 질환〉요
로에 생기는 감염 질환.

요배통(腰背痛)[요배통-]**명**《한의》〈기타〉〈통증 일반〉허리와 등골이 켕기면
서 아픈 병증.

요부 척주관 협착증(腰部脊柱管狹窄症)[ ]**명구**《의학》〈노인 일반〉〈노인-근골

격계 및 정형외과 질환〉요부 척주관의 협착에 수반되어, 신경 압박에 의하여 일어나는 장해. 요부의 둔통(鈍痛)이나 경직, 일과성(一過性)의 운동 마비, 보행할 때의 하지 통증 따위가 발생한다. 〈유〉요추 협착증 ¶어느 정도 거리를 걷다 보면 다리가 마비되는 듯한 통증 때문에 허리를 구부렸다 가거나 웅크리고 앉게 되는 것이다. 이런 경우 보통은 요부 척추관 협착증을 의심할 수 있다.

요수통(腰䯊痛)[요수통-]**명**《한의》〈기타〉〈통증 일반〉허리의 통증이 양쪽 다리까지 미치는 증상.〈유〉요과통(腰跨痛)

요-실금(尿失禁)[요실금-]**명**《한의》〈여성 일반/청소년〉〈부인(여성)-부인과(산부인과) 질환/청소년-신장 및 비뇨기 질환〉오줌이 뜻하지 아니하게 저절로 나오는 증상.〈유〉요실금-증(尿失禁症)「001」(동의어) ¶여성이 과민성 방광이나 요실금 같은 배뇨 장애가 남성보다 많다.

요실금-증(尿失禁症)[요실금쯩-]**명**《한의》〈여성 일반〉〈부인(여성)-부인과(산부인과) 질환〉오줌이 뜻하지 아니하게 저절로 나오는 증상.〈유〉요-실금(尿失禁)「001」(동의어) ¶효과적인 치료를 위해 전기자극 치료와 바이오피드백을 시행할 수 있는 첨단 장비를 활용해 요실금증의 비수술적 치료에도 적극 나서고 있다.

요제통(繞臍痛)[요제통-]**명**《한의》〈기타〉〈통증 일반〉배꼽노리가 아픈 병증.

요족통(腰足痛)[요족통-]**명**《한의》〈기타〉〈통증 일반〉허리와 다리가 아픈 병증.〈유〉요각통(腰脚痛)

요척통(腰脊痛)[요척통-]**명**《한의》〈기타〉〈통증 일반〉허리 부분의 척추뼈와 그 주위가 아픈 병증.

요통(腰痛)[요통-]**명**《의학》〈기타〉〈통증 일반〉허리나 엉덩이 부분에 느끼는 통증을 통틀어 이르는 말. 척추 질환, 외상, 추간판의 이상 이외에도 임신이나 부인과 질환, 비뇨기계 질환, 신경 질환, 근육 질환 등이 원인이 된다.〈유〉허리앓이 ¶접영은 수영 선수에게도 요통을 불러일으킬 수 있는 과

격한 동작이다. / 명절이 끝나면 주부 명절 증후군은 물론이고 가사 노동에
요통과 관절통으로 온몸이 아프기 마련이다.

욕지기나다 ( )[욕찌기나다]**동**〈기타〉〈통증 일반〉(사람이) 속이 메스꺼워 토
할 듯한 느낌이 나다.〈유〉구역나다(嘔逆나다), 메스껍다, 구역질나다(嘔逆
질나다) ¶상한 생선을 먹었는지 욕지기가 나서 뱉어 버리고 말았다.

용혈^황달 (溶血黃疸)[ ]**명구**《의학》〈영유아〉〈신생아_추가〉체내에서 적혈구
가 대량으로 파괴되어 일어나는 황달. 헤모글로빈이 대량으로 유출되면서
빌리루빈이 과잉 형성되어 나타나며, 유전적인 것 외에 원충, 세균, 바이러
스 따위의 감염에 의해 나타난다.

우두 (牛痘)[우두]**명**《의학》〈소아 아동〉〈1. 소아 피부병-천연두 2. 피부병〉
천연두를 예방하기 위하여 소에서 뽑은 면역 물질. 영국의 의사 제너
(E.Jenner)에 의해 처음 발견되었으며 우리나라에는 개화기에 지석영에 의
해 도입되었다.〈참〉종두(種痘) ¶우두를 놓다. 우두를 맞다.

우리하다 ( )[우리하다]**형**〈기타〉〈통증 일반〉신체의 일부가 몹시 아리고 욱신
욱신한 느낌이 있다. 경상 지방의 방언이다. ¶침이 꽂히는 순간 허리가 뜨
끔하며 우리하게 울려와 날카로운 통증을 희석시켰다.

우상하다 (憂傷하다)[우상하다]**형**〈기타〉〈통증 일반〉근심스러워 마음이 아프
다.

우상해하다 (憂傷해하다)[우상해하다]**동**〈기타〉〈통증 일반〉근심스러워 마음
이 아파하다. ¶그의 사고 소식을 접하고는 우리 모두 우상해했다.

우울-증 (憂鬱症)[우울쯩]**명**《심리》〈청소년〉〈청소년-정신 건강 및 신경정신
과 질환〉기분이 언짢아 명랑하지 아니한 심리 상태. 흔히 고민, 무능, 비관,
염세, 허무 관념 따위에 사로잡힌다.〈유〉우울병, 울증 ¶우울증에 빠지다.

우장 (牛漿)[우장]**명**《약학》〈소아 아동〉〈소아 피부병-천연두〉천연두를 예방
하기 위하여 우두에서 뽑아낸 면역성 액체. ¶여기서 가져온 두묘[痘苗, 두
창에 걸린 소에서 뽑아낸 유백색의 우장(牛漿)].

욱신거리다( )[욱씬거리다]통〈기타〉〈통증 일반〉(머리나 상처가) 자꾸 쑤시는 듯이 아파 오다.〈유〉욱신대다, 욱신욱신하다 ¶그녀는 병에 걸려 얼굴이 누렇게 뜨고 몸이 욱신거렸지만 참고 일을 했다. / 계단에서 넘어지면서 긁힌 손바닥이 욱신거리며 쓰렸다.

욱신욱신( )[욱씨눅씬]부〈기타〉〈통증 일반〉머리나 상처 따위가 자꾸 쑤시는 듯이 아픈 느낌. ¶몸이 욱신욱신 쑤시다. / 소매를 바싹 걷어 올린 맨살에 돌을 맞았기 때문에 팔꿈치가 째지고 오랫동안 욱신욱신 아팠다. / 잘못 온 게 아닌가 싶은 초조함 때문에 초희는 욱신욱신 뒷골이 다 쑤셨다.

욱신욱신하다( )[욱씨눅씬하다]통〈기타〉〈통증 일반〉(머리나 상처가) 자꾸 쑤시는 듯이 아파 오다.〈유〉욱신거리다, 욱신욱신하다 ¶정태는 공에 맞은 자리가 욱신욱신하여 잠을 이룰 수가 없었다.

운동^유발^무월경(運動誘發無月經)[ ]명구《의학》〈여성 일반〉〈부인(여성)-부인과(산부인과) 질환〉지속적인 격렬한 운동으로 월경이 일시적으로 중단된 상태.

울렁거리다( )[울렁거리다]통〈기타〉〈통증 일반〉(사람이나 그 속이) 자꾸 토할 것 같이 메슥거리다.〈유〉울렁대다, 울렁울렁하다, 울렁이다 ¶그는 배를 타자마자 속이 울렁거렸다. / 정인은 그 참혹한 광경에 다시 눈을 감았다. 그새 뒤집힐 듯 속이 울렁거렸다.

울렁대다( )[울렁대다]통〈기타〉〈통증 일반〉(사람이나 그 속이) 자꾸 토할 것 같이 메슥거리다.〈유〉울렁거리다, 울렁울렁하다, 울렁이다 ¶커피를 계속해서 마셨더니 속이 울렁댄다.

울렁울렁하다( )[울렁울렁하다]통〈기타〉〈통증 일반〉(사람이나 그 속이) 자꾸 토할 것 같이 메슥거리다.〈유〉울렁거리다, 울렁대다, 울렁이다 ¶급하게 먹은 밥이 체했는지 상호는 배 속이 울렁울렁하고 식은땀이 흘렀다. / 나는 몸의 상태가 좋지 않을 때 자동차를 타면 멀미가 나서 속이 울렁울렁하다.

울렁이다( )[울렁이다]통〈기타〉〈통증 일반〉(사람이나 그 속이) 자꾸 토할 것

같이 메슥거리다.〈유〉울렁거리다, 울렁대다, 울렁울렁하다 ¶그녀는 울렁
이는 속을 부여잡고 화장실로 부리나케 달려갔다.

울혈성^혈전증 (鬱血性血栓症)[ ]**명구**《의학》〈여성 일반〉〈부인(여성)-심혈관
계 질환〉신체의 일부분에서 혈전 형성이 이루어지며, 혈액이 흐르지 않고
모여 있는 증상.

원반^모양^홍반^루푸스 (圓盤模樣紅斑lupus)[ ]**명구**《의학》〈여성 일반〉〈부인
(여성)-감각 기관(면역 및 자가 면역)〉홍반〈FL〉루푸스〈/FL〉의 한 형태. 흔
히 얼굴에 피부 병변이 나타나는데, 위축 판, 홍반, 과다 각화, 모낭성 마개,
모세 혈관 확장 따위의 증상을 보인다. ⇒ 규범 표기는 미확정이다.〈유〉원
판^모양^홍반^루푸스(圓板模樣紅斑lupus)「001」(동의어)

원발 비정형 폐렴 (原發非定型肺炎)[ ]**명구**《의학》〈소아 아동/청소년〉〈폐렴〉
고열과 기침을 증상으로 하는 급성 호흡기 질환으로 주로 어린이와 청소년
들에게 발병하며 특히 바이러스, 미코플라스마, 리케치아 또는 클라미디아
에 의해 야기된다.

원발^무월경 (原發無月經)[ ]**명구**《의학》〈여성 일반〉〈부인(여성)-부인과(산부
인과) 질환〉월경이 있어야 할 연령의 여성이 한 번도 월경을 하지 않은 상
태. 생식 구조의 선천적 이상 따위가 원인이 될 수 있다.〈유〉일차^무월경
(一次無月經)「001」(동의어) ¶원발 무월경의 경우 선천적 기형이나 처녀막
막힘증으로 인해 발생할 수 있다.

원발성 퇴행성 치매 (原發性退行性癡呆)[ ]**명구**《의학》〈노인 일반〉〈노인-퇴행
성 뇌질환 및 신경계 질환〉알츠하이머(Alzheimer)형 원발성 퇴행성 치매라
고도 한다. 50세 이후에 오며 잠행성(潛行性)으로 발생하고 점진적인 진행
과정을 밟는 치매. 그 발생은 65세 이전 또는 이후에 따라 노인 전 발생
(presenile onset) 또는 노인 발생(senile onset)으로 분류. 대부분의 경우에
알츠하이머병의 특징적인 조직 병리(組織病理)가 있고, 드물게는 피크병
(Pick's disease)의 조직 병리도 있음. ¶노년층에서 발생하는 알츠하이머병

의 원발성 퇴행성 치매는 기억력 저하와 인지 기능 손실을 유발하는 신경 퇴행성 질환으로, 고령화 사회에서 중요한 건강 문제로 대두되고 있습니다.

원발성^통풍 (原發性痛風) [ ] 〔명구〕《의학》〈여성 일반〉〈부인(여성)-내분비 및 대사 질환〉푸린 대사 장애로 요산 결정에 의한 급성 윤활막염이 생기는 질환. 고요산 혈증이 동반된다.

원발^월경통 (原發月經痛) [ ] 〔명구〕《의학》〈여성 일반〉〈부인(여성)-부인과(산부인과) 질환〉기능 장애로 생기는 월경통. 염증, 감염, 종양, 해부학적 요인에 의한 월경통과는 다르다. ¶대원제약(대표 백승열)은 소염 진통제 신약 펠루비서방정(성분명 펠루비프로펜) 허가 적응증에 '원발 월경통'이 추가됐다고 지난 29일 밝혔다.

원발^통풍 (原發痛風) [ ] 〔명구〕《의학》〈여성 일반〉〈부인(여성)-내분비 및 대사 질환〉푸린 대사의 장애로 과도하게 요산이 생성되는 보통 염색체 우성 질환. 혈액 내 요산이 다량 존재하고 조직 내 요산 결정이 침착되어, 격심한 발작성 관절통이 수반되는 급성 관절염과 콩팥돌증, 심혈 관계 장애 따위를 유발할 수 있다.

원판^모양^홍반^루푸스 (圓板模樣紅斑lupus) [ ] 〔명구〕《의학》〈여성 일반〉〈부인(여성)-감각 기관(면역 및 자가 면역)〉홍반 〈FL〉루푸스〈/FL〉의 한 형태. 흔히 얼굴에 피부 병변이 나타나는데, 위축 판, 홍반, 과다 각화, 모낭성 마개, 모세 혈관 확장 따위의 증상을 보인다. ⇒ 규범 표기는 미확정이다. 〈유〉원반^모양^홍반^루푸스(圓盤模樣紅斑lupus)「001」(동의어)

월경^과다^자궁^출혈 (月經過多子宮出血) [ ] 〔명구〕《의학》〈여성 일반〉〈부인(여성)-부인과(산부인과) 질환〉월경의 양도 많고 월경 기간도 지나치게 길면서 월경 주기 사이에 나타나는 불규칙적인 자궁의 출혈.

월경^과다증 (月經過多症) [ ] 〔명구〕《의학》〈여성 일반〉〈부인(여성)-부인과(산부인과) 질환〉월경 주기는 정상이지만 출혈이 지나치게 많고 핏덩이가 나오기도 하는 증상. 자궁 근종, 자궁 속막의 기능 이상이 원인인 경우가 많다. 〈유〉과다^월경(過多月經)「001」(동의어) ¶월경량이 너무 많아 생활하는 데 불편함이 있다면 월경과다증을 의심해 봐야 한다.

월경^과소증(月經過少症)[ ] 〔**명구**〕《의학》〈여성 일반〉〈부인(여성)-부인과(산부인과) 질환〉월경의 양이 심하게 감소하거나 월경이 드물게 일어나는 증상. 〈유〉과소^월경(過少月經)「001」(동의어) ¶월경 과소증은 자궁 내막에 염증이 심하거나 임신 중절 수술 등으로 자궁 내막이 유착된 것이 원인일 수도 있지만, 폐경의 신호일 수 있다는 점에서 주의가 필요하다.

월경 전 불쾌 기분 장애(月經前不快氣分障碍)[ ] 〔**명구**〕〈여성 일반〉〈부인(여성)-부인과(산부인과) 질환〉과거 1년의 대부분의 월경 주기에 있어서 황체기의 마지막에 증상(예: 현저한 우울 기분, 현저한 불안, 현저한 감정 불안정성, 제 활동에 있어서의 흥미의 감퇴)이 규칙적으로 생긴(그리고, 월경이 개시하고 수일 동안에 관해한) 것. ¶월경 전 증후군(PMS)에서 나타나는 정신 증상은 경도에 그치고 있지만 월경 전 불쾌 기분 장애(PMDD)의 정신증상은 생활에 지장을 줄 정도로 심각한 증상이라는 점도 큰 차이다.

월경전 증후군(月經前症候群)[ ] 〔**명구**〕〈여성 일반〉〈부인(여성)-부인과(산부인과) 질환〉월경 전, 3~10일의 황체기의 동안에 계속되는 정신적 혹은 신체적 증상으로, 월경 시작과 동시에 감퇴 내지 소실하는 증상이다. ¶월경하는 여성 대부분 매달 '월경 전 증후군(PMS)'을 겪는다.

월경^전^긴장(月經前緊張)[ ] 〔**명구**〕《의학》〈여성 일반〉〈부인(여성)-부인과(산부인과) 질환〉월경이 시작되기 1주일 전부터 두통, 불면, 정서 불안, 부종, 유방통 따위의 증상이 나타나는 일. 월경이 시작함과 동시에 사라지는 것이 특징이다. ¶월경 전 긴장 증상을 뜻하기도 하는 월경 전 증후군에 놀랍게도 150가지 증상이 포함된다고 한다.

월경^전^긴장^증후군(月經前緊張症候群)[ ] 〔**명구**〕《의학》〈여성 일반〉〈부인(여성)-부인과(산부인과) 질환〉황체기의 여성에게 일어나는 여러 증상. 부종과 체중 증가, 유방 누름 통증, 과민성, 기분 동요, 불안, 우울, 졸림, 피로, 집중력 부족 및 식욕과 성욕의 변화가 특징이다. 이러한 증상들은 월경이 시작되면서 없어진다. ¶월경 전 긴장 증후군'으로 병원을 찾은 환자는 2013년 8,875명, 2017년 11,442명으로 4년 새 환자 수가 2,567명, 22.4% 증가했다.

월경^전^불쾌병(月經前不快病)[ ] 〔명구〕《의학》〈여성 일반〉〈부인(여성)-부인과(산부인과) 질환〉대부분의 월경 주기에서, 황체기 마지막 주에 발생하는 전반적인 불쾌감. 기분 저하, 기분의 불안정, 심한 불안 따위가 복합적으로 나타나며, 심각한 기능 장애도 있다.

월경^전^불쾌^장애(月經前不快障礙)[ ] 〔명구〕《의학》〈여성 일반〉〈부인(여성)-부인과(산부인과) 질환〉월경 전에 생기는 불안, 현저하게 우울한 기분, 활동에 대한 흥미 감소와 같은 증상. ¶PMS만 없어져도 좋을 것 같은데, PMS보다 더한 '월경 전 불쾌 장애(PMDD)'를 겪는 사람들도 있다.

월경^전^자궁^내막(月經前子宮內膜)[ ] 〔명구〕《의학》〈여성 일반〉〈부인(여성)-부인과(산부인과) 질환〉자궁 내막층이 두꺼워지며 자궁 내막선이 증식해서 내강이 구불구불해지고 혈관이 두꺼워지는 현상.

월경^전^증후군(月經前症候群)[ ] 〔명구〕《의학》〈여성 일반〉〈부인(여성)-여성 호르몬 및 폐경 관련 질환/부인(여성)-부인과(산부인과) 질환〉월경 전에 반복적으로 발생하는 정서적, 행동적, 신체적 증상들을 특징으로 하는 일련의 증상군으로 유방통, 몸이 붓는 느낌, 두통 등의 신체적 증상과 기분의 변동, 우울감, 불안, 공격성 등의 심리적 변화 등이 흔한 증상이다. 〈유〉생리^전^증후군(生理前症候群)「001」(동의어), 생리^증후군(生理症候群)「001」(동의어) ¶월경 전 증후군을 진단하기 위해서는 환자의 평소습관을 파악하고 과거 병력과 복용하는 약물을 살펴보아야 한다.

월경^전^징후(月經前徵候)[ ] 〔명구〕《의학》〈여성 일반〉〈부인(여성)-부인과(산부인과) 질환〉가임기 여성에게 월경 전에 여러 가지 정서·행동·신체 증상이 나타나는 현상. 월경이 시작되면 증상이 사라진다.

월경^전^침샘^증후군(月經前침샘症候群)[ ] 〔명구〕《의학》〈여성 일반〉〈부인(여

성)-부인과(산부인과) 질환〉월경이 시작되기 전에 일어나는 침샘의 이상 증
상. 유방 조직의 부기와 침샘의 비대 증후를 보인다.

월경-통 (月經痛)[월경통-][명]《의학》〈여성 일반/청소년/기타〉〈부인(여성)-부
인과(산부인과) 질환/청소년-생식기 및 성 건강 관련 질환/통증 일반〉월경
때 하복부, 자궁 따위에 생기는 통증.〈유〉경통(經痛)「002」, 경통-증(經痛
症)「001」, 생리-통(生理痛)「001」(동의어) ¶초기 월경통이 심해지면 병원을
찾아 진단을 받고 치료를 시작해야 하며, 경우에 따라 수술이 필요할 수 있
다.

월경^통증 (月經痛症)[ ][명구]《의학》〈여성 일반〉〈부인(여성)-부인과(산부인
과) 질환〉월경과 관련하여 나타나는 통증. 흔한 부인과 질환 가운데 하나
로, 원발 또는 속발로 나타난다.

웨스트^증후군 (West症候群)[ ][명구]《의학》〈영유아〉〈신생아_추가〉출생 후
3~12개월 정도의 영아에게 잘 일어나는 경련 수축. 영아 경련 수축뿐만 아
니라 특징적 뇌파, 발달 퇴행 따위가 나타난다.〈유〉영아 연축

위처짐 (胃처짐)[ ][명구]《의학》〈임부 산모/여성 주부〉〈위장병〉위가 정상 위치
보다 처지는 병증. 선천 이상, 개복 수술과 출산에 따른 배안의 압력 저하
따위가 원인이며 위의 충만과 중압감, 구역질, 식욕 이상, 불면, 기억력 감
퇴 따위의 증상을 보인다.〈유〉위 하수

위^공장성^변비 (胃空腸性便祕)[ ][명구]《의학》〈여성 일반〉〈부인(여성)-소화기
질환〉위장의 질환이 원인이 되어 배변 반사가 억제되어 나타나는 배변 장
애.

위산통 (胃疝痛)[위산통-][명]《의학》〈기타〉〈통증 일반〉위나 장의 병으로 명치
부근이 몹시 쓰라리고 아픈 증상.

위^식도^역류^질환 (胃食道逆流疾患)[ ][명구]《의학》〈청소년〉〈청소년-소화기
질환〉아래쪽 식도 조임근의 구조적 또는 기능적 부전으로, 산성인 위액이
식도로 역류되어 나타나는 증후군. 증상은 재발하는 명치의 불쾌감과 가슴

쓰림이며, 정도에 따라 트림, 메슥거림, 기침 또는 쉰 목소리 등이 있다. 나이가 많아지면 발병률이 증가한다. 식도 상피에 손상을 일으켰을 때는 역류 식도염이라고 한다. 〈유〉GERD

위심통(胃心痛)[위심통] **명**《한의》〈기타〉〈통증 일반〉배가 불러 오고 가슴이 그득하며, 특히 심장 부위에 통증이 심한 궐심통.

위액 결여증(胃液缺如症)[ ] **명구**《의학》〈노인 일반〉〈노인-소화기 질환〉위산 결핍증으로 위액의 분비가 떨어지거나 없어지는 병. 노인에게 많이 일어나는데, 신경성 따위로 생기며 설사, 위 중압감, 식욕 부진, 구역 따위의 증상을 나타낸다. 〈유〉위액결핍증(胃液缺乏症)

위액 결핍증(胃液缺乏症)[ ] **명구**《의학》〈노인 일반〉〈노인-소화기 질환〉위산 결핍증으로 위액의 분비가 떨어지거나 없어지는 병. 노인에게 많이 일어나는데, 신경성 따위로 생기며 설사, 위 중압감, 식욕 부진, 구역 따위의 증상을 나타낸다. 〈유〉위액결여증(胃液缺如症), 위액분비결핍증(胃液分泌缺乏症)

위액 분비 결핍증(胃液分泌缺乏症)[ ] **명구**《의학》〈노인 일반〉〈노인-소화기 질환〉위산 결핍증으로 위액의 분비가 떨어지거나 없어지는 병. 노인에게 많이 일어나는데, 신경성 따위로 생기며 설사, 위 중압감, 식욕 부진, 구역 따위의 증상을 나타낸다. 〈유〉위액결핍증(胃液缺乏症)

위염(胃炎)[위염] **명**《의학》〈여성 일반/청소년〉〈부인(여성)-소화기 질환/청소년-소화기 질환〉위 점막에 생기는 염증성 질환을 통틀어 이르는 말. 급성은 폭음, 폭식, 자극물 섭취, 병원균의 독소, 스트레스 따위로 생기고 만성은 불규칙적 식사, 약물 치료의 부작용, 유전적 요소 따위로 생긴다. 〈유〉위장염02(胃臟炎)¶보통 위질환으로는 위염 말고도 위궤양, 위무력증, 위하수, 위암 등 여러 증상이 있으나 뚜렷한 병명이 없어도 소화 불량이 나타나거나 신트림을 자주 하는 경우가 있다.

위염-균(胃炎菌)[위염균] **명**《보건 일반》〈여성 일반〉〈부인(여성)-소화기 질환〉요소 분해 효소를 생성하고 위염과 위 및 샘창자의 모든 소화 궤양병을 일으키는 세균. 이 세균의 감염은 위 점막의 형성 이상과 위샘 암종 및 위의 비호지킨 림프종의 원인이 된다. 〈유〉위^나선균(胃螺旋菌)

위완통(胃脘痛)[위완통-]團《한의》〈기타〉〈통증 일반〉'위통'을 한방에서 이르는 말. 〈유〉심하통(心下痛)

위-임신(僞妊娠)[위임신]團《의학》〈임부 산모〉〈부인(여성)-임신과 관련된 질환〉'거짓 임신'의 전 용어. ¶위임신 기간의 수리는 일단 정신없이 냄새를 맡고 다닌다.

위^처짐(胃처짐)[ ]團구《의학》〈임부 산모/여성 주부〉〈위염/위장병〉위가 정상 위치보다 처지는 병증. 선천 이상, 개복 수술과 출산에 따른 배안의 압력 저하 따위가 원인이며 위의 충만과 중압감, 구역질, 식욕 이상, 불면, 기억력 감퇴 따위의 증상을 보인다. 흔히 여성에게 많다.

위축^유사^건선(萎縮類似乾癬)[ ]團구《의학》〈여성 일반〉〈부인(여성)-피부 및 모발 질환〉몸통과 팔다리에 지속적으로 발생하는 것으로, 위축된 황색 또는 오렌지색의 판이 나타나는 만성 염증 피부 질환. 간혹 균상 식육종으로 이행된다. 〈유〉그물^모양^유사^건선(그물模樣類似乾癬)「001」(동의어), 다형^유사^건선(多形類似乾癬)「001」(동의어), 큰^판^유사^건선(큰板類似乾癬)「001」(동의어)

위통(胃痛)[위통-]團《의학》〈기타〉〈통증 일반〉여러 가지 위 질환에 걸렸을 때 나타나는 위의 통증. 폭음, 폭식, 위염, 위궤양 따위로 위에 분포된 지각 신경이 자극을 받아 생긴다. ¶가슴이나 치아에 통증이 오거나 식욕 부진, 구토, 위통 등이 일어날 때는 협심증, 심근 경색, 심부전증 등 심장 질환의 가능성이 있다.

윌리엄스·캠벨 증후군(Williams-Campbell症候群)[ ]團구《의학》〈영유아〉〈만성 하기도질환〉선천 기관지 연화증. 원인은 기관지 확장증을 일으키는 기관지 첫째 분지의 먼 쪽에 고리 연골이 없기 때문이다.

유기인제 농약 중독(有機燐劑農藥中毒)[ ]**명구**《의학》〈노인 일반〉〈노인-정신
건강 및 신경정신과 질환〉유기인제 농약에 의한 중독. 현기증, 두통, 구역
질 따위가 나타나고 심하면 경련, 혼수, 호흡 마비 따위의 증상을 보인다.

유낭-종(乳囊腫)[유낭종]**명**《의학》〈여성 일반〉〈부인(여성)-유방 질환〉유선
(乳腺)에 염증성 낭포가 생기는 종양. ¶유낭종에 염증이 생긴 소견이다.

유도^분만(誘導分娩)[ ]**명구**《의학》〈임부 산모〉〈부인(여성)-출산 및 산후 관
련 질환〉임신부에게 인위적으로 진통을 일으켜 만출을 유도하는 분만의 유
형. 주로 계획 분만을 하거나 출산 예정일이 초과된 경우에 행한다. ¶건강
한 임신부가 출산을 위해 병원에 입원했으나 병원 측이 개복 수술 요구를
묵살한 채 무리한 유도 분만을 시도하다 신생아와 산모가 잇달아 숨진 사실
이 12일 뒤늦게 밝혀졌다. / 현장에 도착한 구급대는 산모를 구급차로 옮겨
인근 병원으로 출발했지만, 이내 태아의 머리가 보이는 배림 현상이 시작돼
산모와 아기의 생명이 위태로울 수 있다고 판단, 구급차 내에서 유도 분만
을 실행하기로 결정했다.

유도^유산(誘導流産)[ ]**명구**《의학》〈임부 산모〉〈부인(여성)-기타 임신 및 출
산 관련 문제〉약물이나 기계적인 방법으로 의도적으로 유발시킨 유산.

유두^고름집(乳頭고름집)[ ]**명구**《의학》〈여성 일반〉〈부인(여성)-유방 질환〉
유두 에 형성된 고름집.

유두^과다증(乳頭過多症)[ ]**명구**《의학》〈여성 일반〉〈부인(여성)-유방 질환〉
가슴에 두 쌍 이상의 '유두' 를 가지고 있거나 신체의 다른 부위에도 유두가
있는 상태.

유두^망막염(乳頭網膜炎)[ ]**명구**《의학》〈여성 일반〉〈부인(여성)-유방 질환〉
유두염이 망막으로 번지어 피가 나고 흰 반점이 생기는 염증.〈유〉망막^유
두염(網膜乳頭炎)「001」(동의어)〈참〉 염증^후^시각^신경^위축(炎症後視覺
神經萎縮)「001」(기타)

유두^모양^샘암종(乳頭模樣샘癌腫)[ ]**명구**《의학》〈여성 일반〉〈부인(여성)-유

방 질환〉샘암종의 한 형태. 손가락 모양의 구조 가운데에는 얇은 혈관을 가진 섬유 조직이 있고 그 바깥쪽을 암세포가 덮고 있다. 난소와 방패샘에서 잘 생긴다. 〈유〉유두^샘암종(乳頭샘癌腫)「001」(동의어), 유두상^선암(乳頭狀腺癌)「001」(〈유〉)

유두^암(乳頭癌)[ ] **명구**《의학》〈여성 일반〉〈부인(여성)-유방 질환〉손가락 모양의 수많은 작은 돌기가 불규칙하게 생기는 암. ¶특히 갑상샘암 가운데 90% 이상을 차지하는 유두 암은 매우 천천히 자라며 예후가 좋아 ‘10년 생존율’이 약 95%이다./대상자 가운데 갑상선암이 발병한 것은 134명이며 이 중 113명이 가장 일반적인 유두 암을 앓았다.

유두^암종(乳頭癌腫)[ ] **명구**《의학》〈여성 일반〉〈부인(여성)-유방 질환〉수많은 불규칙한 손가락 모양 돌기 형성이 특징인 악성 종양. 손가락 모양 돌기는 한 층의 표면 종양 상피 세포로 덮여 있으며 중심부는 섬유성 기질을 갖는다. 〈유〉유두^모양^암종(乳頭模樣癌腫)「001」(동의어), 유두상^암종(乳頭狀癌腫)「001」(동의어)

유두^없음증(乳頭없음症)[ ] **명구**《의학》〈여성 일반〉〈부인(여성)-유방 질환〉한쪽 또는 양쪽 유두가 선천적으로 없는 상태.

유두-염(乳頭炎)[유두염] **명**《의학》〈여성 일반〉〈부인(여성)-유방 질환〉시각 신경의 유두에 생기는 염증. 유두가 부어서 버섯처럼 유리체 속에 돌출하는 상태가 울혈 유두인데, 이것이 오래 계속되면 차차 주위 망막이 혼탁해지고 출혈이 생긴다. 시력이 현저히 떨어지고 시각 신경이 위축된다. ¶유두염이 발생한 경우에는 안저 검사를 통해 바로 진단할 수 있다.

유두^유륜^각화증(乳頭乳輪角化症)[ ] **명구**《의학》〈여성 일반〉〈부인(여성)-유방 질환〉유두와 유륜에 갈색의 사마귀 모양으로 비후가 나타나는 피부 질환. 선천적으로 나타나는 모반성, 다른 질병과 관련되어 나타나는 유형, 아무 이유 없이 특발하는 유형 등 세 가지가 있다. 〈유〉젖꼭지^젖꽃판^각화증(젖꼭지젖꽃판角化症)「001」(〈유〉)

유두의^선종(乳頭의腺腫)[ ] **명구**《의학》〈여성 일반〉〈부인(여성)-유방 질환〉임상적으로 〈FL〉파제트병〈/FL〉과 유사한 유방의 양성 종양. 원주 세포와 '근상피 세포'가 유두 모양 또는 고형으로 증식한다.

유두-종(乳頭腫)[유두종] **명**《의학》〈여성 일반〉〈부인(여성)-유방 질환〉상피 세포가 주성분인 양성 종양. 병 때문에 생체가 변한 부분은 사마귀·융모·나뭇가지 따위의 모양이며, 피부·입안·후두·식도·위·요도 따위의 점막에 잘 생긴다.

유두종^바이러스(乳頭腫virus)[ ] **명구**《보건 일반》〈여성 일반〉〈부인(여성)-유방 질환〉사람이나 동물의 몸에서 유두종이나 사마귀를 만드는 바이러스. 〈FL〉파포바바이러스〈/FL〉에 속한다.

유두종-증(乳頭腫症)[유두종쯩] **명**《의학》〈여성 일반〉〈부인(여성)-유방 질환〉여러 유두종으로 구성된 양성 종양의 일종.

유발^유산(誘發流産)[ ] **명구**《의학》〈임부 산모〉〈부인(여성)-기타 임신 및 출산 관련 문제〉의도적으로 자궁 경관을 확대하여 20주 이하의 죽은 태아를 자궁에서 꺼내는 수술.

유방 낭종(乳房囊腫)[ ] **명구**〈여성 일반〉〈부인(여성)-유방 질환〉여성 호르몬의 영향으로 유관 조직이 막혀 물주머니처럼 늘어나 액체가 고여 발생하는 질환이다. ¶유방 종괴 중 가장 흔한 두 가지는 섬유 선종과 유방 낭종이다.

유방 습진(乳房濕疹)[ ] **명구**《의학》〈여성 일반〉〈부인(여성)-피부 및 모발 질환〉유방에 염증이 생겨 유방 상피가 발적이 되어 장액이 삼출됨으로써 미란이 되거나 피부가 건조하여 갈라지는 증상. 유방에 부착되는 오물, 분뇨 따위에 의해서 생긴다.

유방^결합^조직^장애(乳房結合組織障礙)[ ] **명구**《의학》〈여성 일반〉〈부인(여성)-유방 질환〉유방 삽입물로 인하여 유방 결합 조직에 생길 수 있는 장애. 유방암 발생의 원인이 될 수도 있다. 만성 류머티즘 증상은 드물고 실리카에 의한 악성 종양으로는 폐암이 유일하다.

유방^과다증(乳房過多症)[ ]〔**명구**〕《의학》〈여성 일반〉〈부인(여성)-유방 질환〉 사람에게 젖무덤이 셋 이상 생기는 기형인 증상.

유방^관^암종(乳房管癌腫)[ ]〔**명구**〕《의학》〈여성 일반〉〈부인(여성)-유방 질환〉 유방의 관 상피 세포에서 기원한 암종. 분화 정도, 감수 분열 정도와 핵의 이형성에 따라 등급이 나누어진다. ¶유방관암종에서 그 발견은 종양 등급, 리프질 전이 및 질병 병기와 통계적으로 유의한 관계가 있다.

유방^방사선^검사(乳房放射線檢查)[ ]〔**명구**〕《의학》〈여성 일반〉〈부인(여성)-유 방 질환〉암 검진을 위하여 설계된 장치와 기술을 이용하여 여성의 유방을 방사선학적으로 검사하는 일.

유방^병증(乳房病症)[ ]〔**명구**〕《의학》〈여성 일반〉〈부인(여성)-유방 질환〉유방 과 관련된 모든 질환.

유방^부종(乳房浮腫)[ ]〔**명구**〕《의학》〈여성 일반〉〈부인(여성)-유방 질환〉임신 말기에 유방에서 혈압이 급격하게 상승하여 발생하는 질병. 유방이 붓고 충 혈되는 증상이 나타난다.

유방^상피^내^암종(乳房上皮內癌腫)[ ]〔**명구**〕《의학》〈여성 일반〉〈부인(여성)- 유방 질환〉유방에 생긴 암세포가 기저막을 침윤하지 못하고 처음에 발생한 상피층 내에 머물러 있는 시기의 암. 〈유〉유방^제자리^암종(乳房제자리癌 腫)「001」(동의어)

유방^섬유^샘종증(乳房纖維샘腫症)[ ]〔**명구**〕《의학》〈여성 일반〉〈부인(여성)-유 방 질환〉유방에 신생물에 의해서 생긴 것이 아닌 유방샘의 결절성 병터.

유방^속질^암종(乳房속質癌腫)[ ]〔**명구**〕《의학》〈여성 일반〉〈부인(여성)-유방 질환〉유방암의 한 형태. 종양 세포가 크고 섬유 기질이 적으며 관 형태를 만들지 않고 주변과 경계가 비교적 분명한 특징을 가진다.

유방^습진(乳房濕疹)[ ]〔**명구**〕《의학》〈여성 일반〉〈부인(여성)-유방 질환〉유방 에 염증이 생겨 유방 상피가 발적이 되어 장액이 삼출됨으로써 미란이 되거 나 피부가 건조하여 갈라지는 증상. 유방에 부착되는 오물, 분뇨 따위에 의해서 생긴다. ¶유방습진은 피부질환 중 하나로 연역력의 문제가 가장 큰 원인으로 알려져 있다.

유방-암(乳房癌)[유방암]**명**《의학》〈여성 일반〉〈부인(여성)-유방 질환/부인(여성)-암(종양) 관련 질환〉유방에 생기는 암. 초기에는 통증이 없이 잘 움직이는 멍울이 만져지다가, 차츰 이 멍울이 피부에 유착하면서 외관의 변화가 일어나고, 더욱 진행하면 궤양과 통증이 따른다. 〈유〉유선-암(乳腺癌)「001」(동의어), 유암(乳癌)「001」(동의어) ¶많은 사람들은 몸에 이상을 느끼면 유방 통증이 유방암과 관련이 있다고 생각하곤 했다.

유방^앞^고름집(乳房앞고름집)[ ]**명구**《의학》〈여성 일반〉〈부인(여성)-유방 질환〉젖샘을 덮고 있는 피하 조직의 고름집. 〈유〉전유방^농양(前乳房膿瘍)「001」(〈유〉)

유방^없음증(乳房없음症)[ ]**명구**《의학》〈여성 일반〉〈부인(여성)-유방 질환〉선천적으로 유방이 결여된 상태. 성인 여성에게 나타나는, 남성적인 가슴의 특징을 이르기도 한다. 〈유〉무-유방(無乳房)「001」(〈유〉), 무유방-증(無乳房症)「001」(〈유〉)

유방-염(乳房炎)[유방념]**명**《의학》〈여성 일반/임부 산모〉〈부인(여성)-유방 질환/부인(여성)-모유 수유 관련 문제〉젖꼭지에 생긴 상처로 화농균이 침입하여 일어나는 젖샘의 염증. 젖샘이 부어 빨개지고 통증이 심하다. 〈유〉유선-염(乳腺炎)「001」(동의어), 젖샘-염(젖샘炎)「001」(동의어) ¶임신이나 출산 후 호르몬 변화는 유방염의 위험을 높이는 주요 요인 중 하나이다.

유방^왜소증(乳房矮小症)[ ]**명구**《의학》〈여성 일반〉〈부인(여성)-유방 질환〉유방이 비정상적으로 작은 상태.

유방^외^파제트병(乳房外paget病)[ ]**명구**《의학》〈여성 일반〉〈부인(여성)-유방 질환〉표피 내에 발생하는 점액 샘암종. 항문 생식기 부위에 가장 잘 생기고 나이 든 사람에게 홍반성 판으로 나타나며, 주변의 땀샘이나 국소적인 내장 암종을 동반할 수 있다. ⇒ 규범 표기는 미확정이다. 〈유〉유방^외^파

젯병(乳房外Paget病)「001」(동의어) ¶유방 외 파제트병은 주로 회음부와 겨
드랑이 부위에, 드물게는 배꼽에 발생합니다.

유방^울혈(乳房鬱血)[ ] 명구《의학》〈여성 일반〉〈부인(여성)-유방 질환〉유방
조직에 정맥의 피나 다른 물질이 몰려 부푸는 증상. ¶단유 시기에 흔히 겪
게 되는 젖몸살은 유방울혈을 일으키기 쉬워 주의가 필요하다.

유방^월경(乳房月經)[ ] 명구《의학》〈여성 일반〉〈부인(여성)-유방 질환〉유방
으로부터 대상 월경이 생기는 상태.

유방^자가^검진(乳房自家檢診)[ ] 명구《보건 일반》〈여성 일반〉〈부인(여성)-
유방 질환〉유방에 암이 있는지를 확인하기 위하여 스스로 유방과 부속 기
관을 관찰하고 촉진해서 변화나 이상 여부를 점검하는 검사. 월경이 끝난
후 한 달에 한 번 직접 관찰하는 것을 권장한다. 이 과정을 정확히 수행하기
위해서는 간호사와 다른 의료인들의 역할이 중요하다. ¶한국유방암학회는
유방암 조기 발견을 BRCA변이 보인자는 18세부터 매달 유방 자가 검진을,
25세부터 6개월 간격으로 전문가에게 유방 검진을 받으라고 권하고 있다.

유방^적출술(乳房摘出術)[ ] 명구《의학》〈여성 일반〉〈부인(여성)-유방 질환〉
유방 종양이나 불치의 유방염에 걸린 경우 또는 유방의 일부나 전부에 괴저
가 생긴 경우에 하는 수술.

유방^절제(乳房切除)[ ] 명구《의학》〈여성 일반〉〈부인(여성)-유방 질환〉유방
암을 치료하거나 예방하기 위하여 유방을 수술적으로 잘라 내는 일. ¶그는
유방암과 유방 절제 수술 흉터에 대한 인식을 개선하고 암 환자에게 용기를
전하기 위해 상의를 벗은 채 달리기하는 영상을 소셜미디어(SNS)에 공유하
고 있다.

유방^절제술(乳房切除術)[ ] 명구《의학》〈여성 일반〉〈부인(여성)-유방 질환〉
유방의 일부 또는 전부를 잘라 내는 수술. ¶고인은 2008년 유방암 진단 뒤
유방 절제술을 통해 완치 판정을 받았다. 하지만 10년 뒤인 2018년 새로운
종양이 발견되어 치료를 받아 왔다.

유방^절제술^후^림프^부종^증후군(乳房切除術後lymph浮腫症候群)[ ] 명구 《의학》〈여성 일반〉〈부인(여성)-유방 질환〉유방 절제술 후 림프관 또는 림프샘의 폐쇄로 생기는 부종과 다량의 림프가 축적되어 나타나는 증상과 징후.

유방^젖^낭종(乳房젖囊腫)[ ] 명구 《의학》〈여성 일반〉〈부인(여성)-유방 질환〉젖을 함유한 젖샘의 낭포성 확장.〈유〉젖^낭종(젖囊腫)「001」(동의어)

유방^제자리^암종(乳房제자리癌腫)[ ] 명구 《의학》〈여성 일반〉〈부인(여성)-유방 질환〉유방에 생긴 암세포가 기저막을 침윤하지 못하고 처음에 발생한 상피층 내에 머물러 있는 시기의 암종.〈유〉유방^상피^내^암종(乳房上皮內癌腫)「001」(동의어)

유방^조직^증식증(乳房組織增殖症)[ ] 명구 《의학》〈여성 일반〉〈부인(여성)-유방 질환〉유방샘이 증식하는 상태.

유방^종괴(乳房腫塊)[ ] 명구 《의학》〈여성 일반〉〈부인(여성)-유방 질환〉유방에 생기는 종괴. ¶여성에게서는 간혹 유방 종괴가 보인다.

유방^종양(乳房腫瘍)[ ] 명구 《의학》〈여성 일반〉〈부인(여성)-유방 질환〉유방에 생긴 종양. 유방에 생기며 정상보다 빠른 세포 증식에 의하여 비정상적으로 자라는 조직 덩어리이다. ¶유방 종양이 생기면 조직 검사를 통해 악성과 양성을 구분하는 것이 중요하다.

유방^처짐증(乳房처짐症)[ ] 명구 《의학》〈여성 일반〉〈부인(여성)-유방 질환〉유방이 축 늘어지는 증상.〈유〉유방^하수증(乳房下垂症)「001」(동의어) ¶젊었을 때는 탄력 있던 가슴이 시간이 지나면서, 또 임신과 출산, 수유 등의 과정을 거치면서 점점 아래로 처질 수 있는데 이건 '유방 처짐증'이라고 한다.

유방^촬영술(乳房撮影術)[ ] 명구 《의학》〈여성 일반〉〈부인(여성)-유방 질환〉암 검진을 목적으로 설계된 장치와 기술을 이용하여 유방을 방사선학적으로 검사하는 기술.〈유〉맘모그래피(mammography)「001」(동의어), 유방^조영술(乳房造影術)「001」(동의어)

유방^출혈(乳房出血)[ ]〔명구〕《의학》〈여성 일반〉〈부인(여성)-유방 질환〉유방에서 일어나는 출혈.

유방-통(乳房痛)[유방통]〔명〕《의학》〈여성 일반〉〈부인(여성)-유방 질환〉유방에 일어나는 통증. 비만, 약물 복용, 커피나 홍차 따위의 카페인 섭취에 의해 유발될 수 있으며, 임신을 한 경우에도 일어날 수 있다.〈유〉유방^통증(乳房痛症)「001」(〈유〉), 젖몸^아픔「001」(동의어) ¶여성의 약 70%가 유방통을 경험하는데, 20~30대부터 흔히 발생되는 주기적 유방통은 보통 생리와 관련된 통증으로 폐경기 전까지 나타나기도 한다.

유방^통증(乳房痛症)[ ]〔명구〕《의학》〈여성 일반〉〈부인(여성)-유방 질환〉유방의 병터나 유방에 분포하는 신경에 의하여 유방에서 느껴지는 통증.〈유〉유방-통(乳房痛)「001」(〈유〉), 젖몸^아픔「001」(〈유〉) ¶실제로 유방 통증을 호소하는 환자의 90%정도에서 증상이 가볍고 일시적이며, 일부 환자에서는 유방암이 아니라는 진료결과를 확인한 후에 증상이 호전된 경우도 많다.

유방^하수증(乳房下垂症)[ ]〔명구〕《의학》〈여성 일반〉〈부인(여성)-유방 질환〉유방이 축 늘어지는 증상.〈유〉유방^처짐증(乳房처짐症)「001」(동의어) ¶모유 수유 후 가슴이 처지는 증세인 유방 하수증 때문에 고민하는 젊은 주부들이 많다.

유방하^유방염(乳房下乳房炎)[ ]〔명구〕《의학》〈여성 일반〉〈부인(여성)-유방 질환〉유선보다 깊이 있는 조직에 염증이 생긴 상태.〈유〉젖샘밑^유방염(젖샘밑乳房炎)「001」(동의어)

유방^혈종(乳房血腫)[ ]〔명구〕《의학》〈여성 일반〉〈부인(여성)-유방 질환〉좌상에 의한 피하 혈관의 손상으로 발생하는 혈종.

유산^감염(流産感染)[ ]〔명구〕《보건 일반》〈임부 산모〉〈부인(여성)-기타 임신 및 출산 관련 문제〉증식이나 유전자 복제가 되지 않는 바이러스의 세포 감염.〈유〉부전^감염(不全感染)「001」(동의어), 불임^감염(不稔感染)「001」(동의어), 유산성^감염(流産性感染)「001」(동의어)

유산-되다 (流産되다)[유산되다/유산돼다]통《의학》〈임부 산모〉〈부인(여성)-기타 임신 및 출산 관련 문제〉태아가 달이 차기 전에 죽어서 나오다. 인공 유산 되는 일과 자연 유산 되는 일이 있다. ¶아이가 유산되었다는 의사의 말을 듣는 순간 눈앞이 캄캄해졌다.

유산^방지제 (流産防止劑)[ ]명구《약학》〈임부 산모〉〈부인(여성)-기타 임신 및 출산 관련 문제〉유산을 방지하고 임신을 지속시키는 약제.〈유〉항유산-제 (抗流産劑)「001」(동의어) ¶Des는 디에틸스틸베스트롤의 약자로 유산 방지제로 사용한 약품에 있는 화학 물질이다.

유산성^감염 (流産性感染)[ ]명구《보건 일반》〈임부 산모〉〈부인(여성)-기타 임신 및 출산 관련 문제〉증식이나 유전자 복제가 되지 않는 바이러스의 세포 감염.〈유〉부전^감염(不全感染)「001」(동의어), 불임^감염(不稔感染)「001」 (동의어), 유산^감염(流産感染)「001」(동의어)

유산-제 (流産劑)[유산제]명《약학》〈임부 산모〉〈부인(여성)-기타 임신 및 출산 관련 문제〉임신이 정상적으로 지속되는 것을 막는 약제.〈유〉낙태-제(落胎劑)「001」(동의어)

유산-하다 (流産하다)[유산하다]통《의학》〈임부 산모〉〈부인(여성)-기타 임신 및 출산 관련 문제〉태아가 달이 차기 전에 죽어서 나오다. 또는 그렇게 되게 하다. 인공 유산 하는 일과 자연 유산 하는 일이 있다.〈유〉낙태-하다(落胎하다)「001」(동의어) ¶그 뒤로도 아내는 두 번이나 임신을 했으나 모두 다섯 달 아니면 여섯 달 만에 유산해 버리곤 했다.

유산^후유증 (流産後遺症)[ ]명구《의학》〈여성 일반/임부 산모〉〈부인(여성)-부인과(산부인과) 질환/부인(여성)-기타 임신 및 출산 관련 문제〉유산을 한 뒤에 남아 있는 병적인 증상. 자궁 내막 손상 등으로 인한 하혈, 복통, 생리 불순, 생리통, 습관성 유산 등이 이에 해당한다. ¶부득이하게 임신 중절 수술을 받았다면 유산 후유증과 불임을 예방하기 위해 치료를 받는 것이 좋다./ 유산 후에는 적절한 몸조리가 이뤄져야… 유산 후유증을 예방하고 다음의 건강한 임신을 준비할 수 있다.

유선-염 (乳腺炎) [유선념] **명** 《의학》〈임부 산모〉〈부인(여성)-모유 수유 관련 문제〉젖꼭지에 생긴 상처로 화농균이 침입하여 일어나는 젖샘의 염증. 젖샘이 부어 빨개지고 통증이 심하다. 〈유〉유방-염(乳房炎)「001」(동의어), 젖샘-염(젖샘炎)「001」(동의어) ¶유선염이 낫다. / 유선염이 발생하다. / 유선염을 앓다. 유선염을 치료하다.

유아^매독 (乳兒梅毒) [ ] **명구** 《의학》〈영유아〉〈성병〉임신 후반기에 병원체가 태반을 통하여 감염하여 생후 2개월에서 3개월에 발병하는 선천 매독. 어른의 제2기, 제3기의 증상을 띠는데 피부에 특이한 발진, 뼈의 변화 따위가 나타난다. ¶또한 모친이 임신 후반에 매독에 걸린 경우, 그 시기에 따라서는 출생할 때까지 증세가 없고 출생 후에 유아 매독으로 제2기 매독의 증세가 나타나며, 모친이 만기 매독인 경우에는 감염력이 약해서 아이에게는 영향을 주지 않는 경우도 있습니다.

유아^습진 (乳兒濕疹) [ ] **명구** 《의학》〈소아 아동/영유아〉〈신생아_추가/알레르기〉어린아이에게 발생하는 습진. 대부분이 아토피 피부염과 관련이 있다.

유아^전염^설사병 (幼兒傳染泄瀉病) [ ] **명구** 《의학》〈영유아〉〈전염병일반〉어린아이들 사이에서 전염되는 설사병.

유전^매독 (遺傳梅毒) [ ] **명구** 《의학》〈영유아〉〈성병〉'선천 매독'의 전 용어.

유즙^분비^과잉 (乳汁分泌過剩) [ ] **명구** 《의학》〈임부 산모〉〈부인(여성)-모유 수유 관련 문제〉비정상적으로 많은 양의 젖을 분비하거나 또는 젖을 분비하는 기간이 보통에 비해 긴 상태.

유즙^분비^부전 (乳汁分泌不全) [ ] **명구** 《의학》〈임부 산모〉〈부인(여성)-모유 수유 관련 문제〉'젖분비 저하'의 전 용어. ¶유즙분비 부전을 관리하기 위한 방법은 여러 가지가 있다.

유즙^분비^억제 (乳汁分泌抑制) [ ] **명구** 《약학》〈임부 산모〉〈부인(여성)-모유 수유 관련 문제〉도파민성 약물이나 경구 피임제 따위와 같은 약물에 의해 젖샘에서 유즙 분비가 억제되는 일. ¶유즙 분비를 억제하기 위해 '브로모크립틴'을 복용 후 두통을 겪는 이상사례가 확인돼 주의가 요구된다.

유착성 관절낭염(癒着性關節囊炎)[ ] **명구** 《의학》〈기타〉〈통증 일반〉어깨 관절을 이루는 조직 중에서 회전 근개 관절 활액막, 상완 이두근 및 주위 조직을 침범하는 퇴행성 변화의 결과로 심한 운동 장애를 일으키는 질환.〈유〉오십견(五十肩) ¶'오십견'이라 불리는 유착성 관절낭염은 어깨 관절을 감싸고 있는 관절낭에 염증이 생겨 주변 조직이 딱딱해져 어깨가 굳고, 운동 범위가 줄어드는 질환이다.

유통(乳痛)[유통-] **명** 《한의》〈기타〉〈통증 일반〉해산 후에 생기는 병의 하나. 젖이 아랫배까지 늘어지고 배가 몹시 아프다.〈유〉유현증(乳懸症), 유장증(乳長症)

유팽(乳膨)[유팽] **명** 《한의》〈기타〉〈통증 일반〉출산 후에 유방이 불어나면서 몸살이 오고 아픈 증상. 젖몸살의 시초이다.

유행성^간염(流行性肝炎)[ ] **명구** 《의학》〈소아 아동〉〈간염/간 질환〉에이형(A型) 간염 바이러스의 경구 감염으로 일어나는 간염. 늦은 여름에 4~10세의 어린이에게 감염되며, 15~30일의 잠복기를 거쳐 식욕 부진, 발열, 황달, 간 비대, 복통 따위의 증상을 보인다. 집단적으로 발병하는 일도 있다.〈유〉에이형간염(A型肝炎), 전염성 간염(傳染性肝炎) ¶그러나 황달이 전혀 없이 경과하는 무황달성 유형성 간염도 있다.

유행성^감기(流行性感氣)[ ] **명구** 《의학》〈기타 공통〉〈감기-몸살, 세기관지염/폐렴〉인플루엔자 바이러스에 의하여 일어나는 감기. 고열이 나며 폐렴, 가운데귀염, 뇌염 따위의 합병증을 일으킨다.〈유〉독감, 인플루엔자 〈참〉돌림감기 ¶인플루엔자 또는 유행성 감기 또는 단순히 독감은 오소믹소바이러스과의 인플루엔자 바이러스가 유발하는 감염성 질환을 뜻한다. / 확진 검사나 신속검사를 통해서 유행성감기를 진단합니다.

유행성^이하선염(流行性耳下腺炎)[ ] **명구** 《의학》〈청소년/기타 공통〉〈청소년-

감염병 및 전염병〉멈프스 바이러스의 감염에 따른 이하선의 염증. 2~3주일의 잠복기를 거쳐 귀밑의 이하선이 부어오르고 열이 나며 고환염, 난소염을 일으키기도 한다. 치유 뒤에는 평생 면역이 된다. 〈유〉볼거리

유행^인플루엔자 (流行influenza)[ ] **명구**《보건 일반》〈기타 공통〉〈감기-몸살, 세기관지염〉국한된 지역이나 집단 내에서 폭발적으로 일어나는 인플루엔자.

육아종^유방염 (肉芽腫乳房炎)[ ] **명구**《의학》〈여성 일반〉〈부인(여성)-유방 질환〉유방에 조직학적으로 육아종이 발생하는 염증 질환. 원인을 모르는 일차적인 것과 결핵, 유육종 같은 병으로 인해 이차적으로 발생하는 두 가지 유형이 있다. 유방에 덩어리 형태로 증상이 나타나기 때문에 유방암으로 혼동되기도 한다.

융모막^외^임신 (絨毛膜外妊娠)[ ] **명구**《의학》〈임부 산모〉〈부인(여성)-임신과 관련된 질환〉융모막이 파열되고 오그라들어 태아가 자궁 내의 융모막 밖에서 성장하는 임신 상태.

으음 ( )[으음] **감**〈기타〉〈통증 감탄〉아프거나 고통스러울 때 나오는 소리. ¶그의 입에서는 으음, 으음, 신음 소리가 절로 새어 나왔다.

은통 (隱痛)[은통-] **명**《한의》〈기타〉〈통증 일반〉은근히 아픔. 또는 그런 증상.

은통하다 (隱痛하다)[은통하다] **형**《한의》〈기타〉〈통증 일반〉은근히 아프다.

은퇴 우울증 (隱退憂鬱症)[ ] **명구**《심리》〈노인 일반〉〈노인-정신 건강 및 신경 정신과 질환〉은퇴 후에 생기는 우울 증상. 무력감·수면 장애·집중력 저하·의욕 저하·불안 따위의 증상이 나타난다. ¶은퇴한 사람이 이런 증세를 보이면 은퇴 우울증인가 하고 오인하기 십상이다. / 남성이 여성보다 '은퇴 우울증'이 심각하다.

은폐^무월경 (隱蔽無月經)[ ] **명구**《의학》〈여성 일반〉〈부인(여성)-부인과(산부인과) 질환〉월경은 실제로 있으나, 피가 밖으로 배출되지 않는 증상. 질 입구 주름 막힘증 때문에 생길 수 있다. 〈유〉은폐^월경(隱蔽月經)「001」(동의

어), 잠복^월경(潛伏月經)「001」(동의어)

음경암(陰莖癌)[음경암] **명** 《의학》〈노인 일반〉〈노인-암(종양) 관련 질환〉주로 포경(包莖)인 사람에게 중년 이후 많이 나타나는 피부암. 처음에는 음경의 귀두와 그 포피 안쪽에 생겨 점점 커지는데, 몇 달이 지나면 일부가 떨어져 나가기도 하며 나쁜 냄새를 낸다. ¶음경암은 남성의 암 중에서 1% 이하를 차지하는 비교적 드문 암이다.

응급^피임약(應急避妊藥)[ ] **명구** 《약학》〈여성 일반〉〈부인(여성)-부인과(산부인과) 질환〉성관계를 맺은 뒤에 임신을 피하기 위해 먹는 약. 보통 성관계 뒤 72시간 안에 복용하면 수정란이 자궁에 착상하지 못하도록 하여 피임을 유도한다. ¶성관계 후 사흘 안에 복용하면 원치 않는 임신을 막을 수 있다는 응급 피임약이 찬반 논란 끝에 다음 주부터 시판된다. / 응급 피임약은 비상시에 사용하는 응급약으로, 일반 먹는 피임약의 30배에 달하는 고용량의 호르몬이 함유되어 있고, 부작용도 많다는 것을 알지 못하는 것 같다.

의사^불임(擬似不妊)[ ] **명구** 《생명》〈임부 산모〉〈부인(여성)-기타 임신 및 출산 관련 문제〉유전적인 요인에 의하여 나타나는 정자나 난자의 염색체 손상으로 인한 불임이 아닌, 배우자와의 유전 형질적 불화합성에서 기인한 불임.

의인성(醫人性)[의인썽] **명** 《의학》〈노인 일반〉〈노인-기타〉의사(醫士)의 행위의 결과로 발생하는 성질.

이비(耳泌)[이비] **명** 《한의》〈소아 아동〉〈통증 일반〉어린아이의 귀 안이 붓고 아픈 증세.

이상^식욕^항진(異常食慾亢進)[ ] **명구** 《의학》〈여성 일반〉〈부인(여성)-소화기 질환〉비정상으로 식욕이 항진된 상태. 당뇨병 등에 볼 수 있는 대사성 병변에 의한 것과 신경성 식욕 부진증의 경과 중 대상성으로 출현하는 이상 식욕 항진 현상 등이 있을 수 있다.

이상^임신(異常妊娠)[ ] **명구** 《의학》〈임부 산모〉〈부인(여성)-임신과 관련된 질환〉수정란의 착상, 또는 태아의 수나 발육에 이상이 있는 임신. 포상기태 (胞狀奇胎), 자궁 외 임신, 다태 임신(多胎妊娠) 따위가 있으며 모체나 태아에 장애가 일어나기 쉽다.

이소성^임신(異所性妊娠)[ ] **명구**《의학》〈임부 산모〉〈부인(여성)-임신과 관련된 질환〉수정된 난자가 자궁안 이외의 부위에 착상하여 발육하는 비정상적 임신. 일어나는 위치는 난관, 난소, 복막, 자궁 목관 따위가 있으나 난관 임신이 대부분이다. 임신 초기에 유산이나 난관 파열을 일으켜 격심한 하복통과 함께 많은 출혈이 따른다.〈유〉딴곳^임신(딴곳妊娠)「001」(동의어) ¶이전에 염증이나 수술을 경험한 여성은 이소성 임신의 위험이 더 높다.

이식-증(異食症)[이ː식쯩] **명**《의학》〈소아 아동/임부 산모〉〈섭식 장애〉별난 음식이나 이상한 물질을 좋아하는 증상. 아이들이 흙을 먹거나 임산부가 신 것을 좋아하는 따위가 있으며, 기생충에 의한 소화 장애나 정신 장애 따위가 원인이다.

이앓이( )[이아리] **명**《의학》〈기타〉〈통증 일반〉이가 아파서 통증(痛症)을 느끼는 증세.〈유〉치통(齒痛) ¶조 차장은 내가 이앓이를 핑계로 술잔을 밀쳐 놓자 골탕을 하며 핀잔을 주었다.

이완성^변비(弛緩性便祕)[ ] **명구**《의학》〈여성 일반〉〈부인(여성)-소화기 질환〉대장의 긴장도가 낮아져서 생기는 변비 증상. 배변을 가끔 참음으로써 생기는 경우가 많고, 젊은 여성에게 많다. 대장의 긴장이 감퇴되면 내용물의 이동이 느려지고 변의 수분이 적어져서 배변 반사를 둔하게 한다.

이완성^자궁^출혈(弛緩性子宮出血)[ ] **명구**《의학》〈여성 일반〉〈부인(여성)-부인과(산부인과) 질환〉분만 뒤에 자궁의 수축이 완전하지 못하여 일어나는 출혈. ¶이완성 자궁출혈을 예방하기 위해 휴식을 취하고 몸을 편안하게 유지하세요.

이질대공통(痢疾大孔痛)[이ː질대공통] **명**《한의》〈기타〉〈통증 일반〉이질이 심하여 항문이 벌어진 채 오므라들지 않고 아픈 증상.

이차^무월경(二次無月經)[ ] **명구**《의학》〈여성 일반〉〈부인(여성)-부인과(산부인과) 질환〉월경이 사춘기에 정상적으로 있었으나 그 이후에 어떤 원인으로 정지된 상태. ¶이차 무월경의 가장 흔한 원인 중 하나는 임신이다.

이차^배안^임신(二次배안妊娠)[ ] **명구**《의학》〈임부 산모〉〈부인(여성)-임신과 관련된 질환〉배아 또는 태아가 자궁관 혹은 다른 일차 발생 장소로부터 배안으로 방출된 후 지속적으로 자라는 상태. 〈유〉이차^복강^내^임신(二次腹腔內妊娠)「001」(〈유〉)

이차^복강^내^임신(二次腹腔內妊娠)[ ] **명구**《의학》〈임부 산모〉〈부인(여성)-임신과 관련된 질환〉배아 또는 태아가 자궁관 혹은 다른 일차 발생 장소로부터 복강으로 방출된 후 지속적으로 자라는 상태. 〈유〉이차^배안^임신(二次배안妊娠)「001」(〈유〉)

이차성^월경통(二次性月經痛)[ ] **명구**《의학》〈여성 일반〉〈부인(여성)-부인과(산부인과) 질환〉염증, 감염, 종양, 혹은 해부학적 요인에 의한 월경통. ¶월경통은 정상적으로 겪을 수 있는 일차성 월경통과 다른 숨어 있는 질병에 의해 발생하는 이차성 월경통으로 나뉜다.

이차^월경통(二次月經痛)[ ] **명구**《의학》〈여성 일반〉〈부인(여성)-부인과(산부인과) 질환〉초경 후 수년이 지나서 나타나는 월경통. 자궁 내 장치의 사용, 골반 염증 질환, 자궁 내막증, 자궁 근종 따위와 관련이 있다. 〈유〉속발^월경통(續發月經痛)「001」(동의어), 속발성^월경통(續發性月經痛)「001」(동의어) ¶일차 월경통은 초경 이후 3년 이내, 배란 주기가 형성된 이후부터 발생하며, 시기적으로 20세 이전에 발견되는 경우가 많아 20세 이후에 발견되는 월경통은 이차 월경통을 의심해 볼 필요가 있다.

이통(耳痛)[이ː통] **명**《의학》〈기타〉〈통증 일반〉'귀통증(-痛症)'의 이전 말.

인공^유산(人工流産)[ ] **명구**《의학》〈임부 산모〉〈부인(여성)-기타 임신 및 출산 관련 문제〉태아가 모체 밖에서 생명을 유지할 수 없는 시기에 태아를 인위적으로 모체 밖으로 배출시키는 수술. 〈유〉인공^임신^중절(人工妊娠中

絕)「001」(동의어), 인공^임신^중절^수술(人工妊娠中絕手術)「001」(동의어), 임신^중절(妊娠中絕)「001」(동의어), 임신^중절^수술(妊娠中絕手術)「001」 (동의어), 중절(中絕)「005」(동의어)〈참〉자연^유산(自然流産)「001」(대립어) ¶많은 여성들이 인공유산 이후 우울감이나 불안함을 경험했어요.

인대^내^임신(靭帶內妊娠)[ ][**명구**]《의학》〈임부 산모〉〈부인(여성)-임신과 관련된 질환〉수정된 난자가 자궁 넓은인대 내에 착상하여 발육하는 비정상적 임신.

인유두종^바이러스(人乳頭腫virus)[ ][**명구**]《보건 일반》〈청소년〉〈청소년-감염병 및 전염병〉정이십면체의 디엔에이(DNA) 바이러스로 파포바바이러스과의 한 종류. 피부와 성기에 사마귀를 발생시키는 종과, 자궁목암, 후두암, 항문 성기암 따위를 일으키는 종이 있다.〈유〉HPV 바이러스 ¶다행히 자궁경부암을 일으키는 주범이 인유두종 바이러스로 밝혀져 예방과 조기 발견이 훨씬 쉬워졌다.

인지적^변비(認知的便祕)[ ][**명구**]《의학》〈여성 일반〉〈부인(여성)-소화기 질환〉환자가 변비라고 자가 진단을 내리고 관장약이나 완화제, 다른 보충제를 통하여 일상의 창자 운동을 돕는 일. 간호 진단 분류의 하나이다.

인터넷^중독(internet中毒)[ ][**명구**]《심리》〈청소년〉〈청소년-정신 건강 및 신경정신과 질환〉인터넷을 하지 않을 경우 행동이 조절되지 않고 금단 증상을 보이며 일상생활을 정상적으로 유지할 수 없는 상태. ¶전문가들은 인터넷 중독이 확산 속도가 빠른 데다 알콜 중독이나 마약 중독 못지않게 심각한 부작용을 초래한다고 지적했다.

인플루엔자(influenza)[인플루엔자][**명**]《의학》〈기타 공통〉〈감기-몸살, 세기관지염/폐렴〉인플루엔자 바이러스에 의하여 일어나는 감기. 고열이 나며 폐렴, 가운데귀염, 뇌염 따위의 합병증을 일으킨다.〈유〉유행성감기 ¶인플루엔자에 감염된 환자는 가능하면 외부 출입을 자제하는 것이 좋습니다.

인플루엔자^바이러스(influenza virus)[ ][**명구**]《생명》〈기타 공통〉〈감기-몸살,

세기관지염〉유행 감기의 병원체. 상기도(上氣道) 점막에 침입하여 호흡 기관 질환을 일으킨다. 도움체 결합 항원의 차이에 따라 A·B·C 세 형태로 나뉘며, 유행할 때마다 혈구 응집 항원이 변이하여 광범위한 유행을 나타낸다.

인플루엔자^예방^접종 (influenza豫防接種) [ ] **명구**《보건 일반》〈기타 공통〉〈감기-몸살, 세기관지염〉인플루엔자에 대한 예방 접종. 인플루엔자 바이러스로 인한 감염을 예방하기 위한 것으로 권장 시기는 10~12월이다.〈유〉독감^예방^접종 ¶ ○○○시는 오는 11월 말까지 각 보건소를 통해 인플루엔자 예방 접종을 실시한다고 10일 밝혔다. / 14살부터 18살까지 청소년 235만 명에게 인플루엔자 예방 접종이 지원됩니다.

인플루엔자^폐렴 (influenza肺炎) [ ] **명구**《의학》〈기타 공통〉〈폐렴/감기〉인플루엔자에 걸려 저항력이 약하여졌을 때 기도에 있던 세균이 폐에 침입하여 일으키는 폐렴. 두통, 오한, 근육통 따위의 초기 증상 이후 기침과 객담이 심하여지고 열이 높아지며 호흡 곤란이 일어난다.

인후통 (咽喉痛) [인후통] **명**《한의》〈기타〉〈통증 일반〉목구멍이 아픈 병이나 증세. ¶최근 코로나19 환자에게서 강한 인후통, 기침, 근육통이 주된 증상으로 나타난다.

일각^임신 (一角妊娠) [ ] **명구**《의학》〈임부 산모〉〈부인(여성)-임신과 관련된 질환〉쌍각 자궁의 한쪽 각에 임신이 된 상태. 이는 자궁 내 임신이긴 하지만 자궁 외 임신보다 오히려 더 사망 위험이 크다. 자궁 외 임신과 같이 복통, 질 출혈, 쇼크 따위의 증상이 나타난다.〈유〉자궁각^임신(子宮角妊娠)「001」(〈유〉)

일과성^무월경 (一過性無月經) [ ] **명구**《의학》〈여성 일반〉〈부인(여성)-부인과 (산부인과) 질환〉일시적으로 월경이 정지되는 상태.

일시적 요실금 (一時的尿失禁) [ ] **명구**〈노인 일반〉〈노인-신장 및 비뇨기계 질환〉일시적으로 발생하는 요실금.〈유〉가역적 요실금

일차^무월경(一次無月經)[ ] 명구 《의학》〈여성 일반〉〈부인(여성)-부인과(산부인과) 질환〉월경이 있어야 할 연령의 여성이 한 번도 월경을 하지 않은 상태. 생식 구조의 선천적 이상 따위가 원인이 될 수 있다.〈유〉원발^무월경(原發無月經)「001」(동의어) ¶생리 주기의 변화는 여성에게 흔한 증상이지만, 정상적인 주기를 가진 여성이 갑자기 생리가 없어지는 경우(이차 무월경), 혹은 생리 불규칙을 겪던 여성이 6개월 동안 생리가 멈추는 경우(일차 무월경)와 같은 상황은 주의를 요하는 상태일 수 있다.

임신 거부증(妊娠拒否症)[ ] 명구 〈임부 산모〉임신을 했음에도 불구하고 산모가 임신 사실을 부정하는 심리적·정신적 증상이다. ¶임신거부증에 걸릴 시 산모의 배가 일반적인 임산부보다 훨씬 안 나오고 태아 또한 산모가 본인의 존재를 부정하는 걸 본능적으로 알아 태동도 하지 않고 조용히 숨어 자란다고 한다.

임신 무증상(妊娠無症狀)[ ] 명구 〈임부 산모〉많은 여성들에게 혼란을 줄 수 있는 현상이다. ¶임신무증상은 여성들이 겪을 수 있는 증상이다.

임신 습진(妊娠濕疹)[ ] 명구 《의학》〈여성 일반〉〈부인(여성)-피부 및 모발 질환〉임신 중기에 나타나는 습진. 주로 얼굴, 목, 가슴, 사지의 접힘부에 습진 병터가 보이는 피부병과 구진이 나타나는 두 가지 형태가 있다. 아토피와 연관되는 경우가 많이 있다.〈유〉임신 아토피 발진

임신 테스트기(妊娠test器))[ ] 명구 《의학》〈임부 산모〉임신 여부를 확인하기 위한 도구. ¶임신을 기다리거나, 반대로 임신을 원하지 않는 여성들에게 있어 바로 임신 여부를 알아볼 수 있는 임신 테스트기는 필수품의 하나로 꼽힌다. / 임신 테스트기는 관계일로부터 최소 10일 이후, 즉 2주 정도 시간이 지났을 때 사용 가능하다.

임신^가려움^발진(妊娠가려움發疹)[ ] 명구 《의학》〈임부 산모〉〈부인(여성)-임신과 관련된 질환〉임신 후반기, 원인 불명의 심한 가려움증을 동반하며 발병하는 발진. 분만 후 줄어들었다가 다시 임신하면 재발하는 경향을 보인

다. ¶임신 가려움 발진(임부 양진)과 임신 중 쓸개즙 정체에 의한 가려움증과 그 외에도 두드러기 양상의 임신성 질환, 모낭염도 가려움증을 유발한다.

임신^가려움증 (妊娠가려움症) [ ] **명구** 《의학》〈임부 산모〉〈부인(여성)-임신과 관련된 질환〉임신 중에 간 속에 쓸개즙 정체와 쓸개즙염의 축적과 연관되어 이차적으로 나타나는 심한 가려움증. 임신 동안 일어나는 발진은 없다.

임신^가려움^팽진^구진^및^판 (妊娠가려움膨疹丘疹및板) [ ] **명구** 《의학》〈임부 산모〉〈부인(여성)-임신과 관련된 질환〉임신 중에 가려움을 동반한 판, 구진, 두드러기 따위의 증상이 나타나는 피부 질환. 태아에게는 큰 영향이 없으며 임신 후에는 호전된다. 〈유〉임신^다형^발진(妊娠多形發疹) 「001」(동의어)

임신^각기 (妊娠脚氣) [ ] **명구** 《의학》〈임부 산모〉〈부인(여성)-임신과 관련된 질환〉임신부에게 비타민 비 원(B.1)이 부족하여 일어나는 각기.

임신^간내^담즙^정체 (妊娠肝內膽汁停滯) [ ] **명구** 《의학》〈임부 산모〉〈부인(여성)-임신과 관련된 질환〉임신 후기에 주로 발생하며 간 안의 담즙 배설이 잘되지 않아 간 수치가 올라가고, 피부 가려움증이 심해지는 상태. 분만에 장애가 올 수 있으며 경우에 따라서는 태아가 사망할 수도 있다. 〈유〉임신^재발^황달(妊娠再發黃疸)「001」(동의어)

임신^고름^물집^건선 (妊娠고름물집乾癬) [ ] **명구** 《의학》〈여성 일반/임부 산모〉〈부인(여성)-피부 및 모발 질환/부인(여성)-임신과 관련된 질환〉고름 물집 건선의 한 변형으로, 주로 임신 후기에 나타나는 피부 질환. 고름 물집이 접힘부에 나타나며 점차 진행하여 전신에 퍼질 수 있다. 태반 기능에 장애가 올 수 있으며 태아가 사망하는 수도 있다. 〈유〉헤르페스^모양^고름^물집증(herpes模樣고름물집症)「001」(동의어)

임신^고혈압 (妊娠高血壓) [ ] **명구** 《의학》〈여성 일반/임부 산모〉〈부인(여성)-심혈관계 질환/부인(여성)-임신과 관련된 질환〉임신으로 인하여 생기는 고혈압. 정상 혈압인 여자가 임신 중에 고혈압이 생기거나 고혈압 환자가 임신 중에 고혈압이 더욱 악화되는 것을 말한다. 〈유〉임신성^고혈압(妊娠性高血壓)「001」(동의어) ¶결핍되면 임신 고혈압부터 시작해서 임신성 당뇨, 임신 중독증, 심지어 산모의 골밀도까지 문제될 수 있다.

임신^과다^구토 (妊娠過多嘔吐)[ ]**명구**《의학》〈임부 산모〉〈부인(여성)-임신과 관련된 질환〉임신 초기에 지속적으로 심하게 구역질과 구토가 나는 증상. 심하면 탈수와 체중 감소를 초래할 수 있다. 〈유〉임신^입덧(妊娠입덧)「001」(동의어) ¶의과에서 사용하는 임신 오조 혹은 임신 오조증의 용어는 임신 과다 구토와 같은 것이며, hyperemesiS gravidarum을 번역한 것이어서 개념상의 차이가 있다.

임신^구진^피부염 (妊娠丘疹皮膚炎)[ ]**명구**《의학》〈임부 산모〉〈부인(여성)-임신과 관련된 질환〉임신 중에 가려운 구진이 몸의 피부 전체에 걸쳐 나왔다가 임신 후에 자연적으로 소실되는 피부 질환. 산모나 아이에게 큰 후유증은 없다.

임신-구토 (妊娠嘔吐)[임ː신구토]**명**〈임부 산모〉〈부인(여성)-임신과 관련된 질환〉임신 초기에 입맛이 떨어지고 구역질이 나는 증세. 〈유〉입-덧「001」(동의어) ¶임신 구토는 아침에 가장 심하다고 알려져 있지만, 실제로는 하루 중 아무 때나 발생할 수 있다.

임신^기미 (妊娠기미)[ ]**명구**《의학》〈임부 산모〉〈부인(여성)-임신과 관련된 질환〉임신하고 있는 도중에 생기는 기미.

임신^깔때기^콩팥염 (妊娠깔때기콩팥炎)[ ]**명구**《의학》〈임부 산모〉〈부인(여성)-임신과 관련된 질환〉임신 중에 콩팥에 오는 감염. 태아에 요도가 눌려 요도 막힘 증상이 깔때기 확장과 함께 온다.

임신^다형^발진 (妊娠多形發疹)[ ]**명구**《의학》〈임부 산모〉〈부인(여성)-임신과 관련된 질환〉임신 중에 가려움을 동반한 판, 구진, 두드러기 따위의 증상이 나타나는 피부 질환. 태아에게는 큰 영향이 없으며 임신 후에는 호전된다. 〈유〉임신^가려움^팽진^구진^및^판(妊娠가려움膨疹丘疹및板)「001」(동의어) ¶임신 다형 발진은 흔하지만 태아에겐 위험하지 않다.

임신^당뇨병(妊娠糖尿病)[ ] 명구《의학》〈임부 산모〉〈부인(여성)-임신과 관련된 질환〉임신 중에만 당대사의 이상 증상이 있고 분만한 뒤에는 당대사가 정상화되는 증상. 혈당 조절이 되지 않아 인슐린 쇼크가 잘 일어나며 혈당을 저하시키기 위하여 점차 인슐린양이 증가한다. 산모가 당뇨병을 가지고 있는 경우 태아의 출생 전 사망률이 높아지며 특히 임신 초기의 고혈당은 태아의 선천성 기형 가능성을 높인다. 〈유〉임신^중^당뇨병(妊娠中糖尿病)「001」(동의어), 임신성^당뇨병(妊娠性糖尿病)「001」(동의어) ¶임신 당뇨병이 되는 임신부는 약12%라고 하는 보고도 있다.

임신-되다(妊娠되다/姙娠되다)[임:신되다/임:신뒈다] 동〈임부 산모〉〈부인(여성)-임신과 관련된 질환〉아이나 새끼가 배 속에 생기다. 〈유〉잉태-되다(孕胎되다)「001」(동의어) ¶배 속의 그 아이는 첨단 의술에 의해서 임신된 것이다.

임신^망상(妊娠妄想)[ ] 명구《심리》〈임부 산모〉〈부인(여성)-임신과 관련된 질환〉실제로는 임신을 하지 아니하였으나 자기가 임신하였다고 믿는 일. 〈참〉가-임신(假妊娠)「001」(기타), 거짓^임신(거짓妊娠)「001」(기타), 상상^임신(想像妊娠)「001」(기타) ¶과대망상(誇大妄想)으로 발명 망상(發明妄想), 임신망상(妊娠妄想) 따위가 있다.

임신^무도병(妊娠舞蹈病)[ ] 명구《의학》〈임부 산모〉〈부인(여성)-임신과 관련된 질환〉임신 초기에 일어나는 시드넘 무도병. 다음 임신에서 재발하기도 한다.

임신^반응(妊娠反應)[ ] 명구《의학》〈임부 산모〉〈부인(여성)-임신과 관련된 질환〉임신부의 오줌 속에 배설되는 화학 물질을 이용하여 임신 여부를 진단하는 방법. 임신하면 뇌하수체 앞엽 호르몬이 오줌으로 많이 배설됨을 이용하거나, 사람의 융모 생식샘 자극 호르몬의 항원 항체 반응을 이용하여 진단하는 방법이 널리 쓰인다.

임신^반응^검사 (妊娠反應檢查)[ ] **명구**《의학》〈임부 산모〉〈부인(여성)-임신과 관련된 질환〉임신이 되었는지 소변을 이용하여 확인하는 검사. ¶생리적 유산은 소변 검사를 통한 임신 반응 검사를 안 했다면 임신인 줄 모른 채 그냥 생리로 알았을 임신이다.

임신-병 (妊娠病)[임 : 신뼝] **명**《의학》〈임부 산모〉〈부인(여성)-임신과 관련된 질환〉임신 중에 산모에게 생기는 병을 통틀어 이르는 말. ¶임신병 중 타태(墮胎)는 혈기가 허손하여 태아를 영양하지 못하므로 스스로 타락(墮落)되는 것을 말하고 현대 의학의 유산, 조산에 해당한다.

임신^부기 (妊娠浮氣)[ ] **명구**《의학》〈임부 산모〉〈부인(여성)-임신과 관련된 질환〉임신으로 인하여 전신 조직 내 수액이 축적되어 몸이 붓는 증상.〈유〉임신^부종(妊娠浮腫)「001」(동의어), 임신성^부종(妊娠性浮腫)「001」(동의어)

임신^부종 (妊娠浮腫)[ ] **명구**《의학》〈임부 산모〉〈부인(여성)-임신과 관련된 질환〉임신으로 인하여 전신 조직 내 수액이 축적되어 몸이 붓는 증상.〈유〉임신^부기(妊娠浮氣)「001」(동의어), 임신성^부종(妊娠性浮腫)「001」(동의어)

임신부^체조 (妊娠婦體操)[ ] **명구**《의학》〈임부 산모〉〈부인(여성)-임신과 관련된 질환〉아이를 밴 여성의 건강과 순산을 위하여 고안된 체조. ¶산책, 임신부 체조, 임신부 수영 등을 꾸준히 하여 지나치게 살이 찌는 것을 막고 다리 부종을 예방한다.

임신성^고혈압 (妊娠性高血壓)[ ] **명구**《의학》〈임부 산모〉〈부인(여성)-임신과 관련된 질환〉임신으로 인하여 생기는 고혈압. 정상 혈압인 여자가 임신 중에 고혈압이 생기거나 고혈압 환자가 임신 중에 고혈압이 더욱 악화되는 것을 말한다.〈유〉임신^고혈압(妊娠高血壓)「001」(동의어) ¶파주시가 임신성 고혈압으로 인한 조산 및 신생아 사망을 예방하는 '임신성 고혈압 예방 관리 사업'을 오는 10일부터 실시한다고 밝혔다.

임신성^당뇨병 (妊娠性糖尿病)[ ] **명구** 《의학》〈임부 산모〉〈부인(여성)-임신과 관련된 질환〉임신 중에만 당대사의 이상 증상이 있고 분만한 뒤에는 당대사가 정상화되는 증상. 혈당 조절이 되지 않아 인슐린 쇼크가 잘 일어나며 혈당을 저하시키기 위하여 점차 인슐린 양이 증가한다. 산모가 당뇨병을 가지고 있는 경우 태아의 출생 전 사망률이 높아지며 특히 임신 초기의 고혈당은 태아의 선천성 기형 가능성을 높인다.〈유〉임신^당뇨병(妊娠糖尿病)「001」(동의어), 임신^중^당뇨병(妊娠中糖尿病)「001」(동의어) ¶임신성 당뇨병에 걸린 임산부에게는 인슐린 저항성을 극복할 만한 인슐린 분비가 충분하지 않다.

임신성^부종 (妊娠性浮腫)[ ] **명구** 《의학》〈임부 산모〉〈부인(여성)-임신과 관련된 질환〉임신으로 인하여 전신 조직 내 수액이 축적되어 몸이 붓는 증상.〈유〉임신^부기(妊娠浮氣)「001」(동의어), 임신^부종(妊娠浮腫)「001」(동의어) ¶이로 인해 삼투압 작용이 감소하면서 몸이 붓는 임신성 부종 현상들이 발생하게 된다.

임신성^영양막^종양 (妊娠性營養膜腫瘍)[ ] **명구** 《의학》〈임부 산모〉〈부인(여성)-임신과 관련된 질환〉여성이 임신한 경우에 태아의 영양 섭취 등에 중요한 작용을 하는 영양막이 이상 증식을 하여 발생하는 종양.〈유〉임신^영양막^종양(妊娠營養膜腫瘍)「001」(동의어) ¶상피성 영양막 종양은 임신성 영양막 종양의 하위 분류에 속하는 종양으로 2003년 WHO에서 임신성 영양막 종양의 한 형태로 최초 분류하였다.

임신성^큰적혈구^빈혈 (妊娠性큰赤血球貧血)[ ] **명구** 《의학》〈임부 산모〉〈부인(여성)-임신과 관련된 질환〉임신 중에 발생하는 빈혈로, 엽산 결핍에 관련되어 낮은 혈색소치와 적혈구 수의 감소 및 큰적혈구를 특징으로 하는 빈혈.

임신^습진 (妊娠濕疹)[ ] **명구** 《의학》〈임부 산모〉〈부인(여성)-임신과 관련된 질환〉임신 중기에 나타나는 습진. 주로 얼굴, 목, 가슴, 사지의 접힘부에 습진 병터가 보이는 피부병과 구진이 나타나는 두 가지 형태가 있다. 아토피와 연관되는 경우가 많이 있다. 〈유〉임신^아토피^발진(妊娠atopy發疹)「001」(동의어)

임신^신장염(妊娠腎臟炎)[ ] **명구**《의학》〈임부 산모〉〈부인(여성)-임신과 관련된 질환〉임신 중에 나타나는 신장염.

임신^실음(妊娠失音)[ ] **명구**《한의》〈임부 산모〉〈부인(여성)-임신과 관련된 질환〉임신 기간에 음성이 뚜렷하지 아니하거나 말을 하지 못하는 증상.

임신^아토피^발진(妊娠atopy發疹)[ ] **명구**《의학》〈임부 산모〉〈부인(여성)-임신과 관련된 질환〉임신 중기에 나타나는 습진. 주로 얼굴, 목, 가슴, 사지의 접힘부에 습진 병터가 보이는 피부병과 구진이 나타나는 두 가지 형태가 있다. 아토피와 연관되는 경우가 많이 있다. 〈유〉임신^습진(妊娠濕疹)「001」(동의어)

임신^약기(妊娠藥忌)[ ] **명구**《한의》〈임부 산모〉〈부인(여성)-임신과 관련된 질환〉임신 기간에 특정 약물을 쓰는 것을 꺼리거나 금하는 일.

임신^영양막병(妊娠營養膜病)[ ] **명구**《의학》〈임부 산모〉〈부인(여성)-임신과 관련된 질환〉융모막 융모의 수포 변성과 무혈관 상태가 있는 영양막 증식으로 소포 혹은 여러 주머니로 구성된 덩어리가 생기는 질병.

임신^오조(妊娠惡阻)[ ] **명구**《한의》〈임부 산모〉〈부인(여성)-임신과 관련된 질환〉임신 초기에 가슴이 답답하고 불편하며 속이 메스껍고 토하는 증세.

임신^육아종(妊娠肉芽腫)[ ] **명구**《의학》〈임부 산모〉〈부인(여성)-임신과 관련된 질환〉임산부의 잇몸, 입천장 또는 코중격의 모세 혈관이 붉은색 거미의 다리처럼 방사선으로 뻗어 있는 혈관종. 임신 2~5개월에 나타나기 시작하여 점차 수와 크기가 증가하는데, 임신 시 혈중 에스트로겐 수치가 상승하는 것과 관련이 있다. 〈유〉임신^혈관종(妊娠血管腫)「001」(동의어)

임신^입덧(妊娠입덧)[ ] **명구**《의학》〈임부 산모〉〈부인(여성)-임신과 관련된 질환〉임신 초기에 지속적으로 심하게 구역질과 구토가 나는 증상. 심하면 탈수와 체중 감소를 초래할 수 있다. 〈유〉임신^과다^구토(妊娠過多嘔吐)「001」(동의어) ¶임신 입덧 증상에 나타나는 시기부터 완화법까지 정리해 보았다.

임신^잇몸염 (妊娠잇몸炎)[ ][**명구**]《의학》〈임부 산모〉〈부인(여성)-임신과 관련된 질환〉임신 시에 잇몸에 염증이 생기는 증상. 잇몸이 암적색으로 변하고 부어오르며 피가 날 수도 있다. 〈유〉임신^치은염(妊娠齒齦炎)「001」(동의어) ¶프로게스테론과 에스트로겐의 수치가 증가하면 잇몸이 쉽게 붓고 출혈이 발생하는 임신 잇몸염으로 이어질 수 있다.

임신^자간 (妊娠子癎)[ ][**명구**]《의학》〈임부 산모〉〈부인(여성)-임신과 관련된 질환〉주로 분만할 때 전신의 경련 발작과 의식 불명을 일으키는 질환. 임신 중독증 가운데 가장 중증인 형태로 사망률이 높다. 고도의 단백뇨, 부종, 고혈압 증상이 있는 고령의 초산부에게 많다. 〈유〉자간(子癎)「001」(동의어)

임신^자궁^누수증 (妊娠子宮漏水症)[ ][**명구**]《의학》〈임부 산모〉〈부인(여성)-임신과 관련된 질환〉임신 중에 질에서 물 같은 액체가 유출되는 상태. 이는 자궁에서 주기적 또는 간헐적으로 맑고 누런색 혈성 액체를 분비하는 것이다. 이는 또한 양수의 누출 또는 탈락막 자궁근염 때문에 생길 수도 있다.

임신^장폐색증 (妊娠腸閉塞症)[ ][**명구**]《의학》〈임부 산모〉〈부인(여성)-임신과 관련된 질환〉임신 중 커진 자궁의 압력에 의해 눌려 생기는, 골반에 있는 대장의 막힘 상태. 〈유〉임신^창자막힘증(妊娠창자막힘症)「001」(동의어)

임신^재발^황달 (妊娠再發黃疸)[ ][**명구**]《의학》〈임부 산모〉〈부인(여성)-임신과 관련된 질환〉임신 후기에 주로 발생하며 간 안의 담즙 배설이 잘되지 않아 간 수치가 올라가고, 피부 가려움증이 심해지는 상태. 분만에 장애가 올 수 있으며 경우에 따라서는 태아가 사망할 수도 있다. 〈유〉임신^간내^담즙^정체(妊娠肝內膽汁停滯)「001」(동의어)

임신^중^당뇨병 (妊娠中糖尿病)[ ][**명구**]《의학》〈임부 산모〉〈부인(여성)-임신과 관련된 질환〉임신 중에만 당대사의 이상 증상이 있고 분만한 뒤에는 당대사가 정상화되는 증상. 혈당 조절이 되지 않아 인슐린 쇼크가 잘 일어나며 혈당을 저하시키기 위하여 점차 인슐린 양이 증가한다. 산모가 당뇨병을 가지고 있는 경우 태아의 출생 전 사망률이 높아지며 특히 임신 초기의 고혈당은 태아의 선천성 기형 가능성을 높인다.〈유〉임신^당뇨병(妊娠糖尿病)「001」(동의어), 임신성^당뇨병(妊娠性糖尿病)「001」(동의어)¶임신 중 당뇨병 산모의 아기는 출생 시 거대아가 될 가능성이 높다.

임신^중독(妊娠中毒)[ ]명구《의학》〈임부 산모〉〈부인(여성)-임신과 관련된 질환〉임신으로 인하여 콩팥이나 순환 계통 따위의 기관에 생기는 이상을 통틀어 이르는 말. 부종, 단백뇨, 자간(子癇) 따위의 증상이 나타난다.〈유〉임신^중독증(妊娠中毒症)「001」(동의어)¶출산 후 생리 기간만 되면 다른 의미로 임신 중독이 된다.

임신^중독증(妊娠中毒症)[ ]명구《의학》〈임부 산모〉〈부인(여성)-임신과 관련된 질환〉임신으로 인하여 콩팥이나 순환 계통 따위의 기관에 생기는 이상을 통틀어 이르는 말. 부종, 단백뇨, 자간(子癇) 따위의 증상이 나타난다.〈유〉임신^중독(妊娠中毒)「001」(동의어)¶임신 중독증을 예방하려면 무엇보다 건강한 생활 습관과 정기적인 체크가 중요하다.

임신^중^임신(妊娠中妊娠)[ ]명구《의학》〈임부 산모〉〈부인(여성)-임신과 관련된 질환〉태아가 이미 자궁 내에 있을 때, 새로운 난자가 수정되어 함께 발육하는 것. 다른 배란기에 수정되었으므로 나이가 다른 태아가 생긴다.〈유〉과-임신(過妊娠)「002」(동의어), 과다^수태(過多受胎)「001」(동의어)

임신^중절(妊娠中絕)[ ]명구《의학》〈임부 산모〉〈부인(여성)-임신과 관련된 질환〉태아가 모체 밖에서 생명을 유지할 수 없는 시기에 태아를 인위적으로 모체 밖으로 배출시키는 수술.〈유〉인공^유산(人工流産)「001」(동의어), 인공^임신^중절(人工妊娠中絕)「001」(동의어), 인공^임신^중절^수술(人工妊娠中絕手術)「001」(동의어), 임신^중절^수술(妊娠中絕手術)「001」(동의어), 중절(中絕)「005」(동의어)〈참〉자연^유산(自然流産)「001」(대립어)

임신^중절^수술(妊娠中絶手術)[ ]**명구**《의학》〈임부 산모〉〈부인(여성)-임신과 관련된 질환〉태아가 모체 밖에서 생명을 유지할 수 없는 시기에 태아를 인위적으로 모체 밖으로 배출시키는 수술.〈유〉인공^유산(人工流産)「001」(동의어), 인공^임신^중절(人工妊娠中絶)「001」(동의어), 인공^임신^중절^수술(人工妊娠中絶手術)「001」(동의어), 임신^중절(妊娠中絶)「001」(동의어), 중절(中絶)「005」(동의어)〈참〉자연^유산(自然流産)「001」(대립어) ¶임신 중절 수술의 방법은 크게 약물적 중절과 수술적 중절로 나뉜다.

임신-증(妊娠症)[임 : 신쯩]**명**《의학》〈임부 산모〉〈부인(여성)-임신과 관련된 질환〉임신과 관련되는 증상 및 증후.

임신^증후군(妊娠症候群)[ ]**명구**《의학》〈임부 산모〉〈부인(여성)-임신과 관련된 질환〉임신으로 인하여 신체나 감정이 변화하는 증상. 보통 임신 4주 차부터 시작되며 입덧, 우울증, 근육 경련 따위가 나타난다. ¶임신 7개월째 들어 몸이 나른하고 안 좋아 임신 증후군인가 싶어서 병원에 갔더니 놀랍게도 임신성 당뇨라는 진단을 받았다./ 하지만 과도한 탄수화물 섭취는 대사 증후군뿐만 아니라 담석이 형성될 위험성을 높이고 임신 증후군의 한 증상인 당뇨에도 영향을 미친다.

임신^진단^시약(妊娠診斷試藥)[ ]**명구**《약학》〈임부 산모〉〈부인(여성)-임신과 관련된 질환〉여성의 임신 여부를 간단한 방법으로 확인할 수 있는 시약. ¶Hcg 항체는 이미 임신진단시약에 들어있기 때문에 HCG가 있든 없든 종료 표시선에 항체가 붙잡히게 되어 있다.

임신진단테스트기(妊娠診斷test器)[ ]**명구**〈임부 산모〉임신 여부를 확인하는 용도로 쓰이는 기구. 흔히 '임신 테스트기'로 줄여서 사용된다. 대부분 약국에서 판매되며 법적으로 의료 기기의 일종으로 분류된다. ¶이체크 굿뉴스 얼리체크 임신진단 테스트기로, 삶의 여정에 새로운 장이 펼쳐질 기쁨을 미리 알아본다.

임신^창자막힘증(妊娠창자막힘症)[ ]**명구**《의학》〈임부 산모〉〈부인(여성)-임신과 관련된 질환〉임신 중 커진 자궁의 압력에 의해 눌려 생기는, 골반에 있는 대장의 막힘 상태.〈유〉임신^장폐색증(妊娠腸閉塞症)「001」(동의어)

임신천(妊娠喘)[임:심천]**명**《한의》〈임부 산모〉〈부인(여성)-임신과 관련된 질환〉'태천'의 북한어.

임신^초기병(妊娠初期病)[ ]**명구**《의학》〈임부 산모〉〈부인(여성)-임신과 관련된 질환〉임신 초기에 욕지기와 구토가 일어나는 증상.

임신^촉진제(妊娠促進劑)[ ]**명구**《약학》〈임부 산모〉〈부인(여성)-임신과 관련된 질환〉불임의 원인이 되는 증상을 개선하여 임신이 가능하도록 하는 약.¶임신 촉진제를 사용한 한 미국 여성이 6일 여섯 쌍둥이를 출산해 화제가 되고 있다./ 이들은 불임 치료 방법으로는 시험관 아기와 인공 수정을 주로 꼽았고 그 외 임신 촉진제나 한방 치료, 외과 수준에 대한 인지 수준은 그리 높지 않은 것으로 조사됐다.

임신^치은염(妊娠齒齦炎)[ ]**명구**《의학》〈임부 산모〉〈부인(여성)-임신과 관련된 질환〉임신 시에 잇몸에 염증이 생기는 증상. 잇몸이 암적색으로 변하고 부어오르며 피가 날 수도 있다.〈유〉임신^잇몸염(妊娠잇몸炎)「001」(동의어)

임신^콩팥^병증(妊娠콩팥病症)[ ]**명구**《의학》〈임부 산모〉〈부인(여성)-임신과 관련된 질환〉임신으로 인하여 콩팥에 생기는 병이나 이상 증상. 임신성 고혈압, 자간전증 따위가 이에 해당한다.

임신^콩팥염(妊娠콩팥炎)[ ]**명구**《의학》〈임부 산모〉〈부인(여성)-임신과 관련된 질환〉임신 중에 나타나는 콩팥염.

임신^테스터(妊娠tester)[ ]**명구**《의학》〈임부 산모〉〈부인(여성)-임신과 관련된 질환〉임신 여부를 간편하게 검사하는 기구.〈유〉임신^테스터기(妊娠tester機)「001」(동의어)¶임신 테스터에 두 줄이 그어지는 그날을 위해 그녀는 오늘도 열심히 산다. / 증상 및 시기로 임신과 생리 전 증후군을 명확하게 구분하기는 어려우므로 평소 철저히 피임하고 임신 테스터로 확인하는 것이 좋다. / 아내는 왠지 느낌이 이상하다며 아무래도 임신을 한 것 같다고 나에게 임신 테스터를 사다 달라고 했다.

임신^포진(妊娠疱疹)[ ]〔**명구**〕《의학》〈임부 산모〉〈부인(여성)-임신과 관련된 질환〉임산부에게 생기는 수포성 피부 질환. 피부에 대하여 자가 항체를 갖는 자가 면역성 수포 질환으로 알려져 있으며, 특별히 산모의 건강에는 영향을 미치지 않지만 영아에게는 큰 영향을 미쳐서 이 질환에 걸릴 경우 영아의 사망률은 20%를 넘는다.〈유〉임신^헤르페스(妊娠herpes)「001」(동의어)

임신-하다(妊娠하다/姙娠하다)[임 : 신하다]〔**동**〕〈임부 산모〉〈부인(여성)-임신과 관련된 질환〉아이나 새끼를 배다.〈유〉성태-하다(成胎하다)「001」(동의어), 유신-하다(有身하다/有娠하다)「001」(동의어), 잉신-하다(孕身하다)「001」(동의어), 잉중-하다(孕重하다)「001」(동의어), 잉태-하다(孕胎하다)「001」(동의어), 태잉-하다(胎孕하다)「001」(동의어), 포태-하다(胞胎하다)「001」(동의어), 회임-하다(懷妊하다/懷姙하다)「001」(동의어), 회잉-하다(懷孕하다)「001」(동의어), 회태-하다(懷胎하다)「001」(동의어) ¶아내가 아이를 임신하다. / 저의 아기를 임신한 한 여인이 있었습니다.

임신^헤르페스(妊娠herpes)[ ]〔**명구**〕《의학》〈임부 산모〉〈부인(여성)-임신과 관련된 질환〉임산부에게 생기는 수포성 피부 질환. 피부에 대하여 자가 항체를 갖는 자가 면역성 수포 질환으로 알려져 있으며, 특별히 산모의 건강에는 영향을 미치지 않지만 영아에게는 큰 영향을 미쳐서 이 질환에 걸릴 경우 영아의 사망률은 20%를 넘는다.〈유〉임신^포진(妊娠疱疹)「001」(동의어)

임신^현훈(妊娠眩暈)[ ]〔**명구**〕《한의》〈임부 산모〉〈부인(여성)-임신과 관련된 질환〉임신 중에 정신이 아찔하여 어지러운 증상.〈유〉자현(子懸)「003」(동의어), 자현-증(子懸症)「001」(동의어), 자훈(子暈)「001」(동의어)

임신^혈관종(妊娠血管腫)[ ]〔**명구**〕《의학》〈임부 산모〉〈부인(여성)-임신과 관련된 질환〉임산부의 잇몸, 입천장 또는 코중격의 모세 혈관이 붉은색 거미의 다리처럼 방사선으로 뻗어 있는 혈관종. 임신 2~5개월에 나타나기 시작하여 점차 수와 크기가 증가하는데, 임신 시 혈중 에스트로겐 수치가 상승하는 것과 관련이 있다. 〈유〉임신^육아종(妊娠肉芽腫)「001」(동의어)

임신^황체 (妊娠黃體)[ ] **명구**《생명》〈임부 산모〉〈부인(여성)-임신과 관련된 질환〉임신한 동물의 난소에 있는 황체. 황체 호르몬을 분비하여 임신을 유지한다. 〈유〉진성^황체(眞性黃體)「001」(동의어)

임종기 (臨終期)[임종기] **명**《의학》〈노인 일반〉〈노인-기타〉살아 있기는 하나, 심장 박동과 호흡 가운데 어느 하나 또는 둘 모두가 불가역적으로 저하되어 이미 죽음의 과정에 들어선 단계.

임테기 (姙te器)[ ] **명**《의학》〈임부 산모〉'임신 테스터기'를 줄여 이르는 말. ¶계속해서 임테기를 사용해 확인했는데 몇 달째 한 줄이 나오고만 있다. / '숙제 다 했는데, 증상 놀이만 실컷 하다가 임테기엔 뚜렷한 한 줄이더라'처럼 암호 같은 말들이 일상어처럼 통용된다.

입-덧 ( )[입떧] **명**〈임부 산모〉〈부인(여성)-임신과 관련된 질환〉임신 초기에 입맛이 떨어지고 구역질이 나는 증세. 〈유〉임신-구토(妊娠嘔吐.)「001」(동의어) ¶입덧이 나다./입덧이 심하다.

입덧^약 (입덧藥)[ ] **명구**《약학》〈임부 산모〉〈부인(여성)-임신과 관련된 질환〉임신 초기의 입덧 증상을 완화하는 약제. 〈유〉입덧^완화제(입덧緩和劑)「001」(동의어) ¶그녀의 불안은 입덧 약 탈리도마이드와 미나마타의 수은, 풍진 바이러스가 일으킨 기형 사례를 알게 되면서 더욱 가중된다. / 임산부가 복용하면 기형아 출산을 초래하는 입덧 약 '탈리도마이드'에 대해 영국 정부가 50년 만에 공식 사과 했다.

입덧-하다 ( )[입떠타다] **동**〈임부 산모〉〈부인(여성)-임신과 관련된 질환〉임신 초기에 입맛이 떨어지고 구역질이 나다. ¶아내는 입덧하느라 제대로 먹지 못해 살이 많이 빠졌다. / 입덧하는 아내가 신통해서 하루에도 몇 번씩 안에 들어와 볼 적이었다.

입술암 (입술癌)[입쑤람] **명**《의학》〈노인 일반〉〈노인-암(종양) 관련 질환〉입

술에 생기는 암. 아랫입술 겉면이 하얗게 되기도 하며 웅어리가 지면서 짓
무르기도 하는데 50~70세 남성에게 발생하기 쉽다.〈유〉구순암,〈참〉구강
암 ¶조직 내 방사선 조사는 입술암, 혀암, 피부암 따위에 쓴다.
입앓이( )[이바리]몡〈기타〉〈통증 일반〉입을 앓는 일.

한국어 질병 표현 어휘 사전 IV

ㅈ

자가 면역(自家免疫)[ ]　명구《의학》〈노인 일반〉〈노인-기타〉자신의 조직 성분에 대하여 면역을 일으키거나 과민성인 상태.

자가 민감 습진(自家敏感濕疹)[ ]　명구《의학》〈여성 일반〉〈부인(여성)-피부 및 모발 질환〉한 부위에 습진과 같은 피부염이 오래 있은 후에, 그 피부 부위와 멀리 떨어진 곳에 급성 습진이 발생하는 상태. 정체 습진이 다리에 있다가 다른 부위에 피부염이 발생하는 경우가 대표적이다.〈유〉자가 민감 피부염

자가^면역^위염(自家免疫胃炎)[ ]　명구《의학》〈여성 일반〉〈부인(여성)-소화기 질환〉위벽 세포에 대한 자가 항체에 의하여 유발되는 위염. 위 점막의 위축이 발생하며 그로 인한 위산 없음증이 발생한다.〈유〉확산^위축^위염(擴散 萎縮胃炎)

자가품( )[자가품]　명〈기타〉〈통증 일반〉손목, 발목, 손아귀 따위의 이음매가 과로로 말미암아 마비되어 시고 아픈 증상.¶이 추운 겨울밤에 다리에서 자가품이 나도록 뛰어다녀야만 하는 제 신세가 새삼스럽게 가엾은 생각이 들었다.

자궁각^임신(子宮角妊娠)[ ]　명구《의학》〈임부 산모〉〈부인(여성)-임신과 관련된 질환〉주머니배가 한쪽 자궁각에 착상되어 이루어지는 임신.〈유〉일각^임신(一角妊娠)「001」(〈유〉)¶아기집이 오른쪽으로 위치해 있어 자궁각 임신이 될 수도 있다.

자궁^경부^무력증(子宮頸部無力症)[ ]　명구《의학》〈여성 일반〉〈부인(여성)-부인과(산부인과) 질환〉자궁의 입구 부분인 경부가 꽉 닫혀 있지 못하고 쉽게 풀리는 증상. 임신 중기 혹은 만삭 초기에 진통이 없음에도 자궁 경부가 이른 시기에 열리면서 양막이 질 내로 나와 터져서 태아가 미숙아인 상태로 분만되기도 한다.〈유〉무력^경관(無力頸管)「001」(동의어), 부전^경관(不全 頸管)「001」(동의어), 자궁목^무력증(子宮목無力症)「001」(동의어)¶봄기운 물씬 다가온 오늘 광명산부인과 자궁 경부 무력증 예방을 위한 맥수술 정보를 가지고 왔다.

자궁^경부^미란(子宮頸部糜爛)[ ]**명구**《의학》〈여성 일반〉〈부인(여성)-부인과 (산부인과) 질환〉자궁 경부 또는 자궁 경부에 연결된 질 부위에 물리적인 자극이나 염증 발생으로 조직이 손상되거나 까지는 현상.〈유〉경부^미란 (頸部糜爛)「001」(〈유〉), 자궁목^까짐(子宮목까짐)「001」(〈유〉) ¶건강보험심 사평가원의 자료에 따르면 자궁경부염 및 자궁경부 미란으로 진료를 받은 환자는 매년 100만 명 이상에 이른다.

자궁^경부^봉합술(子宮頸部縫合術)[ ]**명구**《의학》〈여성 일반〉〈부인(여성)-부 인과(산부인과) 질환〉찢어진 자궁 경부를 꿰매어 치유하는 방법.〈유〉자궁 경^봉합술(子宮頸縫合術)「001」(〈유〉), 자궁목^꿰맴술(子宮목꿰맴術)「001」 (〈유〉) ¶자궁경부무력증은 조산의 주요 원인 중 하나로 꼽히는데 이에 그 치료법인 자궁경부봉합술이 주목받고 있다.

자궁^경부^상피^내^종양(子宮頸部上皮內腫瘍)[ ]**명구**《의학》〈여성 일반〉〈부 인(여성)-부인과(산부인과) 질환〉자궁목 편평 상피 암종의 전구 병변. 세포 의 이형성 정도에 따라 세 등급으로 나뉘며, 인유두종 바이러스 감염과 관 련이 있다.〈유〉경부^상피^내^신생물(頸部上皮內新生物)「001」(〈유〉), 자궁 목^상피^내^신생물(子宮목上皮內新生物)「001」(〈유〉), 자궁목^상피^내^종 양(子宮목上皮內腫瘍)「001」(〈유〉)

자궁^경부^선암종(子宮頸部腺癌腫)[ ]**명구**《의학》〈여성 일반〉〈부인(여성)-부 인과(산부인과) 질환〉자궁 경부에 있는 목샘 세포에서 기원한 악성 종양. 자궁 경부암의 일부를 차지한다.〈유〉자궁목^샘암종(子宮목샘癌腫)「001」 (〈유〉) ¶자궁경부 선암종 환자는 리브타요 투여군 사망률이 44% 낮게 나타 났다.

자궁^경부^성형술(子宮頸部成形術)[ ]**명구**《의학》〈여성 일반〉〈부인(여성)-부 인과(산부인과) 질환〉자궁 경부에 대한 성형 수술.〈유〉자궁목^성형술(子 宮목成形術)「001」(〈유〉) ¶만성 자궁내막염, 자궁 근종, 자궁 경부 성형술 등이 원인으로 작용할 수 있다.

자궁^경부^소세포^암종(子宮頸部小細胞癌腫)[ ] 명구《의학》〈여성 일반〉〈부인(여성)-부인과(산부인과) 질환〉자궁 경부의 편평 상피 암종의 일종. 핵이 둥글거나 난원형이고 세포질이 적은 세포로 구성되어 있다. 〈유〉자궁목^작은^세포^암종(子宮목작은細胞癌腫)「001」(〈유〉) ¶자궁 경부 소세포 암종으로 진단되어 방사선 치료를 받은 환자에서 조직 병리학적인 재검사를 시행하여 조직 병리학적 특성을 알아보고, 환자 및 종양의 특징, 방사선 치료 후의 치료 성적 등을 조직병리학적 유형에 따라 후향적으로 비교 분석해 보았다.

자궁^경부암(子宮頸部癌)[ ] 명구《의학》〈여성 일반〉〈부인(여성)-부인과(산부인과) 질환/부인(여성)-암(종양) 관련 질환〉여성 생식 기관인 자궁의 목에 발생하는 암. 상피내암과 선암으로 나뉘며 주요 원인은 인유두종 바이러스에 의한 감염이다. 〈유〉자궁목-암(子宮목癌)「001」(동의어) ¶국가암정보센터 홈페이지의 암 발생 현황을 살펴보면 여성 10대 암에 자궁 경부암이 포함되어 있다. / 연구 팀은 "많은 사람이 에이치피브이(HPV) 백신을 계속 접종한다면 자궁 경부암은 거의 발생하지 않는다. 이러한 데이터는 에이치피브이(HPV) 백신 접종이 암 예방에 도움이 될 수 있음을 시사한다."라고 언급했다.

자궁^경부암^도말^검사(子宮頸部癌塗抹檢査)[ ] 명구《의학》〈여성 일반〉〈부인(여성)-암(종양) 관련 질환〉자궁 경부암이나 그 전구 병변을 조기에 검출하기 위한 검사 방법. 면봉으로 자궁목 부위의 세포를 채취하여 유리 슬라이드에 펴 바른 후, 염색하여 현미경으로 이상 세포의 유무를 관찰한다.

자궁^경부^열상(子宮頸部裂傷)[ ] 명구《의학》〈여성 일반〉〈부인(여성)-부인과(산부인과) 질환〉자궁목이 찢어지는 것. 대개 집게 분만, 태아 회전과 같은 분만의 과정에서 생긴다. 〈유〉경관^열상(頸管裂傷)「001」(동의어), 자궁목^찢김(子宮목찢김)「001」(동의어) ¶자궁 경부 열상으로 인한 과다출혈이 생겨서 자연분만으로 출산하지 못한다.

자궁^경부염(子宮頸部炎)[ ]〔**명구**〕《의학》〈여성 일반〉〈부인(여성)-부인과(산부
인과) 질환〉자궁목의 염증. 바깥 자궁목을 덮는 편평 상피와 자궁 경관 내
막을 덮는 점액 세포에 모두 염증이 생길 수 있다. ¶자궁 경부염의 비감염
성 병인에는 자궁 내 장치(자궁 내 피임 기구), 질격막, 또 살정제나 라텍스
콘돔에 대한 알레르기 반응이 있을 수 있다.

자궁^경부^용종(子宮頸部茸腫)[ ]〔**명구**〕《의학》〈여성 일반〉〈부인(여성)-부인과
(산부인과) 질환〉자궁 경부 점막의 만성 염증으로 점막 상피가 증식하여 발
생하는 양성 종양. 보통 성인 여성의 약 5% 정도에서 발견되며, 현미경으로
관찰할 때 폴립은 자궁 경관 내부의 원주 상피 세포 단층으로 이루어져 있
으며, 폴립의 끝부분에 궤양 및 울혈이 있는 경우가 대부분이어서 자궁 출
혈의 원인이 된다.〈유〉자궁^경부^폴립(子宮頸部polyp)「001」(동의어), 자궁
목^폴립(子宮목polyp)「001」(〈유〉)

자궁^경부^임신(子宮頸部妊娠)[ ]〔**명구**〕《의학》〈임부 산모〉〈부인(여성)-임신과
관련된 질환〉수정란이 자궁 경부에 착상된 자궁 외 임신.〈유〉자궁목^임신
(子宮목妊娠)「001」(〈유〉)

자궁^경부^절개술(子宮頸部切開術)[ ]〔**명구**〕《의학》〈여성 일반〉〈부인(여성)-부
인과(산부인과) 질환〉자궁 경부를 절개하는 수술.〈유〉자궁목^절개술(子宮
목切開術)「001」(〈유〉)

자궁^경부^절제술(子宮頸部切除術)[ ]〔**명구**〕《의학》〈여성 일반〉〈부인(여성)-부
인과(산부인과) 질환〉자궁의 몸통 부분은 남겨 둔 채로 자궁의 목 부분만
잘라 내는 수술.〈유〉자궁목^절제(子宮목切除)「001」(〈유〉), 자궁목^절제술
(子宮목切除術)「001」(〈유〉)

자궁^경부^질^세포진^검사(子宮頸部膣細胞診檢查)[ ]〔**명구**〕《의학》〈여성 일
반〉〈부인(여성)-부인과(산부인과) 질환〉점막 표면에서 떨어진 세포를 파파
니콜로 염색법으로 염색한 후 현미경으로 관찰하는 검사. 주로 자궁 경부암
진단에 사용된다.〈유〉세포진^검사(細胞診檢查)「001」(동의어), 파파니콜로^

검사(Papanicolaou檢査)「001」(동의어), 파파니콜로^도말^검사(Papanicolaou
塗抹檢査)「001」(동의어), 팹^검사(Pap檢査)「001」(동의어)

자궁^경부^질염(子宮頸部膣炎)[ ]〔명구〕《의학》〈여성 일반〉〈부인(여성)-부인과
(산부인과) 질환〉자궁 경부와 질 양쪽의 염증, 또는 자궁 경부와 질을 동시
에 침범하는 염증.

자궁^경부^폴립(子宮頸部polyp)[ ]〔명구〕《의학》〈여성 일반〉〈부인(여성)-부인
과(산부인과) 질환〉자궁 경부 점막의 만성 염증으로 점막 상피가 증식하여
발생하는 양성 종양. 보통 성인 여성의 약 5% 정도에서 발견되며, 현미경으
로 관찰할 때 폴립은 자궁 경관 내부의 원주 상피 세포 단층으로 이루어져
있으며, 폴립의 끝부분에 궤양 및 울혈이 있는 경우가 대부분이어서 자궁
출혈의 원인이 된다.〈유〉자궁^경부^용종(子宮頸部茸腫)「001」(동의어), 자
궁목^폴립(子宮목polyp)「001」(〈유〉)¶자궁경부 폴립이 있으면 약 1%에서
악성 변화가 있을 수 있어 우리나라에서는 자궁 경부 폴립이 있는 여성에게
자궁경부암의 자궁 경부 액상세포 검사를 보험으로 시행하고 있다.

자궁^경부^확장술(子宮頸部擴張術)[ ]〔명구〕《의학》〈여성 일반〉〈부인(여성)-부
인과(산부인과) 질환〉자궁과 자궁 경부를 외과적으로 확장하는 수술.〈유〉
자궁경^확장술(子宮頸擴張術)「001」(〈유〉), 자궁목^확장술(子宮목擴張術)
「001」(〈유〉)¶자궁경부의 형태를 개선하기 위해 자궁경부 확장술이 수행
될 수 있다.

자궁관^난소^임신(子宮管卵巢妊娠)[ ]〔명구〕《의학》〈임부 산모〉〈부인(여성)-임
신과 관련된 질환〉자궁관의 깔때기의 일부와 난소가 포함된 부분에 발생하
는 딴곳 임신.

자궁관^월경통(子宮管月經痛)[ ]〔명구〕《의학》〈여성 일반〉〈부인(여성)-부인과
(산부인과) 질환〉협착과 같은 자궁관의 비정상적인 상태로 인해 발생하는
이차 월경통.

자궁관^유산(子宮管流産)[ ]〔명구〕《의학》〈임부 산모〉〈부인(여성)-기타 임신 및

출산 관련 문제〉수태 산물이 자궁관 깔때기를 통해 복강으로 밀려나거나 자궁관의 파열로 인해 배출되어 일어나는 유산. 자궁관 임신으로 인해 발생한다. ¶자궁관 유산이 진단되면 태아를 제거하는 치료를 진행해야 합니다.

자궁관^임신(子宮管妊娠)[ ][**명구**]《의학》〈임부 산모〉〈부인(여성)-임신과 관련된 질환〉자궁관 안에 일어난 자궁 외 임신. 즉 자궁관 안에 주머니배가 착상되고 발생하는 상태를 말한다.

자궁^근종(子宮筋腫)[ ][**명구**]《의학》〈여성 일반〉〈부인(여성)-부인과(산부인과) 질환〉자궁의 민무늬근에서 생기는 양성 종양. 난소 기능과 밀접한 관련이 있어서 폐경기가 되면 줄어든다. 자궁 출혈, 동통, 인접 장기의 압박감 따위의 증상이 나타난다.〈유〉자궁^섬유종(子宮纖維腫)「001」(동의어), 자궁살-혹(子宮살혹)「001」(동의어) ¶넥스피어는 간암과 자궁 근종 치료에 사용되는 혈관 색전 미립구다.

자궁^근종^절개(子宮筋腫切開)[ ][**명구**]《의학》〈여성 일반〉〈부인(여성)-부인과(산부인과) 질환〉자궁의 실질성 종양 제거를 위하여 자궁을 절개하는 일.〈유〉자궁^근종^절개술(子宮筋腫切開術)「001」(〈유〉)

자궁^근종^절개술(子宮筋腫切開術)[ ][**명구**]《의학》〈여성 일반〉〈부인(여성)-부인과(산부인과) 질환〉자궁의 실질성 종양 제거를 위하여 자궁을 절개하는 수술.〈유〉자궁^근종^절개(子宮筋腫切開)「001」(〈유〉) ¶자궁 근종 절제술을 받은 후 임신을 계획하는 여성들의 가장 큰 관심사는 임신 가능성일 것이다.

자궁^근종^절제(子宮筋腫切除)[ ][**명구**]《의학》〈여성 일반〉〈부인(여성)-부인과(산부인과) 질환〉자궁의 실질성 종양을 제거하는 일.〈유〉자궁^근종^절제술(子宮筋腫切除術)「001」(〈유〉)

자궁^근종^절제술(子宮筋腫切除術)[ ][**명구**]《의학》〈여성 일반〉〈부인(여성)-부인과(산부인과) 질환〉자궁의 실질성 종양을 제거하는 수술.〈유〉자궁^근종^절제(子宮筋腫切除)「001」(〈유〉) ¶치료 방법으로는 'GnRH 작용제', '프로게스테론 길항제' 등 성호르몬을 조절하는 약물 치료와 자궁 동맥 색전술, 자궁 근종 절제술, 자궁 절제술 등 시술·수술적 치료를 시행할 수 있다.

자궁^내막^간질성^육종 (子宮內膜間質性肉腫)[ ] **명구** 《의학》〈여성 일반〉〈부인(여성)-부인과(산부인과) 질환〉자궁 내막 기질의 악성 종양. 가끔 자궁 근층을 침범한다. 정상 자궁 내막 기질 세포와 유사하게 보이며, 저등급 악성과 고등급 악성이 있다. 주 증상은 이상 자궁 출혈, 주기적 부정 자궁 출혈 및 복부 통증 따위가 있다. 〈유〉자궁^내막^기질^육종(子宮內膜基質肉腫) 「001」(동의어) ¶자궁 내막 간질성 육종은 보통 자궁 저부에서 생기는 자궁 내막 간질의 담색 폴립양 육성의 악성 종양으로 주로 45~50세 여성에게 자라 나기도 하는데, 대부분의 병변이 노란색을 띠는 특징이 있다.

자궁^내막^과다^형성 (子宮內膜過多形成)[ ] **명구** 《의학》〈여성 일반〉〈부인(여성)-부인과(산부인과) 질환〉자궁 속막 샘이 증식되어 그 두께가 두꺼워진 것. 대개 고에스트로겐 혈증이 그 원인이다. 단순 증식, 복합 증식 또는 비정형 복합 자궁 내막 증식의 세 유형이 있다.

자궁^내막^근육층염 (子宮內膜筋肉層炎)[ ] **명구** 《의학》〈여성 일반〉〈부인(여성)-부인과(산부인과) 질환〉자궁 내막의 염증과 함께 자궁 근육에도 함께 염증이 있는 상태.

자궁^내막^기질^육종 (子宮內膜基質肉腫)[ ] **명구** 《의학》〈여성 일반〉〈부인(여성)-부인과(산부인과) 질환〉자궁 내막 기질의 악성 종양. 가끔 자궁 근층을 침범한다. 정상 자궁 내막 기질 세포와 유사하게 보이며, 저등급 악성과 고등급 악성이 있다. 주 증상은 이상 자궁 출혈, 주기적 부정 자궁 출혈 및 복부 통증 따위가 있다. 〈유〉자궁^내막^간질성^육종(子宮內膜間質性肉腫) 「001」(동의어) ¶국내에서는 자궁 내막 기질 육종의 유병률이 매우 낮고 전체 자궁 육종 중에서도 0.2~1%를 차지하는 것으로 알려져 있다.

자궁^내막낭 (子宮內膜囊)[ ] **명구** 《의학》〈여성 일반〉〈부인(여성)-부인과(산부인과) 질환〉자궁 내막에 생긴 낭포성 용종. 자궁 내막증이 있는 환자에게서

자주 발병한다. 〈유〉자궁^내막^물혹(子宮內膜물혹)「001」(동의어)

자궁^내막^모양^암종 (子宮內膜模樣癌腫)[ ]〔**명구**〕《의학》〈여성 일반〉〈부인(여성)-부인과(산부인과) 질환〉자궁 내막 샘암종을 닮은 난소 또는 전립샘의 샘암종. ¶특히나 난소 암 중에서 투명 세포 암종이나 자궁 내막 모양 암종의 위험성을 상대적으로 증가시키는 것으로 알려져 있다.

자궁^내막암 (子宮內膜癌)[ ]〔**명구**〕《의학》〈여성 일반〉〈부인(여성)-암(종양) 관련 질환〉자궁 내강의 표면을 덮고 있는 내막 상피 세포로부터 발생되는 악성 질환. ¶자궁 내막암의 경우 여성 호르몬을 뜻하는 에스트로겐의 과자극이 주된 원인으로 작용한다.

자궁^내막증 (子宮內膜症)[ ]〔**명구**〕《의학》〈여성 일반〉〈부인(여성)-부인과(산부인과) 질환〉여러 가지 세균 감염에 의하여 자궁 속막 조직이 본디 있을 부위가 아닌 곳에서 발육하고 증식하는 일. 난소를 비롯하여 자궁 주변의 장기에서 많이 볼 수 있다. 자궁 근층에 생긴 것은 심한 월경통을 되풀이하며 난소에 생긴 것은 주로 난소 혈종을 이룬다. ¶자궁 내막증은 월경통, 생리불순, 난임, 조기 유산 등으로 이어질 수도 있다.

자궁^내막^증식증 (子宮內膜增殖症)[ ]〔**명구**〕《의학》〈여성 일반〉〈부인(여성)-부인과(산부인과) 질환〉자궁 내막샘의 수가 증가하여 자궁 내막이 두꺼워지는 것. 이형성이 동반되면 자궁 내막암으로 진행할 수 있다. ¶만약 생리혈에서 비정상적인 냄새가 나거나 색이 갈색, 회색에 가까운 경우 감염이 아닌지 자궁내막증식증 치료 진단을 받을 필요가 있었다.

자궁^내외^임신 (子宮內外妊娠)[ ]〔**명구**〕《의학》〈임부 산모〉〈부인(여성)-임신과 관련된 질환〉자궁 내 임신과 자궁 외 임신이 동시에 이루어지는 상태. 〈유〉겸한^임신(兼한妊娠)「001」(동의어)

자궁목^임신 (子宮목妊娠)[ ]〔**명구**〕《의학》〈임부 산모〉〈부인(여성)-임신과 관련된 질환〉수정란이 자궁목에 착상된 자궁 외 임신. 〈유〉자궁^경부^임신(子宮頸部妊娠)「001」(〈유〉)

자궁^밖^임신(子宮밖妊娠)〔 〕**명구**《의학》〈임부 산모〉〈부인(여성)-임신과 관련된 질환〉수정된 난자가 자궁안 이외의 부위에 착상하여 발육하는 비정상적 임신. 일어나는 위치는 난관, 난소, 복막, 자궁 목관 따위가 있으나 난관임신이 대부분이다. 임신 초기에 유산이나 난관 파열을 일으켜 격심한 하복통과 함께 많은 출혈이 따른다.〈유〉딴곳^임신(딴곳妊娠)「001」(동의어), 자궁^외^임신(子宮外妊娠)「001」(동의어) ¶자궁 밖 임신은 태아가 자궁 외부주로 나팔관에서 자라는 상태를 말한다.

자궁^배안^임신(子宮배안妊娠)〔 〕**명구**《의학》〈임부 산모〉〈부인(여성)-임신과 관련된 질환〉태아가 일차적으로 자궁 내에서 발육하다가 자궁 파열로 인하여 배안에서 발육하는 상태.〈유〉자궁^복강^임신(子宮腹腔妊娠)「001」(동의어)

자궁^복강^임신(子宮腹腔妊娠)〔 〕**명구**《의학》〈임부 산모〉〈부인(여성)-임신과 관련된 질환〉태아가 일차적으로 자궁 내에서 발육하다가 자궁 파열로 인하여 배안에서 발육하는 상태.〈유〉자궁^배안^임신(子宮배안妊娠)「001」(동의어)

자궁^선근증(子宮腺筋症)〔 〕**명구**《의학》〈여성 일반〉〈부인(여성)-부인과(산부인과) 질환〉자궁 근육 내로 자궁 속막샘이 침윤한 것. 월경 주기에 따라 출혈을 동반하기도 한다. ¶자궁선근증은 비정상적인 자궁내막 조직에 의해자궁의 크기가 커지는 질환이다.

자궁^외^임신(子宮外妊娠)〔 〕**명구**《의학》〈임부 산모〉〈부인(여성)-임신과 관련된 질환〉수정된 난자가 자궁안 이외의 부위에 착상하여 발육하는 비정상적 임신. 일어나는 위치는 난관, 난소, 복막, 자궁 목관 따위가 있으나 난관임신이 대부분이다. 임신 초기에 유산이나 난관 파열을 일으켜 격심한 하복통과 함께 많은 출혈이 따른다.〈유〉딴곳^임신(딴곳妊娠)「001」(동의어), 자궁^밖^임신(子宮밖妊娠)「001」(동의어) ¶자궁 외 임신의 착상 위치는 자궁내의 비정상적인 위치일 수도 있고, 자궁이 아닌 다른 곳일 수도 있다.

자궁^월경통 (子宮月經痛) [ ] 명구 《의학》〈여성 일반〉〈부인(여성)-부인과(산부인과) 질환〉자궁의 병으로 인한 이차 월경통.

자궁^출혈 (子宮出血) [ ] 명구 《의학》〈여성 일반〉〈부인(여성)-부인과(산부인과) 질환〉월경이나 출산 때의 출혈이 아니고 병적으로 일어나는 출혈. 난소 기능의 이상에 따른 기능 출혈과 자궁의 염증이나 종양에 따른 기질 출혈이 있다. ¶자궁출혈이 발생했을 때는 신중항 진단과 적절한 치료가 필수적이다.

자근거리다 ( ) [자근거리다] 동 〈기타〉〈통증 일반〉(몸이나 머리가) 자꾸 가볍게 쑤시듯 아프다. 〈유〉자근대다, 자근자근하다 〈참〉지근거리다, 자끈거리다 ¶하루 종일 쉬지도 못하고 일을 했더니 뼈마디가 자근거린다.

자근대다 ( ) [자근대다] 동 〈기타〉〈통증 일반〉(몸이나 머리가) 자꾸 가볍게 쑤시듯 아프다. 〈유〉자근거리다, 자근자근하다 〈참〉지근대다, 자끈대다

자근자근 ( ) [자근자근] 부 〈기타〉〈통증 일반〉머리가 자꾸 가볍게 쑤시듯 아픈 모양. ¶머리가 자근자근 쑤시다.

자근자근하다 ( ) [자근자근하다] 동 〈기타〉〈통증 일반〉(몸이나 머리가) 자꾸 가볍게 쑤시듯 아프다. 〈유〉자근거리다, 자근대다 〈참〉지근지근하다, 자끈자끈하다

자기^낙태 (自己落胎) [ ] 명구 《의학》〈임부 산모〉〈부인(여성)-기타 임신 및 출산 관련 문제〉병원이 아닌 곳에서 임부 자신이 개인적으로 약물을 복용하거나 기타 인위적인 방법으로 낙태하는 일.

자기애^인격^장애 (自己愛人格障礙) [ ] 명구 《심리》〈여성 일반〉〈부인(여성)-정신 건강 및 신경정신과 질환〉성인에게 나타나며 자기중심적 특성, 자만, 타인에 대한 동정심의 결핍, 과시욕 따위의 여러 증상을 보이는 장애. 〈유〉자기애적^인격^장애(自己愛的人格障礙) 「001」(동의어)

자기애적^인격^장애 (自己愛的人格障礙) [ ] 명구 《심리》〈여성 일반〉〈부인(여성)-정신 건강 및 신경정신과 질환〉성인에게 나타나며 자기중심적 특성, 자

만, 타인에 대한 동정심의 결핍, 과시욕 따위의 여러 증상을 보이는 장애.〈유〉자기애^인격^장애(自己愛人格障礙)「001」(동의어)

자끈거리다( )[자끈거리다]〔동〕〈기타〉〈통증 일반〉(몸이나 머리가) 몹시 아프고 자꾸 쑤시다.〈유〉자끈자끈하다, 자끈대다 〈참〉자근거리다, 지끈거리다

자끈대다( )[자끈대다]〔동〕〈기타〉〈통증 일반〉(몸이나 머리가) 자꾸 몹시 쑤시듯 아프다.〈유〉자끈자끈하다, 자끈거리다 〈참〉자근대다, 지끈대다

자끈자끈( )[자끈자끈]〔부〕〈기타〉〈통증 일반〉머리가 자꾸 가볍게 쑤시듯 아픈 모양. '자근자근'보다 센 느낌을 준다. ¶머리가 자끈자끈 쑤시다.

자끈자끈하다( )[자끈자끈하다]〔동〕〈기타〉〈통증 일반〉(몸이나 머리가) 자꾸 몹시 쑤시듯 아프다.〈유〉자끈거리다, 자끈대다 〈참〉자근자근하다, 지끈지끈하다

자르르하다( )[자르르하다]〔형〕〈기타〉〈통증 일반〉(뼈마디나 몸의 일부 또는 마음이) 자릿한 느낌이 있다.〈참〉지르르하다, 짜르르하다 ¶날씨가 안 좋고 비가 오면 팔다리가 자르르한다.

자리다( )[자리다]〔형〕〈기타〉〈통증 일반〉(뼈마디나 몸의 일부가) 오래 눌려 움직이기 거북하고 감각이 둔하다.〈참〉저리다

자리자리하다( )[자리자리하다]〔형〕〈기타〉〈통증 일반〉(팔다리가) 피가 잘 돌지 못하여 감각이 둔하고 아리다.〈참〉저리저리하다 ¶팔베개를 하고 있었던 팔이 자리자리하다.

자릿자릿하다( )[자릳짜리타다]〔형〕〈기타〉〈통증 일반〉(몸이) 피가 잘 돌지 못하여 감각이 무디고 자꾸 아린 느낌이 있다.〈참〉저릿저릿하다, 짜릿짜릿하다

자릿하다( )[자리타다]〔형〕〈기타〉〈통증 일반〉(몸이나 몸의 일부가) 피가 잘 돌지 못하거나 전기가 통해서 조금 감각이 무디고 아린 느낌이 있다.〈참〉저릿하다, 짜릿하다 ¶언 손을 따뜻한 물에 담그니 손끝이 자릿하다.

자살(自殺)[자살]〔명〕〈청소년〉〈청소년-정신 건강 및 신경정신과 질환〉스스로

자기의 목숨을 끊음. ¶자살을 기도하다.

자연^또는^유도^유산(自然또는誘導流産)[ ] **명구**《의학》〈임부 산모〉〈부인(여성)-기타 임신 및 출산 관련 문제〉배아나 태아가 생존력을 가지기 전에 자궁에서 빠져나오는 현상. 대개 임신한 지 20주째 되는 때나 태아의 무게가 500그램 미만인 경우에 나타난다. 자연적으로 일어나거나 인공적으로 유도할 수 있다.〈유〉자연^또는^유발^유산(自然또는誘發流産)「001」(동의어)

자연^면역(自然免疫)[ ] **명구**《의학》〈소아 아동〉〈소아 피부병-홍역〉모체로부터 선천적으로 받은 면역. 이것 때문에 생후 6개월까지 신생아는 천연두나 홍역에 잘 걸리지 않는다. ¶미국 조지아대 연구팀은 『네이처 리뷰 미생물(NaturE Reviewa Microbiology)』최신호에서 최근의 백일해에 대해 자연 면역과 백신 유래 면역의 지속 기간, 백신의 감염병 예방 능력, 세균의 진화가 백신 면역 회피에 미치는 영향 등을 둘러싼 논란이 있다고 소개했습니다.

자연^분만(自然分娩)[ ] **명구**《의학》〈임부 산모〉〈부인(여성)-출산 및 산후 관련 질환〉제왕 절개 수술 따위의 인공적인 도움 없이 임산부의 자연적인 분만력에 의하여 이루어지는 출산.〈참〉인공^분만(人工分娩)「001」(대립어) ¶예정 시간이 그쯤 되니까 자연 분만으로 그 시간 안에 낳도록 해 보자고 산모를 설득시켰죠.

자연^유산(自然流産)[ ] **명구**《의학》〈임부 산모〉〈부인(여성)-기타 임신 및 출산 관련 문제〉태아나 모체에 문제가 있어서 저절로 이루어지는 유산.〈참〉인공^유산(人工流産)「001」(대립어), 인공^임신^중절(人工妊娠中絶)「001」(대립어), 임신^중절(妊娠中絶)「001」(대립어), 임신^중절^수술(妊娠中絶手術)「001」(대립어), 중절(中絶)「005」(대립어) ¶어렵게 임신했는데 임신 초기에 자연유산 겪게된다.

자통(刺痛)[자:통] **명**〈기타〉〈통증 일반〉찌르는 것 같은 아픔.

자폐^스펙트럼^장애(自閉spectrum障礙)[ ] **명구**《의학》〈청소년〉〈청소년-정신건강 및 신경정신과 질환〉같은 또래에 비하여 사회적 상호 작용이나 의사

소통 기술의 발달이 정상적으로 이루어지지 않는 장애. 자폐증, 아스퍼거 장애, 소아기 붕괴성 장애 등이 있다.〈유〉ASD

자해(自害)[자해]**명**〈청소년〉〈청소년-정신 건강 및 신경정신과 질환〉자기 몸을 스스로 다치게 함. ¶자기 손에 자해를 가하다.

작열통(灼熱痛)[장녈통]**명**《의학》〈기타〉〈통증 일반〉상처를 입은 곳이 불에 타는 듯이 따갑고 아픈 통증. ¶제2형인 작열통(causalgia)은 말초 신경 손상 후에 발생하는 지역성 통증 증후군을 말한다. / 흔히 일어나는 감각 장애로 는 저린감, 통각, 작열통 혹은 압통 등이 있다.

작은-마마(작은媽媽)[자근마마]**명**〈소아 아동〉〈소아 피부병-수두〉'수두01'를 일상적으로 이르는 말.

작은심장-증(작은心臟症)[자근심장쯩]**명**《의학》〈영유아〉〈심장 질환〉심장이 정상보다 작은 상태. 태아 때의 심장 발육 장애가 원인으로 발육 부진, 활동 장애가 따른다. ¶나는 작은심장증으로 태어났다.

작은유방-증(작은乳房症)[자근뉴방쯩]**명**《의학》〈여성 일반〉〈부인(여성)-유 방 질환〉유방이 작은 증상.〈유〉소유방-증(小乳房症)「001」(동의어)

작은^판^유사^건선(작은板類似乾癬)[ ]**명구**《의학》〈여성 일반〉〈부인(여성)- 피부 및 모발 질환〉원형이나 난원형의 분리된 반이나 판의 형태로 나타나 며, 비교적 양성의 경과를 보이는 유사 건선의 하나.〈유〉손가락^모양^피부 염(손가락模樣皮膚炎)「001」(동의어), 지속^피부^황홍색증(持續皮膚黃紅色 症)「001」(동의어)

잘록창자^크론병(잘록창자crohn病)[ ]**명구**《의학》〈여성 일반〉〈부인(여성)-감 각 기관(면역 및 자가 면역)〉잘록창자에 나타나는 원인 불명의 만성 염증성 창자병. 염증이 장벽 전층을 침범한다. 입에서 항문까지 위장관 어느 부위 에나 나타날 수 있으나, 가장 흔한 부위는 말단 돌창자이다. 설사와 체중 감 소, 복부 압통 따위의 증상이 나타난다.〈유〉잘록창자^국한^창자염(잘록창 자局限창자炎)「001」(동의어)

잘리다 ( )[잘리다]**동**〈기타〉〈통증 일반〉(물체가) 날카로운 연장 따위로 베여 동강이 나거나 끊어지다. ¶그 긴 머리카락이 가위로 싹둑 잘렸다.

잠-투정 ( )[잠투정]**명**〈영유아/소아 아동〉〈신생아_추가〉어린아이가 잠을 자려고 할 때나 잠이 깨었을 때 떼를 쓰며 우는 짓. ¶잠투정을 부리다. / 선잠을 깨어 잠투정으로 찜부럭을 부리는가 하였다.

잠투정-하다 ( )[잠투정하다]**동**〈영유아/소아 아동〉〈신생아_추가〉어린아이가 잠을 자려고 할 때나 잠이 깨었을 때 떼를 쓰며 울다. ¶어린아이가 잠들기 전에 징징거리며 잠투정한다.

장겹침-증(腸겹침症)[장ː겹침쯩]**명**《의학》〈영유아〉〈위장병〉창자관의 일부가 그것에 이어지는 창자 안으로 빠져 듦으로써 막힘을 일으키는 병. 돌창자와 잘록창자에 잘 생기고 영아에게 많이 나타난다. 발작성 구토와 복통, 점혈변(粘血便) 따위가 일어난다.〈유〉장중첩증, 창자겹침증

장마 관절염(장마關節炎)[ ]**명구**《의학》〈노인 일반〉〈노인-근골격계 및 정형외과 질환〉장마철에 증상이 심하게 나타나는 관절염. 의학적으로 증명된 바는 없으나, 장마철에 접어들면 기압이 낮아지고 습도가 높아져 통증을 유발한다고 알려져 있다. ¶평상시에는 무릎 통증이 그런대로 버틸 만하다가도 장마철만 되면 콕콕 쑤시고 아려서 밤잠을 설치곤 한다. 이른바 장마 관절염이다. 장마 관절염을 잘 이기기 위해서는 빛이 날 때 장생 보법으로 가벼운 산책을 하거나, 비가 올 때에는 실내에서 가벼운 운동을 해 주는 것이 좋다.

장미-여드름(薔薇여드름)[장미여드름]**명**《의학》〈여성 일반〉〈부인(여성)-피부 및 모발 질환〉코, 앞이마, 볼 부분의 피부를 침범하는 만성 질환. 모세 혈관의 확장에 의하여 적색을 띠며, 구진이나 좌창과 비슷한 고름 주머니가 나타난다. 특히 남자에서 딸기코 형태와 깊이 위치한 구진, 고름 물집 형태의 광범위한 피지샘 증식에 이르기까지 다양한 증상을 보인다.〈유〉빨간ᆞ코「001」(동의어), 장미-증(薔薇症)「001」(동의어)

장방광-류(腸膀胱瘤)[장ː방광뉴]**명**《의학》〈여성 일반〉〈부인(여성)-부인과

(산부인과) 질환〉방광과 장이 동시에 탈출하는 증상. 〈유〉창자^방광^탈출증(창자膀胱脫出症)「001」(동의어) ¶CT는 장방광루가 의심될 때 주요 영상 촬영 방법이다.

장염(腸炎)[장:념] **명**《의학》〈기타 공통〉〈위장병〉창자의 점막이나 근질(筋質)에 생기는 염증. ¶고열과 함께 설사를 하고 심한 경우 구토까지 하는 등 바이러스성 장염 증세를 보이고 있다는 것이다.

장중적증(腸重積症)[장:중적쯩] **명**《의학》〈소아 아동〉〈위장병〉장관(腸管)의 일부가 그에 이어지는 장관 속으로 빠져서 장관이 막히고 혈액의 순환이 방해받는 상태. 어린아이들에게 많이 나타나며, 구토와 복통 따위가 일어난다.

장-티푸스(腸typhus)[장티푸쓰] **명**《의학》〈청소년〉〈청소년-감염병 및 전염병〉티푸스균이 창자에 들어가 일으키는 급성 법정 감염병. 경구 감염에 의하여 1~2주의 잠복기 후에 발병한다. 특유의 열 형태를 보이며 발열, 설사, 지라 비대, 창자 출혈, 뇌 증상, 발진 따위의 증상을 나타낸다. 〈유〉장질부사 ¶1879년 독일 출신 병리학자 카를 에베르트가 장티푸스로 사망한 환자의 비장과 장간막 림프샘(임파선)에서 막대 모양의 세균을 발견하고 이듬해 그 결과를 발표했다.

잦은^월경^과다증(잦은月經過多症)[ ] **명구**《의학》〈여성 일반〉〈부인(여성)-부인과(산부인과) 질환〉월경의 횟수가 비정상적으로 잦고 출혈량도 많은 상태. 〈유〉다발^과다^월경(多發過多月經)「001」(동의어), 다발^월경^과다(多發月經過多)「001」(동의어)

잦은^월경^과소증(잦은月經過少症)[ ] **명구**《의학》〈여성 일반〉〈부인(여성)-부인과(산부인과) 질환〉비정상적으로 월경의 횟수가 많고 출혈량이 적은 상태. 〈유〉과소^다발^월경(過少多發月經)「001」(〈유〉), 과소^잦은^월경(過少잦은月經)「001」(동의어), 다발^과소^월경(多發過少月經)「001」(동의어)

재발^유산(再發流産)[ ] **명구**《의학》〈임부 산모〉〈부인(여성)-기타 임신 및 출산 관련 문제〉20주 이내에 유산하는 것을 세 번 이상 반복하는 일. ¶재발 유산을 일으키는 위험 요인.

재통 (再痛)[재 :통-] 명 《한의》〈기타〉〈통증 일반〉나았던 병이 다시 도져서 앓는 일.

재통하다 (再痛하다)[재 :통하다] 동 《한의》〈기타〉〈통증 일반〉나았던 병이 다시 도져서 앓다.

저등급^자궁^내막^간질성^육종 (低等級子宮內膜間質性肉腫)[ ] 명구 《의학》〈여성 일반〉〈부인(여성)-부인과(산부인과) 질환〉자궁 근층에 생기는 악성 종양. 비정상 자궁 출혈과 복부 통증, 자궁 비대 따위의 증상이 나타난다.

저리다 ( )[저리다] 형/동 〈기타〉〈통증 일반〉(근육이나 뼈마디가) 오래 눌리거나 추위로 인해 피가 잘 통하지 못하여, 감각이 둔하고 아리며 움직이기가 거북하다. / (근육이나 뼈마디가) 오래 눌리거나 추위로 인해 피가 잘 통하지 못하여, 감각이 둔하고 아리며 움직이기가 거북한 느낌이 들다. ¶나는 수갑을 찬 채로 고개를 푹 숙이고 앉아 있으면서도, 다리가 저리고 아파서 몸을 자주 뒤틀면서 자세를 바로잡곤 하였다. / 두 팔로 온몸을 지탱하고 있다. 손가락 마디가 저린다.

저리저리하다 ( )[저리저리하다] 형 〈기타〉〈통증 일반〉(살이나 뼈마디가) 피가 잘 돌지 못하여 감각이 둔하고 자꾸 몹시 아리다. 〈참〉자리자리하다 ¶무릎을 꿇고 앉아 있었더니 다리가 저리저리해.

저린감 (저린感)[저린감] 명 《의학》〈기타〉〈통증 일반〉몸이 부분적으로 감각이 없어지는 증상.

저릿저릿하다 ( )[저릳쩌리타다] 형 〈기타〉〈통증 일반〉(몸이나 몸의 일부가) 피가 잘 돌지 못하여 몹시 감각이 무디고 자꾸 세게 아린 느낌이 있다. 〈참〉쩌릿쩌릿하다, 자릿자릿하다 ¶저이는 특별히 아픈 데도 없는데 늘 손목 발목이 저릿저릿하답니다.

저릿하다 ( )[저리타다][형]〈기타〉〈통증 일반〉(몸이나 몸의 일부가) 피가 잘 돌
지 못하거나 전기가 통하여 감각이 무디고 아린 느낌이 있다. 〈참〉쩌릿하
다, 자릿하다 ¶어제 과로를 했는지 온몸이 나른하고 저릿하다.

저신장증(低腎臟症)[저신장쯩][명]《의학》〈소아 아동/청소년〉〈청소년-성장
및 발달 관련 질환〉나이에 맞지 않게 성장의 지연이 있는 경우, 또래에 비하
여 신장의 발육이 지연되어, 같은 연령과 성별을 가진 소아의 정상 성장 곡
선에서 100명 중 앞에서 3번째 미만인 작은 신장을 가진 경우.

저혈압(低血壓)[저ː혀랍][명]《의학》〈청소년〉〈청소년-심혈관계 질환〉혈압이
정상 수치보다 낮은 증상. 최저 혈압이 60mmHg에 미치지 아니하는 경우
이다. 의학적으로는 혈압이 낮아서 동맥피가 충분히 장기(臟器)로 순환되
기 어려운 상태를 이른다. 피로감, 나른함, 두통, 어깨 결림 따위가 나타난
다.

적랭복통(積冷腹痛)[정냉복통][명]《한의》〈기타〉〈통증 일반〉배 속에 찬 기운
이 몰려 배가 찌르듯이 아픈 증상.

적응^장애(適應障礙)[ ][명구]《심리》〈여성 일반〉〈부인(여성)-정신 건강 및 신
경정신과 질환〉큰 스트레스나 충격을 받은 후 3개월 이내에 정서적으로나
행동적으로 나타나는 부적응 반응 상태. 우울증, 불안증, 수면 장애 따위와
같은 증상이 나타난다. ¶가장 큰 도움을 주고받아야 할 주변 친구로부터 따
돌림을 당해 심각한 적응 장애에 빠지는가 하면 반대로 자신의 즐거움을 위
해 망설임 없이 타인을 괴롭히기도 한다. / 암 진단 시 환자들은 질병을 받
아들이는 과정에서 적응 장애, 불면증, 불안증, 우울감 등을 많이 경험한다.

적창(赤瘡)[적창][명]《한의》〈영유아/소아 아동〉〈소아 피부병-홍역〉'홍역'을
한방에서 이르는 말.

전립샘 비대증(前立샘肥大症)[ ][명구]《의학》〈노인 일반〉〈노인-신장 및 비뇨기
계 질환/노인-암(종양) 관련 질환〉전립샘이 병적으로 비대한 상태. 고령의
남자에게 많으며 전립샘암과 함께 일어나는 수도 있다. 빈뇨, 배뇨 곤란, 식

욕 부진 따위의 증상이 나타나며 진행하여 요독증, 요성 패혈증에 이르게 된다. ¶건강보험심사평가원에 따르면 전립샘비대증 환자는 2012년 약 89만 명에서 2021년 약 135만 명으로 10년간 34%가량 늘었다.

전립샘암(前立샘癌)[절립쌔맘]**명**《의학》〈노인 일반〉〈노인-신장 및 비뇨기계 질환/노인-암(종양) 관련 질환〉전립샘에 생기는 암종. 성호르몬의 균형이 무너지면서 발생하고 진행이 촉진되는 것으로 보이며 50세 이상의 남자에게 많다. 배뇨 장애, 콩팥 기능 장애, 신경통 따위가 생기며 뼈에 전이되기 쉽다.〈참〉전립선암 ¶노인이 증가하면서 대표적인 노인 암인 전립샘암 환자 증가세가 가파르다. / 가장 큰 폭으로 증가한 암은 전립샘암이다.

전립선 비대증(前立腺肥大症)[ ]**명구**《의학》〈노인 일반〉〈노인-신장 및 비뇨기계 질환〉'전립샘 비대증'의 전 용어. ¶전립선 비대증이 발병하는 가장 큰 원인은 기름진 육류 중심의 서구식 식단이지만, 가족력도 관련이 있는 것으로 알려져 있다.

전립선암(前立腺癌)[절립써남]**명**《의학》〈노인 일반〉〈노인-신장 및 비뇨기계 질환〉'전립샘암'의 전 용어.〈참〉전립샘암 ¶전립선암은 50대 이후 남성에게 많이 발병해 '아버지 암'으로 불리는 대표적인 남성 암이다. / 전립선암은 요도를 둘러싸듯이 존재하기 때문에 전립선암이 발생하면 그 증식에 의해 요도가 압박되면서 각종 증상이 나타납니다.

전신^고름^물집^건선(全身고름물집乾癬)[ ]**명구**《의학》〈여성 일반〉〈부인(여성)-피부 및 모발 질환〉기존에 건선이 있던 환자의 피부 전신에 고름 물집인 농포가 나타나는 건선의 한 유형. 감염을 포함한 여러 유발 요인으로 발생한다고 생각되고 있으며 전신 탈수, 저칼슘 혈증, 폐혈증 등의 심각한 부작용을 초래할 수 있다.

전신성^홍반성^루푸스(全身性紅斑性lupus)[ ]**명구**《의학》〈여성 일반〉〈부인(여성)-감각 기관(면역 및 자가 면역)〉자기 자신의 여러 기관에 면역 반응을 일으켜 정상 조직을 파괴하는 만성 자가 면역 질환. 종종 고열과 함께 피부,

관절, 신장, 장막 등 여러 기관을 침범한다. 관절염과 관절통, 신장염, 흉막염, 심막염, 백혈구 감소증, 혈소판 감소증, 용혈성 빈혈 등 다양한 질환을 보인다. ⇒ 규범 표기는 미확정이다. 〈유〉전신^홍반^루푸스(全身紅斑lupus)「001」(동의어), 전신^홍반성^루푸스(全身紅斑性lupus)「001」(동의어)

전신^홍반^루푸스(全身紅斑lupus)[ ]〔명구〕《의학》〈여성 일반/청소년〉〈부인(여성)-감각 기관(면역 및 자가 면역)/청소년-면역 및 자가 면역 질환〉자기 자신의 여러 기관에 면역 반응을 일으켜 정상 조직을 파괴하는 만성 자가 면역 질환. 종종 고열과 함께 피부, 관절, 신장, 장막 등 여러 기관을 침범한다. 관절염과 관절통, 신장염, 흉막염, 심막염, 백혈구 감소증, 혈소판 감소증, 용혈성 빈혈 등 다양한 질환을 보인다. ⇒ 규범 표기는 미확정이다.〈유〉전신^홍반성^루푸스(全身紅斑性lupus)「001」(동의어), 전신성^홍반성^루푸스(全身性紅斑性lupus)「001」(동의어), SLE

전신^홍반^루푸스^유사^증후군(全身紅斑lupus類似症候群)[ ]〔명구〕《의학》〈여성 일반〉〈부인(여성)-감각 기관(면역 및 자가 면역)〉전신 홍반 루푸스를 암시하는 증상이 있으나 이 병의 진단 기준에 해당하는 것은 없는 질환. 때로는 약물 유발 루푸스를 의미하는 데에도 사용된다. ⇒ 규범 표기는 미확정이다.

전신^홍반성^루푸스(全身紅斑性lupus)[ ]〔명구〕《의학》〈여성 일반〉〈부인(여성)-감각 기관(면역 및 자가 면역)〉자기 자신의 여러 기관에 면역 반응을 일으켜 정상 조직을 파괴하는 만성 자가 면역 질환. 종종 고열과 함께 피부, 관절, 신장, 장막 등 여러 기관을 침범한다. 관절염과 관절통, 신장염, 흉막염, 심막염, 백혈구 감소증, 혈소판 감소증, 용혈성 빈혈 등 다양한 질환을 보인다. ⇒ 규범 표기는 미확정이다. 〈유〉전신^홍반^루푸스(全身紅斑lupus)「001」(동의어), 전신성^홍반성^루푸스(全身性紅斑性lupus)「001」(동의어)

전염^고름^딱지증(傳染고름딱지症)[ ]〔명구〕《의학》〈소아 아동〉〈피부병〉포도

상 구균이나 연쇄상 구균의 감염으로 일어나는 피부의 염증. 여름철에 어린
이들에게 많이 생기는데, 온몸에 물집이 생기며 물집은 바로 터져 고름과
딱지가 생긴다. 〈유〉전염성농가진(傳染性膿痂疹)

전염^단핵구증(傳染單核球症)[ ]⟨명구⟩《의학》〈청소년〉〈청소년-감염병 및 전염
병〉바이러스 감염에 의한 급성 감염 질환. 말초 혈액의 비정형 림프구가 증
가하며 발열·인후통과 림프샘·지라의 비대를 일으킨다. 〈유〉EBV, 키스병

전염^물렁종(傳染물렁腫)[ ]⟨명구⟩《의학》〈소아 아동〉〈전염병일반〉살가죽에
밥알만 하게 돋은 군살. 주로 어린아이에게 많으며 전염된다.

전염성^간염(傳染性肝炎)[ ]⟨명구⟩《의학》〈소아 아동〉〈간염/간 질환〉에이형(A
型) 간염 바이러스의 경구 감염으로 일어나는 간염. 늦은 여름에 4~10세의
어린이에게 감염되며, 15~30일의 잠복기를 거쳐 식욕 부진, 발열, 황달, 간
비대, 복통 따위의 증상을 보인다. 집단적으로 발병하는 일도 있다.〈유〉유
행성 간염(流行性肝炎) ¶전격성 간염은 간 질환의 병력이 없는 건강한 사람
에게서 심한 간 기능 손상이 빠르게 발생하는 특징이 있습니다.

전염성^농가진(傳染性膿痂疹)[ ]⟨명구⟩《의학》〈소아 아동〉〈피부병〉포도상 구
균이나 연쇄상 구균의 감염으로 일어나는 피부의 염증. 여름철에 어린이들
에게 많이 생기는데, 온몸에 물집이 생기며 물집은 바로 터져 고름과 딱지
가 생긴다.〈유〉전염고름딱지증(傳染고름딱지症)

전염성^설사병(傳染性泄瀉病)[ ]⟨명구⟩《의학》〈소아 아동〉〈전염병일반〉'유아
전염 설사병'의 전 용어.

전염성^연속종(傳染性軟屬腫)[ ]⟨명구⟩《의학》〈소아 아동〉〈전염병일반〉살가죽
에 밥알만 하게 돋은 군살. 주로 어린아이에게 많으며 전염된다.

전유방^농양(前乳房膿瘍)[ ]⟨명구⟩《의학》〈여성 일반〉〈부인(여성)-유방 질환〉
젖샘을 덮고 있는 피하 조직의 농양.〈유〉유방^앞^고름집(乳房앞고름집)
「001」(〈유〉)

전자간-증(前子癎症)[전자간쯩]⟨명⟩《의학》〈임부 산모〉〈부인(여성)-임신과 관

런된 질환〉임신 후반에 일어나는 독소혈증. 혈압 상승, 부종(浮腫), 단백뇨 따위의 증상이 나타난다. 〈유〉자간전-증(子癎前症)「001」(동의어) ¶유전적인 요인, 과거 임신 중 전자간증의 경험, 비만, 고혈압의 역사 등이 주요 위험 요인으로 꼽힌다.

전정^위염(前庭胃炎)[ ][명구]《의학》〈여성 일반〉〈부인(여성)-소화기 질환〉위(胃)의 유문동이나 원위부가 비정상적으로 좁아진 상태.

전정통(巔頂痛)[전정통]명《한의》〈기타〉〈통증 일반〉정수리가 몹시 아픈 증상.

절박성^요실금(切迫性尿失禁)[ ][명구]《의학》〈여성 일반〉〈부인(여성)-부인과(산부인과) 질환〉소변을 보고 싶은 강한 욕구 때문에 본의 아니게 무의식적으로 방광 배뇨근이 수축되어 소변이 새는 현상. 〈유〉긴박성^실금(緊迫性失禁)「001」(〈유〉), 절박^새기증(切迫새기症)「001」(동의어), 절박^요실금(切迫尿失禁)「001」(동의어), 절박^찔끔증(切迫찔끔症)「001」(동의어) ¶절박성 요실금은 방광 근육의 긴장을 풀어 주는 약물을 사용하고 복압성 요실금은 요도 괄약근을 조여 주는 약물이 사용된다. / 소변을 참을 수 없어 화장실 가는 도중이나 미처 속옷을 내리기도 전에 소변이 흘러나오는 절박성 요실금도 있다.

절박^요실금(切迫尿失禁)[ ][명구]《의학》〈여성 일반〉〈부인(여성)-부인과(산부인과) 질환〉소변을 보고 싶은 강한 욕구 때문에 본의 아니게 무의식적으로 방광 배뇨근이 수축되어 소변이 새는 현상. 〈유〉긴박성^실금(緊迫性失禁)「001」(〈유〉), 절박^새기증(切迫새기症)「001」(동의어), 절박^찔끔증(切迫찔끔症)「001」(동의어), 절박성^요실금(切迫性尿失禁)「001」(동의어)

절박-유산(切迫流産)[절방뉴산]명《의학》〈임부 산모〉〈부인(여성)-기타 임신 및 출산 관련 문제〉유산이 갓 시작되었을 때 자궁 구멍이 그다지 열리지 않은 초기 상태. 적은 양의 출혈과 혈성 대하(血性帶下)가 있고 하복부의 통증과 압박감이 나타난다. 빨리 치료하면 유산을 막을 수 있다. ¶안정이 필요한 상태라 절박유산을 판정받고 회사에 진단서를 제출 후 병가로 쉬게 되었다.

점막-진(粘膜疹)[점막찐]명《의학》〈영유아/소아 아동〉〈소아 피부병-홍역〉 점막에 생기는 발진. 홍역 초기에 입천장에 나는 붉은 반점 같은 것이 이에 속한다. ¶주 증상으로는 발열, 콧물, 결막염, 홍반성 반점, 구진이 복합적으로 나타나며 질병 특유의 점막진을 특징으로 한다.

접힘부^건선(접힘部乾癬)[ ]명구《의학》〈여성 일반〉〈부인(여성)-피부 및 모발 질환〉피부가 접히는 부위에 발생하는 건선. 다른 부위의 건선과 임상적인 양상이 약간 다르며 치료하기가 까다롭다.〈유〉간찰부^건선(間擦部乾癬) 「001」(동의어)

정년-병(停年病)[정년뼝]명《의학》〈노인 일반〉〈노인-정신 건강 및 신경정신과 질환〉정년퇴직자에게 일어나는 신경증 증상. 오랜 세월의 봉급생활에서 은퇴한 뒤 장래에 대한 불안이나 정신적·육체적 해이 따위로 나타난다.

정당^유산(正當流産)[ ]명구《의학》〈임부 산모〉〈부인(여성)-기타 임신 및 출산 관련 문제〉모체의 건강을 위하여 시행하는 인공 유산.

정두통(正頭痛)[정:두통]명《한의》〈기타〉〈통증 일반〉두통의 하나. 머리 전반이 아픈 것을 말한다. 『동의보감(東醫寶鑑)』에 정두통은 수족육양경맥(手足六陽經脈)과 궐음경맥(厥陰經脈)·독맥(督脈)·소음경(少陰經)에 병이 있을 때 생긴다. 머리가 치받치는 것같이 아프고 눈이 빠지는 것 같으며 목덜미가 빠지는 것 같은 통증이 있다.

정서^무월경(情緒無月經)[ ]명구《의학》〈여성 일반〉〈부인(여성)-부인과(산부인과) 질환〉강한 정서 장애로 발생하는 무월경.

정서^불안^장애(情緒不安障礙)[ ]명구《심리》〈여성 일반〉〈부인(여성)-정신 건강 및 신경정신과 질환〉정서 불안 때문에 일상생활이 원활하지 않거나 신체적 이상이 나타나는 상태. ¶김 교수는 정서 불안 장애나 틱 장애 등을 겪고 있는 것으로 의심되는 경우 아이에게 스트레스를 주는 것이 무엇인지

찾아내고 그것을 근본적으로 해결해 주도록 노력해야 한다며 과도한 학업
과 과외 활동을 줄여서 충분한 놀이 시간과 휴식 시간을 갖도록 도와주고
지나친 꾸중은 피하는 것이 좋다고 말한다. / 일부 주민은 수면제를 먹고 잠
을 청하거나 정서 불안 장애를 경험하는 등 정상적인 생활을 하기 어려울
정도이다.

정식통(停食痛)[정식통-]**명**《한의》〈기타〉〈통증 일반〉음식이 체하여 명치 밑
이 묵직하면서 아픈 증상.

정중 심장(正中心腸)[정중심장-]**명구**《의학》〈영유아〉〈심장 질환〉심장의 위치
가 흉곽의 중심부에 있는 상태. 이 위치는 태아 시기에는 정상적이나 출생
후에는 비정상적이다.〈유〉가운데 심장, 가운데 심장증, 정중 심장증(正中
心腸症

정중 심장증(正中心腸症)[정중심장쯩]**명구**《의학》〈영유아〉〈심장 질환〉심장
의 위치가 흉곽의 중심부에 있는 상태. 이 위치는 태아 시기에는 정상적이
나 출생 후에는 비정상적이다.〈유〉가운데 심장, 가운데 심장증, 정중 심장
(正中心腸

정진(疔疹)[정:진]**명**《한의》〈영유아/소아 아동〉〈소아 피부병-홍역〉'홍역'을
한방에서 이르는 말. ¶마진(疹證)에도 여러 가지가 있으나 이 마진만이 정
진(正疹)이라 했으나 그 병증이 올바른 것이 아니라 다른 유사 증상을 감별
하는 기준이 되기에 그렇게 이른 것이다.

정체^유방염(停滯乳房炎)[ ]**명구**《의학》〈여성 일반〉〈부인(여성)-유방 질환〉
임신 후기 동안과 수유 첫날에 젖이 정체되고 유방이 팽창하여 통증이 있는
상태.

젖병(젖病)[젇뼝]**명**〈기타〉〈통증 일반〉젖을 앓는 병을 통틀어 이르는
말.〈유〉젖앓이

젖분비^무월경(젖分泌無月經)[ ]**명구**《의학》〈여성 일반〉〈부인(여성)-부인과
(산부인과) 질환〉모유를 수유하는 동안 생리적으로 월경이 억제되는 현

상.〈유〉수유성^무월경(授乳性無月經)「001」(동의어)

젖샘밑^유방염(젖샘밑乳房炎)[ ]**명구**《의학》〈여성 일반〉〈부인(여성)-유방 질
환〉유선보다 깊이 있는 조직에 염증이 생긴 상태.〈유〉유방하^유방염(乳房
下乳房炎)「001」(동의어)

젖앓이( )[저자리]**명**〈기타〉〈통증 일반〉젖을 앓는 병을 통틀어 이르는
말.〈유〉젖병

제1도 무월경( )[ ]**명구**〈여성 일반〉〈부인(여성)-부인과(산부인과) 질환〉황체
호르몬의 투여로 감퇴 출혈이 보이는 것. ¶항에스트로겐 작용을 가지는 배
란유도제로 PCOS 나 제1도무월경등에 이용된다.

제2도 무월경( )[ ]**명구**〈여성 일반〉〈부인(여성)-부인과(산부인과) 질환〉난포
호르몬과 황체 호르몬의 투여에 의해 감퇴 출혈이 보이는 것. ¶제2도 무월
경의 원인은 중추성 또는 하수체성이다.

제-구실( )[제구실]**명**〈영유아/소아 아동〉〈소아 피부병-홍역〉어린아이들이
으레 치르는 홍역 따위를 속되게 이르는 말.

제구실-하다( )[제구실하다]**동**〈영유아/소아 아동〉〈소아 피부병-홍역〉(속되
게, 어린아이들이 으레) 홍역 따위를 치르다.

제너(Jenner, Edward)[ ]**명**《인명》〈소아 아동〉〈소아 피부병-천연두〉영국의
의사(1749~1823). 우두에 의한 천연두의 면역에 대하여 연구하여 1796년에
우두 종두법(種痘法)을 발명하였다. ¶천연두는 19세기 영국 의사인 에드워
드 제너(edwarD jenner)가 우두 접종법을 발견하기 전까지 대유행을 되풀
이하며 많은 사망자를 냈다.

제삼 심장음(第三心臟音)[ ]**명구**《의학》〈소아 아동/기타〉〈심장 질환〉방실판
의 개방으로 심방에서 심실로 혈액이 급격하게 유입될 때 거의 끝에 들리는
심장 소리. 아이와 젊은 사람들에게서 들리는 것은 정상이지만, 이 외의 사
람들에게서 들리면 비정상이다.〈유〉제삼 심음(第三心音)

제왕^절개(帝王切開)[ ]**명구**《의학》〈임부 산모〉〈부인(여성)-출산 및 산후 관

련 질환〉모체의 배를 가르고 인공적으로 태아를 꺼내는 수술. 산도가 열리지 않고 출혈이 심하거나 산모와 태아의 생명에 위험이 있는 경우에 행하며, 복식 제왕 절개 수술과 질식 제왕 절개 수술이 있다.〈유〉제왕^수술(帝王手術)「001」(동의어), 제왕^절개^수술(帝王切開手術)「001」(동의어), 제왕^절개술(帝王切開術)「001」(동의어) ¶자연 분만보다 제왕 절개로 태어난 아이들의 성격이 더 온순하며 주의 집중력도 높다는 연구 결과가 나왔다./ 제왕 절개가 아닌 정상 질 분만을 한 여성들이 출산 후 10년이 지난 후 요실금을 앓을 위험이 약 3배가량 높은 것으로 나타났다.

제왕^절개^분만 (帝王切開分娩)[ ]【명구】《의학》〈임부 산모〉〈부인(여성)-출산 및 산후 관련 질환〉복벽을 통해 자궁을 절개하여 인공적으로 성숙 태아를 만출하는 분만술.〈유〉복식^분만(腹式分娩)「001」(〈유〉) ¶어제 슬로우레터에서 제왕절개 분만 비율이 늘어나는 이유가 산모의 고령화 때문이라고 짧게 소개하고 넘어갔는데 설명이 부실했습니다.

제왕^절개^수술 (帝王切開手術)[ ]【명구】《의학》〈임부 산모〉〈부인(여성)-출산 및 산후 관련 질환〉모체의 배를 가르고 인공적으로 태아를 꺼내는 수술. 산도가 열리지 않고 출혈이 심하거나 산모와 태아의 생명에 위험이 있는 경우에 행하며, 복식 제왕 절개 수술과 질식 제왕 절개 수술이 있다.〈유〉제왕^수술(帝王手術)「001」(동의어), 제왕^절개(帝王切開)「001」(동의어), 제왕^절개술(帝王切開術)「001」(동의어) ¶코로나19 양성 판정을 받고 실신, 호흡 곤란 증세로 응급실에 실려 와 제왕 절개 수술로 출산한 40대 산모가 3주 만에 건강하게 퇴원했다.

제왕^절개술 (帝王切開術)[ ]【명구】《의학》〈임부 산모〉〈부인(여성)-출산 및 산후 관련 질환〉모체의 배를 가르고 인공적으로 태아를 꺼내는 수술. 산도가 열리지 않고 출혈이 심하거나 산모와 태아의 생명에 위험이 있는 경우에 행하며, 복식 제왕 절개 수술과 질식 제왕 절개 수술이 있다.〈유〉제왕^수술(帝王手術)「001」(동의어), 제왕^절개(帝王切開)「001」(동의어), 제왕^절개^수술

(帝王切開手術)「001」(동의어) ¶이미 절반이상의 여성이 자연 분만보다는 제왕 절개술을 통해 출산을 하고 있는 것이다.

제이^급^감염병(第二級感染病)[ ]〔명구〕《법률》〈소아 아동〉〈소아 피부병-홍역〉전파 가능성을 고려하여 발생 또는 유행 시 24시간 이내에 신고하여야 하고, 격리가 필요한 감염병. 결핵, 수두, 홍역 따위가 있다.

제이^종^전염병(第二種傳染病)[ ]〔명구〕《법률》〈소아 아동〉〈소아 피부병-홍역〉예전에 법정 감염병을 분류하던 체계의 하나. 백일해, 홍역, 유행성 귀밑샘염, 말라리아, 파상풍 따위로, 현재의 분류 체계로는 백일해, 홍역, 유행성 귀밑샘염은 제이 급 감염병, 말라리아, 파상풍은 제삼 급 감염병에 해당한다.

제한 심근 병증(制限心筋病症)[ ]〔명구〕《의학》〈기타 공통〉〈심장 질환〉심실 벽이 단단해져서 유연성이 결핍된 심장 근육의 병. 수축 기능은 거의 정상이나 이완 기능에 장애가 있다. 심장의 혈색소증, 아밀로이드증 따위가 원인이다.〈유〉제한 심근병(制限心筋病) ¶수술을 받은 환아는 2016년 7월생의 만 1세 남아로 출생 후 별다른 문제가 없이 지내다가 생후 3개월경부터 배가 부푸러 오르는 증상으로 내원했고, 최종 특발성 제한 심근병증을 진단받았다.

조기 중재(早期仲裁)[ ]〔명구〕《보건 일반》〈영유아/소아 아동〉〈알레르기〉아토피 피부염, 영아 천식, 알레르기 비염 따위의 소아 알레르기 질환이 알레르기 행진 또는 성인 알레르기 질환으로 진행되는 것을 막기 위해 조기에 진단하고 치료하는 일.

조기^폐경(早期閉經)[ ]〔명구〕《의학》〈여성 일반〉〈부인(여성)-여성 호르몬 및 폐경 관련 질환〉평균보다 일찍 되는 폐경. 보통 42세에서 56세 사이에 폐경되지만, 약 1%의 여성에게서 이보다 일찍 폐경이 올 수 있다. ¶조기 폐경은 일반적으로 40세 이전에 난소 기능이 멈추면서 월경이 완전히 중단되는 것을 의미합니다.

조산 (早産)[조:산](명)〈임부 산모〉〈부인(여성)-출산 및 산후 관련 질환〉해산 달이 차기 전에 아이를 낳음.〈유〉조생(早生)「002」(〈유〉)〈참〉만산(晩産) 「001」(기타) ¶조산 기미가 보이다.

조산-하다 (早産하다)[조:산하다](동)〈임부 산모〉〈부인(여성)-출산 및 산후 관련 질환〉해산달이 차기 전에 아이를 낳다.〈유〉조생-하다(早生하다)「003」 (〈유〉) ¶고령의 임신부가 칠 개월 만에 미숙아를 조산하였다.

조생 (早生)[조:생](명)〈임부 산모〉〈부인(여성)-출산 및 산후 관련 질환〉보통 보다 빨리 아이를 낳음.〈유〉조산(早産)「001」(〈유〉)

조이다 ( )[조이다](동)〈기타〉〈통증 일반〉(사람이 신체 부위를 손이나 끈 따위 로) 그 둘레를 잡아 힘껏 누르다. ¶강도가 장갑을 낀 손으로 내 목을 서서히 조여 왔다. / 그의 팔이 그녀의 허리를 꽉 조이는 바람에 그녀는 전혀 움직 일 수 없었다.

조현-병 (調絃病)[조현뼝](명)《의학》〈청소년〉〈청소년-정신 건강 및 신경정신 과 질환〉망상, 환각, 사고와 행동의 혼란 따위의 증상을 보이는 정신적 질 환. 주로 청년기에 발생하며, 원인은 아직 정확히 밝혀지지 않았다. 긴장형, 파과형(破瓜型), 망상형(妄想型) 따위로 나눈다.

족심통 (足心痛)[족씸통](명)《한의》〈기타〉〈통증 일반〉발바닥의 한가운데가 아픈 증상〈유〉각심통(脚心痛)

족통 (足痛)[족통](명)〈기타〉〈통증 일반〉발이 아픈 증세.

졸심통 (卒心痛)[졸씸통](명)《한의》〈기타〉〈통증 일반〉갑자기 가슴이나 명치 밑이 아픈 증상.

졸후비 (卒喉痺)[ ](명)《한의》〈기타〉〈통증 일반〉갑자기 목구멍이 붓고 아픈 증 세.〈유〉급후비

좁쌀 여드름 ( )[ ](명구)〈여성 일반〉〈부인(여성)-피부 및 모발 질환〉얼굴에 좁쌀 처럼 오돌토돌하게 나는 여드름. 소화나 배변에 문제가 있을 때 생기는 경 우가 많다. ¶소음인은 비위 기능과 면역력을 약하게 타고나서 작은 좁쌀 여

드름이 오래 지속될 수 있으므로 비위 기혈을 보해 주는 치료를 합니다. /
위 사례의 환자는 흰색의 좁쌀 여드름이 급작스럽게 번진 경우였는데 기혈
이 부족하고 혈행 자체도 좋지 못한 편이었다.

종두(種痘)[종두]명《의학》〈소아 아동/영유아〉〈소아 피부병-천연두/피부
병/신생아_추가〉천연두를 예방하기 위하여 백신을 인체의 피부에 접종하
는 일. 1796년에 제너가 우두 바이러스에 의한 인공 면역법을 발견한 이래
널리 보급되었는데 우리나라에는 개화기에 지석영에 의해 도입되었다. ¶
예를 들어 1930년대 천연두가 온 나라를 덮쳤을 때 민중은 아리랑 가사에
'종두(種痘)를 맞고 천연두를 이겨 내자'는 가사를 담아 전파했다.

종두-법(種痘法)[종두뻡]명《의학》〈소아 아동〉〈소아 피부병-천연두〉천연두
를 예방하기 위하여 백신을 인체의 피부에 접종하는 방법. ¶인체에 매우 심
각한 위협을 초래했던 천연두(天然痘)를 예방하기 위해 종두법(種痘法)을
도입해 전국에 보급함으로써 전염병 퇴치에 공헌한 한의사 지석영(池錫永)
선생의 삶과 업적을 기리는 자리가 마련됐다.

좌섬 요통(挫閃腰痛)[ ]명구《한의》〈기타〉〈통증 일반〉뼈마디를 다치거나 접
질려서 일어나는 요통.〈유〉염좌 요통(捻挫腰痛) ¶좌섬 요통을 예방하기
위해서 평소에 허리가 유연하고 순환이 잘되는 상태를 유지하고 관리하는
것이 필요하다.

죄어들다( )[죄어들다/줴여들다]동〈기타〉〈통증 일반〉안으로 바싹 죄어 오
그라들다.〈유〉조여들다 ¶아니, 부아와 두려움들이 마구 뒤섞여 뒤통수의
근육이 조여드는 기분이었다.

주기성 유방통(週期性乳房痛)[ ]명구〈여성 일반〉〈부인(여성)-유방 질환〉통증
과 생리 주기간에 분명한 시간적 관계가 있는 것이 특징으로 생리 직전에
통증이 최고조에 달하며 생리 시작과 동시에 경감되지만 어느 정도의 통증
은 계속해서 전 생리 동안 지속될 수 있다. 호발 연령은 30대 중반이지만 호
르몬 대체 요법을 받고 있는 폐경기 여성에서도 발생할 수 있다. ¶주기성

유방통은 생리 주기와 관련이 깊어 한 달에 한 번씩 나타나 여성들에게 큰 불편을 가져다준다.

주마-감 (走馬疳)[주마감]圓《한의》〈소아 아동〉〈소아 피부병-천연두/전염병〉천연두를 앓은 후에 생기는 병. 입과 잇몸이 헐고 피가 나며 악취가 나고, 심하면 이가 꺼멓게 변하여 빠지기도 한다. ¶주마감(走馬疳)으로 치근(齒根)이 궤란되어 이(齒)가 검게 되면서 빠지고 신문에 구멍이 생기는 것을 '주마감(走馬疳)'이라 한다.

주부 습진 (主婦濕疹)[ ]圓圓《의학》〈여성 일반〉〈부인(여성)-피부 및 모발 질환〉손에 잘 발생하는 습진. 물을 많이 다루는 주부에게서 주로 생기므로 이렇게 이른다.〈유〉지장-각피증 ¶주부 습진은 양손에 골고루 발생하는 반면 손 무좀은 한쪽 손에만 발생한다.

주부병 (主婦病)[주부뼝]圓〈여성 일반〉가사일로 인해 쉴 틈 없이 바쁜 주부들에게 잘 나타나는 질병. 건초염, 손목 터널 증후군, 손 습진 등이 있다. ¶손목 터널 증후군은 원래 '살림병' '주부병'의 이미지가 강했다.

주부^신경증 (主婦神經症)[ ]圓圓《의학》〈여성 일반〉〈부인(여성)-정신 건강 및 신경정신과 질환〉주부의 정신적 불안정에서 나타나는 특유의 심신 기능 장애. 육아기의 육아 노이로제, 중년기의 자아 상실에 따른 빈 둥지 증후군과 주부 부적응 증후군 따위가 있다.

주부^우울증 (主婦憂鬱症)[ ]圓圓《심리》〈여성 일반〉〈부인(여성)-정신 건강 및 신경정신과 질환〉상대적으로 사회 활동이 적은 주부들에게 나타나는 우울증. ¶최근 박 씨와 같이 주부 우울증을 앓고 있는 주부들이 늘어나면서 고등학교 졸업자면 누구나 수업을 이수할 수 있는 학점 은행제 보육 교사 과정이 인기를 끌고 있다./ 결혼 9년 차에 접어든 아내는 그간 운동선수의 아내로서 홀로 육아를 도맡아 하면서 주부 우울증을 앓는가 하면, 이혼 위기까지 갔던 부부의 솔직한 이야기를 꺼냈다.

주산-기 (周産期)[주산기]圓《의학》〈여성 일반〉〈부인(여성)-부인과(산부인과) 질환〉출산 전후의 기간. 이 시기는 모체와 태아, 신생아의 특이한 생리 상황이 나타나므로 중요시된다. 이에 대한 의료를 주산기 의료라 하고, 이 분야를 주산기 의학이라고 한다.

주산기^감염 (周産期感染)[ ] **명구** 《의학》〈여성 일반〉〈부인(여성)-부인과(산부인과) 질환〉출산 전후의 기간에 태아 또는 신생아의 몸 안에 병원체가 들어가 증식하는 일. ¶이번 연구 결과 주산기 감염이 소아 특발성 관절염과 류마티스성 관절염 발병과 매우 밀접하게 연관된 것으로 나타났다. / 원인은 b형 간염의 주요 감염 경로인 '주산기 감염'과 밀접한 관련이 있다.

주산기^사망 (周産期死亡)[ ] **명구** 《의학》〈여성 일반〉〈부인(여성)-부인과(산부인과) 질환〉임신 후 29주 이후의 후기 사산(死産)과 생후 1주 미만의 조기 신생아 사망을 합한 것. 출생을 전후로 한 시기의 모자의 건강 상태를 종합적으로 평가하는 지표가 된다.

주의력^결핍^과잉^행동^장애 (注意力缺乏過剩行動障礙)[ ] **명구** 《심리》〈소아 아동/청소년〉〈청소년-정신 건강 및 신경정신과 질환〉주의 산만, 과다 활동, 충동성과 학습 장애를 보이는 소아 청소년기의 정신과적 장애. 이 장애는 남자에게서 많이 발생되며, 주로 어릴 때 발생하나 성장하면서 많이 줄어들지만 성인이 된 후에도 이 장애를 보이는 사람도 있다.〈유〉ADHD

주-폐경기 (周閉經期)[주폐경기/주페경기]**명** 《의학》〈여성 일반〉〈부인(여성)-여성 호르몬 및 폐경 관련 질환〉폐경기가 시작되기 전 단계. 이 기간에는 정상적인 생리를 하던 여성의 월경 주기가 갑자기 불규칙해지고 무월경 기간이 길어지게 된다.〈유〉폐경^전후기(閉經前後期)「001」(동의어) ¶난소 기능의 감퇴에 따라 폐경 전후인 주 폐경기에 나타나는 초기 증상(급성 증상), 폐경 후에 나타나는 중기 증상(아급성 증상), 폐경 후 시간이 경과하고 발생하는 후기 증상 및 장애(만성 증상)으로 나눌 수 있다.

죽상 동맥 경화증 (粥狀動脈硬化症)[ ] **명구** 《의학》〈노인 일반〉〈노인-심혈관계 질환〉동맥의 벽에 콜레스테롤이 침착하여 죽종이 생기고, 이로 인하여 동맥이 좁아지고 딱딱해지는 병. ¶혈관 벽에 콜레스테롤이 끼어 혈관이 좁아져 피의 흐름이 원활하지 못하면 죽상 동맥 경화증이 발병한다. / 죽상 동맥 경화증은 심장 질환의 주원인이다.

중복^임신 (重複妊娠)[ ] 명구 《의학》〈임부 산모〉〈부인(여성)-임신과 관련된 질환〉동일한 배란기에 다른 성교에 의하여 난자가 복수로 수정되는 것.

중이-병 (中二病)[중이뼝] 명 〈청소년〉중학교 2학년 또래의 청소년들이 사춘기를 겪으며 흔히 가지게 되는 불만이나 가치관 혼란과 같은 심리적 상태를 빗대어 이르는 말. ¶다른 중학교 선생님들은 이른바 '중이병'을 앓는 아이들 때문에 속앓이를 많이 한다는데 우리 학교 교사들은 "우리가 이렇게 지낼 수 있으니 오히려 아이들에게 월급을 반납해야 하는 거 아니냐."는 우스갯소리도 합니다.

중추성^마비 (中樞性痲痺)[ ] 명구 《의학》〈영유아〉〈마비〉뇌가 손상되어 운동 기능이 마비된 상태. 태아기의 감염, 발육 장애, 출생 시의 뇌 손상, 신생아의 중증 황달, 수막염 따위가 원인이다. 〈유〉뇌성마비 ¶중풍으로 인한 중추성 마비는 조금 다릅니다.

중통 (重痛)[중:통] 명 〈기타〉〈통증 일반〉심하게 병을 앓음. ¶산후에 중통을 하고 난 그의 아내는 발치 목에서 어린애 젖을 빨리고 있다가….

중통하다 (重痛하다)[중:통하다] 동 〈기타〉〈통증 일반〉심하게 병을 앓다. ¶사흘 동안이나 중통한 장군은 겨우 정신을 수습해 일어나자 다시 진을 어란포로 옮겼다

쥐 나다 ( )[ ] 동구 〈기타〉〈통증 일반〉(신체나 그 일부가, 또는 신체나 그 일부에) 경련이 일어나서 곤아지다. ¶운동을 너무 심하게 했더니 다리 근육이 긴장되어 쥐가 났다. / 그는 자다가 다리에 쥐가 나는 바람에 잠에서 깼다.

쥐어뜯다 ( )[쥐어뜯따/쥐여뜯따] 동 〈기타〉〈통증 일반〉(사람이 신체의 일부분을) 손으로 쥐고 뜯어내듯이 당기거나 마구 꼬집다. ¶어머니는 병실에 누워 답답해서 못 견디겠다는 듯이 두 손으로 가슴을 쥐어뜯으며 괴로운 숨을

토하셨다.

쥐어짜다( )[쥐어짜다/쥐여짜다]동〈기타〉〈통증 일반〉억지로 쥐어서 비틀거
나 눌러 액체 따위를 꼭 짜내다. ¶속이 쥐어짜듯 아파 죽겠네.

증식성^루푸스(增殖性lupus)[ ]명구《의학》〈여성 일반〉〈부인(여성)-감각 기
관(면역 및 자가 면역)〉심상성 루푸스의 한 변형. 그 병변은 사마귀 모양의
증식성 조직으로 이루어져 있다. 가끔 가피를 형성하기도 하고 다소 삼출성
이기도 하다. 보통은 신체의 구멍 근처 습한 부위에 발생한다. ⇒ 규범 표기
는 미확정이다.

지근거리다( )[지근거리다]동〈기타〉〈통증 일반〉(몸이나 머리가) 자꾸 쑤시듯
크게 아프다.〈유〉지근지근하다, 지근대다 ¶아들 녀석 걱정을 하다 보니 갑
자기 골치가 지근거린다.

지근대다( )[지근대다]동〈기타〉〈통증 일반〉(몸이나 머리가) 자꾸 쑤시듯 크
게 아프다.〈유〉지근거리다, 지근지근하다 ¶머리가 지근대고 오한이 있는
것을 보니 감기가 드는 듯싶었다.

지근덕거리다( )[지근덕꺼리다]동〈기타〉〈통증 일반〉성가실 정도로 끈덕지
게 자꾸 귀찮게 굴다.〈유〉지근덕대다 ¶내 동생에게 지근덕거리는 놈이 있
으면 어떤 놈이든 가만있지 않을 테다. / 요즘 학교 주변에서 폭력배가 학생
들을 지근덕거려 돈을 뜯어내는 사례가 늘고 있다.

지근덕대다( )[지근덕때다]동〈기타〉〈통증 일반〉성가실 정도로 끈덕지게 자
꾸 귀찮게 굴다.〈유〉지근덕거리다 ¶그가 자주 친구에게 지근덕대는구나
생각하니 울화가 치밀었다. / 불량배가 행상들을 지근덕대어 돈을 뜯어내
었다.

지근지근( )[지근지근]부〈기타〉〈통증 일반〉머리가 자꾸 쑤시듯 아픈 모
양. ¶감기에 걸렸는지 오한이 나고 골치가 지근지근 아파 왔다. / 꿈도 안
꾼 완전한 단절의 한밤을 보낸 뒤 이신은 지근지근 쑤시는 두통과 연이어
치미는 구역증을 얻었다.

지근지근하다 ( )[지근지근하다]**통**〈기타〉〈통증 일반〉(몸이나 머리가) 자꾸 쑤시듯 크게 아프다.〈유〉지근거리다, 지근대다 〈참〉지끈지끈하다, 자근자근하다

지끈거리다 ( )[지끈거리다]**통**〈기타〉〈통증 일반〉(몸이나 머리가) 자꾸 몹시 쑤시듯 크게 아프다.〈유〉지끈지끈하다, 지끈대다 ¶며칠 동안 잠을 제대로 못 잤더니 머리가 몹시 지끈거린다. / 비닐우산을 개어 접으면서 그녀는 어깨를 들어 올리고 숨을 깊이 들이쉬었다. 관자놀이가 지끈거리고 숨이 가빠졌다.

지끈대다 ( )[지끈대다]**통**〈기타〉〈통증 일반〉(몸이나 머리가) 자꾸 몹시 쑤시듯 크게 아프다.〈유〉지끈지끈하다, 지끈거리다 〈참〉지근대다 ¶너무 신경을 써서 그런지 머리가 몹시 지끈댄다. / 지끈대는 두통 때문이라기에는 너무나 상습적이었다.

지끈지끈 ( )[지끈지끈]**부**〈기타〉〈통증 일반〉머리가 자꾸 쑤시듯 아픈 모양. '지근지근'보다 센 느낌을 준다. ¶머리가 지끈지끈 아프다. / 골치가 지끈지끈 쑤신다. / 걸음을 걸을 때마다 머리가 지끈지끈 울리며, 콧물이 연하여 나오고….

지끈지끈하다 ( )[지끈지끈하다]**통**〈기타〉〈통증 일반〉(몸이나 머리가) 자꾸 몹시 쑤시듯 크게 아프다.〈유〉지끈거리다, 지끈대다 〈참〉지근지근하다, 자끈자끈하다 ¶어제 마신 술이 깨지 않아 아직도 머리가 지끈지끈하다. / 모처럼 축구 시합을 해서 온몸이 지끈지끈했지만 기분만큼은 상쾌했다.

지루각화증 (脂漏角化症)[ ]**명구**《의학》〈성인 일반〉〈성인_피부 질환〉성인에게서 발생하는 흔한 표피성 종양. 보통 중년 이후에 발생하며 원인은 밝혀지지 않았다. 자연적으로 발생하여 때로는 다발성으로 호르몬 치료 또는 염증성 피부염 후에 갑자기 커지거나 급격하게 출현하기도 한다. 팔, 다리, 얼굴, 목에 발생하지만 몸통에서는 다수의 병터가 생길 수 있다. ¶지루 각화증은 노화 과정에서 발생하는 흔한 양성 피부 종양이다.

지루^건선(脂漏乾癬)[ ]**명구**《의학》〈여성 일반〉〈부인(여성)-피부 및 모발 질환〉지루 피부염의 한 변형으로 마른 비늘이 적으면서 황색의 기름진 비늘이 많은 상태. 건선과 구분하기 어렵다.

지루성^피부염(脂漏性皮膚炎)[ ]**명구**《의학》〈여성 일반〉〈부인(여성)-피부 및 모발 질환〉지루 피부에 주로 일어나는 만성 피부염. 비늘, 누런 딱지가 생기고 가렵다.〈유〉지루^피부염(脂漏皮膚炎)「001」(동의어) ¶지성 비듬은 보통 지루성 피부염의 한 증상으로 나타난다.

지루^습진(脂漏濕疹)[ ]**명구**《의학》〈여성 일반〉〈부인(여성)-피부 및 모발 질환〉지루 피부에 주로 일어나는 만성 피부염. 비늘, 누런 딱지가 생기고 가렵다.〈유〉지루피부염(脂漏皮膚炎)

지루^피부염(脂漏皮膚炎)[ ]**명구**《의학》〈청소년〉〈청소년-피부 및 모발 질환〉지루 피부에 주로 일어나는 만성 피부염. 비늘, 누런 딱지가 생기고 가렵다.〈유〉지루습진(脂漏濕疹)

지르르하다( )[지르르하다]**형**〈기타〉〈통증 일반〉(뼈마디나 몸의 일부 또는 마음이) 저릿한 느낌이 있다.〈참〉찌르르하다, 자르르하다 ¶아이가 잠들 때까지 팔베개를 해 주었더니 팔이 지르르하다.

지-석영(池錫永)[지서경]**명**《인명》〈소아 아동〉〈소아 피부병-천연두〉의학자·국어학자(1855~1935). 자는 공윤(公胤). 호는 송촌(松村). 1899년에 경성 의학교를 세웠고, 일본에서 종두 제조법을 배워서 우리나라에서 처음으로 종두를 시행하여 국민 보건에 이바지하였다. 국어학도 깊이 연구하여 1905년에 〈신정국문(新訂國文)〉 6개조를 상소하였고, 국문 연구소를 설치하였다. 저서에 『우두신설』이 있고, 『자전석요』를 편찬하였다. ¶의사이자 국어학자인 지석영(池錫永)은 우리나라 어린이들을 천연두로부터 구해낸 인물이다.

지속^딴곳^임신(持續딴곳妊娠)[ ]**명구**《의학》〈임부 산모〉〈부인(여성)-임신과 관련된 질환〉보존 수술 후에도 사람 융모 생식샘 자극 호르몬을 분비하는 조직이 지속적으로 남아 있는 딴곳 임신.

지속^임신 (持續妊娠)[ ] 명구 《의학》〈임부 산모〉〈부인(여성)-임신과 관련된 질환〉정상적인 임신 기간을 초과하였는데도 분만하지 않고 임신 상태를 지속하고 있는 일.

지연 발병 알츠하이머병 (遲延發病Alzheimer病)[ ] 명구 《의학》〈노인 일반〉〈노인-퇴행성 뇌질환 및 신경계 질환〉65세 이후에 발병하는 알츠하이머병.

지연^임신 (遲延妊娠)[ ] 명구 《의학》〈임부 산모〉〈부인(여성)-임신과 관련된 질환〉만 42주가 지나도 출산의 징후가 나타나지 않고 지속되는 임신. ¶단, 아스피린은 임신 후반기부터는 지연 임신을 유발할 수 있으니 주의해야 한다./ 지연 임신이 위험한 이유는 만 40주부터 태반의 기능이 현저하게 떨어져 태아의 건강을 위협하기 때문이다.

지열-제 (止熱劑)[지열쩨] 명 《약학》〈영유아〉〈신생아_추가〉체온 조절 중추(中樞)에 작용하여 병적으로 높아진 체온을 정상으로 내리게 하는 약. 안티피린, 아세트아닐라이드, 아스피린, 페나세틴 따위가 있다. 〈유〉해열제

지장-각피증 (指掌角皮症)[지장각피쯩] 명 《의학》〈노인 일반〉〈노인-호흡기 질환〉물을 많이 다루어 손바닥이 벌겋게 되며 벗어지는 증상. 심하면 지문이 지워지며, 피부가 갈라지고 딱딱해진다. 중성 세제(中性洗劑)의 남용이 원인이다. 〈유〉주부습진 ¶이 약제는 만성 단순 태선, 지루 피부염, 진행성 지장각피증 등 피부염군과 구진 두드러기 등 양진군, 건선 등에 폭넓게 쓰이는 크림류 전문약이다.

지절통 (肢節痛)[지절통] 명 《한의》〈기타〉〈통증 일반〉온몸의 뼈마디가 아프고 쑤시는 증상. 한습(寒濕), 담음(痰飮), 어혈(瘀血)이 경락을 막아서 생긴다.

지통1 (止痛)[지통] 명 〈기타〉〈통증 일반〉통증이 멈춤.

지통2 (至痛)[지통] 명 〈기타〉〈통증 일반〉고통이 매우 심함. 또는 그런 고통.

지통되다 (止痛되다)[지통되다/지통뒈다] 동 〈기타〉〈통증 일반〉통증이 멈추

게 되다.

지통하다1(止痛하다)[지통하다]통〈기타〉〈통증 일반〉통증이 멈추다.

지통하다2(至痛하다)[지통하다]형〈기타〉〈통증 일반〉고통이 매우 심하다. ¶
부모로서 자식의 죽음을 지켜보아야 하는 것이 지통하다. / 연산에게 금삼
의 피를 전하고 쓰러져야, 맺히고 맺힌 폐비의 지통한 한을 풀어 줄 것이다.

직업^섬망(職業譫妄)[ ]명구《심리》〈여성 일반〉〈부인(여성)-정신 건강 및 신
경정신과 질환〉환자가 자기 직업에 관한 행동이나 작업을 무의식적으로 행
하는 의식 장애의 하나. 목수인 환자가 나무를 깎는 시늉을 하는 따위이다.

직장-류(直腸瘤)[직짱뉴]명《의학》〈여성 일반〉〈부인(여성)-부인과(산부인
과) 질환〉직장의 일부가 질 내 또는 회음부를 통해 몸 밖으로 튀어나온
것.〈유〉곧창자^탈출증(곧창자脫出症)「001」(〈유〉), 곧창자^헤르니아(곧창
자hernia)「001」(〈유〉), 직장^탈출증(直腸脫出症)「001」(〈유〉), 직장^헤르니
아(直腸hernia)「001」(〈유〉)

직장성^변비(直腸性便祕)[ ]명구《의학》〈여성 일반〉〈부인(여성)-소화기 질
환〉배변 자극을 촉진하는 직장 내의 배설물 덩어리가 없어 배변 반사가 정
상적으로 일어나지 않아 나타나는 배변 장애.

직장의^크론병(直腸의Crohn病)[ ]명구《의학》〈여성 일반〉〈부인(여성)-감각
기관(면역 및 자가 면역)〉직장 부분에 염증이 반복적으로 나타나는 특발성
만성 염증성 질환. 아직 정확한 원인이 밝혀져 있지 않다.〈유〉곧창자^크론
병(곧창자Crohn病)「001」(〈유〉)

진균^위염(眞菌胃炎)[ ]명구《의학》〈여성 일반〉〈부인(여성)-소화기 질환〉진
균으로 인하여 생기는 위의 염증.

진두통(眞頭痛)[진두통]명《한의》〈기타〉〈통증 일반〉두통의 하나. 머리가 심
하게 아프며 골속까지 통증이 미치고 손발이 싸늘하여진다. ¶진두통의 증
상은 머리가 다 아프면서 손발의 뼈마디까지 차고 손톱이 푸르다.

진배송( )[진배송]명《민속》〈소아 아동〉〈소아 피부병-천연두〉토속 신앙에

ㅈ

서, 천연두로 아이가 죽은 경우 그다음 아이에게는 천연두가 옮지 아니하도록 하기 위하여서 벌이는 푸닥거리.

진심통(眞心痛)[진심통]**명**《한의》〈기타〉〈통증 일반〉심장 부위에 발작적으로 생기는 심한 통증. 가슴이 답답하며 땀이 몹시 나고 팔다리가 시리면서 피부가 푸르게 변한다. ¶진심통'은 현대의 심근 경색으로 조선시대에는 '아침에 생기면 저녁에 죽고, 저녁에 생기면 다음 날 아침에 죽는다'는 얘기가 전해질 정도로 무서운 병이었다.

진-진통(眞陣痛)[진진통]**명**《의학》〈임부 산모〉〈부인(여성)-출산 및 산후 관련 질환〉출산이 가까운 시기에, 자궁 수축이 규칙적으로 일어나고 그 간격이 짧아지면서 심해지는 통증. ¶며칠 전부터 가진통을 겪던 아내가 이번에는 진진통 같다며 잔뜩 인상을 쓰며 허리를 구부린 채 어쩔 줄 몰라 하는 것이다./이 애플리케이션은 진통의 빈도와 규칙성, 기간을 통계화해 가진통과 진진통을 구분해 준다.

진통1(陣痛)[진통]**명**《의학》〈임부 산모/기타〉〈부인(여성)-출산 및 산후 관련 질환/통증 일반〉해산할 때에, 짧은 간격을 두고 주기적으로 반복되는 배의 통증. 분만을 위하여 자궁이 불수의적(不隨意的)으로 수축함으로써 일어난다.〈유〉산통(産痛)「002」(동의어) ¶진통이 오다. 임신부가 진통을 시작하여 병원으로 옮겼다.

진통2(鎭痛)[진ː통]**명**《의학》〈기타〉〈통증 일반〉아픔이나 통증을 가라앉힘. ¶이 약은 진통 효과가 탁월하다. / 이 주사는 진통 효과가 있으니 곧 통증이 가라앉을 겁니다.

진통계(陣痛計)[진통계/진통게]**명**《의학》〈기타〉〈통증 일반〉진통의 세기를 재는 장치. 자궁 수축에 따른 단단함의 변화를 기록하는 외부 측정법과 자궁 내압(內壓)의 변화를 기록하는 내부 측정법이 있다.

진통-기(陣痛期)[진통기]**명**《의학》〈임부 산모〉〈부인(여성)-출산 및 산후 관련 질환〉해산할 때에, 자궁의 수축으로 심한 통증을 느끼는 시기. ¶진통기를 겪고 있다.

진통^억제(陣痛抑制)[ ]**명구**《의학》〈임부 산모〉〈부인(여성)-출산 및 산후 관
련 질환〉조산을 막기 위해 37주 이전의 자궁 수축을 조절하는 일. ¶비마약
성 진통제는 많은 종류가 있지만 진통 억제 효과에는 큰 차이가 없다.

진통제(鎭痛劑)[진:통제]**명**《약학》〈기타〉〈통증 일반〉중추 신경에 작용하여
환부의 통증을 느끼지 못하게 하는 약. 마약성 진통제와 해열성 진통제로
나뉘며, 수면제·마취제·진경제(鎭痙劑) 따위가 보조적으로 배합된다. ¶수
술 과정에서 진통제를 너무 많이 쓰면 회복이 더디다. / 그녀는 두통이 잦아
서 항상 진통제를 챙겨 가지고 다닌다.

진통^촉진제(陣痛促進劑)[ ]**명구**《약학》〈임부 산모〉〈부인(여성)-출산 및 산후
관련 질환〉자궁근(子宮筋)의 수축력을 증가시켜 진통을 촉진하거나 산후
자궁의 퇴축 및 지혈 작용을 하는 약. 뇌하수체 뒤엽 제제, 맥각제 따위가
있다.〈유〉자궁^수축제(子宮收縮劑)「001」(동의어)

진통-하다(陣痛하다)[진통하다]**동**《의학》〈임부 산모/기타〉〈부인(여성)-출산
및 산후 관련 질환/통증 일반〉해산할 때에 짧은 간격으로 반복되는 배의 통
증을 겪다. ¶진통하자마자 낳은 자녀들

진한^쓸개즙^증후군(津한쓸개汁症候群)[ ]**명구**《의학》〈영유아〉〈신생아_추
가〉신생아에게 용혈성 빈혈이 있을 때, 담즙이 원활하게 흐르지 못하여 온
몸과 눈 따위가 누렇게 되는 황달이 지속적으로 나타나는 증상. 직접 빌리
루빈과 간접 빌리루빈이 모두 증가한다.〈유〉농축담즙증후군

진행^근육^퇴행^위축(進行筋肉退行萎縮)[ ]**명구**《의학》〈유아/소아 아동/청
소년〉〈신생아_추가〉근육이 점차 변성·위축되어 가는 유전성 질환. 주로
유아기에서 청년기에 발병한다. 어깨나 위팔, 허리 따위의 근육에 변성·위
축이 생긴다.〈유〉진행성 근이영양

진행성 척수성 근육 위축(進行性脊髓性筋肉萎縮)[ ]**명구**《의학》〈노인 일
반〉〈노인-근골격계 및 정형외과 질환〉운동 신경 세포 질환의 소집단 중 하

나. 척수 운동 신경 세포의 진행성 퇴행 장애로서 전형적으로 팔다리의 원
위부, 특히 팔에서 시작하여 근위부로 확산되며, 흔히 대칭성인 허약과 소
모의 임상 증상을 보인다. 근육 부분의 수축 가능성이 흔하지만 피질 척수
로 질환의 증거는 없다. 〈유〉진행 척수 근육 위축, 진행성 척수 근위축증

진행성^근이영양증 (進行性筋異營養症)[ ] 명구 《의학》〈유아/소아 아동/청소
년〉〈신생아_추가〉'진행 근육 퇴행 위축'의 전 용어.

질^건조증 (膣乾燥症)[ ] 명구 《의학》〈여성 일반〉〈부인(여성)-여성 호르몬 및
폐경 관련 질환〉외음부와 질의 비정상적인 건조증. 〈유〉질^마름증(膣마름
症)「001」(동의어) ¶질 건조증이 발생하면 분비물 감소로 인한 세균 감염,
가려움, 성교통 등이 발생할 수 있습니다.

질염 (膣炎)[질렴] 명 《의학》〈여성 일반〉〈부인(여성)-부인과(산부인과) 질환〉
질 점막에 생기는 염증. 세균·칸디다·트리코모나스의 감염이나 약제·이
물·온열의 자극과 자정 작용(自淨作用)의 저하 따위가 원인이다. 질 점막이
빨갛게 붓고 질 분비물이 늘어나며 바깥 생식 기관이 가렵고 배뇨할 때 아
프다. ¶성교나 질 세척 후 산도의 변화가 있을 수 있고, 꽉 끼는 옷이나 바
람이 통하지 않는 옷을 입었을 때, 경구용 피임제 복용, 당뇨병 등에 의해서
질염이 생길 수 있다.

질^월경통 (膣月經痛)[ ] 명구 《의학》〈여성 일반〉〈부인(여성)-부인과(산부인
과) 질환〉질의 폐쇄나 비정상적인 상태로 인한 이차 월경통.

질이완증 (膣弛緩症)[지리완쯩] 명 《의학》〈여성 일반〉〈부인(여성)-여성 호르
몬 및 폐경 관련 질환〉질이완증은 노화, 출산, 생활 습관 등 다양한 이유로
질 점막이 얇아지며 질의 탄력이 저하된 상태를 의미한다. ¶여성 불감증 /
질이완증은 질염 발생률을 높이고 요실금 증상과 연관될 수 있다.

질통 (疾痛)[질통] 명 〈기타〉〈통증 일반〉병으로 인한 아픔.

징건하다 ( )[징건하다] 형 〈기타〉〈통증 일반〉(배 속이) 먹은 것이 잘 소화되지
않아 더부룩하다. ¶점심때 고기를 먹었더니 속이 징건해서 저녁은 생각이

없소. / 그는 속이 징건하여 아무것도 먹고 싶지 않았다.

짜르르하다 ( )[짜르르하다]휑〈기타〉〈통증 일반〉(뼈마디나 몸의 일부 또는 마음이) 짜릿한 느낌이 있다. ¶술을 한 잔 마시자 술기운이 온몸에 짜르르하게 퍼졌다.

짜릿짜릿하다 ( )[짜릳짜리타다]휑〈기타〉〈통증 일반〉(몸이나 몸의 일부가) 피가 잘 돌지 못하여 감각이 몹시 무디고 자꾸 세게 아린 느낌이 있다. ¶나는 긴장하면 손과 발이 짜릿짜릿하면서 간지러운 기분이 들어 안절부절못한다.

짜릿하다 ( )[짜리타다]휑〈기타〉〈통증 일반〉(몸이나 몸의 일부가) 피가 잘 돌지 못하거나 전기가 통하여 감각이 몹시 무디고 아린 느낌이 있다.〈참〉자릿하다, 쩌릿하다, 찌릿하다 ¶바늘처럼 날카로운 냉기가 발등을 타고 가슴속까지 짜릿하게 파고들었다.

짠하다 ( )[짠하다]휑〈기타〉〈통증 일반〉안타깝게 뉘우쳐져 마음이 조금 언짢고 아프다.〈참〉쩐하다 ¶마음이 짠하다. / 나무라기는 했지만 자식은 자식이라 짠한 심정을 금할 수 없었다. / 자기의 손안에 든 먹음직스러운 과일이 다른 사람의 손으로 넘어가기 직전에 느껴지는 아깝고 짠하고 억울한 생각이었다.

쩌릿쩌릿하다 ( )[쩌릳쩌리타다]휑〈기타〉〈통증 일반〉(몸이나 몸의 일부가) 피가 잘 돌지 못하여 몹시 감각이 무디고 자꾸 아주 세게 아린 느낌이 있다.〈참〉저릿저릿하다, 짜릿짜릿하다 ¶왼편 엉덩이 아래쪽이 뻐근하면서 그 통증이 발목까지 뻗어 내려와 발을 디딜 적마다 쩌릿쩌릿했다.

쩌릿하다 ( )[쩌리타다]휑〈기타〉〈통증 일반〉(몸이나 몸의 일부가) 피가 잘 돌지 못하거나 전기가 통하여 몹시 감각이 무디고 아린 느낌이 있다.〈참〉저릿하다, 짜릿하다 ¶무릎을 꿇고 오래 앉아 있었더니 종아리가 쩌릿하다.

찌르르하다 ( )[찌르르하다]휑〈기타〉〈통증 일반〉뼈마디나 몸의 일부가 조금 저린 데가 있다. ¶종일 들일을 하고 돌아오신 어머니는 허리가 찌르르하시다며 아랫목에 누우셨다.

찌릿찌릿하다 ( )[찌릳찌리타다]휑〈기타〉〈통증 일반〉(몸이나 몸의 일부가) 피가 잘 돌지 못하여 몹시 감각이 무디고 자꾸 아주 세게 아린 느낌이 있다. ¶발과 발가락의 신경이 손상되면서 따끔거리거나 화끈거리는 느낌이 들기도 하고 전기 충격이 오듯 찌릿찌릿하기도 한다.

찌뿌드드하다 ( )[찌뿌드드하다]휑〈기타〉〈통증 일반〉몸살이나 감기 따위로 몸이 무겁고 거북하다. ¶눈 아픈 일본 글이나 영자 글을 읽다가 머리가 고달프고 몸이 찌뿌드드하면 반드시 콧소리를 하고 휘파람을 불었다.

찌뿌듯하다 ( )[찌뿌드타다]휑〈기타〉〈통증 일반〉(몸이) 몸살이나 감기로 약간 무겁고 거북하다. ¶너무 오랜만에 운동을 해서 그런지 온몸이 다 찌뿌듯하였다.

찐하다 ( )[찐하다]휑〈기타〉〈통증 일반〉안타깝게 뉘우쳐져 마음이 언짢고 아프다.〈참〉짠하다 ¶마음이 짠하다. / 나무라기는 했지만 자식은 자식이라 짠한 심정을 금할 수 없었다. / 자기의 손안에 든 먹음직스러운 과일이 다른 사람의 손으로 넘어가기 직전에 느껴지는 아깝고 짠하고 억울한 생각이었다.

찡찡하다 ( )[찡찡하다]휑〈기타〉〈통증 일반〉(코가) 막혀서 답답하다. ¶손수건을 꺼내어 찡찡한 코를 풀었다.

한국어 질병 표현 어휘 사전 IV

大

착통증(錯痛症)[착통쯩] **명**《의학》〈기타〉〈통증 일반〉'통각 착오증(痛覺錯誤症)'의 전 용어.

참통(磣痛)[참통-] **명**《한의》〈기타〉〈통증 일반〉눈에 모래가 들어간 것처럼 깔깔하면서 아픈 증상.

창자겹침-증(창자겹침症)[창자겹침쯩] **명**《의학》〈영유아〉〈위장병〉창자관의 일부가 그것에 이어지는 창자 안으로 빠져 듦으로써 막힘을 일으키는 병. 돌창자와 잘록창자에 잘 생기고 영아에게 많이 나타난다. 발작성 구토와 복통, 점혈변(粘血便) 따위가 일어난다.〈유〉장겹침증

척추관^협착증(脊椎管狹窄症)[ ] **명구**《의학》〈여성 일반〉〈부인(여성)-근골격계 및 정형외과 질환〉척추 중앙의 척주관이 좁아져서 허리의 통증이나 다리의 복합적 신경 증상을 일으키는 질환. ⇒ 규범 표기는 '척주관 협착증'이다. ¶척추관 협착증이 다리 통증을 유발하다 보니 단순 혈액 순환과 혼동이될 때가 많다. / 척추관 협착증은 40세 이후에 흔히 발생하는 질환 중 하나로 50~60대로 넘어가면서 발병 확률이 높게 나타난다.

척추^원반^탈출증(脊椎圓盤脫出症)[ ] **명구**《의학》〈여성 일반〉〈부인(여성)-근골격계 및 정형외과 질환〉척추 원반 속의 수핵(髓核)이 척주관(脊柱管) 안으로 비뚤어져 나온 상태. 허리뼈의 제4 척추 원반과 제5 척추 원반 부위에 많이 생긴다. 척수근(脊髓根)을 눌러서 궁둥 신경통, 요통 따위를 일으킨다.〈유〉디스크^탈출증(disk脫出症)「001」(동의어), 추간^연골^헤르니아(椎間軟骨hernia)「001」(동의어), 추간^원판^헤르니아(椎間圓板hernia)「001」(동의어), 추간판^탈출증(椎間板脫出症)「001」(동의어), 추간판^헤르니아(椎間板hernia)「001」(동의어)

척추^측만증(脊椎側彎症)[ ] **명구**《의학》〈청소년〉〈청소년-성장 및 발달 관련 질환〉척추가 옆으로 심하게 굽은 증상. 통증은 없고 서서히 진행되는데, 내장 압박을 비롯하여 여러 가지 장애를 일으킨다.

천식 기관지염(喘息氣管支炎)[ ] **명구**《의학》〈소아 아동〉〈만성 하기도질환〉천

식과 증상이 비슷한 기관지염. 어린이가 감기에 걸리면 기관지 내강이 좁으므로 쉽게 쌕쌕거리는 소리가 들린다. 자연히 낫는 일이 많다. ¶처음부터 천식으로 발병하는 경우도 있지만 이렇게 천식 기관지염으로부터 이행된 천식도 상당히 많이 있습니다.

천식 치료제 (喘息治療劑)[ ] 명구《약학》〈기타 공통〉〈알레르기〉기관지 천식을 치료하는 약. 주로 기관지 민무늬근의 경련성 수축에 의한 잦은 기침을 멎게 한다.〈유〉천식약 ¶천식 치료제는 먹는 약보다 흡입하는 약이 훨씬 효과적이나 많은 환자의 경우 부정확하게 사용하는 경우가 많으며 이것이 치료 실패의 가장 큰 원인이다. / 뉴질랜드의 경우 성인 9명당 1명꼴, 소아들 또한 7명당 1명꼴로 천식 치료제를 처방받아 복용하는 것으로 알려져 있을 정도다.

천식성 양진 (喘息性痒疹)[ ] 명구《의학》〈영유아/소아 아동〉〈알레르기〉아토피 체질인 사람에게 생기는 습진 모양의 피부 질환의 하나. 유아기에는 얼굴이나 머리에 습진성 병변이 생기고 심하게 가렵다. 어린아이는 팔꿈치나 오금의 피부가 두꺼워지면서 까칠까칠해지고 가렵다.

천연-두 (天然痘)[처년두] 명《의학》〈소아 아동〉〈소아 피부병-천연두〉천연두 바이러스가 일으키는 급성의 법정 감염병. 열이 몹시 나고 온몸에 발진(發疹)이 생겨 딱지가 저절로 떨어지기 전에 긁으면 얽게 된다. 감염력이 매우 강하며 사망률도 높으나, 최근 예방 주사로 인해 연구용으로만 그 존재가 남아 있다. ¶천연두는 바이러스에 의해 발생하는 감염병으로, 주로 직접적인 접촉과 비말을 통해 전파됩니다.

천포-창 (天疱瘡)[천포창] 명《의학/한의》〈소아 아동〉〈피부병〉「1」피부에 큰 물집이 생기는 병의 하나. 자가 면역 질환의 대표적 질환이다. 「2」창양(瘡瘍)의 하나. 여름과 가을에 주로 어린아이에게 급성으로 발생하는데, 물집이 생겨서 경계가 뚜렷하며, 발열과 오한이 있고 심하면 고름이 생기고 아프다.

천행-두 (天行痘)[천행두]圖《한의》〈소아 아동〉〈소아 피부병-천연두〉 '천연
두'를 한방에서 이르는 말.

천행-반창 (天行斑瘡)[천행반창]圖《한의》〈소아 아동〉〈소아 피부병-천연두〉
온몸에 발진이 생기는 유행성 천연두의 하나.

철분 보충 (鐵分補充)[ ]圖구〈소아 아동〉〈신생아_추가〉철분이 모자랄 경우 필
요한 행위. 아이가 달걀이나 고기 섭취가 어렵다면 철분 보충이 필요할 수
있다.

철통 (掣痛)[철통]圖《한의》〈기타〉〈통증 일반〉경련이 일어 끌어당기는 듯이
아픈 증상.

청색^모반 (靑色母斑)[ ]圖구《의학》〈영유아〉〈피부병〉피부에 둥근 모양이나
달걀 모양으로 생기는 푸른 반점. 선천성으로 몽고점과는 달리 어른이 되어
도 남아 있다. 사지(四肢)와 얼굴에 많이 생긴다.

청색-증 (靑色症)[청색쯩]圖《의학》〈영유아〉〈심장 질환〉혈액 내 환원 헤모글
로빈의 증가나 헤모글로빈 자체의 구조적 장애로 인하여 피부나 점막에 푸
른색이 나는 것을 통틀어 이르는 말. 선천 심장병에 걸렸을 때 흔히 볼 수
있다.

체하다 (滯하다)[체하다]圖〈기타〉〈통증 일반〉(먹은 음식이) 잘 소화되지 아
니하고 배 속에 답답하게 처져 있다. ¶점심 먹은 게 체했는지 영 속이 안 좋
아요. / 체하거나 할 때면 손가락 사이에 침을 놓아 종구는 이따금 아이들
병을 보아 왔었다.

초딩병 (初딩病)[초딩뼝]圖〈소아 아동〉어린아이 같은 유치한 행동을 하는 사
람을 질병으로 여겨 이르는 말.

초로 치매 (初老癡呆)[ ]圖구《의학》〈노인 일반〉〈노인-퇴행성 뇌 질환 및 신경
계 질환〉중년부터 시작하는 원인 불명의 치매. 피질 위축과 이차성 뇌실 확
장(腦室擴張)을 특징으로 하고 있다. 〈유〉초로기 치매 ¶65세 미만에 발병
하는 치매는 '초로기 치매'라고 합니다. 초로기 치매 환자 증가율이 늘어나

고 있는 추세인데, 문제는 초로기 치매는 노년기에 발병하는 치매보다 더
빨리 악화되는 경향이 있다는 점입니다.

초로기^우울증(初老期憂鬱症)[ ]〔**명구**〕《의학》〈여성 일반〉〈부인(여성)-정신 건
강 및 신경정신과 질환〉'초로 우울병'의 전 용어.

초로성 치매(初老性癡呆)[ ]〔**명구**〕《의학》〈노인 일반〉〈노인-퇴행성 뇌 질환 및
신경계 질환〉'초로 치매'의 전 용어. ¶젊은 연령대의 경우 교통사고 등으로
두부 외상을 입은 후 초로성 치매가 생기기도 한다.

초로^우울병(初老憂鬱病)[ ]〔**명구**〕《의학》〈여성 일반〉〈부인(여성)-정신 건강 및
신경정신과 질환〉초로기에 볼 수 있는 정신병. 보통의 우울증보다 불안이
나 고민이 심하여 침착성이 떨어지며 초조와 흥분의 정도가 강하다.〈유〉갱
년기 우울병

초통하다(楚痛하다)[초통하다]〔**형**〕〈기타〉〈통증 일반〉몹시 아프고 괴롭다.

찰통(撮痛)[찰통-]〔**명**〕《한의》〈기타〉〈통증 일반〉졸라매는 것처럼 아픈 증상.

최통(腠痛)[최통/췌통-]〔**명**〕《한의》〈기타〉〈통증 일반〉피부에 옷이나 손이 닿
으면 아파하는 증상.

축성근시(軸性近視)[ ]〔**명구**〕《의학》〈영유아〉〈눈병〉주로 선천적으로 각막이나
수정체의 굴절력은 정상이면서도 안축(眼軸)이 길어, 눈에 들어온 평행 광
선이 망막의 앞쪽에 상(像)을 맺는 근시.〈참〉굴절성근시(屈折性近視),축성
원시(軸性遠視)

출두(出痘)[출뚜]〔**명**〕〈소아 아동〉〈소아 피부병-천연두〉천연두의 반점이 피부
밖으로 내솟음. ¶증상으로는 초열(初熱), 출두(出痘), 기창(起脹), 관농(貫
膿), 수엽(收靨), 낙가(落痂) 등의 단계가 3일씩 차례대로 진행되는 독특한
경과를 보였다.

출두-하다(出痘하다)[출뚜하다]〔**동**〕〈소아 아동〉〈소아 피부병-천연두〉천연두
의 반점이 피부 밖으로 내솟다.

출산^관련된^유방염(出産關聯된乳房炎)[ ]〔**명구**〕《의학》〈여성 일반〉〈부인(여

大

성)-유방 질환〉출산과 관련된 원인으로 유방에 생기는 염증. 유관에 세균이
번식하거나 유관 내용물이 유방 조직으로 역류하여 생기거나, 수유로 유두
에 생긴 상처에 병균이 침범하여 생기기도 한다.

출산^후^심근^병증(出産後心筋病症)[ ] **명구**《의학》〈임부 산모〉〈부인(여성)-
출산 및 산후 관련 질환〉분만 전후에 심장의 확장이나 울혈 심부전을 보이
는 병적 상태.

출산^후^지연^출혈(出産後遲延出血)[ ] **명구**《의학》〈임부 산모〉〈부인(여성)-
출산 및 산후 관련 질환〉해산 후 24시간이 지나서 자궁 출혈이 있는 병. 태
반, 난막, 핏덩이 따위가 남아 있거나, 염증, 자궁 속막의 재생 과정의 장애
로 생긴다.

충교심통(蟲咬心痛)[충교심통] **명**《한의》〈기타〉〈통증 일반〉기생충으로 인하
여, 명치 밑이 꾹꾹 찌르듯이 아프며 메스껍고 구토 증상이 있는 병.〈유〉충
심통(蟲心痛)

충복통(蟲腹痛)[충복통] **명**《한의》〈기타〉〈통증 일반〉회충 때문에 생기는 배
앓이.〈유〉회복통(蛔腹痛), 회통(蛔痛), 횟배(蛔배), 횟배앓이(蛔배앓이)

충식치통(蟲蝕齒痛)[충식치통] **명**《한의》〈기타〉〈통증 일반〉충치로 인하여
생기는 치통.〈유〉충식통(蟲蝕痛)

충식통(蟲蝕痛)[충식통] **명**《한의》〈기타〉〈통증 일반〉충치로 인해 아픈 증
세.〈유〉충식치통(蟲蝕齒痛)

충심통(蟲心痛)[충심통] **명**《한의》〈기타〉〈통증 일반〉기생충으로 인하여, 명
치 밑이 꾹꾹 찌르듯이 아프며 메스껍고 구토 증상이 있는 병.〈유〉충교심
통(蟲咬心痛)

충통(蟲痛)[충통] **명**《한의》〈기타〉〈통증 일반〉기생충으로 인하여 배가 아픈
증상.

치료^유산(治療流産)[ ] **명구**《의학》〈임부 산모〉〈부인(여성)-기타 임신 및 출산
관련 문제〉임신으로 모체의 건강과 생명이 위험할 때 행하는 임신 중절 수술.

치료적^유산(治療的流産)[ ] 〖명구〗《의학》〈임부 산모〉〈부인(여성)-기타 임신 및 출산 관련 문제〉임신이 임부의 정신적·신체적 건강에 해로울 경우에 행하는 유산. ¶임신 전반기(3개월까지)에는 치료적 유산을 권고하고, 후반기(8개월 이후)에는 제왕 절개를 시행해서 아기 출산 후 치료받을 것을 권고합니다.

치매(癡呆)[치매]〖명〗《의학》〈노인 일반〉〈노인-퇴행성 뇌 질환 및 신경계 질환〉대뇌 신경 세포의 손상 따위로 말미암아 지능, 의지, 기억 따위가 지속적·본질적으로 상실되는 병. 주로 노인에게 나타남.〈유〉치매증 ¶노인성 치매가 주로 어디에 원인하는가를 의사인 현 박사는 알고 있었다. / 몇 년 전에 차 사고로 뇌와 척추를 다치고 나서 하반신 마비에다 치매까지 된 거였어요.

치매-증(癡呆症)[치매쯩]〖명〗《의학》〈노인 일반〉〈노인-퇴행성 뇌질환 및 신경계 질환〉대뇌 신경 세포의 손상 따위로 말미암아 지능, 의지, 기억 따위가 지속적·본질적으로 상실되는 병. 주로 노인에게 나타남.〈유〉치매 ¶그녀는 고혈압으로 쓰러진 후 치매증을 보이고 있다. 옆집은 그 젊은 부부가 치매증이 있는 노모를 직접 모시고 산대.

치아^발육^부전증(齒牙發育不全症)[ ] 〖명구〗〈영유아〉〈치통〉선천적 또는 후천적으로 정상 치아보다 치아의 수가 적은 상태.

치은종통(齒齦腫痛)[치은종통]〖명〗《한의》〈기타〉〈통증 일반〉잇몸이 붓고 아픈 증상.〈유〉치은통(齒齦痛)

치은통(齒齦痛)[치은통]〖명〗《한의》〈기타〉〈통증 일반〉잇몸이 붓고 아픈 증상.〈유〉치은종통(齒齦腫痛)

치주염(齒周炎)[치주염]〖명〗《의학》〈노인 일반〉〈노인-감각 기관 관련 질환(안과, 이비인후과)〉이를 둘러싼 연조직에 나타나는 염증. 잇몸이 붓고 딱딱하여지며 나중에는 이가 빠지는데, 주위 조직을 침식하는 치석이 잇몸 밑의 이에 침착하여 생긴다. 한의학에서는 풍치라고 한다.〈유〉만성 치주염, 치

大

아 주위 조직염, 치아 주위염 ¶대표적인 잇몸 질환인 치은염과 치주염은 구강 건강에 상당한 위협을 가할 수 있는 질환이다. / 연구에 따르면, 치주염은 심혈관 질환, 당뇨병 및 호흡기 질환 등 다양한 문제와 연관성이 있다고 한다.

치질(痔疾)[치질]〔명〕《의학》〈여성 일반〉〈부인(여성)-소화기 질환〉항문 안팎에 생기는 외과적 질병을 통틀어 이르는 말. 항문 샛길, 치핵, 항문 열창 따위가 있다. ¶모든 치질(치핵) 환자에게 무조건 수술이 필요하지는 않다.

치질 앓는 고양이 모양 같다( )[ ]〔속담〕〈여성 일반〉〈부인(여성)-소화기 질환〉보기에 매우 초라하거나 거북하고 곤란한 모습을 비유적으로 이르는 말.

치질^소멸(痔疾燒滅)[ ]〔명구〕《의학》〈여성 일반〉〈부인(여성)-소화기 질환〉화학적 또는 전기적 방법에 의하여 치핵을 없애는 일.〈유〉치질^소멸법(痔疾燒滅法)「001」(〈유〉)

치질^소멸법(痔疾燒滅法)[ ]〔명구〕《의학》〈여성 일반〉〈부인(여성)-소화기 질환〉화학적 또는 전기적 방법에 의하여 치핵을 없애는 방법.〈유〉치질^소멸(痔疾燒滅)「001」(〈유〉)

치질^수술(痔疾手術)[ ]〔명구〕《의학》〈여성 일반〉〈부인(여성)-소화기 질환〉치핵을 외과적으로 제거하는 수술.

치질^절제(痔疾切除)[ ]〔명구〕《의학》〈여성 일반〉〈부인(여성)-소화기 질환〉치질을 완전히 없애기 위하여 혈관을 묶어 주고 혈관과 주변 결합체 조직을 잘라 내는 일.

치질^절제술(痔疾切除術)[ ]〔명구〕《의학》〈여성 일반〉〈부인(여성)-소화기 질환〉전통적인 방법의 수술 또는 냉동 수술, 레이저 수술 따위로 치질을 파괴하거나 잘라 내는 수술.

치통1(痔痛)[치통]〔명〕〈기타〉〈통증 일반〉치질 때문에 생기는 통증.

치통2(齒痛)[치통]〔명〕《의학》〈기타〉〈통증 일반〉이가 아파서 통증(痛症)을 느끼는 증세.〈유〉이앓이 ¶영경이는 썩은 이 때문에 심한 치통을 앓았다. / 치

통은 흔히 있는 질환으로 그것으로 생명에 치명적인 영향을 주거나, 절망적
인 불구의 몸이 될 염려는 없다.

치통수(齒痛水)[치통수] **명**《약학》〈기타〉〈통증 일반〉장뇌(樟腦), 박하, 페놀
따위를 알코올에 녹여 만든 물약. 진통 억제 및 살균 작용이 있어서, 작은
약솜에 묻혀 아픈 이 사이에 끼워 물어 치통을 멎게 하는 데 쓴다.

치핵(痔核)[치핵] **명**《의학》〈여성 일반〉〈부인(여성)-소화기 질환〉직장의 정
맥이 울혈로 말미암아 늘어져서 항문 주위에 혹과 같이 된 치질. 종기의 하
나인데 임신, 변비 따위가 원인이다. ¶대개 50대 이후에 전 인구의 절반 이
상에서 치핵이 발생한다.

치핵^분해(痔核分解)[ ] **명구**《의학》〈여성 일반〉〈부인(여성)-소화기 질환〉화
학적이거나 전기적인 방법으로 치핵을 없애는 것.〈유〉치핵^분해법(痔核分
解法)「001」(동의어), 치핵^소멸(痔核燒滅)「001」(동의어), 치핵^소멸법(痔核
燒滅法)「001」(동의어)

치핵^분해법(痔核分解法)[ ] **명구**《의학》〈여성 일반〉〈부인(여성)-소화기 질
환〉화학적이거나 전기적인 방법으로 치핵을 없애는 것.〈유〉치핵^분해(痔
核分解)「001」(동의어), 치핵^소멸(痔核燒滅)「001」(동의어), 치핵^소멸법(痔
核燒滅法)「001」(동의어)

치핵^소멸(痔核燒滅)[ ] **명구**《의학》〈여성 일반〉〈부인(여성)-소화기 질환〉화
학적이거나 전기적인 방법으로 치핵을 없애는 것.〈유〉치핵^분해(痔核分
解)「001」(동의어), 치핵^분해법(痔核分解法)「001」(동의어), 치핵^소멸법(痔
核燒滅法)「001」(동의어)

치핵^소멸법(痔核燒滅法)[ ] **명구**《의학》〈여성 일반〉〈부인(여성)-소화기 질
환〉화학적이거나 전기적인 방법으로 치핵을 없애는 것.〈유〉치핵^분해(痔
核分解)「001」(동의어), 치핵^분해법(痔核分解法)「001」(동의어), 치핵^소멸
(痔核燒滅)「001」(동의어)

치핵^수술(痔核手術)[ ] **명구**《의학》〈여성 일반〉〈부인(여성)-소화기 질환〉치

핵을 외과적으로 제거하는 수술.

치핵^절제술 (痔核切除術)[ ] **명구** 《의학》〈여성 일반〉〈부인(여성)-소화기 질
환〉치핵을 파괴하거나 잘라 내는 수술. 일반적인 외과적 수술을 시행할 수
도 있고, 냉동 수술법, 레이저를 이용한 수술법, 적외선 광선 응고법, 라텍
스 밴드를 이용하여 잡아매는 수술법, 경화 요법 가운데 한 가지 방법을 적
용할 수도 있다.

침강성 폐렴(沈降性肺炎)[ ] **명구** 《의학》〈노인 일반〉〈노인-호흡기 질환〉폐의
의존적인 부분에 감염이 발생하여 기관지 분비물이 배출되지 않아 발생하
는 폐렴. 주로 노인이나 질병에 의해 쇠약해진 사람에게서 발생. ¶특히 횡
격막 근육이 줄어들어 생기는 '침강성 폐렴'은 암 환자 사망률을 높이는 대
표적인 합병증이다.

ㅋ

카타르성^위염 (catarrh性胃炎)[ ][**명구**]《의학》〈여성 일반〉〈부인(여성)-소화기 질환〉만성 위염의 하나. 위 점막의 충혈, 백반 부착, 부종 따위의 증상이 있으며, 때로는 작은 출혈이나 미란이 생긴다.〈유〉카타르^위염(catarrh胃炎)

카타르^위염 (catarrh胃炎)[ ][**명구**]《의학》〈여성 일반〉〈부인(여성)-소화기 질환〉만성 위염의 하나. 위 점막의 충혈, 백반 부착, 부종 따위의 증상이 있으며, 때로는 작은 출혈이나 '미란'이 생긴다.〈유〉카타르성^위염(catarrh性胃炎)

칸디다 질염 (candida 膣炎)[ ][**명구**]〈여성 일반〉〈부인(여성)-부인과(산부인과) 질환〉곰팡이균인 칸디다균에 의해 유발된 질염 ¶칸디다 질염의 증상은 흰 치즈 조각 형태의 질 분비물, 외음부 소양감, 작열감, 성교통, 배뇨통 등이 있다.

켈로이드^여드름 (keloid여드름)[ ][**명구**]《의학》〈여성 일반〉〈부인(여성)-피부 및 모발 질환〉여드름을 앓고 생긴 상처 부위의 피부가 붉어지고 혹처럼 튀어 올라온 것. 병터가 넓은 것이 일반적이다. 피부에 났던 상처가 치료되면서 피부 속에 콜라겐 섬유가 보통 사람보다 더 많이 증식하여 생긴다.

코^인두 (코咽頭)[ ][**명구**]《의학》〈소아 아동〉〈전염병일반〉코안에서 좌우의 들숨이 만나는 공간. 오물, 세균이 붙어 염증을 일으키기 쉽다.〈유〉비인두

코플릭^반점 (koplik斑點)[ ][**명구**]《의학》〈영유아/소아 아동〉〈소아 피부병-홍역/전염병/피부병〉홍역 환자의 볼 안쪽이나 잇몸 따위에 생기는 붉은 테를 두른 흰 반점. 홍역의 조기 진단에 중요하다. 미국의 소아과 의사 코플릭(Koplik, H.)이 발견하였다. ¶코플릭 반점은 진단적 가치가 있는 것으로, 첫째 아랫니 맞은 편 구강 점막에 충혈되어 나타나는데, 작은 점막으로 둘러싸인 회백색의 모래알 크기의 작은 반점이며, 12~18시간 내에 소실된다.

콕콕 ( )[콕콕][**부**]〈기타〉〈통증 일반〉작게 또는 아무지게 자꾸 찌르거나 박거나 찍는 모양.〈큰〉쿡쿡 ¶이 모이를 콕콕 쪼아 먹는다. / 아픈 다리가 콕콕 쑤셔서 밤새 잠을 이루지 못하였다. / 깨소금 냄새가 코를 콕콕 찌른다.

쿠싱^증후군 (cushing症候群)[ ] 명구《의학》〈여성 일반〉〈부인(여성)-내분비 및 대사 질환〉뇌하수체의 이상으로 부신 겉질에서 분비되는 코르티솔이 너무 많아서 생기는 병. 몸에 지방이 축적되어 털 과다증, 무력증, 고혈압 따위가 나타나며 얼굴이 둥글어지고 목이 굵어진다. 미국 보스턴의 외과 의사인 쿠싱(Cushing, H.)이 발견하였다. 〈유〉쿠싱-병(Cushing病)「001」(동의어) ¶실제 OOO는 과거 허리 통증을 줄이기 위해 사용한 스테로이드의 부작용으로 쿠싱 증후군을 앓고 있는 상황이다.

쿡쿡 ( )[쿡쿡] 부〈기타〉〈통증 일반〉크게 또는 깊이 자꾸 찌르거나 박거나 찍는 모양. 〈작〉콕콕 ¶머리를 쿡쿡 쥐어박다. / 옆구리를 쿡쿡 찌르다. / 여자들은 쿡쿡 서로의 허리를 찌르며 웃었다.

쿡쿡거리다 ( )[쿡쿡꺼리다] 동〈기타〉〈통증 일반〉감정이나 감각을 세게 자꾸 자극하다. ¶상처가 자꾸 쿡쿡거리며 쑤신다.

크레틴-병 (cretin病)[크레틴뼝] 명《의학》〈영유아〉〈신생아_추가〉태어나면서부터 갑상샘 호르몬이 부족하여 지능 저하, 성장 장애 따위를 일으키는 질환. 치료가 늦어지면 갑상샘 호르몬 분비 기능을 회복할 수 없다. 〈유〉선천성 갑상샘 저하증

크론-병 (crohn病)[크론뼝] 명《의학》〈청소년〉〈청소년-소화기 질환〉입에서 항문까지의 위장관 어디에서나 염증이 드문드문 나타나는 것이 특징인 염증 창자병. ¶복부에서 덩어리가 만져질 경우 대장암이나 게실증, 크론병, 결핵, 아메바증 등을 의심할 수 있다.

크론병^환자 (crohn病患者)[ ] 명구《의학》〈여성 일반〉〈부인(여성)-감각 기관(면역 및 자가 면역)〉크론병을 앓고 있는 사람. ¶우리나라 크론병 환자의 약 30~50%에서는 항문 주위에 병적인 변화가 동반된다./ 한편 크론병 환자는 체중 감소로 인한 스트레스가 상당히 심한 편이다.

크루프 (croup)[크루프] 명《의학》〈청소년〉〈청소년-호흡기 및 알레르기 질환〉후두의 가장자리에 섬유소성의 가막(假膜)이 생기는 급성 염증. 목소리

가 쉬고 호흡 곤란을 일으키는데, 가막이 쉽게 벗어지는 점이 디프테리아와 다르다. 〈유〉급성 후두염

큰각막증(큰角膜症)[근:시안]圕《의학》〈영유아〉〈눈병〉각막이 양측으로 발육하는 기형. 출생시에 비정상적 크기에 달하며, 엑스 염색체 열성 또는 상 염색체 우성 형질로 유전한다.

큰유방-증(큰乳房症)[큰뉴방쯩]圕《의학》〈여성 일반〉〈부인(여성)-유방 질환〉비정상적으로 큰 유방을 가진 증상.

큰창자^크론병(큰창자Crohn病)[ ]圕구《의학》〈여성 일반〉〈부인(여성)-감각 기관(면역 및 자가 면역)〉만성 염증성 장 질환. 작은창자에만 염증이 생기는 경우가 30%, 큰창자에만 발병하는 경우가 10~25%를 차지한다.

큰^판^유사^건선(큰板類似乾癬)[ ]圕구《의학》〈여성 일반〉〈부인(여성)-피부 및 모발 질환〉몸통과 팔다리에 지속적으로 발생하는 것으로, 위축된 황색 또는 오렌지색의 판이 나타나는 만성 염증 피부 질환. 간혹 균상 식육종으로 이행된다. 〈유〉그물^모양^유사^건선(그물模樣類似乾癬)「001」(동의어), 다형^유사^건선(多形類似乾癬)「001」(동의어), 위축^유사^건선(萎縮類似乾癬)「001」(동의어)

한국어 질병 표현 어휘 사전 IV

ㅌ

탈막^월경통(脫膜月經痛)[ ]**명구**《의학》〈여성 일반〉〈부인(여성)-부인과(산부인과) 질환〉탈락막의 탈락을 동반하는 월경통. ¶이 시기에 임신을 하지 않으면 탈막월경통으로 이어질 수 있다.

탈수-열(脫水熱)[탈쑤열]**명**《의학》〈영유아〉〈신생아_추가〉갓난아이에게 첫 며칠 동안 일시적으로 나타나는 열.〈유〉갈열, 신생아일과성열

탐식-증(貪食症)[탐식쯩]**명**〈여성 일반〉〈부인(여성)-소화기 질환〉식욕이 비정상적으로 왕성해지는 이상 증세. ¶여대생 ○○○는 어느 날부터 탐식증에 시달린다. / 엄청난 사이즈와 용량을 자랑하는 미국의 패스트푸드는 탐식증이 있는 동양계 소녀를 완전히 굴복시켰다.

태달(胎疸)[태달]**명**《한의》〈영유아〉〈신생아_추가〉갓난아이의 황달.〈유〉태황

태반^감염(胎盤感染)[ ]**명구**《의학》〈영유아〉〈성병〉병원체가 태반을 통하여 모체로부터 태아에게 감염하는 일. 선천 매독 따위가 있다. ¶태반 감염의 초기 경고 징후로는 일반적으로 발열, 심박수 상승, 자궁 압통, 악취, 질 배출, 모성 불편 등이 있습니다

태반^난산(胎盤難産)[ ]**명구**《의학》〈임부 산모〉〈부인(여성)-출산 및 산후 관련 질환〉태반이 자궁에서 떨어져 몸 밖으로 나오는 과정이 순조롭지 않아 발생하는 난산.

태반^혈전증(胎盤血栓症)[ ]**명구**《의학》〈여성 일반〉〈부인(여성)-심혈관계 질환〉태반이 있던 자리에 혈전이 발생하여 자궁안 정맥으로 확대된 혈전증.

태선(苔癬)[태선]**명**《의학》〈노인 일반〉〈노인-피부 질환〉피부 주름이 두꺼워지는 현상. 피부를 지속적으로 긁을 경우 많이 발생하며 만성 습진의 대표적 증상이다.

태아^난산(胎兒難産)[ ]**명구**《의학》〈임부 산모〉〈부인(여성)-출산 및 산후 관련 질환〉태위나 태향 또는 태아의 크기나 발육과 같이 태아의 이상으로 발생하는 난산.〈유〉태아성^난산(胎兒性難産)「001」(동의어)

태아성^난산(胎兒性難産)[ ]**명구**《의학》〈임부 산모〉〈부인(여성)-출산 및 산후 관련 질환〉태위나 태향 또는 태아의 크기나 발육과 같이 태아의 이상으로 발생하는 난산.〈유〉태아^난산(胎兒難産)「001」(동의어)

태아^알코올^증후군(胎兒alcohol症候群)[ ]**명구**《의학》〈영유아〉〈신생아_추가〉임산부의 잦은 알코올 섭취가 태아의 성장과 발육에 부정적인 영향을 미쳐 태아에게 발생하는 여러 가지 병적인 증상. 출생 전후 성장 지체, 비정상적인 머리뼈, 신체적 장애와 주의력 결핍 및 과잉 행동 장애, 지적 장애 따위의 증상이 나타난다.

태열(胎熱)[태열]**명**《한의》〈영유아〉〈신생아_추가〉태중의 열로 인하여 갓난아이에게 나타나는 증상. 흔히 얼굴이 붉어지고 변비가 생기며 젖을 먹지 않는다. ¶또한 신생아 시기에는 아기가 태열이 있으므로 열을 식히는 데 도움을 주는 좁쌀 베개도 유용하다.

태적(胎赤)[태적]**명**《한의》〈영유아〉〈신생아_추가〉열독으로 인하여 갓난아이의 피부가 몹시 붉은 병증. / 어린아이의 눈꺼풀이 빨갛게 허는 병증.

태증(胎症)[태쯩]**명**《한의》〈영유아〉〈신생아_추가〉갓난아이가 선천적으로 체질이 허약하거나 태독이 있어 생기는 병증. 태열(胎熱), 태한(胎寒), 태황(胎黃) 따위가 있다.〈유〉태질(02)

태질(胎疾)[태질]**명**《한의》〈영유아〉〈신생아_추가〉갓난아이가 선천적으로 체질이 허약하거나 태독이 있어 생기는 병증. 태열(胎熱), 태한(胎寒), 태황(胎黃) 따위가 있다.〈유〉태증

태한(胎寒)[태한]**명**《한의》〈영유아〉〈신생아_추가〉태아 때에 찬 기운을 받아서 생기는 태증. 소화가 잘되지 않고 배가 더부룩하며 설사를 하고 자주 토한다.

태황(胎黃)[태황]**명**《한의》〈영유아〉〈신생아_추가〉갓난아이의 황달.〈유〉태달

토라지다( )[토라지다]**동**〈기타〉〈통증 일반〉(먹은 것이) 체하여 잘 삭지 않고

신트림이 나다.

톡소포자-충 (toxo胞子蟲)[톡소포자충]圓《보건 일반》〈기타 공통〉〈폐렴〉포
자충류의 한 부류. 뇌염, 폐렴 따위의 감염증을 일으키기도 한다.〈유〉톡소
플라스마 ¶연구 결과, 톡소포자충에 감염된 사람은 교통사고 발생률이나
자살률이 유의미하게 높으며 친구도 없다는 내용을 발표했다.

톡소포자충-증 (toxo胞子蟲症)[톡소포자충쯩]圓《보건 일반》〈영유아〉〈전염
병-추가〉톡소플라스마 원충(原蟲)에 의한 인수 공통 감염병. 사람에게는
쇠고기, 돼지고기, 가축, 애완동물 따위에서 입을 통하여 옮는다. 임산부에
게 옮으면 유산하거나 태어난 아이에게 맥락막염, 물뇌중, 작은머리증, 입
술갈림증 따위의 기형과 뇌의 장애가 나타난다.

톡소플라스마 (toxoplasma)[톡소플라스마]圓《보건 일반》〈기타 공통〉〈폐렴〉
포자충류의 한 부류. 뇌염, 폐렴 따위의 감염증을 일으키기도 한다.〈유〉톡
소포자충 ¶신경 질환에 대한 톡소플라스마 곤디의 영향에 대한 하나의 제
안된 메커니즘은 숙주의 행동의 조작을 포함합니다.

통각기 (痛覺器)[통ː각끼]圓《의학》〈기타〉〈통증 일반〉피부 표면에 퍼져 있
어 자극을 받으면 아픔을 느끼는 감각점.〈유〉통각점(痛覺點), 통점(痛點)

통각점 (痛覺點)[통각쩜]圓《의학》〈기타〉〈통증 일반〉피부 표면에 퍼져 있으
면서, 자극을 받으면 아픔을 느끼게 하는 점.〈유〉통각기(痛覺器)〈준〉통점
(痛點)

통경 (痛經)[통ː경]圓《한의》〈기타〉〈통증 일반〉여성의 월경 기간 전후에 하
복부와 허리에 생기는 통증.

통고 (痛苦)[통ː고]圓〈기타〉〈통증 일반〉아프고 괴로운 것.〈참〉고통(苦痛).

통세 (痛勢)[통ː세]圓〈기타〉〈통증 일반〉상처나 병의 아픈 형세.

통점 (痛點)[통ː쩜]圓《의학》〈기타〉〈통증 일반〉피부 표면에 퍼져 있으면서,
자극을 받으면 아픔을 느끼게 하는 점.〈본〉통각점(痛覺點)

통증 (痛症)[통ː쯩]圓〈기타〉〈통증 일반〉몸에 아픔을 느끼는 중세. ¶통증이

오기 시작한다. / 진통제를 먹었더니 통증이 조금 가셨다.

통처(痛處)[통ː처]**명**〈기타〉〈통증 일반〉상처나 병으로 인해서 아픈 곳.

통초하다(痛楚하다)[통ː초하다]**형**〈기타〉〈통증 일반〉(몸이나 마음이) 몹시 아프고 괴롭다.

통태(痛胎)[통ː태]**명**《한의》〈기타〉〈통증 일반〉임신 초기에 배가 아픈 증상.

통풍(痛風)[통ː풍]**명**《의학》〈기타〉〈통증 일반〉대사 장애(代謝障碍)나 내분비 장애(內分泌障碍)로 요산(尿酸)이 체내에 비정상적으로 축적되어 뼈마디가 붓고 아픈 병. 성인 남자에게 많이 나타나며, 보통 엄지발가락의 심한 관절통 발작으로 시작된다. 만성화되면 요산이 조직에 침착(沈着)되어 관절이 파괴되고 심장과 신장에 장애가 일어난다.〈참〉관절염(關節炎) ¶예로부터 통풍은 '제왕의 병'이라고 일컬어졌다.

통풍^관절염(痛風關節炎)[ ]**명구**《의학》〈여성 일반〉〈부인(여성)-내분비 및 대사 질환〉통풍이 원인이며, 염증성 병변이 관절에 국한된 류머티즘.

통풍^홍채염(痛風虹彩炎)[ ]**명구**《의학》〈여성 일반〉〈부인(여성)-내분비 및 대사 질환〉통풍 환자에게 발생하는, 통증이 심한 홍채염.

퇴행성 관절염(退行性關節炎)[ ]**명구**《의학》〈노인 일반〉〈노인-근골격계 및 정형외과 질환〉관절을 보호하는 연골의 손상이나 퇴행성 변화 때문에 관절을 이루는 뼈와 인대 따위가 상하여 염증과 통증이 생기는 질병. ¶각종 사회단체들도 퇴행성 관절염 무료 시술까지 지원하며 중년 이후 활동성을 높이기 위한 노력을 기울이고 있다. 관절 노화를 이유로 연골이 마모되면서 관절에 염증이 생기는 질환인 퇴행성 관절염은 오래 서 있거나 앉았다 일어날 때 관절에 통증을 동반한다.

퇴행성 변화(退行性變化)[ ]**명구**《의학》〈노인 일반〉〈노인-근골격계 및 정형외과 질환〉조직이나 세포의 기능 감퇴나 정지, 물질대사 장애로 인한 위축·변성(變性)·괴사(壞死) 따위의 변화를 통틀어 이르는 말. ¶이로 인한 퇴행성 변화는 점진적으로 진행되며 나이가 들면 무릎 관절 속 연골이 손상되기 시작해 퇴행성 관절염으로 진행된다.

퇴행성 추간판 탈출증(退行性椎間板脫出症)[ ]〔**명구**〕《의학》〈노인 일반〉〈노인-근골격계 및 정형외과 질환〉몸의 노화 또는 외상 등의 원인으로, 척추뼈와 척추뼈 사이에 존재하는 추간판이 손상되거나 탈출됨. 또는 그에 따라 나타나는 증상. ¶다른 하나는 퇴행성 추간판 탈출증으로 이는 외상 없이 추간판이 퇴행성 과정을 겪으면서 뒤쪽의 섬유막에 틈이 생기고 헐렁해지면 안쪽의 말랑말랑한 수핵이 뒤쪽으로 흘러나와 신경을 압박하여 통증을 일으키게 된다. / 진료 현장에서 보면 급성적인 추간판 탈출증보다는 만성적인 퇴행성 추간판 탈출증이 더 많다.

퇴행성^관절염(退行性關節炎)[ ]〔**명구**〕《의학》〈여성 일반〉〈부인(여성)-근골격계 및 정형외과 질환〉관절을 보호하는 연골의 손상이나 퇴행성 변화 때문에 관절을 이루는 뼈와 인대 따위가 상하여 염증과 통증이 생기는 질병. ¶각종 사회단체들도 퇴행성 관절염 무료 시술까지 지원하며 중년 이후 활동성을 높이기 위한 노력을 기울이고 있다. / 퇴행성 관절염을 치료하는 천연물 신약이 나왔다. / 관절 노화를 이유로 연골이 마모되면서 관절에 염증이 생기는 질환인 퇴행성 관절염은 오래 서 있거나 앉았다 일어날 때 관절에 통증을 동반한다.

투진(透疹)[투진]〔**명**〕《한의》〈영유아/소아 아동〉〈소아 피부병-홍역/피부병〉발진이 잘 돋게 하는 치료법. 홍역 따위의 질병에 쓴다. ¶열을 내리고 투진(透疹)하며 이뇨하고 해독하는 효능이 있다.

트레포네마^팔리덤(treponema pallidum)[ ]〔**명구**〕《생명》〈기타 공통〉〈성병〉매독의 병원체.〈유〉매독균 ¶성적 접촉에 의해 전파되는 트레포네마 팔리덤균(Treponema pallidum)이 매독의 원인균이다.

트릿하다( )[트리타다]〔**형**〕〈기타〉〈통증 일반〉(배 속이) 먹은 음식이 소화가 잘되지 않아 거북하다. ¶배가 고파서 밥을 너무 빨리 먹었더니 배 속이 트릿하다. / 오늘은 더구나 속이 트릿해서 몸이 비비 꼬이는 것 같다.

트적지근하다 ( )[트적찌근하다]휑〈기타〉〈통증 일반〉(속이) 조금 거북하여
불쾌하다.

특발^고콜레스테롤^혈증 (特發高cholesterol血症)[ ]몡귀《의학》〈여성 일
반〉〈부인(여성)-내분비 및 대사 질환〉지방 대사의 유전적 장애. 혈액, 세포,
혈장 안의 콜레스테롤양이 늘어나는 특징을 보인다.

티록신 (thyroxine)[티록씬]몡《생명》〈영유아〉〈신생아_추가〉갑상샘에서 분
비되는 호르몬. 아이오딘을 함유하며 물질대사를 조절한다. 너무 많으면
바세도병을, 너무 적으면 점액 부종을 일으킨다.

티푸스^섬망 (typhus譫妄)[ ]몡귀《의학》〈여성 일반〉〈부인(여성)-정신 건강 및
신경정신과 질환〉장티푸스, 발진 티푸스 따위와 같은 티푸스에 걸린 사람
에게서 나타나는, 속삭이는 것 같은 헛소리.

틱 (tic)[틱]몡《의학》〈청소년〉〈청소년-정신 건강 및 신경정신과 질환〉근육
의 불수의 운동을 일으키는 신경병. 주로 얼굴, 목, 어깨에서 일어나며 언어
모방증, 운동 모방증 따위가 따른다.

한국어 질병 표현 어휘 사전 IV

ㅍ

파근파근하다 ( )[파근파근하다]휑〈기타〉〈통증 일반〉(다리 따위가) 걸을 때마다 힘이 빠져 노곤하고 걸음이 무겁다.

파근하다 ( )[파근하다]휑〈기타〉〈통증 일반〉(다리가) 힘이 빠져 노곤하고 걸음이 무겁다. ¶새로 이사 갈 집을 알아보려고 온종일 돌아다녔더니 다리가 파근하다.

파라인플루엔자 (parainfluenza)[파라인플루엔자]몡《의학》〈기타 공통〉〈감기-몸살, 세기관지염〉파라인플루엔자 바이러스에 의해 일어나는 전염성 기관지염. 제4급 감염병인 '급성 호흡기 감염증'의 하나이다. 바이러스성 호흡기 질병으로 감염력이 매우 높으며, 발열과 콧물 분비, 편도선염, 기침을 유발한다.

파라인플루엔자^바이러스 (parainfluenza virus)[ ]멍구《의학》〈영유아/소아 아동〉〈감기-몸살, 세기관지염〉영아와 소아에게 호흡기 감염을 잘 일으키는 바이러스. 대개 증상이 약하나 폐렴을 일으킬 수도 있다.

팍팍하다 ( )[팍파카다]휑〈기타〉〈통증 일반〉(다리가) 몹시 지쳐서 걸음을 내디디기가 어려울 정도로 무겁고 힘이 없다.〈참〉퍽퍽하다 ¶장시간 등산을 해서인지 두 다리가 팍팍했다.

팔로^네^징후 (fallot네徵候)[ ]멍구《의학》〈영유아〉〈심장 질환〉폐동맥 협착, 심실 사이막 결손, 대동맥 오른쪽 전위, 오른심실 비대의 증상이 공존하는 선천 심장병. 호흡 곤란, 발육 장애 따위의 증상이 나타나며 수술로써 치료할 수 있다.

패혈성^유산 (敗血性流産)[ ]멍구《의학》〈임부 산모〉〈부인(여성)-기타 임신 및 출산 관련 문제〉'패혈 유산'의 전 용어. ¶의사들은 패혈성 유산을 의학적 응급 상황으로 간주합니다.

패혈^유산 (敗血流産)[ ]멍구《의학》〈임부 산모〉〈부인(여성)-기타 임신 및 출산 관련 문제〉자궁 속막의 급성 감염으로 일어나는 유산. ¶패혈 유산의 치료는 감염의 심각성과 임신 기간에 따라 다르게 진행됩니다.

팽대부^유산 (膨大部流産)[ ] **명구** 《의학》〈임부 산모〉〈부인(여성)-기타 임신 및 출산 관련 문제〉태아가 자궁관의 팽대부에 착상하여 성장함으로써 발생하는 유산.

팽대부^임신 (膨大部妊娠)[ ] **명구** 《의학》〈임부 산모〉〈부인(여성)-임신과 관련된 질환〉수정된 난자가 '자궁관'의 중간 부분 근처에 착상하여 발육하는 자궁관 임신. ¶난관임신의 대부분은 팽대부 임신이다.

퍽퍽하다 ( )[퍽퍼카다] **형** 〈기타〉〈통증 일반〉(다리가) 몹시 지쳐서 걸음을 내디디기가 어려울 정도로 몹시 무겁고 힘이 없다.

페닐알라닌 (phenylalanine)[페닐알라닌] **명** 《화학》〈영유아〉〈신생아_추가〉필수 아미노산의 하나. 무색의 고체로, 물에 조금 녹고 알코올에는 거의 녹지 아니한다. 달걀, 우유 따위에 있는 단백질에 2~5% 들어 있다. 화학식은 $C_6H_{15}CH_2CH(NH_2)COOH$. 〈유〉피에이엘

페닐케톤-뇨 (phenylketon尿)[페닐케톤뇨] **명** 《의학》〈영유아〉〈신생아_추가〉페닐알라닌을 티록신으로 전환하는 페닐알라닌 하이드록시라아제 결핍에 의해 나타나는 페닐알라닌의 선천성 대사 질환. 상염색체 열성 유전 질환으로, 치료가 이루어지지 않을 경우 신생아에 심각한 신경학적 결손이 나타난다. ⇒ 규범 표기는 미확정이다.

편두-통 (偏頭痛)[편두통] **명** 《의학》〈청소년/기타〉〈청소년-기타 질환 및 건강 문제/통증 일반〉갑자기 일어나는 발작성의 두통. 머리 혈관의 기능 이상 때문에 나타나는데, 처음에는 한쪽 머리가 발작적으로 아프다가 온 머리로 미치며 구토, 귀울림, 권태 등의 증상이 나타난다. 특히 여자와 두뇌 노동자에게 많다.〈유〉변두풍(邊頭風) ¶그녀는 가끔 편두통 증세를 호소하고는 했다. / 스트레스로 인한 편두통에는 진통제(鎭痛劑)보다는 마음의 안정이 더욱 중요하다.

편집성^인격^장애 (偏執性人格障礙)[ ] **명구** 《심리》〈여성 일반〉〈부인(여성)-정신 건강 및 신경정신과 질환〉지나치게 예민하고, 타인을 부당하게 의심하

거나 질투하며, 타인에게 책임을 전가하는 인격 장애.〈유〉편집^인격^장애 (偏執人格障礙)「001」(동의어)

편집^인격^장애(偏執人格障礙)[ ]**명구**《심리》〈여성 일반〉〈부인(여성)-정신 건강 및 신경정신과 질환〉지나치게 예민하고, 타인을 부당하게 의심하거나 질투하며, 타인에게 책임을 전가하는 인격 장애.〈유〉편집성^인격^장애(偏執性人格障礙)「001」(동의어)

편찮다( )[편찬타]**형**〈기타〉〈통증 감탄〉(윗사람이) 병을 앓으시는 상태에 있다. ¶할아버지, 어디가 어떻게 편찮으신지 말씀해 주세요.

편평세포암종(扁平細胞癌腫)[ ]**명구**《의학》〈노인 일반〉〈노인-피부 질환〉중층 편평 상피 조직에서부터 유래한 편평 세포로 구성된 악성 암종. 피부의 표피를 닮은 조직 소견을 보인다. 폐, 자궁목, 인후두, 입안, 식도 등에 발생하며 상기도 및 폐에서 발생하는 암종은 남자에게서 많이 나타나고 흡연과 밀접한 관련이 있다. 자궁목에서 발생한 것은 사람 유두종 바이러스와 관련이 있다.〈유〉유표피암, 편평 상피암, 표피 모양 암종

폐감(肺疳)[폐ː감/페ː감]**명**《한의》〈소아 아동〉〈폐렴〉어린아이의 수태음폐경에 생기는 감병. 기침이 나고 숨이 막히며 입과 코가 헌다.〈유〉기감

폐경(閉經)[폐ː경/페ː경]**명**《의학》〈여성 일반〉〈부인(여성)-여성 호르몬 및 폐경 관련 질환〉여성의 월경이 없어짐. 또는 그런 상태. ¶난소 기능이 소실되면 폐경이 일어납니다.

폐경-기(閉經期)[폐ː경기/페ː경기]**명**《의학》〈여성 일반〉〈부인(여성)-여성 호르몬 및 폐경 관련 질환〉여성의 월경이 없어지는 시기.〈유〉단경-기(斷經期)「002」(동의어), 월경^폐쇄기(月經閉鎖期)「001」(동의어)〈참〉단경(斷經)「006」(기타) ¶폐경기 초기 증상에 대해 자세히 설명을 들었다.

폐경기^전(閉經期前)[ ]**명구**《의학》〈여성 일반〉〈부인(여성)-여성 호르몬 및 폐경 관련 질환〉폐경기가 다가오는 여성에게 특징적으로 발생하는 질환이 일어나는 시점. ¶청소년기와 폐경기전 여성의 호르몬 불균형 상태는 매우

다를 수 있으며, 이러한 차이는 장기간의 건강 문제로 이어질 수 있습니다.

폐경-되다(閉經되다)[폐ː경되다/폐ː경뒈다]**동**《의학》〈여성 일반〉〈부인(여성)-여성 호르몬 및 폐경 관련 질환〉여성의 월경이 없어지게 되다. ¶자궁근종 같은 여성 질병은 폐경되면 사라질까요?

폐경^전후기(閉經前後期)[ ]**명구**《의학》〈여성 일반〉〈부인(여성)-여성 호르몬 및 폐경 관련 질환〉폐경기가 시작되기 전 단계. 이 기간에는 정상적인 생리를 하던 여성의 월경 주기가 갑자기 불규칙해지고 무월경 기간이 길어지게 된다. 〈유〉주-폐경기(周閉經期)「001」(동의어) ¶진료를 받은 사람 가운데 30~35세 여성의 4분의 1 이상과 36~40세 여성의 40%가 폐경 전후기로 진단됐다.

폐경^증후군(閉經症候群)[ ]**명구**《의학》〈여성 일반〉〈부인(여성)-여성 호르몬 및 폐경 관련 질환〉폐경에 따라 난소의 기능 저하로 여성 호르몬이 감소하면서 나타나는 증후군. 대표적으로 열성 홍조, 우울증, 감정 기복, 두근거림, 골다공증, 질 위축, 유방 크기 감소, 방광염, 요실금 따위의 증상이 나타난다. 〈유〉폐경^후^증후군(閉經後症候群)「001」(동의어) ¶전형적인 폐경 증상이 동반되면 진단이 용이해진다.

폐경-하다(閉經하다)[폐ː경하다/폐ː경허다]**동**《의학》〈여성 일반〉〈부인(여성)-여성 호르몬 및 폐경 관련 질환〉여성의 월경이 없어지다.

폐경^후^골다공증(閉經後骨多孔症)[ ]**명구**《의학》〈여성 일반〉〈부인(여성)-여성 호르몬 및 폐경 관련 질환〉폐경 후에 잘 나타나는 골다공증. 겉질뼈보다 갯솜뼈에 잘 나타나며 척추를 포함하여 여러 곳에서 골절의 원인이 될 수 있다. 〈유〉폐경^후^뼈엉성증(閉經後뼈엉성症)「001」(〈유〉) ¶에스트로겐 결핍은 폐경 후 골다공증의 일차적인 병리적 요인이지만 에스트로겐 결핍으로 인한 골소실의 정확한 기전은 아직 밝혀지지 않았다.

폐경^후^뼈엉성증(閉經後뼈엉성症)[ ]**명구**《의학》〈여성 일반〉〈부인(여성)-여성 호르몬 및 폐경 관련 질환〉폐경 후에 뼈의 밀도가 떨어지는 증상. 겉질

뼈보다 갯솜뼈에 잘 나타나며 척추를 포함하여 여러 곳에서 골절의 원인이 될 수 있다. 〈유〉폐경^후^골다공증(閉經後骨多孔症)「001」(〈유〉)

폐경^후^위축 (閉經後萎縮)[ ]〔**명구**〕《의학》〈여성 일반〉〈부인(여성)-여성 호르몬 및 폐경 관련 질환〉생식 기관이 줄어드는 것과 같은, 폐경에 수반되는 위축.

폐경^후^증후군 (閉經後症候群)[ ]〔**명구**〕《의학》〈여성 일반〉〈부인(여성)-여성 호르몬 및 폐경 관련 질환〉폐경에 따라 난소의 기능 저하로 여성 호르몬이 감소하면서 나타나는 증후군. 대표적으로 열성 홍조, 우울증, 감정 기복, 두근거림, 골다공증, 질 위축, 유방 크기 감소, 방광염, 요실금 따위의 증상이 나타난다. 〈유〉폐경^증후군(閉經症候群)「001」(동의어)

폐렴 (肺炎)[폐:렴]〔**명**〕《의학》〈청소년〉〈청소년-감염병 및 전염병〉폐에 생기는 염증. 폐렴 쌍구균, 바이러스, 미코플라스마 따위가 감염되어 일어나며 화학 물질이나 알레르기로 말미암아 일어나기도 한다. 오한, 고열, 가슴쓰림, 기침, 호흡 곤란 따위의 증상을 보인다. ¶만년에 스웨덴 크리스티나 여왕의 초청으로 철학을 가르치기 위해 북국에 갔다가 폐렴에 걸려 사망했다.

폐렴 구균 (肺炎▽球菌)[ ]〔**명구**〕《보건 일반》〈기타 공통〉〈폐렴〉엽폐렴의 병원균. 1886년에 독일의 의사 프랑켈(Frankel, A.)이 폐렴 환자의 가래 속에서 발견한 그람 양성(Gram陽性)의 구균으로, 보통 두 개씩 짝을 지어 배열하여 존재한다. 〈유〉폐렴 쌍구균 ¶폐렴 구균은 세균성 중이염, 폐렴, 뇌수막염, 폐혈증을 일으키는 원인균 중 하나입니다.

폐렴 막대균 (肺炎막대菌)[ ]〔**명구**〕《의학》〈기타 공통〉〈폐렴〉호기성 세균과 거의 닮은 세균. 대부분 원내 감염의 원인이 된다. 보통 소아나 노약자, 알코올 중독 환자, 면역저하 상태에서 잘 발생하며, 특히 백혈구 감소증 환자에서 잘 발생한다.다른 폐렴과 마찬가지로 증상은 기관지 폐렴으로 나타나며, 혈액이 섞인 젤리 같은 점액성 가래를 배출한다. 초기에 고름집 형성과 함께 조직괴사를 일으켜 치명적인 경과를 취한다. 〈유〉폐렴간균

폐렴 막대균(肺炎막대菌)[ ] **명구** 《의학》〈소아 아동/기타〉〈폐렴〉호기성 세균과 거의 닮은 세균. 대부분 원내 감염의 원인이 된다. 보통 소아나 노약자, 알코올 중독 환자, 면역 저하 상태에서 잘 발생하며, 특히 백혈구 감소증 환자에서 잘 발생한다. 다른 폐렴과 마찬가지로 증상은 기관지 폐렴으로 나타나며, 혈액이 섞인 젤리 같은 점액성 가래를 배출한다. 초기에 고름집 형성과 함께 조직 괴사를 일으켜 치명적인 경과를 취한다.〈유〉폐렴간균

폐렴 미코플라스마(肺炎mycoplasma)[ ] **명구** 《의학》〈소아 아동〉〈폐렴〉폐렴미코플라스마는 주로 소아청소년에서 호흡기 감염을 일으키는 병원체로서 상기도염이나 기관지염, 폐렴을 유발하며, 드물지만 혈액, 피부, 신경, 심혈관, 근골격계 등의 폐외 합병증을 유발할 수 있다.〈유〉미코플라스마뉴모니아이

폐렴 미코플라스마(肺炎mycoplasma)[ ] **명구** 《의학》〈소아 아동/청소년〉〈폐렴〉폐렴 미코플라스마는 주로 소아 청소년에서 호흡기 감염을 일으키는 병원체로서 상기도염이나 기관지염, 폐렴을 유발하며, 드물지만 혈액, 피부, 신경, 심혈관, 근골격계 등의 폐외 합병증을 유발할 수 있다.〈유〉미코플라스마뉴모니아이

폐렴 바이러스(肺炎virus)[ ] **명구** 《의학》〈영유아〉〈폐렴〉호흡기 세포융합 바이러스를 포함한 바이러스로 유아에게 심각한 하부 호흡기 질환을 유발한다.

폐렴 사슬 알균(肺炎사슬알菌)[ ] **명구** 《의학》〈기타 공통〉〈폐렴〉쌍 또는 사슬 형태로 나타나는 그람 양성 호기성 구균의 한 속.〈유〉폐렴연쇄구균

폐렴 쌍구균(肺炎▽雙球菌)[ ] **명구** 《보건 일반》〈기타 공통〉〈폐렴〉엽폐렴의 병원균. 1886년에 독일의 의사 프랑켈(Frankel, A.)이 폐렴 환자의 가래 속에서 발견한 그람 양성(Gram陽性)의 구균으로, 보통 두 개씩 짝을 지어 배열하여 존재한다.〈유〉폐렴구균, 폐렴연쇄균

폐렴 쌍알균(肺炎雙알菌)[ ] **명구** 《의학》〈기타 공통〉〈폐렴〉쌍 또는 사슬 형태로 나타나는 그람 양성 호기성 구균의 한 속.〈유〉폐렴쌍구균

폐렴 알균(肺炎알菌)[ ]〔**명구**〕《의학》〈기타 공통〉〈폐렴〉쌍 또는 사슬 형태로 나타나는 그람 양성 호기성 구균의 한 속.〈유〉폐렴구균

폐렴 알균 혈증(肺炎알菌血症)[ ]〔**명구**〕《의학》〈기타 공통〉〈폐렴〉순환하는 혈액 속에 폐렴구균이 존재하는 상태.〈유〉폐렴구균혈중

폐렴 연쇄균(肺炎▽連鎖菌)[ ]〔**명구**〕《보건 일반》〈기타 공통〉〈폐렴〉엽폐렴의 병원균. 1886년에 독일의 의사 프랑켈(Frankel, A.)이 폐렴 환자의 가래 속에서 발견한 그람 양성(Gram陽性)의 구균으로, 보통 두 개씩 짝을 지어 배열하여 존재한다.〈유〉폐렴쌍구균

폐렴^간균(肺炎▽杆菌))[ ]〔**명구**〕《보건 일반》〈기타 공통〉〈폐렴〉폐렴의 원인이 되는 병원균의 하나. 1883년에 프리들랜더(Friedlander, M.)가 폐렴 환자로부터 분리한 그람 음성(Gram陰性)의 짧은 간균이다.

폐렴구균^백신(肺炎▽球菌vaccine)[ ]〔**명구**〕《의학》〈기타 공통〉〈폐렴〉폐렴구균을 예방하는 접종. 1차 접종 때 보호자가 백신을 선택해서 접종할 수 있다.

폐렴^구균^혈증(肺炎▽球菌血症)[ ]〔**명구**〕《의학》〈소아 아동〉〈전염병일반〉혈액 속에 폐렴균이 있는 상태.

폐렴-균(肺炎▽菌)[폐ː렴균/폐ː렴균]〔**명**〕《보건 일반》〈기타 공통〉〈폐렴〉폐렴을 일으키는 병원균을 통틀어 이르는 말.

폐소 공포증(閉所恐怖症)[ ]〔**명구**〕《심리》〈여성 일반〉〈부인(여성)-정신 건강 및 신경정신과 질환〉공포증의 일종으로, 닫히거나 좁은 공간·어두운 장소에 있을 때 극도의 공포를 느끼는 증상이다. 좁은 공간·장소에 대해 과민 반응을 보이는 공포증은 그 밖에도 존재한다.

폐쇄^여드름집(閉鎖여드름집)[ ]〔**명구**〕《의학》〈여성 일반〉〈부인(여성)-피부 및 모발 질환〉여드름의 기본 병터인 흰색의 여드름집. 염증이 진행되면서 구진, 고름 물집, 흉터 따위의 다양한 모습으로 나타난다.〈유〉닫힌^여드름집「001」(동의어), 폐쇄^면포(閉鎖面皰)「001」(동의어)

폭식^장애(暴食障碍)[ ]**명구**〈여성 일반〉〈부인(여성)-소화기 질환〉식이 장애의 하나. 스스로 조절할 수 없을 정도로 많은 양의 음식을 먹고, 배고프지 않아도 음식을 섭취하는 장애. 구토를 하지 않는다는 점에서 폭식증과 구별된다. ¶나는 보상 행동은 안 해서 폭식 장애 해당.

폭식-증(暴食症)[폭씩쯩]**명**〈여성 일반/청소년〉〈부인(여성)-소화기 질환/청소년-정신 건강 및 신경정신과 질환〉음식을 한꺼번에 지나치게 많이 먹고 극단적인 제중 조절을 위해 구토와 설사를 반복적으로 일으키는 병적인 증세. ¶거식증과 폭식증 / 폭식증에 걸리다.

폭음(暴飲)[포금]**명**〈여성 일반〉〈부인(여성)-소화기 질환〉「1」술을 한꺼번에 많이 마심.「2」가리지 않고 아무것이나 마구 마심.〈유〉폭주「1」. 〈참〉폭배(暴杯) ¶폭음을 일삼다. / 지나친 폭음은 건강을 해친다 ./ 그는 연이은 폭음으로 간이 나빠졌다. / 주머니를 술판에 끌러 놓고 술을 마시는데 바닥이 나도록 밤이 새도록, 마치 보가 터진 것 같은 무시무시한 폭음이다.

폭토(暴吐)[폭토]**명**〈여성 일반〉〈부인(여성)-소화기 질환〉폭식을 한 뒤에 살이 찔까 두려워하여 억지로 토하는 일. ¶스트레스에 의한 폭식증 후 살이 찔까 두려워 토하는 현상인 일명 '폭토'는 상당히 많은 여성들이 겪는 증상이며 이는 침샘 비대증의 주요한 원인이다. / 섭식 장애 환자들 사이에선 식욕을 참지 못해 폭식한 뒤 토하는 '폭토', 음식물을 씹다가 삼키지 않고 뱉는 '씹뱉'이 일상이다.

폭풍 식욕(暴風食慾)[ ]**명구**〈여성 일반〉〈부인(여성)-소화기 질환〉음식을 이것저것 정신없이 먹어 치우고 싶은 욕망을 비유적으로 이르는 말. ¶○○○과 멤버들은 둘러 앉아 도란도란 국수를 나눠 먹었고, 특히 ○○○은 국수를 숟가락으로 퍼먹으며 폭풍 식욕을 과시해 눈길을 끌었다.

표재성^위염(表在性胃炎)[ ]**명구**《의학》〈여성 일반〉〈부인(여성)-소화기 질환〉위 점막의 표층 부근에만 국한하여 일어나는 염증. 위염 초기에 나타나며, 비교적 증상이 가볍다.〈유〉얇은^위염(얇은胃炎) ¶표재성 위염이 장기간 지속되면 위선이 소실되고 위 점막이 위축되는 위축성 위염이 발생한다.
／표재성 위염으로 인한 소화 불량은 약물 치료로 호전되고, 증상이 없다면
생활 습관을 바로잡으면 된다.

풍감(風疳)[풍감]**명**《한의》〈영유아/소아 아동〉〈간 질환〉젖이나 음식의 조
절이 잘못된 어린아이가 간의 경락에 열을 받아 생기는 병. 눈이 깔깔하고
가려워서 자주 비비며, 얼굴색이 푸르고 누르스름해지고 몸이 여위며 헛배
가 부른다.

풍랭치통(風冷齒痛)[풍냉치통]**명**《한의》〈기타〉〈통증 일반〉충치가 생기거나
잇몸이 붓거나 하지 않았는데 이가 아프며 흔들리는 병.〈준〉풍랭통(風冷
痛)

풍랭통(風冷痛)[풍냉통]**명**《한의》〈기타〉〈통증 일반〉충치가 생기거나 잇몸
이 붓거나 하지 않았는데 이가 아프며 흔들리는 병.〈본〉풍랭치통(風冷齒
痛)

풍심통(風心痛)[풍심통]**명**《한의》〈기타〉〈통증 일반〉풍사(風邪)에 손상되어
심장 부위가 아프면서 양 옆구리와 배가 결리며 아픈 병.

풍열치통(風熱齒痛)[풍열치통]**명**《한의》〈기타〉〈통증 일반〉외부의 풍사(風
邪)와 내부의 열이 서로 부딪쳐 생기는 치통. 잇몸이 붓고 몹시 아프며 고름
이 난다.〈준〉풍열통(風熱痛)

풍열통(風熱痛)[풍열통]**명**《한의》〈기타〉〈통증 일반〉외부의 풍사(風邪)와
내부의 열이 서로 부딪쳐 생기는 치통. 잇몸이 붓고 몹시 아프며 고름이 난
다.〈본〉풍열치통(風熱齒痛)

풍요통(風腰痛)[풍요통]**명**《한의》〈기타〉〈통증 일반〉감기로 인하여 허리가
아픈 병. 아픈 자리가 일정하지 않고 양다리가 뻣뻣하다.¶풍요통은 허리
디스크 증상과 가장 유사하다.

풍진(風疹)[풍진]**명**《의학》〈소아 아동〉〈소아 피부병-홍역/피부병〉홍역과
비슷한 발진성 급성 피부 전염병의 하나. 흔히 어린이들에게 많으며, 엷은

붉은색 뾰루지가 얼굴이나 머리를 비롯하여 온몸에 퍼졌다가 3~4일 만에 낫는 병으로, 잠복기는 20일가량 되며 바이러스 감염으로 발생한다. ¶풍진은 임신부에게 노출될 시 신생아에게 청각 장애, 심장 기형, 소뇌증, 간·비장 기형 등의 선천 풍진 증후군이 발생할 수 있어 임신을 준비 중인 항체가 없는 여성의 접종이 필요하다.

풍진^백신 (風疹vaccine)[ ]〔명구〕《약학》〈임부 산모〉〈소아 피부병-풍진〉풍진 예방에 쓰는 백신. ¶가슴에 안고 있는 신생아를 지키기 위해 엄마는 출산 후 빨리 풍진 백신을 접종받아야 합니다.

풍진^장애아 (風疹障礙兒)[ ]〔명구〕《의학》〈소아 아동〉〈소아 피부병-풍진〉임신 초기에 풍진에 걸린 모체로부터 바이러스의 감염을 받아서 생긴 선천성 장애아. 난청·백내장·심장병·물뇌증 따위의 장애가 나타나며, 이것들이 겹치기도 한다. ¶1965년 오키나와를 휩쓴 풍진 때문에 난청을 앓는 장애아가 600명이나 태어났는데도 본토에서는 별로 관심을 가지지 않고 있다는 것입니다.

풍협통 (風脇痛)[풍협통]〔명〕《한의》〈기타〉〈통증 일반〉풍(風)으로 옆구리가 아픈 증세. 〈유〉협풍통(脇風痛)

피내용^BCG (皮內用BCG)[ ]〔명구〕《보건 일반》〈영유아〉〈전염병-추가〉피부를 통하여 투여하는 결핵 예방 백신으로, BCG 접종 방법 중 하나. 주삿바늘로 피내에 주입해 5~7mm의 동그란 피부 융기를 만들어 접종하는 방법이다.

피로^골절 (疲勞骨折)[ ]〔명구〕《의학》〈청소년〉〈청소년-근골격계 및 정형외과 질환〉한 번의 외력에 의한 골절이 아니고 미세한 외력이 동일 부위에 반복적으로 더해진 결과, 골 손실이 일어나 골절로 발전된 상태.

피부 경화증 (皮膚硬化症)[ ]〔명구〕《의학》〈노인 일반〉〈노인-피부 질환〉피부가 굳어져 탄력이 없어지는 피부병.

피부^건조증 (皮膚乾燥症)[ ]〔명구〕《의학》〈여성 일반〉〈부인(여성)-피부 및 모발 질환〉기름이나 땀의 분비가 적어져서 피부가 마르고 거칠어진 상태. 〈유〉

건피-증(乾皮症)「001」(동의어), 피부^마름증(皮膚마름症)「001」(동의어)

피부-뿔(皮膚뿔)[피부뿔]**명**《의학》〈노인 일반〉〈노인-피부 질환〉표피의 각
질이 늘어나 뿔 모양의 돌기물로 된 것. 사마귀, 노인성 과다 각화증, 편평
상피 암 따위가 원인이며 머리, 얼굴, 손 따위에 생긴다. 노인에게 많다.

피부^스침증(皮膚스침症)[ ]**명구**《의학》〈영유아/기타〉〈피부병〉겨드랑이, 목,
사타구니 따위의 피부가 서로 닿아 스침으로써 생기는 습진성 염증. 피부가
부풀어 오르고 짓무르거나 가렵거나 욱신거리는 증상이 나타나며, 젖먹이
아이나 비만한 성인처럼 피부가 많이 접혀 있는 사람에게서 흔히 발생한
다. 〈유〉간찰진(間擦疹)

피부^치핵(皮膚痔核)[ ]**명구**《의학》〈여성 일반〉〈부인(여성)-소화기 질환〉항
문에 근접한 피부의 부챗살 모양 주름에서 결합 조직이 과다하게 증식된 상
태.

피부^홍반^루푸스(皮膚紅斑lupus)[ ]**명구**《의학》〈여성 일반〉〈부인(여성)-감
각 기관(면역 및 자가 면역)〉전신 홍반 루푸스와 같은 기전으로 발생하는
자가 면역 질환의 하나. 증상이 전신 홍반 루푸스와 달리 주로 피부에만 국
한되어 나타난다. ⇒ 규범 표기는 미확정이다.

피에이엘(PAL)[ ]**명구**《생명》〈영유아〉〈신생아_추가〉필수 아미노산의 하나.
무색의 고체로, 물에 조금 녹고 알코올에는 거의 녹지 아니한다. 달걀, 우유
따위에 있는 단백질에 2~5% 들어 있다. 화학식은 $C_6H_{15}CH_2CH(NH_2)$
$COOH$. 〈유〉페닐알라닌

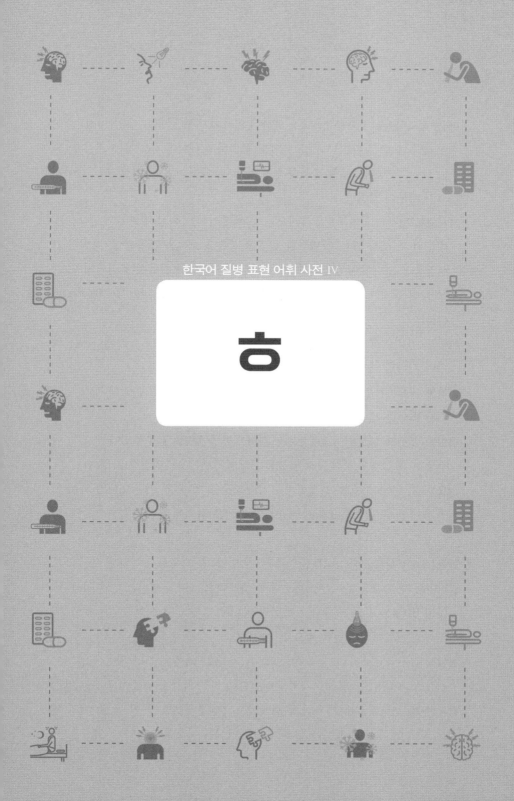

한국어 질병 표현 어휘 사전 IV

ㅎ

하강^정지^난산(下降停止難産)[ ] 명구《의학》〈임부 산모〉〈부인(여성)-출산 및 산후 관련 질환〉산모의 노력에도 불구하고 태아가 내려가는 것이 안 되는 난산. 전형적으로 불충분한 산모의 노력, 태아의 위치 이상 또는 태아의 크기 때문에 일어난다.

하시모토-병(hashimoto病)[하시모토병] 명《의학》〈여성 일반〉〈부인(여성)-내분비 및 대사 질환〉광범위한 림프구 침윤을 보이는 갑상샘염. 광범위 갑상샘종을 초래하며 실질의 파괴가 진행되어 갑상샘 저하증에 이르게 된다. ⇒ 규범 표기는 미확정이다. 〈참〉림프종^갑상샘종(lymph腫甲狀샘腫)「001」 (기타)

하이고( )[하이고] 감〈기타〉〈통증 감탄〉아프거나 힘들거나 놀라거나 원통하거나 기막힐 때 내는 소리. '아이고'보다 거센 느낌을 준다.

한복통(寒腹痛)[한복통] 명《한의》〈기타〉〈통증 일반〉추위로 인해 배가 상하거나 배를 차게 했을 때 생기는 배앓이.

한심통(寒心痛)[한심통] 명《한의》〈기타〉〈통증 일반〉명치 부위가 은은히 아프면서 그 통증이 등에까지 뻗치고 손발이 찬 병.〈유〉냉심통(冷心痛)

한요통(寒腰痛)[하뇨통] 명《한의》〈기타〉〈통증 일반〉찬 기운으로 인하여 허리가 아픈 증상. ¶한요통의 대표적인 증상은 허리에 통증과 함께 시린 느낌이 든다는 것이다.

한통(寒痛)[한통] 명《한의》〈기타〉〈통증 일반〉찬 기운으로 인하여 아픈 것.

항비만증-제(抗肥滿症劑)[항:비만쯩제] 명《약학》〈여성 일반〉〈부인(여성)-내분비 및 대사 질환〉체내에 과도한 지방이 축적되는 것을 억제하는 약물. 비만증을 치료하기 위한 목적으로 쓰인다.

항알레르기-약(抗allergie藥)[항알레르기약] 명《의학》〈기타 공통〉〈알레르기〉주로 아이(I)형 알레르기의 증상을 개선하는 약물을 통틀어 이르는 말.

항유산-제(抗流産劑)[항:유산제] 명《약학》〈임부 산모〉〈부인(여성)-기타 임신 및 출산 관련 문제〉유산을 방지하고 임신을 지속시키는 약제.〈유〉유산^

방지제(流産防止劑)「001」(동의어)

해열-제(解熱劑)[해 : 열쩨]**명**《약학》〈영유아〉〈신생아_추가〉체온 조절 중추
(中樞)에 작용하여 병적으로 높아진 체온을 정상으로 내리게 하는 약. 안티
피린, 아세트아닐라이드, 아스피린, 페나세틴 따위가 있다. 〈유〉소열제, 지
열제

향기^요법(香氣療法)[ ]**명구**《보건 일반》〈여성 일반〉〈부인(여성)-정신 건강
및 신경정신과 질환〉방향성 정유를 흡입제로 사용하거나 마사지에 사용하
여 스트레스를 완화하고 피부 증상을 치료하는 방법. 사람의 기분이나 행동
에 변화를 주거나, 신체적·정신적·정서적 건강과 행복을 증진하기 위하여
이용한다. 〈유〉방향^요법(芳香療法)「001」(동의어), 아로마^세러피(aroma
therapy)「001」(동의어), 향기^치료(香氣治療)「001」(동의어)

허리 디스크(허리disk)[ ]**명구**〈여성 일반〉〈부인(여성)-근골격계 및 정형외과
질환〉'척추 원반 탈출증'을 일상적으로 이르는 말. 〈유〉디스크(disk)「002」
(동의어) ¶허리 디스크는 심하지 않은 경우에는 대개 물리 치료로 증상이
개선됩니다. / 하지만 통증이 지속된다면 허리 디스크를 의심해 볼 수 있다.

허리^디스크^환자(허리disk患者)[ ]**명구**《의학》〈여성 일반〉〈부인(여성)-근골
격계 및 정형외과 질환〉허리뼈 사이의 추간판이 돌출되어 척수나 신경근을
눌러 통증이나 감각 이상 따위를 앓는 사람. ¶허리 디스크 환자한테서 가장
두드러진 증상은 요통과 '다리가 저리고 아픈 증상'인데 대부분 요통보다 다
리의 통증이 심한 것이 특징이다. / 건강 보험 심사 평가원에 따르면 2018년
국내 허리 디스크 환자는 약 198만 명으로 추산되며 주로 노화에 기인하는
것으로 알려져 있었지만 근래에는 젊은 층 환자의 증가 양상이 뚜렷하다.

허리앓이( )[허리아리]**명**《의학》〈기타〉〈통증 일반〉허리와 엉덩이 부위가 아
픈 증상. 척추 질환, 외상, 척추 원반 이상, 임신, 부인과 질환, 비뇨 계통 질
환, 신경·근육 질환 따위가 원인이다. 〈유〉요통

허리증(허리症)[허리쯩]**명**《의학》〈기타〉〈통증 일반〉신경통으로 인하여 허

리가 아픈 증상. 갑자기 쿡쿡 찌르는 것처럼 아프거나 오랫동안 지속적으로
아프기도 한데, 일어나서 앉거나 서기가 힘들다.

허친슨 (hutchinson, sir Jonathan)[ ] **명**《인명》〈기타 공통〉〈성병〉영국의 의학
자(1828~1913). '허친슨 삼 징후'와 같은 선천 매독의 징후를 밝히는 업적을
남겼다.

허친슨^삼^징후 (Hutchinson三徵候)[ ] **명구**《의학》〈영유아〉〈성병〉선천 매독
에서 나타나는 세 가지 증상. 허친슨 이, 각막 실질염, 속귀 난청을 이른다.

허친슨^이 (Hutchinson이)[ ] **명구**《의학》〈영유아〉〈성병〉선천 매독에서 나타
나는 허친슨 삼 징후의 하나. 영구치의 위 안쪽 앞니가 짧고 씹는 면이 반달
모양의 결손부를 이룬다.

허친슨^흑색^주근깨 (Hutchinson黑色주근깨)[ ] **명구**《의학》〈여성 일반〉〈부인
(여성)-피부 및 모발 질환〉전암성 병터의 하나인 악성 흑색점에서 유래하는
악성 피부 종양. 임상적으로는 색깔이 흑색과 갈색인 것에서부터 연분홍색
인 것에 이르기까지 다양하며, 형태가 불규칙하고 표면은 평평하다. 이 종
양은 백인에게 발생하는 악성 흑생종의 10%, 일본인에게 발생하는 악성 흑
색종의 2.5%를 차지하나 한국인에게는 드물다. 상당히 오랜 기간 동안 수
평 성장을 하다가 나중에 수직 성장을 하며 나이 든 사람의 얼굴 부위에 잘
발생한다. 〈유〉악성^흑색점^흑색종(惡性黑色點黑色腫)「001」(동의어)

헛배가 부르다 ( )[ ] **형구**〈기타〉〈통증 일반〉음식을 먹지 않았는데도 이유 없이
배가 부르다. ¶소화 기관에 울혈이 생겨 헛배가 부르고 변비가 계속되었다.
/ 담창이 생겼는지 자꾸 헛배가 부르다.

헤르페스 (herpes)[헤르페스] **명**《의학》〈청소년〉〈청소년-감염병 및 전염병〉
바이러스의 감염으로 피부 또는 점막에 크고 작은 물집이 생기는 피부병을
통틀어 이르는 말. 입술과 음부 따위에 생기는 단순 포진과 신체의 한쪽에
신경통과 함께 발진이 생기는 대상(帶狀) 포진이 있다. 〈유〉포진

헤르페스 모양 습진 (herpes模樣濕疹)[헤르페스 모양 습진] **명구**《의학》〈소아

아동〉〈알레르기〉발열을 동반한 헤르페스 제1형 바이러스가 원인으로, 피부에 씨뿌림 형태로 발진이 광범위하게 나타나며 잔물집이 배꼽 모양으로 함몰되는, 헤르페스 모양의 고름 물집이 특징인 질환. 주로 이전에 피부염이 있었던 어린이에게서 많이 발생한다.

헤르페스 습진(herpes濕疹)[ ]**명구**《의학》〈소아 아동〉〈알레르기〉소아에 흔한 열성 질환. 헤르페스 바이러스 제1형이 피부에 감염되어 광범위한 수포와 함몰된 농포를 형성한다.

헥소프레날린(hexoprenaline)[헥소프레날린]**명**《약학》〈기타 공통〉〈만성 하기도질환〉기관지 천식, 만성 기관지염, 진폐증에서 기도 폐쇄성 장애에 의한 호흡 곤란 따위의 증상 완화에 사용되는 아드레날린 베타 투 수용체 작용약.〈유〉헥소프레날린황산염(hexoprenaline黃酸鹽) ¶헥소프레날린은 미국 식품의약국(FDA)의 승인을 받지 못했으며, 임산부와 태아에게 심각한 심혈관 부작용을 유발함에 따라 국내에서 경구제의 사용은 금지되었고 주사제 사용에도 제한 조치가 내려진 바 있다.

헬리코박터균(helicobacter菌)[헬리코박터균]**명**《의학》〈노인 일반〉〈노인-암(종양) 관련 질환〉위장 내에 기생하는 세균으로 위점 막층과 점액 사이에 서식한다. 이 세균은 우리나라에 비교적 높은 빈도로 분포하는 것으로 알려져 있으며 한 조사에 따르면 어린이의 20%, 중년층의 70%, 그리고 노년층의 경우 90%가 감염되어 있는 것으로 나타났다. 이들은 위염, 위궤양, 위암 등의 위험 인자로 분류되어 있다. ¶젊은 위암 환자의 가족이 헬리코박터균에 감염될 확률이 상당히 높다는 연구 결과가 나왔다.

혈심통(血心痛)[혈씸통]**명**《한의》〈기타〉〈통증 일반〉어혈(瘀血)로 명치 부위가 아픈 증상.

혈어통(血瘀痛)[혀러통]**명**《한의》〈기타〉〈통증 일반〉어혈로 인하여 생기는 통증.

혈전^외치핵(血栓外痔核)[ ]**명구**《생명》〈여성 일반〉〈부인(여성)-소화기 질환〉외치핵에서 혈액이 응고되어 만들어진 핏덩이.

혈청 간염(血淸肝炎)[ ] 명구《의학》〈영유아/소아 아동〉〈간 질환〉에이치비 바이러스의 감염에 의한 간염. 성인은 성교나 수혈을 통해서 감염되고 일과성 감염의 경과를 거치지만, 신생아나 소아는 지속적으로 감염되는 일이 많다.〈유〉비형간염, 수혈감염 ¶B형 간염은 수혈이나 혈청 주사후에 생기므로 혈청간염이라고 합니다.

협동^작용(協同作用)[ ] 명구《생명》〈영유아〉〈신생아_추가〉여러 요인이 함께 겹쳐 작용하여 하나씩 작용할 때보다 더 크게 효과를 나타내는 현상. 해열제를 두 가지 이상 섞어 쓰는 경우 따위에서 나타난다.〈유〉상승작용

협통(脇痛)[협통]명《한의》〈기타〉〈통증 일반〉갈빗대 있는 곳이 결리고 아픈 병.

협풍통(脇風痛)[협풍통-]명《한의》〈기타〉〈통증 일반〉풍(風)으로 옆구리가 아픈 증세.〈유〉풍협통(風脇痛)

형성 저하 심장(形成低下心臟)[형성저하심장]명구《의학》〈영유아〉〈심장 질환〉심장이 형성될 때 조직이나 기관이 제대로 성장하지 못한 상태. ¶영국 피터버러에 사는 벤자민 레이너는 태어나자마자 심장 왼쪽에 형성 저하 심장(hypoplastic heart) 증상을 보였다.

형질^세포^유방염(形質細胞乳房炎)[ ] 명구《의학》〈여성 일반〉〈부인(여성)-유방 질환〉많은 수의 형질 세포를 포함한 종양같이 굳은 덩이가 특징인 유방의 질환. 대부분 젖샘관 확장증으로 인하여 생긴다. 이는 피부와 붙어 있고, 겨드랑이에 림프절 비대가 있어 임상적으로는 악성 질환과 비슷하지만, 종양은 아니다.

호( )[호]부〈기타〉〈통증 감탄〉(아이들이 다친 데나 아픈 데를 덜 아프게 하려고) 입을 오므려 내밀어 입김을 내뿜는 소리. 또는 그 모양.〈유〉후 ¶자, 다친 데를 좀 보자. 호~ 좀 괜찮아?

호구-만명(戶口萬明)[호:구만명]명《민속》〈소아 아동〉〈소아 피부병-천연

두〉천연두로 죽은 사람의 귀신.

호구-별성 (戶口別星)[호:구별썽]명《민속》〈소아 아동〉〈소아 피부병-천연두〉집집마다 찾아다니며 천연두를 앓게 한다는 여신. 강남(중국)에서 특별한 사명을 띠고 주기적으로 찾아온다고 한다. ¶그리고 사도세자는 어렸을 때 천연두를 앓았는데 전통 무가(巫歌)에서는 사도세자를 호구별성(戶口別星)이라고 부른다. 여기서 '호구'는 마마신을 의미하고 '별성'은 원한을 품고 죽은 남성 신격을 뜻한다.

호르몬 보충요법 (hormone replacement therapy, HRT)[ ]명구〈여성 일반〉〈부인(여성)-여성 호르몬 및 폐경 관련 질환〉폐경 후 여성의 호르몬 부족을 보충하여 다양한 증상을 완화하고 건강을 유지하는 치료 방법이다. ¶호르몬 보충요법을 실시하면 성욕이 증가하고, 야간 발기가 많아집니다.

호산구^위염 (好酸球胃炎)[ ]명구《의학》〈여성 일반〉〈부인(여성)-소화기 질환〉점막, 점막하층, 근육층에서 호산구 침윤(浸潤)이 관찰되는 위염. 주로 날문방을 침범하며, 위 주름이 커지고 폴립이 생기거나 근육층이 두꺼워지고 날문방이 좁아질 수도 있다. 〈유〉호산성^위염(好酸性胃炎)

호산성^위염 (好酸性胃炎)[ ]명구《의학》〈여성 일반〉〈부인(여성)-소화기 질환〉점막, 점막하층, 근육층에서 호산구 침윤(浸潤)이 관찰되는 위염. 주로 날문방을 침범하며, 위 주름이 커지고 폴립이 생기거나 근육층이 두꺼워지고 날문방이 좁아질 수도 있다. 〈유〉호산구^위염(好酸球胃炎)

호스피스 완화 간호 (hopice 緩和看護)[ ]명구《간호》〈노인 일반〉〈노인-기타〉치유될 수 없는 질환의 말기에 있는 환자들이 임종을 맞이할 때까지 인간으로서의 존엄성과 품위를 잃지 않고, 평안하고 자연스럽게 죽음을 맞이할 수 있도록 돕는 일.

호스피스 (hospice)[호스피스]명《심리》〈노인 일반〉〈노인-기타〉죽음이 가까운 환자를 입원시켜 위안과 안락을 얻을 수 있도록 하는 특수 병원. 말기 환자의 육체적 고통을 덜어 주기 위한 치료를 하며, 심리적·종교적으로 도움을 주어 인간적인 마지막 삶을 누릴 수 있도록 하는 시설이다.

호스피스(002) (hospice)[호스피스]**명**《사회 일반》〈노인 일반〉〈노인-기타〉
죽음을 앞둔 환자가 평안한 임종을 맞도록 위안과 안락을 베푸는 봉사 활
동. 또는 그런 일을 하는 사람.

호쎄( )[호쎄]**감**〈기타〉〈통증 감탄〉(아이들이 다친 데나 아픈 데를 덜 아프게
하려고) 입을 오므려 내밀어 입김을 내뿜으며 쓰다듬을 때 내는 소리. 또는
그 모양. ¶어렸을 때 아플 때마다 어머니가 다친 부위에 '호쎄' 하며 만져 주
셨다.

호쎄하다( )[호쎄하다]**동**〈기타〉〈통증 감탄〉(아이들이 다친 데나 아픈 데를 덜
아프게 하려고) 입을 오므려 내밀어 입김을 내뿜으며 쓰다듬다. ¶어디보자,
우리 아기, 엄마가 호쎄해 줄게.

호역(戶疫)[호ː역]**명**《한의》〈소아 아동〉〈소아 피부병-천연두〉'천연두'를 한
방에서 이르는 말. ¶오랑캐 호자를 써서 호역(胡疫)으로 쓰다 청과의 관계
가 호전되면서 한자를 살짝 바꿔 호역(戶疫)으로 표기했다.

호하다( )[호하다]**동**〈기타〉〈통증 감탄〉(아이들이 다친 데나 아픈 데를 덜 아
프게 하려고) 입을 오므려 내밀어 입김을 내뿜다. ¶아빠가 호해 줄게, 많이
아팠겠다.

호흡기^감염(呼吸器感染)[ ]**명구**《의학》〈기타 공통〉〈감기-몸살, 세기관지염〉
호흡기에 일어나는 감염. 상부 호흡기 감염의 주된 원인은 리노바이러스와
인플루엔자 바이러스이다.

호흡기^세포^융합^바이러스(呼吸器細胞融合virus)[ ]**명구**《의학》〈영유아/소
아 아동〉〈전염병-추가〉파라믹소바이러스에 속하는 단일 음성 가닥 아르엔
에이(RNA) 바이러스. 호흡기도 검체(檢體)에서 분리되며 조직 배양 세포에
접종하면 합포체를 잘 형성한다. 영아와 소아의 하부 호흡기 감염의 중요한
원인 병원체이다.〈유〉알에스브이 ¶호흡기 세포 융합 바이러스는 이같은
호흡기 감염의 가장 흔한 바이러스균으로 미국 내 거의 모든 아이들은 2~3

살경 이 같은 바이러스에 감염된다.

호흡^부정맥 (呼吸不整脈)[ ] **명구** 《의학》〈소아 아동〉〈추가_허지민〉숨을 들이쉴 때에는 빠르고 작게, 내쉴 때에는 느리고 크게 뛰는 맥박. 숨을 들이쉴 때의 맥박이 내쉴 때의 맥박의 두 배가 되면 병적인 것으로 보는데, 어린아이에게 흔히 볼 수 있으며 수막염·뇌종양·신경증·열병의 회복기에 자주 나타난다. ¶그 외에 호흡 부정맥이라고 부르는, 잠잘 때 발생하는 부정맥도 있는데 전혀 걱정할 필요가 없습니다.

혼합성^고지혈증 (混合性高脂血症)[ ] **명구** 《의학》〈여성 일반〉〈부인(여성)-내분비 및 대사 질환〉선천성 지질 단백질 대사의 장애에 의하여 발생하는 질환 가운데 하나. 특히 이 경우는 저밀도 지질 단백질과 초저밀도 지질 단백질이 모두 상승하는 것이 특징이다.

홍반 습진 (紅斑濕疹)[ ] **명구** 《의학》〈여성 일반〉〈부인(여성)-피부 및 모발 질환〉광범위한 부위에 홍반과 비늘 벗음이 나타나는 습진의 마른 형태.

홍반^루푸스 (紅斑lupus)[ ] **명구** 《의학》〈여성 일반〉〈부인(여성)-감각 기관(면역 및 자가 면역)〉전신의 혈관 조직에 장애를 일으키는 아교질병 가운데 대표적인 질병. 얼굴 한가운데 코를 중심으로 좌우로 마치 나비가 날개를 펼친 것처럼 보이는 점형 홍반이 나타나고, 관절염, 부종, 손가락끝이 하얘지는 증상이 있으며, 심장이나 신장에 병이 생기는 경우도 있다. ⇒ 규범 표기는 미확정이다. 〈유〉홍반성^루푸스(紅斑性lupus)「001」(동의어)

홍반^루푸스^소체 (紅斑lupus小體)[ ] **명구** 《생명》〈여성 일반〉〈부인(여성)-감각 기관(면역 및 자가 면역)〉홍반 루푸스 세포의 세포질에 있는 무정형의 둥근 덩어리. ⇒ 규범 표기는 미확정이다.

홍반성^루푸스 (紅斑性lupus)[ ] **명구** 《의학》〈여성 일반〉〈부인(여성)-감각 기관(면역 및 자가 면역)〉전신의 혈관 조직에 장애를 일으키는 아교질병 가운데 대표적인 질병. 얼굴 한가운데 코를 중심으로 좌우로 마치 나비가 날개를 펼친 것처럼 보이는 점형 홍반이 나타나고, 관절염, 부종, 손가락끝이 하

애지는 증상이 있으며, 심장이나 신장에 병이 생기는 경우도 있다. ⇒ 규범
표기는 미확정이다. 〈유〉홍반^루프스(紅斑lupus)「001」(동의어)

홍역(紅疫)[홍역]**명**《의학》〈영유아/소아 아동/청소년〉〈소아 피부병-홍역/
조선시대전염병/청소년-감염병 및 전염병〉홍역 바이러스가 비말 감염에
의하여 일으키는 급성 전염병. 1~6세의 어린이에게 많고 봄철에 많다. 잠복
기는 약 10일로, 감기와 비슷한 증상으로 시작하여 입안 점막에 작은 흰 반
점이 생기고 나중에는 온몸에 좁쌀 같은 붉은 발진이 돋는다. 한 번 앓으면
다시 걸리지 않는다. ¶홍역은 홍역 바이러스에 의한 감염으로 발생하며 전
염성이 강하여 감수성 있는 접촉자의 90% 이상이 발병한다.

홍역(을) 치르다( )[ ]**관용**〈영유아/소아 아동〉〈소아 피부병-홍역〉몹시 애를 먹
거나 어려움을 겪다. ¶큰아들의 가출로 온 집안이 홍역을 치렀다.

홍역-꽃(紅疫꽃)[홍역꼳]**명**《의학》〈영유아/소아 아동〉〈소아 피부병-홍역〉
홍역 환자의 피부에 좁쌀같이 작고 불그스레하게 돋는 발진. ¶전구기에 생
기는 홍역꽃은 환자의 피부에 좁쌀같이 작고 불그스레하게 돋는 발진(붉은
반점의 꽃)을 이르는데 이때가 전염력이 가장 강한 시기다.

홍역^내공(紅疫內攻)[ ]**명구**《의학》〈영유아/소아 아동〉〈소아 피부병-홍역〉
홍역 때에 돋은 발진이 갑자기 사라지면서 나타나는 합병증. 고열, 안면 창
백, 호흡 곤란 따위가 생기고 심장의 박동이 고르지 못하며 맥박이 떨어져
위독한 상태까지 된다. 폐렴, 구루병 따위가 있거나 해열제를 잘못 쓸 때에
일어난다.

홍역^바이러스(紅疫virus)[ ]**명구**《생명》〈영유아/소아 아동〉〈소아 피부병-홍
역〉홍역을 일으키는 바이러스. ¶홍역은 홍역 바이러스로 인해 발생하는 병
으로, 2급 감염병으로 분류된다.

홍역^백신(紅疫vaccine)[ ]**명구**《약학》〈소아 아동〉〈소아 피부병-홍역/피부
병〉홍역을 예방하기 위한 백신. 예방 접종은 제1회에 불활성화(不活性化)
백신을 근육 또는 피부밑에, 제2회는 4~6주 후 약독(弱毒) 생균(生菌) 백신

을 피부밑에 접종하는데, 주로 1~3세의 아이에게 행한다. 〈유〉마진백신 ¶
보고서는 홍역 백신 접종률이 정체되면서 거의 3,500만 명의 아동이 전혀
보호받지 못하거나 부분적으로만 보호받는다고 설명했다.

홍역은 평생에 안 걸리면 무덤에서라도 앓는다 ( ) [ ] 속담〈소아 아동〉〈소아 피부
병-홍역〉홍역은 누구나 한 번은 치러야 하는 병이라는 말.

홍진 (紅疹) [홍진] 명《한의》〈영유아/소아 아동〉〈소아 피부병-홍역〉'홍역'을
한방에서 이르는 말. ¶영조는 빈궁에게 홍진(紅疹)이 생기자 '별일 없을 것'
이라고 버티다 신하들의 경고로 거처를 옮겼다.

홑칸 심장 (홑칸心臟) [ ] 명구《의학》〈기타 공통〉〈심장 질환〉하나의 심방과 하
나의 심실로 구성된 심장. ¶내 심장은 다른 아이들과 다른 홑칸 심장이다.

화끈거리다 ( ) [화끈거리다] 동〈기타〉〈통증 일반〉(몸이나 쇠 따위가) 뜨거운
기운을 받아 자꾸 갑자기 달아오르다. 〈유〉화끈대다, 화끈화끈하다 〈참〉후
끈거리다 ¶나의 발은 동상과 물집으로 부어오르고 얼굴은 전체가 불에 데
인 듯 화끈거린다. / 감기 기운인지 온몸이 자꾸 화끈거린다.

화끈대다 ( ) [화끈대다] 동〈기타〉〈통증 일반〉(몸이나 쇠 따위가) 뜨거운 기운
을 받아 자꾸 갑자기 달아오르다. 〈유〉화끈거리다, 화끈화끈하다 〈참〉후끈
대다 ¶뜨거운 햇볕에 등짝이 화끈댔다. / 삔 허리에 파스를 붙였더니 화끈
댔다.

화끈화끈하다 ( ) [화끈화끈하다] 동〈기타〉〈통증 일반〉(몸이나 쇠 따위가) 뜨거
운 기운을 받아 자꾸 갑자기 달아오르다. 〈유〉화끈거리다, 화끈대다 〈참〉
후끈후끈하다 ¶지금 나는 오한 때문에 온몸이 화끈화끈하여 꼼짝도 할 수
없어./덴 곳은 화기로 화끈화끈하더니 잠시 후 물집이 생겼다.

화농^유방염 (化膿乳房炎) [ ] 명구《의학》〈여성 일반〉〈부인(여성)-유방 질환〉
화농성 세균 감염으로 인하여 유방에 염증이 생긴 상태.

화장품^여드름 (化粧品여드름) [ ] 명구《의학》〈여성 일반〉〈부인(여성)-피부 및
모발 질환〉화장품으로 인하여 생기거나 악화된 여드름. 털 피지샘의 구멍

ㅎ

이 막히기 때문에 발생한다.

화학^위염(化學胃炎)[ ][**명구**]《의학》〈여성 일반〉〈부인(여성)-소화기 질환〉부식성 화학 물질을 복용한 후 발생한 급성 위염. 위 점막에 손상이 발생하며 심하면 위벽 전체에 염증을 유발한다.〈유〉부식^위염(腐蝕胃炎)

확산^위축^위염(擴散萎縮胃炎)[ ][**명구**]《의학》〈여성 일반〉〈부인(여성)-소화기 질환〉위벽 세포에 대한 자가 항체에 의하여 유발되는 위염. 위 점막의 위축이 발생하며 그로 인한 위산 없음증이 발생한다.〈유〉자가^면역^위염(自家免疫胃炎)

확인강박(確認强迫)[ ][**명구**]《심리》〈여성 일반〉〈부인(여성)-정신 건강 및 신경정신과 질환〉자신이 타인에게 피해를 주는지, 타인이 자신에게 피해를 주는지, 실수를 하지 않았는지, 끔찍한 일이 일어나는지 등을 끊임없이 묻거나 확인하거나 맥박, 혈압, 외모 등의 자신의 신체와 자물쇠, 창문, 전기 기구, 전열기, 가스 밸브 등을 계속해서 확인하는 행위이다. ¶이러한 경험은 흔한 강박증의 한 유형인 '확인 강박'의 전형적인 증상이다.

확인^안^된^임신(確認안된妊娠)[ ][**명구**]《의학》〈임부 산모〉〈부인(여성)-임신과 관련된 질환〉성공적인 임신 후에 배아 또는 태아가 형성되고 있는 상태이나 검진을 통해 확인되지는 않은 상태.

확장^진통(擴張陣痛)[ ][**명구**]《의학》〈임부 산모〉〈부인(여성)-출산 및 산후 관련 질환〉분만이 시작될 때 자궁 목관과 자궁 구멍이 크게 벌어지면서 느껴지는 진통. 전 진통(前陣痛)에 비하여 강하고 규칙적이며 분만이 끝날 때까지 지속되는데 초산부는 100~150회, 경산부는 50~100회에 이른다.〈유〉개구^진통(開口陣痛)「001」(동의어) ¶확장 진통이 진행됨에 따라 자궁 입구가 더 크게 확장되고 태아가 출산 채널을 통과할 수 있도록 준비된다.

활성기^정지^난산(活性期停止難産)[ ][**명구**]《의학》〈임부 산모〉〈부인(여성)-출산 및 산후 관련 질환〉분만이 활성기로 들어간 후, 2시간보다 더 오래 더 이상의 자궁목 확장이 정지되는 상태. 원인은 부적절한 자궁 수축과 머리 골반 불균형 때문이다.

회반 (回斑)[회반/훼반]**명** 《한의》〈영유아/소아 아동〉〈소아 피부병-홍역/피부병〉홍역 따위의 병으로 몸에 돋았던 반점이 없어짐.

회반-하다 (回斑하다)[회반하다/훼반하다]**동** 《한의》〈영유아/소아 아동〉〈소아 피부병-홍역/피부병〉홍역 따위의 병으로 몸에 돋았던 반점이 없어지다.

회백수-염 (灰白髓炎)[회백쑤염/훼백쑤염]**명** 《의학》〈소아 아동〉〈전염병일반〉폴리오바이러스의 감염으로 인한 급성 전염병. 입을 통하여 바이러스가 들어가 척수에 침범하여 손발의 마비를 일으키는데, 어린이에게 잘 발생한다. ¶그러나 말초 신경계를 침범한 경우에는 운동 신경계를 손상시키고 척수와 대뇌 등을 훼손하고 급성 회백수염을 일으켜 소아마비의 대표적인 증상인 하지 마비와 근육 위축증 등을 유발한다.

회복통 (蛔腹痛)[회복통/훼복통]**명** 《한의》〈기타〉〈통증 일반〉회충 때문에 생기는 배앓이. 〈유〉거위배, 충복통(蟲腹痛), 횟배(蛔배), 횟배앓이(蛔배앓이) 〈준〉회통(蛔痛) ¶회복통에는 장을 따뜻하게 하는 안회탕을 먼저 써서 안정시킨 후 구충제를 쓰는 것이 순서다.

회통 (蛔痛)[회통/훼통]**명** 《한의》〈기타〉〈통증 일반〉회충으로 인한 배앓이. 〈유〉거위배, 충복통(蟲腹痛), 횟배(蛔배), 횟배앓이(蛔배앓이) 〈본〉회복통(蛔腹痛)

회피성^인격^장애 (回避性人格障礙)[ ]**명구** 《심리》〈여성 일반〉〈부인(여성)-정신 건강 및 신경정신과 질환〉거절에 대하여 과민하게 반응하며, 창피함·수치감·굴욕감을 느끼거나 자신이 인정받을 것이라는 확신이 없으면 관계 형성을 피하려고 하는 지속적·전반적인 성인기 인격 장애. 사회적으로 위축되고 자존감이 낮다. 〈유〉회피^인격^장애(回避人格障礙) 「001」(동의어)

횟배앓이 (蛔ㅅ배앓이)[회빼아리/횓빼아리]**명** 《한의》〈기타〉〈통증 일반〉회충으로 인한 배앓이. 〈유〉거위배, 충복통, 회복통, 회통 〈준〉횟배(蛔배)

후굴^임신 (後屈妊娠)[ ]**명구** 《의학》〈임부 산모〉〈부인(여성)-임신과 관련된

질환〉자궁뒤굽이인 상태에서 이루어진 임신.〈유〉뒤굽이-임신(뒤굽이妊娠)
「001」(동의어)

후기 이유식(後期離乳食)[ ]〔명구〕〈영유아〉〈신생아_추가〉생후 9~11개월의 아
이가 먹는 이유식. 조금 더 크고 손으로 으깰 수 있는 정도의 무른 음식을
먹이는 것을 목표로 한다.

후끈거리다( )[후끈거리다]〔동〕〈기타〉〈통증 일반〉(몸이나 쇠 따위가) 뜨거운
기운을 받아 자꾸 몹시 달아오르다.〈유〉후끈후끈하다, 후끈대다 ¶불에 덴
자리가 후끈거린다. / 모닥불이 최고로 타오를 때는 온몸이 후끈거려 뒤로
물러나야 했다.

후끈대다( )[후끈대다]〔동〕〈기타〉〈통증 일반〉(몸이나 쇠 따위가) 뜨거운 기운
을 받아 자꾸 몹시 달아오르다.〈유〉후끈거리다, 후끈후끈하다 〈참〉화끈거
리다, 화끈대다

후끈후끈하다( )[후끈후끈하다]〔동〕〈기타〉〈통증 일반〉(몸이나 쇠붙이 따위가)
뜨거운 기운을 받아 자꾸 몹시 달아오르다.〈유〉후끈거리다, 후끈대
다 〈참〉화끈화끈하다

후벼파다( )[후벼파다]〔동〕〈기타〉〈통증 일반〉날카로운 끝으로 넓고 깊게 긁어
내거나 돌려 파내다

후복통(後腹痛)[후:복통]〔명〕《한의》〈기타〉〈통증 일반〉해산한 뒤에 생기는
배앓이.〈유〉훗배앓이(後배앓이)

후산기^진통(後産期陣痛)[ ]〔명구〕《의학》〈임부 산모〉〈부인(여성)-출산 및 산후
관련 질환〉태아가 나온 다음부터 태반과 태막이 나올 때까지의 시기에 나
타나는 통증. ¶출산 후에는 후산기 진통이 흔히 발생하지만, 적절한 관리와
휴식을 통해 효과적으로 극복할 수 있다.

후산^진통(後産陣痛)[ ]〔명구〕《의학》〈임부 산모〉〈부인(여성)-출산 및 산후 관
련 질환〉태아가 나온 뒤에 곧 이어서 나타나는 산후 진통. 태반이 자궁에서
떨어져서 밖으로 나오는 진통이다. ¶태아가 나오고 10~15분이 지나면 태

반과 그 부속물들을 배출하기 위해서 다시 자궁 수축이 시작되어 후산 진통이 생긴다.

후진통(後陣痛)[후ː진통-]**명**《의학》〈기타〉〈통증 일반〉해산한 다음에 이삼일 동안 가끔 오는 진통. 임신으로 커진 자궁이 줄어들면서 생긴다.〈유〉산후통(産後痛), 산후진통(産後陣痛)

후-진통(後陣痛)[후ː진통-]**명**《의학》〈임부 산모〉〈부인(여성)-출산 및 산후 관련 질환〉해산한 다음에 이삼일 동안 가끔 오는 진통. 임신으로 커진 자궁이 줄어들면서 생긴다.〈유〉산후-통(産後痛)「001」(동의어)

훗배알이(後배앓이)[후ː빼아리/훋ː빼아리]**명**《한의》〈기타〉〈통증 일반〉해산한 뒤에 생기는 배앓이.〈유〉후복통(後腹痛)

흉복통(胸腹痛)[흉복통]**명**《의학》〈기타〉〈통증 일반〉가슴속이 쓰리고 켕기며 아픈 병. 위염이나 신경 쇠약 따위로 일어난다.〈유〉가슴앓이 ¶유배 이후 섭생이 부실하고 활동이 적다 보니, 어쩌다 술을 마시거나 고기라도 먹게 되면 꼭 체증이 와서 흉복통이 뒤따랐다.

흉비(胸痞)[흉비]**명**《한의》〈기타〉〈통증 일반〉가슴이 그득하고 답답한 병. ¶『동의보감』에 의하면 흉비는 음복양축(陰伏陽畜), 즉 음양의 기운이 잘 소통되지 않기 때문에 생긴다고 한다.

흉통(胸痛)[흉통-]**명**《한의》〈기타〉〈통증 일반〉가슴의 경맥 순환이 안 되어 가슴이 아픈 증상.¶피부와 사지에 부스럼이 있을 뿐이 아니라 복통과 두통과 흉통과….

흉협통(胸脇痛)[흉협통-]**명**《한의》〈기타〉〈통증 일반〉가슴과 옆구리가 아픈 증상.

흐름^위염(흐름胃炎)[ ]**명구**《의학》〈여성 일반〉〈부인(여성)-소화기 질환〉심한 점액 분비를 동반하는 위 점막의 염증.

흑-내장(黑內障)[흥내장]**명**《의학》〈영유아〉〈눈병〉겉으로 보기에는 아무런 이상이 없으나 실제로는 시력을 완전히 상실하는 병. 선천적인 것과 독소,

시각 신경염, 히스테리, 당뇨병 따위에 의한 것이 있다.

흑내장성^백치 (黑內障性白癡)[ ] 명구 《의학》〈영유아〉〈신생아_추가〉선천성 대사 질환으로, 중추 신경계의 신경절 세포에 당질의 반응을 나타내는 물질이 축적되는 병. 중추 신경의 기능이 퇴행한다.

흑색^여드름집 (黑色여드름집)[ ] 명구 《의학》〈여성 일반〉〈부인(여성)-피부 및 모발 질환〉여드름의 기본 병터인 검은색의 여드름집.

흑안통 (黑眼痛)[흐간통]명《한의》〈기타〉〈통증 일반〉눈의 검은자위가 아픈 증상.

흑함 (黑陷)[흐캄]명《한의》〈소아 아동〉〈소아 피부병-천연두〉천연두에 걸려 생긴 발진이 곪을 때에 두창의 독이 밖으로 나오지 못하고 안으로 함몰되어 고름집 속에서 피가 나고 빛깔이 검어지는 증상.

흥통 (興痛)[홍통]명《한의》〈기타〉〈통증 일반〉염증으로 곪으면서 아픈 증상.

희끈거리다 ( )[히끈거리다]동〈기타〉〈통증 일반〉(사람이나 그 머리, 정신이) 현기증이 나서 자꾸 정신을 잃고 까무러칠 듯하게 되다.〈유〉희끈대다, 희끈희끈하다 ¶며칠을 굶었더니 머리가 희끈거리고 힘이 없다.

희끈대다 ( )[히끈대다]동〈기타〉〈통증 일반〉(사람이나 그 머리, 정신이) 현기증이 나서 자꾸 정신을 잃고 까무러칠 듯하게 되다.〈유〉희끈거리다, 희끈희끈하다

희끈희끈하다 ( )[히끈히끈하다]동〈기타〉〈통증 일반〉(사람이나 그 머리, 정신이) 현기증이 나서 자꾸 정신을 잃고 까무러칠 듯하게 되다.〈유〉희끈거리다, 희끈대다

희끗거리다 ( )[히끋꺼리다]동〈기타〉〈통증 일반〉(사람이나 그 머리, 정신이) 현기증이 몹시 심하게 나서 자꾸 까무러칠 듯하게 되다.〈유〉희끗대다, 희끗희끗하다 ¶부패한 시신을 본 정우는 토악질이 올라오면서 희끗거렸다.

희끗대다 ( )[히끋때다]동〈기타〉〈통증 일반〉(사람이나 그 머리, 정신이) 현기

중이 몹시 심하게 나서 자꾸 까무러칠 듯하게 되다. 〈유〉희끗거리다, 희끗
희끗하다

희끗희끗하다 ( )[히끄티끄타다]**동**〈기타〉〈통증 일반〉(사람이나 그 머리, 정신
이) 현기증이 몹시 심하게 나서 자꾸 까무러칠 듯하게 되다. 〈유〉희끗거리
다, 희끗대다

희뜩거리다 ( )[히뜩꺼리다]**동**〈기타〉〈통증 일반〉(사람이나 그 머리, 정신이)
현기증이 몹시 심하게 나서 자꾸 까무러칠 듯하게 되다. 〈유〉희뜩대다, 희
뜩희뜩하다

희뜩대다 ( )[히뜩때다]**동**〈기타〉〈통증 일반〉(사람이나 그 머리, 정신이) 현기
증이 몹시 심하게 나서 자꾸 까무러칠 듯하게 되다.

희뜩희뜩하다 ( )[히뜨키뜨카다]**동**〈기타〉〈통증 일반〉(사람이나 그 머리, 정신
이) 현기증이 몹시 심하게 나서 자꾸 까무러칠 듯하게 되다.

희발^과다^월경증 (稀發過多月經症)[ ]**명구**《의학》〈여성 일반〉〈부인(여성)-부
인과(산부인과) 질환〉월경의 양이 많고, 월경이 35일에서 6개월에 한 번 정
도로 정상보다 드물게 일어나는 증상. 〈유〉사이^뜬^과다^월경(사이뜬過多
月經)「001」(동의어)

희발^월경 (稀發月經)[ ]**명구**《의학》〈여성 일반〉〈부인(여성)-부인과(산부인
과) 질환〉월경 사이의 기간이 길어져 드물게 일어나는 월경. 주기가 35일부
터 6개월 이내인 월경을 이른다. 〈유〉뜸한^월경(뜸한月經)「001」(동의어),
사이^뜬^월경(사이뜬月經)「001」(동의어) ¶희발월경의 원인을 정확히 파악
하고 적절한 치료를 받는 것이 중요하다.

히르슈슈프룽^병 (hirschsprung病)[ ]**명구**《의학》〈영유아〉〈신생아_추가〉선천
적으로 장 운동을 담당하는 장관신경절세포가 없어 항문 쪽으로 장의 내용
물이 이동할 수 없는 질환. 과거에는 결장(대장, 큰창자)에 발생한다 하여
'선천성 거대결장증'이라고 불렸으나, 결장에만 국한된 병이 아니라 세포의
이동이 멈추는 곳이라면 어느 곳이든 발생 가능하기 때문에 현재는 이 용어

를 사용하지 않고 있다.

히스테리^인격^장애 (hysterie 人格障礙)[ ] 명구 《심리》〈여성 일반〉〈부인(여성)-정신 건강 및 신경정신과 질환〉감정의 동요가 격하고 암시에 걸리기 쉬우며 충동적·과시적인 특징을 보이는 성격 장애.

한국어 질병 표현 어휘 사전 IV

기타

4대 성인병 (四大成人病) [ ] 〔명구〕〈성인 일반〉〈성인병〉고혈압, 당뇨, 비만, 고지
혈증 등 성인이 되었을 때 나쁜 생활 습관으로 인해 걸리기 쉬운 네 가지 질
병을 아울러 이르는 말. ¶현대인의 건강을 위협하는 대표적인 질병으로 4
대 성인병이 있다.

A형^간염^백신 (A型肝炎vaccine) [ ] 〔명구〕《약학》〈기타 공통〉〈전염병일반〉급
성 간염을 일으키는 A형 간염 바이러스를 예방하는 백신. 〈참〉A형간염바이
러스 백신

BCG^백신 (BCGvaccine) [ ] 〔명구〕〈영유아〉〈전염병일반〉결핵균을 예방하기 위
한 백신. 5세 미만의 소아가 결핵균에 감염되면 결핵 수막염이나 파종성 결
핵 등 중증 결핵 발생 확률이 어른보다 높으나, BCG 접종을 통해 80% 이상
예방할 수 있다. 〈참〉비시지접종

DTaP^백신 (DTaP vaccine) [ ] 〔명구〕〈영유아〉〈전염병-추가〉심한 열과 인후두
염, 편도염을 일으키는 디프테리아균, 심한 기침 발작을 일으키는 백일해
균, 오염된 상처를 통해 감염되면 근골격계의 경직과 근육의 수축이 일으킬
수 있는 파상풍균을 예방하는 백신. 영유아 때 감염되면 치명적이므로 꼭
예방이 필요한 필수 접종이다.

한국어 질병 표현 어휘 사전 IV

부록

부록1 / 출처

〈사전류〉

고려대한국어대사전(2009) https://dic.daum.net/index.do?dic=kor

네이버 지식백과 간호학대사전

암용어사전(2019), 국립암센터

우리말샘 https://opendic.korean.go.kr/main

의학대사전

표준국어대사전(2008) https://stdict.korean.go.kr/main/main.do

한국민족문화대백과사전 http://encykorea.aks.ac.kr/

〈기타 인용 매체〉

MSD매뉴얼일반인용- https://www.msdmanuals.com/ko-kr/%ED%99%88

https://www.amc.seoul.kr/asan/healthinfo/easymediterm/easyMediTermSub
        main.do

건강다이제스트 http://www.ikunkang.com/

과학문화포털 사이언스올 https://www.scienceall.com/

https://terms.naver.com/list.naver?cid=60408&categoryId=55558

뉴스1 https://www.news1.kr/

대한부정맥학회 https://www.k-hrs.org:4433/main.asp

대한심장학회 https://www.circulation.or.kr:4443/

대한한의학회 표준한의학용어집2.1 https://cis.kiom.re.kr/terminology/search.do

데일리메디 https://www.dailymedi.com/

동아일보 https://www.donga.com/

디지털타임스 http://www.dt.co.kr/

매경헬스 http://www.mkhealth.co.kr/

매일경제 https://www.mk.co.kr/

머니투데이 https://www.mt.co.kr/

메디컬 옵저버 http://www.monews.co.kr/

메디컬타임즈 https://www.medicaltimes.com/Main/

메디컬투데이 http://www.mdtoday.co.kr/

문화일보 http://www.munhwa.com/

민족문화연구원 말뭉치 http://riksdb.korea.ac.kr/

베리타스알파 http://www.veritas-a.com/

서울대학교병원 의학정보 http://www.snuh.org/intro.do

서울아산병원 의료정보 알기 쉬운 의학용어

세계일보 https://www.segye.com/

약업신문 https://www.yakup.com/

약학정보원 https://www.health.kr/

연세말뭉치 https://ilis.yonsei.ac.kr/corpus/#/search/TW

연합뉴스 https://www.yna.co.kr/

부록2 / 질병 표현 어휘 관련 논저 목록(가나다 순)

강현숙(1983), 「복부통증환자의 동통어휘 및 동통평가척도를 위한 조사 연구」, 서울대학교 석사학위논문.

권복규(1999), 「조선전기 역병의 유행에 대하여」, 서울대 의과대학 석사학위논문.

권복규(2000) 「조선시대 전통의서에 나타난 질병관」, 서울대 의과대학 박사학위 논문.

김간우(1998), 「관절통을 경험한 도서지역 여성의 체험연구」, 『류마티스건강학 회지』 5(2), 265-285.

김경원, 나우권(2021), 「조선의 역병 연구(1)-허준의 『신찬벽온방』을 중심으로-」. 『도교문화연구』 55, 9-43.

김근애·김양진(2022). 「한국어 통증표현 어휘의 낱말밭 연구」, 『한국사전학』 40, 한국사전학회, 140-169.

김선자(1985), 「수술환자의 통증지각정도에 관한 연구」, 이화여자대학교 석사학 위논문.

김양진(2021) 「〈조선왕조실록〉 속 의료 관련 어휘군 연구」, 『우리말연구』 66, 우 리말학회. 51-76.

김양진(2023). 『질병 표현 어휘 사전-주요 사망원인 질병을 중심으로』, 모시는사 람들.

김양진·곽자현·박연희(2024). 『질병표현어휘사전II-한국인이 자주 걸리는 질병 관련 표현』, 모시는사람들.

김양진·염원희(2020), 『화병의 인문학-전통편』, 모시는사람들.

김재현(2016), 「한국어 통증 표현 어휘 콘텐츠 구축 및 제시 방안 연구」, 배재대 학교 석사학위논문.

김정선(1991), 「소화성궤양환자의 통증 표현 양상에 관한 연구」, 이화여자대학교 석사학위논문.

김준희(2019), 「국어의 통증 표현 연구」, 『한말연구』52, 81-109.

박명희·백선희·김남초·송혜향(2002), 「호스피스병동에 입원한 말기 암 환자의 암성 통증 표현 양상」, 『임상간호연구』8-1, 81-109.

변정환(1984), 「조선시대의 역병에 관련된 질병관과 의료시책에 관한 연구」, 서울대 석사논문.

송미영(2020). 「제중원 한글 의학 교과서에 나타난 전염병 관련 어휘에 대한 고찰-두창(痘瘡)과 콜레라를 중심으로-」, 『국어사연구』 31, 233-263.

송미영. 2020. 「한국인의 주요 전염병과 그 명칭에 대한 통시적 고찰-'장티푸스, 말라리아, 한센병' 등을 중심으로」, 『어문론총』 84, 중앙어문학회, 7-43.

송승훈 외 4인(2014), 「다양한 신경병증통증에서 보이는 한국어 통증 표현」, 『대한통증·자율신경학회지』3-2, 78-82.

신동원(2013), 『호환 마마 천연두』.

신안식(2020). 「역사이야기 전통시대의 전염병, 역병」. 월간 『공공정책』 175, 98-101.

유경희(1985), 「흉부외과환자를 대상으로 한국어어휘통증척도의 타당도 검증에 관한 연구」, 서울대학교 석사학위논문.

윤귀옥·박형숙(1996), 「악성종양 환자의 통증 및 통증관리에 관한 연구」, 『기본간호학회지』3-2, 299-316.

이선우 외(2013), 「통증 표현 형용사의 낱말밭 연구」, 『의미자질 기반 현대 한국어 낱말밭 연구』, 한국문화사, 232-265.

이숙희(1986), 「일반인에게서 국어 어휘를 이용한 통증척도의 타당성 조사」, 서울대학교 석사학위논문.

이승민(1988). 「고려시대 유행한 전염병의 史的 연구」, 서울대 보건대학원 박사논문.

이승희(2018). 「19세기 『학봉종가 한글편지』에 나타난 질병 관련 어휘에 관한 고찰」,『한국문화』 82, 113-140.

이은옥 외(1987), 「요통환자의 통증행위에 대한 조사 연구」, 『간호학회지』 17-3, 184-194.

이은옥 외(1988), 「관절통 환자의 통증정도와 통증연관행위에 관한 연구」, 『간호학회지』 18-2, 197-210.

이은옥(1981), 「한국인의 동통양상 및 완화방법」, 『대한간호』 20-5, 33-38.

이은옥·송미순(1983b), 「동통 평가도구 개발을 위한 연구-한국 통증 어휘별 강도 순위의 유의도 및 신뢰도 검사-」, 『대한간호학회지』 8-1, 106-118.

이은옥·윤순녕·송미순(1983a), 「동통반응평가도구 개발을 위한 연구(Ⅰ)」, 『최신의학』 26-8, 1111-1138.

이은옥·윤순녕·송미순(1984), 「통증어휘를 이용한 통증비율척도의 개발연구」, 『대한간호학회지』 14-2, 93-113.

이은옥·이숙희(1986), 「정상성인에서의 한국어 어휘를 이용한 통증척도의 타당도 연구」, 『간호학회지』 16-2, 13-26.

이혜연(2014), 「여성결혼이민자를 위한 병원·약국 어휘망 구축」, 상명대학교 석사학위논문.

장세권 외(2003), 「표준형성인 암성통증 평가도구 개발을 위한 암성통증어휘 조사」, 『한국호스피스완화의료학회지』 6-1, 1-10.

장순연(2006), 「수술 후 통증표현어휘와 통증강도 ; 산부인과 수술환자를 중심으로」, 고려대학교 교육대학원 석사학위논문.

전효심(1987), 「국어 어휘통증척도의 타당도 연구」, 한양대학교 석사학위논문.

정영조·김영훈(1981), 「정신과환자의 통증호소에 관한 임상적 고찰」, 『최신의학』 24-3, 65-69.

조금숙(1984), 「수술환자의 통증양상에 관한 탐색적 연구」, 연세대학교 교육대학원 석사학위논문.

최호철(2013), 『의미 자질 기반 현대 한국어 낱말밭 연구』, 한국문화사.

한국어 질병 표현 어휘 사전 IV - 사용역에 따른 한국인의 질병

등록 1994.7.1 제1-1071
1쇄 발행 2025년 4월 30일

엮은이   김양진, 장미
펴낸이   박길수
편집장   소경희
편집 · 디자인   조영준
관 리   위현정
펴낸곳   도서출판 모시는사람들
            03147 서울시 종로구 삼일대로 457(경운동 수운회관) 1306호
전 화   02-735-7173 / 팩스 02-730-7173
홈페이지   http://www.mosinsaram.com/

인 쇄   피오디북(031-955-8100)
배 본   문화유통북스(031-937-6100)

값은 뒤표지에 있습니다.
ISBN 979-11-6629-231-6   91710

이 저서는 2019년 대한민국 교육부와 한국연구재단의 지원을 받아 수행된
연구임(NRF-2019S1A6A3A04058286).